国語科授業づくりの理論と実際

大 西 道 雄

溪水社

はじめに

　私は、国語科の教育と研究に30有余年間従ってきた。その間に取り組んできた、国語科教育研究の中軸に置いていたのは、作文教育の実験的臨床的実践的研究であった。読むことの教育に関しても心をかけ、児童の読むことの実験的調査も重ねてきている。これらの基礎的調査研究の結果は、新しい国語科の授業開発に生きてくる。作文（書くこと）の教育の実験的臨床的実践的研究の結果も、結局は、国語科教育、つまり授業の方法の開発、授業づくりに活用される。こうして開発された研究の成果は、授業の実践技術・方法として生きて働くものとなる。本書の著述内容には、これまでに発表した研究論文だけでなく、新たに書き下ろしたものもある。それらの中には、日々教壇に立って国語科教育にあたっておられる先生方と共に研究したり、先生方の教室における授業を参観している過程で発見的に学んだりしたことも含まれている。

　国語科教育は、教室における授業を通して、その目標が実現される。授業営為は、教師と学習者と教材とを力動的に結び合わせ、相互に交流し、学習者とともに、教師も成長するという豊かな実り（目標達成）をもたらす。しかし、その実践の技術や方法は、１人歩きをすることがある。その技術・方法を用いる人間が、誤った考え方に立っているとしたら、単に人を傷つけるのみならず、社会そのものを破壊させてしまうかもしれない。技術や方法全般に言いうることであるが、とりわけ、言語の技術・方法には、哲学の裏打ちがなされていなければならない。人間的な価値を実現するために用いられるものであるべきであるという哲学（理念）である。言語技術や方法を用いる人間は、本来、「表現愛」によって形成された存在であるとは、木村素衛の言葉である（第一章第三節参照）。言語によるコミュニケーション活動において、目的や相手、それに基づく内容を表す技術や方法が人間愛に支えられたものであることは、必須の条件である。国語学力のみならず、教育活動に

おいて養成する学力は、人間的学力でなければならない。

本書の第一章は、その理念に従って説述している。以下に、本書の目次を掲げる。

　はじめに
　第一部　理論編
　第一章　国語科授業のトポス論
　第二章　機能的活動主義に立つ国語科授業構築のための基礎的考察
　第三章　国語科教育における指導の「システム化」の問題
　第四章　国語科授業づくりの理論的考究
　第二部　実際編
　第五章　国語科授業づくりの実際
　第六章　国語科授業研究の理論と実際
　おわりに

本書で述べた授業理論と実際の根底にあるのは、「場（トポス）」という考え方である。この考え方は、大村はま先生の「実の場」に触発されたものである。そのことについては、本書の第一章において詳述している。ここで通底しているのは、人間を常にトータルな存在として認識し、その学力を育んでいくということである。第三章では、指導のシステム化について述べている。これは、一見、学力を分析的に捉えて育成するように見られるかもしれない。しかし、著者は、部分は全体があってこそ存在するもので、部分を積み上げて全体を構成するものではないという見解に立っている。特に、人間的学力の育成において強調したい。小さな言語技術や方法を習得させるに当たっても、その技術や方法を用いなければならない必然性のある言語活動の「場」を設定して、部分ではあるとともに小さな全体として働くものとして学習させるという考え方である。

よい授業をつくり、実践する力を身につけるためには、自己の授業を対象化し、反省的に、分析、評価するというメタ授業力を高めることが要求される。第六章において、実践者による授業研究と、研究者による授業研究とを取り上げたのは、授業づくりの基礎には、この両者が共在していることが必

要であるからである。授業づくりの力量を高めることは、教師として教壇に立ち続ける限りゆるがせにできないことである。本書が、これまで参観させていただいた、多くの先生方へのお礼になれば幸いである。

今日に至るまで長年にわたって、ご懇篤なご指導を仰いできた野地潤家先生には、常に変わらぬ、深い学恩と温かい教育愛とを、拙い身に溢れるほどに賜ったことに深甚の感謝の念を捧げます。ありがとうございました。

また、出版に当たって細やかな配慮と助言を惜しまれなかった、溪水社社長木村逸司氏に厚くお礼を申し上げる。特に、西岡真奈美様には、細やかな配慮と手当てをしてくださったことには、感謝という言葉には言い表せないほどの思いをお届けしたいと思っています。ありがとうございました。

2011年7月8日

大　西　道　雄

国語科授業づくりの理論と実際
目　次

はじめに………………………………………………………………… i

第一部　理論編

第一章　国語科授業のトポス論 ……………………… 5

第一節　大村はま氏の「実の場」の提起しているもの ……… 5
　第一項　大村はま氏の「実の場」の意義　5
　第二項　「実の場」の授業論的検討　8

第二節　授業の「場」としての「実の場」の系譜 …………… 19
　第一項　大村はま氏の「実の場」の源泉と胚胎　19
　第二項　芦田恵之助氏の「境遇」論　25
　第三項　樋口勘次郎氏の「統合主義新教授法」と単元学習法　29
　第四項　F. W. パーカー氏の「中心統合法」と樋口勘次郎氏の
　　　　　「統合主義新教授法」　32
　第五項　「ホール・ランゲージ」運動の「オーセンティシティ」　35

第三節　国語科授業における「表現」の問題 ………………… 37
　第一項　問題の所在　37
　第二項　教育における「表現」の意義　40
　第三項　国語科授業における目標・方法としての「表現」　48

第二章　機能的活動主義に立つ国語科授業構築の
　　　　ための基礎的考察 …………………………………… 57

　第一節　これまで考えていた機能的活動主義に立つ国語科教育に
　　　　　関する見解 ……………………………………………… 57
　　第一項　言語の機能　57
　　第二項　言語活動の場と言語機能の発現の関係性に関する考察　58

　第二節　M. A. K. ハリデー機能論の立場から見た国語科に
　　　　　おける言語能力・技能の検討 ……………………………… 62
　　第一項　ハリデーの機能文法論の概要　62
　　第二項　機能的活動主義に立つ国語科教育としての言語能力・技能を
　　　　　　検討するための拠り所とするハリデー理論の柱　70

　第三節　ハリデー理論からの国語科教育における言語能力・
　　　　　技能の検討——大西の短作文技能の場合—— ………… 72
　　第一項　「場」の条件に関する検討　72
　　第二項　短作文技能についての検討　76

　第四節　現行学習指導要領・国語が提示している
　　　　　「伝え合う力」に関する考察 ……………………………… 86
　　第一項　問題の所在　86
　　第二項　「伝え合う力」措定に至るまでの経緯と「伝え合う」という
　　　　　　ことの意味　87
　　第三項　コミュニケーションの視点からの「伝え合う力」の討究　95
　　第四項　まとめ　99

　第五節　これからの時代が要求する学力 ………………………… 100
　　第一項　中央教育審議会答申（平20.1.17）が提示した教育の将来像　100
　　第二項　レトリカル・コミュニケーション能力としての学力　101
　　第三項　マルチメディアリテラシーとしての学力　103

第三章　国語科教育における指導の「システム化」の問題 …………………………… 105

第一節　国語科における学習のシステム化に関する先行研究 ……………………………………… 105

第一項　昭和40年代末から50年代にかけての「教育のシステム化」の動向　105

第二項　輿水実氏による「国語学習のシステム化」の提唱　107

第三項　「文章」は一つのシステムをなすとする、樺島忠夫氏の見解について　111

第二節　今日的な教育課題に対応するための「システム化」の考え方 …………………………… 114

第一項　現代の国語科に求められている実践的課題　114

第二項　国語科教育実践の今日的課題に応える教育のシステム化の方法　115

第三節　書くこと・読むことのシステム化のためのサブシステムとしての基本的指導事項の策定 ……… 121

第一項　書くことのサブシステムとしての基本的指導事項の視点　121

第二項　読むことのサブシステムとしての基本的指導事項の視点　121

第三項　書くことのサブシステムとしての基本的指導事項策定の実際例　122

第四項　読むことのサブシステムとしての基本的指導事項策定の実際例　133

第四節　「読むこと」「書くこと」のサブシステムとしての基本的指導事項策定の拠り所とした言語の理論
　　　　――「文章構成要素（コンポジション）的技能系」・「一般意味論的技能系」・「レトリック・表現論的技能系」の三類のそれぞれについて―― ……………………… 146

第五節　「書くこと」「読むこと」のシステムの核をなす
　　　　キーワードに関する考察 …………………………… 154
　　第一項　キーワードの問題点　154
　　第二項　キーワードの機能に関する諸説の検討　155
　　第三項　理解思考（想）・表現思考（想）を組織するキーワードの
　　　　　　機能の仮説的整理　159
　　第四項　理解と表現をつなぐインベンションにおけるキーワードの
　　　　　　問題　162
　　第五項　集　約　165

第四章　国語科授業づくりの理論的考究 ……………… 167

第一節　国語科授業の構成方法 ………………………………… 167
　　第一項　目的的言語活動をユニットとする授業の構造　167
　　第二項　授業の「場」の備えるべき条件　170

第二節　「読むこと」と「書くこと」の授業の理論的基礎 … 171
　　第一項　「読むこと」の授業の理論的考察　171
　　第二項　「書くこと」の授業の理論的考察　190

第三節　「読むこと」と「書くこと」とを関連づけた
　　　　授業の理論的基礎 ……………………………………… 207
　　第一項　文章理解指導におけるインベンションの問題　207
　　第二項　「読むこと」と「書くこと」との関連的活動における
　　　　　　「場」の力動性　212
　　第三項　「読むこと」と「書くこと」との関連的活動を発現させる
　　　　　　「読むこと」の媒材の機構的特質と状況的場の設定　216
　　第四項　「読むこと」と「書くこと」との関連的活動の授業の
　　　　　　単元的展開　219

第四節　国語科授業展開の方法
　　　　──「学習の手引き」を中心に── …………………… 231

第一項　「学習の手引き」の実践的探求　231
　　第二項　「学習の手引き」の理論的考究　254
　第五節　国語科の評価に関する考究 …………………………… 265
　　第一項　学習指導要録の評価の観点に認められる学力観　265
　　第二項　現代における学力観・授業観・評価観の問題　266
　　第三項　教育評価と評価教育　270
　　第四項　人間的学力の評価方法　273

第二部　実際編

第五章　国語科授業づくりの実際 …………………………… 281
　第一節　教材研究の方法 …………………………………………… 281
　　第一項　教材研究とは　281
　　第二項　国語科教材の種類　282
　　第三項　教材研究の手順　283
　第二節　教材研究の基礎作業
　　　　　――「読むこと」の教材を中心に―― ……………… 286
　　第一項　目的別ジャンル別の読みの方法と技術　286
　　第二項　「読むこと」の教材としての論理的文章材　290
　　第三項　「読むこと」の教材としての文学的文章材　303
　第三節　「読むこと」の授業づくり ……………………………… 323
　　第一項　「読むこと」の授業づくりの実際　323
　第四節　「書くこと」の授業づくり ……………………………… 332
　　第一項　「書くこと」の授業づくりの基本的な指導法　332
　　第二項　「書くこと」の授業づくりの実際　335

ix

第五節　「話すこと・聞くこと」の授業づくり ……………… 350
　　第一項　話し言葉による内容の構成と表現の特質　350
　　第二項　話し言葉の授業づくりの基本的方法　353
　　第三項　話し言葉のジャンル別の授業づくりの留意点　358

第六章　国語科授業研究の理論と実際 ……………… 365

　第一節　国語科授業研究法の理論的考究 ……………………… 365
　　第一項　国語科授業研究の目的と方法　365
　　第二項　誌学的方法による授業研究　366
　　第三項　個体史的方法による授業研究　369
　　第四項　臨床的実験的方法による授業研究　373
　　第五項　結論と課題　377

　第二節　国語科授業力向上のための授業研究の実際 ………… 380
　　第一項　福山ことのは研究会・岡田久仁子先生による授業研究例　380
　　第二項　授業力向上のための授業研究例についての考察　398

　第三節　国語科の授業方法開発を意図した授業研究
　　　　　──実践的調査を基本とした場合── ……………………… 402
　　第一項　研究の目的　406
　　第二項　研究の仮説と検証の方法　406
　　第三項　実験的調査のための授業の実施とその経過の概略　408
　　第四項　実験的調査結果の分析と考察　408
　　第五項　実験的調査結果の分析・考察のまとめ　429
　　第六項　授業方法開発のための臨床的実験的授業研究に関する
　　　　　　考察　430

　おわりに ………………………………………………………………… 433

国語科授業づくりの理論と実際

第一部　理論編

第一章　国語科授業のトポス論

第一節　大村はま氏の「実の場」の提起しているもの

第一項　大村はま氏の「実の場」の意義

　大村はま氏は、講演「生きた場にすること」において、場と主体の関係について、次のように述べておられる。

　　昔から自分でやる気になったときでなければ、身につかないということはわかっていますが、そういう姿勢を作ることが至難のわざなのです。生徒をしかったり、いろいろしてやっていくのと違いまして、自分でほんとうに追究したくなるという場面を作ること、もしそれができたら、もう、それで先生の仕事はほとんど終わったかもしれないと思うぐらいですが、その姿勢を作ることができにくいのです。
　　子どもたちも求める気持ちも持っていますし、いっしょうけんめいやろうとする精神を持っていますけれども、なかなかそれを表面の学習に向かう姿勢にすることができないわけです。主体的な学習―虚の場でなくて実の場の学習とは、つまりほんとうに自分の生活目的のために立ち上がっているような姿勢にもっていくことだと思います。(昭和37・11
広島大学国語科光葉会における講演『大村はま国語教室⑪』1938・10　筑摩書房97頁　下線は引用者。)

　「自分でほんとうに追究したくなるという場面を作ること」、「実の場の学

習とは、つまりほんとうに自分の生活目的のために立ち上がっているような姿勢にもっていくこと」という指摘は、「場面」「場」に生徒を立たせることによって、「自分の生活目的」のために立ち上がる、つまり、追究主体を形成するという、場と主体との関係を端的に示したことばとして興味深い。「場面」と「場」とは、どのような関係があるのか、「生活」の内容は何なのか、いくつかの検討すべき問題が提起されている。

　これらの問題を、大村はま氏の創成された、いわゆる「単元学習」の実践に即して考究してみたい。「私たちの生まれた一年間」という単元学習の実践がある[1]。この単元は、中学２年生を対象としたもので、生徒たちの生まれた１年間の新聞のうち、100日分の新聞を資料として、「一、どのようなことがあったか。」「二、『声』『天声人語』には、どのようなことが取りあげられているか、どのような考えが出ているか。」を調べ、考察させようというものである。自分たちの生まれた１年間に生起した出来事やその時代を特色づける物の見方考え方を明らかにすることを通して、そのような時代に生を受けた者としてのアイデンティティを認識させることを意図している。言うまでもなく国語科の授業として行われたものであるから、この課題追究のための言語活動を組織的に展開して、中学校２年生が習得、形成すべき言語能力と態度を身につけさせることを目標としている。この単元学習は、図書室で行われている。

　この実践を、「[1]場面」「実の場」・「[2]生活目的」・「[3]姿勢」という３つの観点から分析、考察して、問題の所在と意味とを解明する。

　大村氏は、この単元学習の生成の契機を次のように述べておられる[2]。この実践に参加した生徒たちが１年生の時、図書室の一隅で７、８人の生徒と、親と子、家庭の言語環境と子どもの言語、などの話題で雑談をしているうちに、社会環境と人、時代の風潮と人、といった話題に移っていった。そこで、大村氏が、かねて自分自身の興味として持っていた、自分の生まれた頃のことを調べてみたいと思っている、と話されると、生徒たちも調べてみたいと乗り気になって口々に発言したという。それから１年余、生徒たちの生まれた年の新聞を収集し、２年生になって実践に移した。この間、図書室

の片隅に収集した新聞を順次蓄積、展示しておいた[3]。学習への取り組み意欲は、徐々に高揚していったという。

「¹場面」「実の場」・「²生活目的」とは、大村氏の実践においては同一次元の問題である。「場面」は、この場合、自分たちの生まれた1年間は、どんな時代であったのかということを知りたくなるような状況（situation）という意味になるものと思われる。この状況を成立させている要因の1つは、生徒たちが1年間の新聞が探索可能な状態で存在すると想定できるという事実である。今1つは、教師が自らの関心・興味を語って生徒の探索意識を触発し、それが欲求として存在しているという事実である。この欲求の喚起には、中学生という知的好奇心の活発な年代であることもかかわっているであろう。さらに背景になっている要因としては、生徒たちが、雑談の中で環境と人との関係について話しあっているということもあろう。この状況は、主体の対象に対する強い関心のもとに、その欲求が具体的な新聞収集蓄積という行為に展開することで完全に成立する。主体と対象との間には、方向性をもった緊張が成立していることを認めることができる。

「場面」の状況性は、主体に、欲求、方向性をもった緊張によって、目的追求行為を引き起こさせる。つまり、主体を、「²生活目的」達成に立ち上がらせる。このような状況性をもつ「¹場面」における「²生活目的」意識の形成とその追究行為の生起とを総合して、「¹実の場」と言っているものと考えられる。その意味で、同一次元の問題ととらえたのである。「³姿勢」も、「²生活目的」を意欲的に追求、達成しようとする構え、ととらえると、主体の目的追求行為の高い緊張のある、発現直前の様態として、「²生活目的」と同一次元に位置づけることができよう。ここで、つけ加えて置かなければならないのは、この単元学習の生成の契機とその実践展開とが、図書室という場所において、生起し、実行されたということである。図書室が、文献資料によって自らの知的欲求、問題解決を達成するための条件を備えた機能的空間であることを考えると、この空間は、追求のリアリティのある場、「実の場」であることを醸成する要因になっている、と言うことができる。

大村氏のこの実践には、授業における「場」の力動性を解明するための、

重要な手がかりが内包されていると考えられる。
　第1は、「生活目的」と「実の場」との関係の問題である。「生活」と「実」の内実を解明することが必要である。
　第2は、主体と場との関係である。状況的な場に立つことによって、ひとが、主体となるのは、どのような仕組みによるのか、明らかにされなければならない。
　第3は、物理的空間（場所）が、状況的な場にどのようにして変換されるのか、その仕組みを検討することが求められる。大村実践における図書室は、どのような意味をもっているか、普通教室だったらどうか、解明されるべき問題である。
　第4は、国語科の授業論として、これらの3つの問題は、どのような意義をもつか、ということである。理解指導、表現指導における、場の機構と機能とは、どのようになっているかということを究明することも、重要な問題である。

第二項　「実の場」の授業論的検討

1　応答的環境論と「場」

　永野重史氏は、O. K. ムーア、A. R. アンダーソンの「明示的教育環境（Claifying educational environment）論を紹介して[4)]、「生徒に自分の行っていることについて明瞭に理解させることを目的として設計された環境」のことであると述べておられる。さらに、この「明示的教育環境」は、[1]見直し原理・[2]自己目的性原理・[3]生産性原理・[4]人格化原理の4つの原理によって成立するものとされている。このうち、「人格化原理」については、「環境の応答性」と「環境の反映性」との2つの機能によって支持されており、「環境が、(1)学習者の活動に対してより応答的であり、かつ、(2)学習者が学習者としての自分の姿を、鏡に映すようにして知ることができるようにしてあれ

ば、その環境は学習に適している」と説明する。この「応答的環境」の備えるべき条件として次の５点が示されている。
　(1)　子ども（学習者）が自由に探索できる環境条件
　(2)　行為の結果が子どもにすぐ知らされる環境条件
　(3)　子どものペースでことが運ぶ環境条件
　(4)　環境内でのものごとの規則性の関係を発見するのに、子どもが自分の能力を精いっぱい活用できるような環境条件
　(5)　この規則性を、似たような他の場面にも応用できるということを子どもが発見できるように、よく整備された構造をもつ環境条件
　このような条件を具備した応答的環境の作用を確かめるためになされた実験[5]に、「三輪車と運動場の白線」、「トーキング・タイプライター」がある。これらの実験は、整備された「環境」に被験者が立つことによって、被験者は問題意識を喚起され、この問題追究、解決のために、「環境」に働きかけ、「環境」の具備している条件を発見し、活用することによって問題を解決したという。ここには、「環境」の応答作用の具体的な発現が認められる。
　中村雄二郎氏のトポス論において取りあげられた「場所」は、自然発生的に生成、発達してきたものについて、哲学的に解明、意味づけられたものであった。それに対して、教育的環境—応答的環境は、ある意味では、意図的人為的環境と言ってよいものである。言いかえれば、教育的に装置された環境である。言うまでもなく中村氏の整理された「場所（トポス）」にも、すぐれた応答性が存在し、それゆえにこそ「場所と主体」というテーマが成り立っているのである。この点を考え合わせると、教育的環境論も、この「場所（トポス）」の本質的機能（作用）の上に、教育作用としての応答性を付与、整備することが課題となる。学校・教室も、物理的空間としての性格をもっており、とりわけ、学校の所在する場所は、地域の歴史的由緒をもつ土地であることが多い。また、新しく造成された土地に建設された場合でも、児童・生徒の通学の便や学習環境としての適切性について配慮されており、地域住民から特別に意識される場所である。年月の経過とともに、伝統的な

場所としての性格をもってくる。つまり、学校は、歴史的社会的な存在であるから、その存在する場所も歴史的社会的な意味を帯びてくるということである。

場所（環境）は、そこに立つ人に働きかけて問題意識を喚起する。問題意識をもった人は、それを解決するために環境に働きかけ、問題解決に努める。その結果、環境（場所）からのリアクションを受けて新たな問題を意識し、さらに深く追究する。応答的環境は、無自覚的な人間に働きかけて自覚化させ、主体的な立場をもたせ、環境を対象化させ、逆に働きかけるようにする作用をもっていると言うことができる。教育的環境としては、さらに高次の教育作用を内包した環境に組織される。応答性は、その中枢をなす作用である。

大村はま氏の提起された「生活目的のために立ち上がるような姿勢」と「応答的環境」との関連について述べよう。教育的環境論における「問題」が、「生活目的」に相当すると思われる。そもそも、「生活目的」は、大村氏の場合、状況的環境条件に触発されて主体が達成課題を発見し、それを目的として追求行動を発動させるところに成り立っている。他律的に課題を提示して目的とさせるのではない。その意味では、「実の場」は、応答性を内包した教育的環境を形づくっているものと考えられる。

国語科の授業は、児童・生徒の言語活動を、一定の教育目標を獲得するための学習活動として組織し、それを指導援助する営みである。したがって、国語科の授業の場は、基本的には、教室という物理的空間（場所）において、そこを教育的環境として装置づけ、言語活動の場面として成立するものである。教育的環境としての教室は、応答的環境としての条件を具備していることが求められる。また、言語活動も、目的的言語活動として組織される必要がある。言語活動の場面は、^{1}話し手（書き手）・^{2}聞き手（読み手）・^{3}目的（必要）・^{4}内容・^{5}言語活動形態（表現・理解）である。言語活動の場面は、言語主体の切実は目的意識（必要感）にもとづく言語行為の発動によって成立の端緒を得る。言語行為は、目的遂行のために営まれるものであるから、達成すべき目的（それは解決すべき問題でもある）は、言語活動の場面を

１つの状況とする。状況は、主体が問題意識を喚起され、目的達成の媒材とする対象との間に成り立つ緊張関係によって、話し手（聞き手）・内容・言語活動が緊密に結び合わされることを意味する。目的意識が、言語主体にとって切実であればあるだけ、その達成のために働きかけるべき対象との緊張関係は高まり、それにともなって相手意識も鮮明になり、言語行為も確実に営まれることになる。

上述したことをまとめると、国語科の授業の場には、物理的空間としての場所（教室）、目的的な言語活動の場面の系列と、教育的環境（応答的環境）の系列との２系列が内包されていることが理解される。

授業は、教師・子ども・教材の３つを契機として成立すると言われる。この３つの契機は、授業の目標を中核として緊密に関係づけられ、授業としての有機的連動性が高められる。図式化すると次のようになろう。

これは、教育的環境というよりも授業の内部構造を示すものである。これを開いた形で表すと、目標―教材―方法（指導・援助）―評価、となろう。

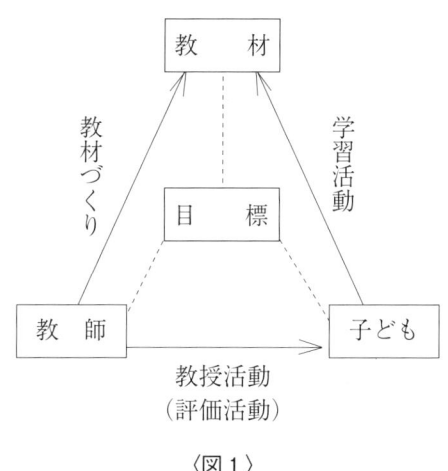

〈図１〉

目的的言語活動については、目的―媒材―方法（理解・表現の言語活動）―活用（処理）、という構造を見いだすことができる。目的達成行動として言

語活動という方法を選ぶのは、目的の内容にもとづいている。さらに、目的達成のためには、方法とともにその媒材（資料）を必要とする。言語活動が理解ならば理解対象としての言語材、表現ならば事象（事実）・言語材などが、媒材となろう。目的的活動は、それに必要な成果を得て、目的達成のために活用して完了する。

　国語科の授業は、子どもの目的的言語活動の系列と、教師の指導援助活動の系列との２つの活動系列を内包しており、そのおのおのの活動には、その拠り所となる場が存在する。授業の「場」は、この２系列の活動を成立させる場を統合して形づくられる。２系列をまとめて図示し、両系列の関係について説述する。

〈図２〉

　図２の上側の系列の活動は、子どもを主体とする言語活動である。言語活動は、すでに述べたように目的達成活動である。目的達成を言語活動によって行うためには、目的を達成するのに必要な「情報」を生産し、それを活用することが求められる。媒材は、目的達成のための「情報」を生み出すための情報源（事象・事実・文献・映像など）である。方法は、目的達成の方法で、ここでは、言語による方法を選択して実践することを意味している。言語による方法には、理解という行動と表現という行動とがある。しかも、それらは、目的によって、理解行動ならば、速読法・精読法など、表現行動ならば、音声表現か文章表現か、また、記録機能をもった言語表現か伝達機能をもった言語表現か、これらが複合した機能をもった言語表現かなど、目的遂行に有効なものを判断し、選択する。当然、これらには、それらを効率的に実践するための技術が身についていなければならない。目的達成活動は、見方を変えると、価値実現活動である。したがって、それに必要な方法や技

術、判断力などは、既有のものを動員して活用することになる。目的達成のための言語活動が困難度の高いものであると、既有の言語活動力だけでは目的達成はできない。目的達成の必要感、意欲が高ければ、困難度の高い言語活動でも、達成活動過程で必要とする方法・技術を発見的に、あるいは援助を受けて学習し、活用することができる。活用は、目的にもとづいて行動を起こした結果、そこで生産された情報を、目的に即応して活用し、目的を達成することである。この系列の活動は、この活用に至って完了する。この活動の主体は、言うまでもなく子どもである。

　図2の下側の系列は、教師の指導・援助活動を表しているが、これはまた、いわゆる授業構造の柱を示すものともなっている。目標は、現前の子どもを変容させるべきのぞましい状態と水準とを表したものである。子どもたちが獲得すべき目標的価値を、直接的に働きかけることのできる形に具体化したものが、教材である。方法は、子どもが教材に働きかけ、目標に接近していく活動を援助する手だてを言う。この方法には、授業形態（一斉形態・小集団形態・個別形態など）や問答法・発見学習法・単元学習法などの授業方法が含まれている。いずれにしても、子どもたちの主体性を損なわないように配慮することが肝要である。この活動系列の構成と展開の主体は、言うまでもなく教師である。

　この上・下2系列の活動は、同一空間において同時的に展開される。しかし、その活動の「見え」は、子どもの立場からは、上系列のように、教師の立場からは、下系列のようになる。その際、遠近法的「見え」として、子どもの方から下系列が見えることもありうる。それに対して、教師は、遠近法的に見るのではなく、両者を一体化し、構造的にとらえなければならない。この2つの活動系列は、ともに授業における子どもと教師の活動の筋道を示すものである。教師は、上系列の子どもの目的遂行の言語活動の中に、目標とすべき価値を見いだし、目的遂行の言語活動を子どもの学習活動ととらえ直し、意味づけて援助する。国語科の授業目標としては、一般には、価値目標・能力目標・態度目標を措定する。目的的言語活動に目標的価値を見いだし位置づけるとすると、能力目標がまず第一にあげられよう。言語活動は、

言語能力や技能を動員して営まれるものであるが、一方それは、内容的価値を生み出す活動でもある。すなわち、目的を達成するための言語活動は、目的を達成するのに必要な価値ある内容を、理解・表現活動を通して生み出し、目的に即応して活用する営みである。このように考えると、目的的な言語活動の中に、価値目標を位置づけることが可能である。

　目標を子どもの目的的言語活動に設定すると、目標の具体化、学習活動の媒材としての教材は、目的的言語活動を成立させる活動媒材をそれにあてることができる。目的達成の活動が、理解という方法をとる場合は、理解活動の媒材となる文章材を、理解指導の教材として位置づけることになる。目的的活動が、文章制作という方法を取る場合は、文章表現活動の媒材として事象や文献・映像資料が取りあげられる。この媒材は、理解活動の場合と異なって教材とはならない。文章表現指導の場合の教材は、文章作法についての解説文、文章観などについての文話などが、用いられる。しかし、活動媒材であるとともに、学習媒材として位置づけうるものは、教材に準じた扱いが可能である。

　子どもたちの目的的言語活動は、その目的とするところに応じて、どういう言語活動を選択するかで分かれる。理解活動か表現活動か、その両者の関連活動かといった活動形態が考えられる。この目的的言語活動を教師は、国語科の目標達成の学習活動として授業過程に位置づける。書く活動を通してしか書く力は身につかない。読む活動によって読む力を高めるという、国語科の学習活動の特色が、ここに認められる。

　子どもの目的的活動系列の終末は、「活用」である。一方、教師の活動系列の「評価」は、教師の指導・援助が有効に行われているかどうかを評定し、反省して、指導・援助の方法の調節を行う。したがって、評価は、終末の授業行為ではなく、授業の全過程にわたってなされる。この評価は、教師の立場からなされる限り、あくまでも、子どもを指導の対象として見ることになる。しかし、子どもの目的的言語活動が、学習活動としての意味をもつものでなければならないとすると、子どもの活動系列の活用と教師の活動系列の評価とは相互にかかわりをもつことが要求される。子どもの活動の達成

度は、活用の成否によって判定される。つまり、活用が有効になされるということは、活動が確実になされていることを示す。それは、教師にとっての評価の目安となると同時に、子どもにとっては、自分の活動についての自己評価となる。子どもの目的的活動の結果の「活用」に、このような自己評価の機能を付与すると子どもの活動は、学習活動としての意味をもつ。ここに、両系列の活動の相互交渉の接点を見いだすことができよう。

　子どもを主体とする活動系列と教師を主体とする活動系列は、それぞれ、目的的言語活動系列と授業活動系列であった。この両系列の相互関係は、上述の通りであるが、両系列の活動は、「場」において展開される。子どもの系列は、言語活動の「場」において、教師系列は、授業活動の「場」において展開される。その両者は、教室という物理的空間（場所）において営まれるが、その「場」は、2系列を統合したものである。この「場」の内部機構と機能は、これまでに述べてきたように、「応答的環境」としての機構と機能を有する。

　子どもは、「場」に立つことで、問題意識を喚起され、それを目的として追求する行動を主体的に発動する。「場」の条件としての目的性・主体性の発現が認められる。また、目的達成活動の媒材の整備によって、探索の自由性、個別性が保障され、法則性の発見や応用も可能となる。「場」を、子どもの目的的活動と教師の授業（指導・援助）活動との相互のかかわりを有機的に仕組むことで、応答的環境として整備できるということである。

　大村はま氏の「実の場」を成立させる「生活目的」と、意欲的「姿勢」を生み出す仕組みも、この2系列を統合する「場」によって説明することが可能である。

2　主体形成と「場」の作用

　「場」について考察するにあたっては、アリストテレス以来のトポス（Topos）論を避けて通るわけにはいかない。この問題については、哲学者の中村雄二郎氏が、その著『場所　トポス』（平成元・3　弘文堂）におい

て、以下のように整理しておられる。要約的に引用する。

　人間が存在し、その存在を規制する場所・基礎的なるものには、〈¹存在根拠としての場所〉〈²身体的なものとしての場所〉〈³象徴空間としての場所〉〈⁴言語的トポス〉の４つがある。
　〈¹存在根拠としての場所〉
　場所には、人間の動物としての側面からその個体の生存と活動とを保障する固有環境となる場所と、人間の精神的な側面から、人間的自我意識がそこにおいて発生、成立する根拠となる共同体という場所および意識の下部構造である無意識という場所とがある。前者は、物理的空間であるが、動物としての人間の生存場所である環境は、その動物個体が生存するための最適の条件を備えた固有の環境としての働きをもつ。それはまた、動物としての人間が生存するにふさわしい条件をもっているという認知をしたということでもある。さらに環境に適応するように動物としての人間が自己改造するということで、環境の固有性がいっそう確かなものになる。
　一方、人間は、単なる動物的存在ではない。精神的存在としての人間は、その精神を働かせる中核となる自我意識を生成する。その自我意識の生成は、単なる物理的存在空間によってもたらされるものではなく、人間が生存していくために形成した集団である共同体を根拠として、個体としての自我意識が生成されるのである。また、この自我意識は、その下部構造としての無意識をもっている。動物としての人間も、精神的存在としての人間も、それ自体として抽象的、また絶対的に存在しているのではなく、具体的な場所に相対的な関係において存在しているのである。
　〈²身体的なものとしての場所〉
　精神的存在である人間は、自我意識をもつ存在でもある。その自我意識は、人間の「身体」という場所を存在の拠り所としている。さらに、身体的実存としての人間は、一定の物理的空間である場所に存在するが、その場所は、その身体的なものによって意味づけられ、一種のテリトリー（なわばり）を形成する。つまり、人間は、実際に歩を印し、身体を運んだところは、単

に間接経験として知った場所よりは、自分の行動半径としての実感が強い。自分の領分意識が形成されていることを自覚する。

〈[3]象徴空間としての場所〉

世俗的日常的空間と区別される宗教的な聖なる空間をさしている。民族的なタブーをもつ空間などもこれにあたる。

〈[4]言語的トポス〉

アリストテレスの修辞学における議論法（考察法）とその対象となる論点（問題点）や論拠の所在とを「トピカ」といい、それらを類型化して整理したものをトポイ（トポスの複数形）のカタログと呼んでいる。トポスは、論点・論法の所在場所をさしていることになる。

中村雄二郎氏は、これらを歴史的観点から討究した後、場所（トポス）と主体との関係について、次のように述べる。

> （前略）共同体から自我（個人）の、コロス（舞唱隊）からヒーロー（劇的行動者）の発生・自立は、あたかも場所から主体の、述語から主語の発生・自立に対応しており、主語＝主体の働きは、なによりも述語＝基本的なものの自覚的な統合にある。つまり、おのれの存立の基盤、おのれがそこから発生した基盤に深く鉛錐を下ろし、基盤を自覚し統合しつつ、それから自立することである。（同上書244－245頁）

中村氏の所論を、直ちに授業論・学習論に適用することはできないが、少なくとも、大村はま氏の提起された、場と主体形成との関係について、哲学的な観点からの解明の手がかりを与えるものになっている点に注目したい。

〈存在根拠としての場所〉および〈身体的なものとしての場所〉の論には、学校・教室という学習環境としての場所（物理的空間）の意味を考えさせるものがある。学校や教室における児童・生徒は、学校・教室という場所に、集団（小・中学校では、学習集団であると同時に地域集団としての性格をもっている）を形成して存在している。また、そのありようを見ると、個人あるいは集団が、学校という場所において形成している一種のテリトリーを認めることができる。あるグループが遊び場として占有しているグランドの一隅な

ど、小学校などではよく見受けられる事例である。現代の学校には、奉安殿とか、二宮金次郎の像とか、戦勝記念碑などといったある種のイデオロギーにもとづく〈象徴的空間としての場所〉を形成するシンボルは、見受けられなくなったが、それに代わって学校の教育理念や校歌を刻んだ石碑、ブロンズ像、記念樹などは、数多く見いだすことができる。これらが、「象徴的空間としての場所」を形成し、児童・生徒の精神的な拠り所となったり、暗々の教育的影響を与えたりする教育的働きをしている例が認められる場合がある。〈言語的トポス〉は、これらの「場所」とはやや異なるが、問題（論点）、および追究方法としての論法の所在場所という点から考えると、学習内容・学習方法論への類比的な示唆を与えるものがある。

　ある「場所」が、そこにある人を、主体として形成する。中村氏は、「おのれの存立の基盤、おのれがそこから発生した基盤に深く鉛錐を下ろし、基盤を自覚し統合しつつ、それから自立することである。」と述べて主体形成が、場所との深いかかわりあいを通してそれを自覚するとともに、それから相対的に自立することによってなされるとしておられる。授業における主体形成は、教室という場所、授業の仕組みにもとづく学習行動の場においてなされる。学校・教室という教育的場所の作用によって、子どもたちは学習主体となるとともに、主体の自覚的な働きかけによって、より確固とした主体が形成される。このように考えると、中村氏の場所と主体の論は、すぐれて主体形成にかかわる教育論であると言うことができる。

注
　1）『大村はま国語教室①』所収。昭和48年11月実施。
　2）注1に同じ。
　3）東京都大田区立石川台中学校における国語科実践研究会における大村はま氏の話による。
　4）「生き生きとした学習とは―環境条件の分析―」(「児童心理」32巻2号　昭和53．11)
　5）注4に同じ。

第二節　授業の「場」としての「実の場」の系譜

第一項　大村はま氏の「実の場」の源泉と胚胎

　大村はま氏は、「実の場」について、次のように述べられている。
　　昔から自分でやる気になったときでなければ、身につかないということはわかっていますが、そういう姿勢を作ることが至難なわざなのです。生徒をしかったり、いろいろやっているのと違いまして自分ではほんとうに追究したくなるという場面を作ること、もしそれができたら、もう先生の仕事はほとんど終わったかもしれないと思うぐらいですが、その姿勢を作ることができにくいのです。
　　子どもたちは求める気持ちも持っていますし、いっしょうけんめいやろうとする精神を持っていますけれども、なかなかそれを表面の学習に向かう姿勢にすることができないわけです。主体的な学習─虚の場でなくて実の場の学習とは、つまりほんとうに自分の生活目的のために立ち上がっているような姿勢にもっていくことだと思います。（本書５頁前出書97-98頁　下線は引用者。）
　主体形成を促す「場」は、「ほんとうに自分の生活目的のために立ち上がる」作用因子を内包しているものであることが示唆されている。大村はま氏の「実の場」は、その提唱される単元学習と密接に関わっている。大村氏が昭和48（1973）年に、中学校２年生を対象として実践された単元「私たちの生まれた一年間」によって、「実の場」の仕組みを見てみよう。
　この単元学習は、生徒たちの生まれた１年間の新聞のうち、100日分の記事を資料として構成されている。自分たちの生まれた１年間に生起した出来事や時代を特色づける物の見方・考え方を明らかにすることを通して、その

ような時代に生まれた者としてのアイデンティティを認識させることをねらいとしたものである。国語科の授業であるから、この課題追究のための言語活動を組織して、中学2年生が習得し形成すべき国語能力と態度とを目標として設定されていることは言うまでもない。

　大村氏によると、この単元学習の契機となったのは、この生徒たちが1年生のとき、図書室の一隅で7、8人の生徒と雑談したことであったという。家庭の言語環境と家族の話ぶりとの相互関係から話が始まり、生まれ育った時代、社会と人間の物の見方考え方との関係にまで、自然に話題が広がって行ったという。このことをきっかけに、国語科の授業でこの問題に取組むことに話が進み、生徒とともに生徒たちの生まれた年の新聞を収集するという活動が始められた。そして、2年生になって実践に移されたのである。

　「実の場」は、このような問題意識によって形成される。言いかえると「実の場」に子どもを立たせることによって学習者としての問題意識の喚起を促すことが可能となるということである。この問題意識は、自分たちの生まれた1年間の新聞が、探索、収集可能な状態で存在することを実感することで方向性のある探究活動を始動させる。

　この単元学習の実践は、図書室においてなされている。図書室は、文献資料そのほかの資料を利用して自らの知的欲求、問題解決を達成する環境条件を備えた機能的空間である。そのように考えると、図書室は、単なる物理的空間ではなく、追究のリアリティのある場、つまり、「実の場」であると見ることができる。

　大村はま氏の言う「実の場」の主体形成のメカニズムは、学習活動の場を、「虚の場」でなく「実の場」にすることであり、それは、「生活目的」のために立ちあがらせるという仕組みにある。この仕組みは、別の言い方をすると、自らの切実な目的のために立ちあがり、それを主体的に追究、実現しようとする動機づけの機能を有していると言うことができる。その仕組みを、具体的に、大村氏の「詩の味わい方」(『大村はま国語教室④』67-77頁所収。初出「中等国語教育技術」昭和28・4　小学館)に見てみよう。

　　（A）詩（短歌や俳句をふくめて）を集める

第一章　国語科授業のトポス論

　　この作業のねらいは、しらずしらずのうちに、いろいろの、たくさんの詩を読み味わうようになるところにある。できるだけ、○多く広く読ませるために／○味わいかえしつつ読ませるために／○深く読ませるために／○めいめいの興味に合うようにするために／○能力の高低に応じるために／○全体にたのしく、詩を読むことに興味も持ってくるように／○けっきょく、詩を読み味わう力を増すために

　次のような集めかたはどうであろうか。((1)～(12)の事例が掲げてあるが、ここでは(9)の例を引く。)

　(9)　それぞれの詩（歌・句）をだれかに贈ることにし、なぜその人に贈るかを書く。たとえば次の「少年」という詩をAという同級生に贈る。「閑静な町」といい、「寺」といい、A少年の住まいのあたりに似ており、よくその寺に行ってはまり投げをして遊んでいるので、この詩の中の少年が、Aのような気がする、というのであったら

　　「Aさんに、この『少年』の詩を贈ります。きょうもまたあの○○寺の庭で、夕方までまりを投げていたのではないでしょうか。あのあたりの静かな町のようすも似ています。まりを投げ投げ帰ってくる少年がAさんのような気がしてなりません。」

　と書きそえる。

　　　　　　少年

　　夕ぐれ／とある精舎の門から／美しい少年が帰ってくる

　　暮れやすい一日に／てまりを投げ／空高くてまりを投げ／なおも遊びながら帰ってくる

　　閑静な町の／人も木も色をいずめて／空は夢のように流れている

　　　　（三好達治）

　　もちろん、このように、情景なり事がらなりの似たものだけを考えるのではなく、気分とか調子とか味わいに目をつけて贈る人を選ぶようにする。(同上書72－74頁)

ここには、友だちに、何かの記念に自分の選んだ詩に言葉を添えて贈るという目的的活動が組織されている。そのための詩を選び、言葉を添える活動

を通して、詩の言葉が読み手の心の中に立ちあがり、生きて働きかけてくる。つまり、生徒は、詩を贈るというリアリティのある目的的活動に意欲的に従うとともに、教師の意図する詩を味わう学習活動に取組んでいるということになる。

　このような授業の仕組みについて、筆者は、このような授業の仕組みを次のようにモデル化している[1]。

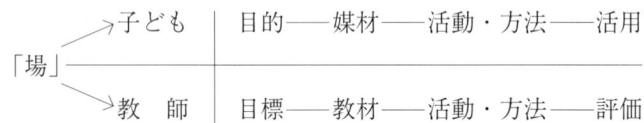

　この「場」が、大村氏のいわゆる「実の場」であり、教育心理学で言う内発的動機づけ論の立場からは、「応答的環境」の条件を備えた教育的環境である。哲学的な立場からは、トポス論の視点から討究している[2]。

　「場」には、主体形成の作用がある。また、主体の内実を形成する追究の対象（教育内容）もある。このような「場」に立って学習活動を進めることによって形成されるのは、直面する問題の解決をはかったり、新たな課題の解決に必要とされる力を習得し、対応したりすることのできる学力である。つまり、問題解決力を内実とする主体的な学習力である。

　言うまでもなく、このような学力の形成は、従来の一斉形態の問答法の授業では不可能である。大村はま氏の創成された単元学習法は、主体的な学習者の育成を通して、問題解決力を内実とする学習力の形成を図るにふさわしい授業方法である。この単元学習の成立要因として重要な働きをしているのが、「実の場」である。大村氏の「実の場」という考え方がどのように成立してきたかを考究することとする。

　大村はま氏が、戦後、新制中学校に移り、戦災で荒廃した校舎において、教材・教具の何1つとしてない、しかも混乱のさなかにある生徒を対象とした授業の苦心の様子は、講演「教えるということ」（昭和45・8　富山県小学校新規採用教員研修会）にくわしい。昭和22年、発足したばかりの東京都深

川第一中学校での実践である。机も椅子も、ノートも教科書もエンピツもない、２クラス100人余を対象とした教室で、疎開の荷物から古新聞を取り出し、生徒にふさわしい記事や読み物を切り抜いて準備した教材文を、100人余の生徒１人ひとりにエンピツとともに手渡していった。課題を提示して説明し、取組ませていくうちに、喧騒を極めていた教室が何時の間にかシーンと静まりかえり、ある者は壁に寄りかかり、ある者は外れた窓ガラスを下敷きにして考え進めている。ここには、極限の状況の中で、学習者の実態から授業を出発させるという単元学習の原点が認められる。

　大村氏は、この実践について次のように述べる。

　　私はほんとうに驚いてしまいました。そして、彼等がほんとうに「いかに、伸びたかったか」ということ、「いかに、何かを求めていたか」ということ、私はそれに打れ、感動したのです。

　　そして子どもというものは「与えられた仕事が自分に合っていて、それをやることがわかれば、こんな姿になるんだな。」ということがわかりました。それがないという時に子どもは「犬ころ」みたいになるということがわかりました。(『大村はま国語教室⑪』1983・10　筑摩書房　204頁所収)

　大村氏の言葉には、学習者の実態をふまえた授業の組織は、３つの観点に立って行うべきことが示唆されている。すなわち、１学習者が内にもっている求める思いを探りあて、それに応えること、２教材を個別化し、それにふさわしい課題を提示すること、３子どもは本質的に求める心をもっているという人間の尊さへの信頼に立つこと、という３点である。これらのことは、大村国語教室の原点であると同時に、授業の組織、展開の基本である。

　大村はま氏の「実の場」、ひいては、単元学習の源泉となるものは、氏の最初の赴任校である諏訪高等女学校時代に培われたものにあると考えられる。

　昭和４年度の３学期の学芸会における「葡萄の話」の実践がある。

　　学年末には、学芸会がありました。そのとき、国語科からの出し物として「お話」がありました。格好の民話などを見つけて、丸暗記して話

すのでした。私は、生意気ながら、それがなんかもの足りなく思われました。また、何もわかっていなかったのですが、なんとなくでした。それで、二年目、昭和四年度の三学期つまり昭和五年の三学期ですが、この既製の丸暗記というしきたりを破って、いわばオリジナルの話を試みたのです。これがその原稿（引用は省略。）「葡萄の話」ですが、<u>題材として、ぶどうは隣の山梨県の名産でしたし、その山梨県の信州寄りの一部、駅でいえば小淵沢までは、諏訪高女に通う区域でしたから、諏訪の子どもたちにとって、ぶどうはかなりの親しみがありました。</u>それでぶどうを取り上げ、「日本の誇」（北垣泰次郎著）をはじめ、たくさんの資料を集めて、発表者に決まった池田梅子といっしょに調べました。山梨県の産業の発達やぶどう栽培の歴史、長田徳本という人、ぶどうという植物の性質・特質など、調べているうちにおもしろい発見もあって、楽しい研究でした。ことに、なぜこの地においしいぶどうができるかということや、ほんとうにおいしいぶどうのできるのは、非常に一部の地域であることなどを知ったときの気持ち、<u>「知る喜び」というのでしょうか、たいへん幸せな気分でした。</u>

　<u>この「葡萄の話」は、話としても成功しました。なんか、新鮮なものがありました。</u>(『大村はま国語教室』別巻1983・10　筑摩書房所収「自伝」153-154頁　下線は引用者。)

　ここには、学芸会の発表の題材として、生徒の身近な生活の中から、生徒の「親しみ」や興味・関心をもつと考えられるものが取りあげられている。また、生徒とともに調べ、ともに新しい発見の喜びを体験しているところなど、後年の単元学習の原型を見る思いがする。

　このような考え方や実践方法は、独自に生み出されたものではなく、諏訪時代から師事していた芦田恵之助氏の影響を受けたところがあると考えられる。自伝によると、「諏訪高女に昭和三年から十三年までおりました。この前半は川島治子先生のまね、後半は芦田恵之助先生のまねをして授業をしていたと思います。」（同上書160頁）とある。野地潤家先生は、芦田恵之助氏の大村はま氏への影響について、次のように評しておられる。

芦田恵之助先生は、わが国の初等教育における国語科授業を典型的に創造し深化させた、卓抜な実践者であったが、大村はま先生は、中等教育における国語科授業に半世紀をこえてとり組まれ、みごとな創造をとげられた。<u>その授業創造の源泉は芦田恵之助先生に、そのほとんどを負うていられるといってよい。</u>」（『大村はま国語教室の探究』1993・9　共文社　39頁　下線は引用者。）
　芦田恵之助氏のどのような所説や実践に大村氏の「実の場」の源泉があるのか、探求することが課題となる。

第二項　芦田恵之助氏の「境遇」論

　大村はま氏の「実の場」の源泉と見られる芦田恵之助氏の実践用語に「境遇」がある。芦田氏の『綴り方教授』（大正2　育英書院）に、次の一節がある。
　　<u>尋三以上になれば、児童の実生活に文を書かねばならぬ必要がおこって来る。即ち精神生活を伝達し、記録し、又は娯楽のために綴るやうなことが出来て来る。</u>同級生に病気欠席のものがあると、之を訪問するのは友情の発露である。しかし、数十名が同時訪問は事情の許さぬところであるから、勢、代表を出すか、書状によるかの一を選ばねばならぬ。
　　（中略）
　　<u>児童の実生活に精神生活の伝達・記録の必要があり、時に娯楽のためにも文を綴るといふことが明らかになれば、綴り方教授の意義は最早動かない。即ち児童の実生活により来る必要が題目によって発表しなければならぬ境遇を作り、ここに児童を置いて、実感を綴らせるのである。</u>かの児童が「先生うそを書いてもよろしいか。」といふやうな綴り方教授は、余の主張する意義の中には存在することを許さぬ。（引用は、明治図書版「全集2」1987所収『綴り方教授』291頁による。引用に際して漢字は新字体によった。下線は引用者。）
　ここに述べられている「境遇」は、大村氏の「実の場」そのものであると

言っても過言ではない。特に、「発表しなければならぬ境遇を作り、ここに児童を置いて、実感を綴らせる」という言葉には、子どもたちにとって、その「境遇」がリアリティのあるものでなければとならないことを啓示している。

　「綴り方」の場合は、「実生活により来る必要が題目によって、発表しなければならぬ境遇を作り」やすいし、また、その必要性を見いだしやすい。しかし、「讀み方」においてはどうか。芦田恵之助氏は、『讀み方教授法』（初出『文章研究録』第1号〈大正3＝1914年1月〉から第11号〈同年11月〉まで連載。引用は、明治図書版『芦田恵之助国語教育全集7』1987所収『讀み方教授法』による。）において、次のように述べている。

　　余は日露戦争当時に、尋常四学年の児童が新聞号外の戦況を何等の苦労もなく読むのを見たことがある。試にその意義を問ふと、きはめて明確に事実を答えた。余はこの一事実から、境遇はおそろしい勢力のあるものと信じてゐる。祖国が危急存亡の際であるから、その戦況は国民全般の強く注意するところである。ことに児童の戦争に熱中することは殆ど意想外で、それが振仮名なき号外を自由に読破する力を養ったのである。これ等の事実から、今日の児童にもし文章を読破する努力が弱いとしたら、それには教師の読み方教授観があづかつて力ありといはねばならぬ。故に読み方教授は丁寧懇切であると同時に、何れの部分にも自覚の念を覚醒する意義がふくまれてゐなければならぬ。（同上書16頁　引用に際して漢字は新字体によった。下線は引用者。）

　ここで用いられている「境遇」の意味は、『綴り方教授』に共通する。すなわち、児童の置かれている「境遇」は、児童に戦況への切実な知的欲求を喚起し、振仮名のない号外を読破しようという「自学の念」を「覚醒」させ、読破する力を習得させるほどの「勢力」をもっているとする。この考え方は、『讀み方教授』（大正5年　育英書院）になると、次のような進展を示す。

　　余が最近十年間の教授に対する回顧を叙する必要がある。最初の五年間は教術に苦心した。児童の理解如何といふ事よりも、教授はかくあるべきものとの余の理想に合致するを第一義と考へた。予備・提示・比

第一章　国語科授業のトポス論

較・統括・応用の五段を巧に踏んで、自己の満足を得ようと努めた。而して之が最善の教授であると考へてゐた。最近の五年間は教材はそこ〴〵異なった要求を持ってゐる。その要求に応じて取扱ふのが第一義であると考へた。故に教授上教材の研究が最も大切であると信じてゐた。教術などは悉く教材の要求によって工夫せらるゝもので、五段階の段階などは必ずしも一時間に踏むべきものではないと考へた。この頃になつて、「教授は児童が自己の日常生活を解釈し、識見を高めようとする学習の態度を確立するのが第一義。」と考へ始めた。即ち教授には教術も大切であり、教材研究も大切である。しかし如何に五段階をうまく踏んでも、教材の要求に合致しても、それが児童の日常生活に覚醒し、発動的学習態度の確立に無効であつたら、教授は全く無意義である。（引用は、明治図書版『全集7』1987所収による。同上書126頁　引用に際して、漢字は新字体によった。下線も引用者。）

　ここには、意図的計画的に組織、展開される授業において、「児童の日常生活を覚醒し、発動的学習態度の確立」を図ることの重要性について述べられており、授業における「境遇」については特に触れられていない。この点は、同書において、次のように説かれていて、社会的生活と教室における学習活動の場との間に一線を画している。

　　読書の興味は自己の生活に触れることより生ずるといふことになると、読本の内容は児童の生活に接触するものでなければならぬ。翻つて児童の生活を見ると、そは実に多様である。大人の持つてゐる研究・鑑賞・独立・親愛・闘争等の萌芽は悉く持つてゐる。余はこゝに萌芽といふ。萌芽を培養するには彼等の生活を以てしなければならぬ。社会の実生活を以てしては、あまりに懸隔が甚だしくて、発育を促すよりも、萎縮せしむる虞がある。少くとも之を解すること能はずして、この種の文章に遠ざからうといふ傾を生じる。これは現行読本教授者の等しく認むる所であらう。（同上書158－159頁　下線は引用者。）

　「児童の生活」に拠点を置いた授業の組織と展開の重要性が指摘され、安易に社会の実生活に連係することを戒めている。特に、「萌芽を培養するに

27

は彼等の生活を見てしなければならぬ」としているところは、随意選題論に通底する考え方である。芦田氏は、この点について、次のように述べている。

　　随意選題は発動的に、自己の内部からの表現欲求によって、自己の生活より書くべき想を見出すことである。(白鳥千代三編『小倉講演綴り方教授の解決』大正10年　目黒書店　引用は、光村図書版『近代国語教育論大系6』1976・7所収による。漢字は新字体に改めた。)

　この随意選題論の由ってくるところについて、芦田氏は、『国語教育易行道』(昭和10年5月　同志同行社)において次のように書きとどめている。

　　その賞金五十円(引用者注。「尋常小学校に於ける作文教授方案」によって京都府教育会から得た賞金をさす。)のおかげで、東京に出て都の空気を吸いました。幸、樋口勘次郎先生に知られて、東京高等師範学校附属小学校の嘱託となりました。その頃の樋口先生は、旧教育の破壊者で、自発活動を重視した教育を唱へ、かつ実行していらつしやいました。私は多分にその感化をうけました。中でも作文は、書く一段があるばかりだといふ先生の所説──信州の上田で冬季講習のあつた時、私はお伴をして、講演筆記をまとめたものです。それが「統合主義新教授法」の原稿のもとになりました。ある時先生に、「何が何でも、作文の一段といふお話は無謀です」といふと「出来た本を見てくれよ。御心配には及びません」とわらひながらおつしやいました。新刊を見ると、なるほど記述と批正になつてゐました。──に動かされました。私の随意選題は、丙申水害実記に芽生え、それが樋口先生の旧教育破壊に育てられたのは明らかです。(引用は、明治図書版『全集12』1987所収による。138-139頁　引用に際して漢字は新字体によった。なお、引用文中「丙申水害実記」は、明治29年の福知山の水害の実情記録140枚ほどの文章をさす。)

　芦田氏の児童の生活に根ざす発動的学習態度、学習活動へ向かう必然性のある「境遇」の設定という、大村はま氏の「実の場」を下流にもつ授業組織・展開論の水源が、樋口勘次郎氏の自発活動を中軸とする統合主義教授法にあることは、引用した芦田氏の言葉に明示されている。

第三項　樋口勘次郎氏の「統合主義新教授法」と単元学習法

　樋口勘次郎氏の『統合主義新教授法』（明治32年4月　同文館）は、芦田恵之助氏の文章にあるように、信州上田での教育講習会における樋口氏の講義を芦田氏が筆記したものがもとになって、まとめられた。本書に説かれている「統合主義新教授法」の要点を摘記すると、以下のようである。

　第一章　教授の釋義
　第二章　師弟の情
　　　　教授は先づ師弟の情を確立せざるべからず。
　第三章　学校と家庭との連絡
　　　　教授は家庭の教育と一致を保つべし。（なお、本章には「飛鳥山遠足」の実践例が引かれている。）
　第四章　管理
　　　　教授の予備として厳格なる管理を施すは不可なり。
　第五章　活動主義
　　　　教授は生徒の自発活動を重んずべし。
　　　　何故に教授は自発活動によらざるべからざるかは、少しく教授の意義を考察せば自ら明らかなるべし。抑も教授は教育者が被教育者を発達せしむために施すところの作業なるが、<u>発達は活動の結集にして、発達の分量は活動の分量に比例するものなれば教授が生徒を活動せしめざるべからざるは論なし。而して其の活動が自発なるべしといふは、自発活動は受身の活動よりも、力の発射する分量強く、従ひて大なる発達を生ずるに適すればなり。</u>
　第六章　遊戯的教授
　　　　学問は遊戯的になさしむべし。
　　　　教授は成るべく自発的の活動に依頼せざるべからず。自発活動の最

も適切なる例は遊戯の際にあり。(中略)

　此の如き見地を以て看察するときは、彼等の殆どすべての遊戯が皆地理、歴史、理化、博物など、ある種の学問として見るべきものなると同時に、学校の課業も成るべく、此の如く遊戯的に学ばしむるときは、彼等の熱心は期せずして集中せられて、其の進歩顕著なるべきことは明かなり。

第七章　教授の統合

　教授は統一したる知識を与ふべし。

　統合教授とは、各種の教授材料を、可成親密に関係連絡して、殆ど一大学科を学ぶが如き感あらしむるやうに教授すること、換言すれば、教授によりて与へたる観念間に、可成強き連合を、可成多方に形成することを意味す。

第八章　智識の発表

　生徒をして智識の発表に慣れしむべし。

第九章　勇往敢為の気象

　生徒をして他人の批評を顧慮せしむべからず。

第十章　教授の程度

　教授は児童の発達の程度を考ふべし。

第十一章　教授法の活用

　教授は形式に拘泥すべからず。　　　　　　（下線は引用者。）

　以上の摘記から浮かびあがってくるのは、以下に述べるような授業像である。

　人的教育環境については、教師、家庭の問題を取りあげ、教師、家族とが信頼関係に立って、のびやかな雰囲気の中で教育すること。学習活動においては、生徒の自発活動、発動的学習態度を重んずること。遊戯的学習活動によって自発性、意欲を高め、総合的に学習させること。教育内容については、一大学科のように各科を統合して教授すること、さらには生徒の発達段階を考慮して意欲的主体的な発表活動をさせることを通して、記憶中心の学

習から脱却せしめること。これらは要するに、学習者中心の、主体的自発的な学習活動による学際的に統合された教育内容の習得を推進する授業を目標とするということである。そしてそれは、今日行われている授業では、単元学習に比定できるということである。

「第三章　学校と家庭との連絡」には、具体的な実践事例として「飛鳥山遠足」が掲げられている。

飛鳥山遠足は、樋口勘次郎氏が東京高師の附属小学校で実践したものである。当時、一般には物見遊山的な遊びと受けとめられていた遠足について、その教育的意義を明らかにし、その主張である統合主義に立つ教授法の具体的実践による検証にねらいがあったと考えられる。

まず、家庭に対して、遠足は遊山ではないことの理解を得るために、説明の文書を送り、認識を改めて協力を得る措置をしている。次に、子どもたちに、遠足に先立って教育博物館を見学させ、展示内容で関心をもったものを調査し、子どもの興味・関心・問題意識の対象や所在を探っている。さらに、飛鳥山の遠足の途中において、どのような教育内容を見いだし、学習させることができるかを研究し、実践の「準備」をしている。遠足実施後には、どのような教育内容を学習させることができたかということについて分析し、次のように整理している。すなわち、㈤動物学、㈹植物学、㈺農業、㈾商業、㈸工業、㈻地理、㈷地質、㈶人類学、㈺物理学、㈺詩、㈸修身、㈺作文、といった学問分野を示している。

この実践については、井上敏夫氏によって、「戦後の単元学習そのものの感がある。」(光村図書版『近代国語教育論大系2　明治期Ⅱ』1976・7所収解説)と評価されている。

樋口勘次郎氏は、教師と家庭という人的教育環境については言及しているが、いわゆるトポス論に相当する教育環境については触れるところがない。しかし、学習者の自発的活動による「遊戯」的な学習、各科の統合的学習といった考え方にもとづいて、「飛鳥山遠足」が実践されているということは、飛鳥山への道中と飛鳥山をフィールドとする授業の組織化が図られているということである。このフィールドから、動物学、植物学、農業、商業、

31

地理などといった学問分野に位置づく教育内容を発見して、授業に組織するということは、フィールドを単なる物理的空間として見るのではなく、場＝トポスと通底するものを認めているのではないかと考えられる。

　樋口勘次郎氏の「統合主義新教授法」に、アメリカのF. W. パーカー氏（1877 - 1903）の「中心統合」の学説の影響を指摘する見解について、井上氏は、樋口氏がパーカー氏の著作に直接依拠して著述したと見る根拠は見いだせないとしている（前出「解説」）。しかし、樋口氏の所説は、パーカーの学説に通ずるところを多く有している。何らかの関わりをもって影響を受けたと見られる。

第四項　F. W. パーカー氏の「中心統合法」と樋口勘次郎氏の「統合主義新教授法」

　F. W. パーカー氏は、その著『教育学講話』（原題 Talks on Pedagogics. An Outline of the Theory of Concentration, 1894）において、中心統合法の理論を説くとともに、その要約を掲げている。以下に、その要約の要点を抜粋する。なお引用は、西村誠・清水貞夫訳『中心統合法の理論（パーカー）』（『世界教育学選集23』1976　明治図書）による。

　第一　発達させられるべき存在（児童）こそが、そのためにどのような内容（教科）、どのような方法が用いられるべきかを決定するということ。（同上書154頁）

　第二　児童の四囲の環境の中に見出される、児童の発達に役立つ教材（Subject-matter）は、中心的諸教科（Centra-subjects）という見出しの下に分類される。すなわち、(a)地理学、および鉱物学――これらは無機物についての諸科学である。(b)物理学と化学――これらは無機物の運動と変化の諸法則である。(c)植物学、動物学、人類学、民族学および歴史学――これらは有機物と生命についての科学である。(d)生理学――これは生命体の物理と化学である。（中略）

第一章　国語科授業のトポス論

　ひとりの児童は、かれをとりまく四囲の環境の中で、すべてこれらのもの（訳者注。中心諸教科の教材となるもの）にふれ、本能的に中心諸教科の各分野へむかっての探究をはじめる。（同上書155－156頁）

　第三　外界の事物についてのすべての知識は、判断と呼ばれる自我の働きに絶対的に依存している。判断、つまり独創的な推論の作用は、感覚の所産、元素的観念、及び個別的概念に絶対的に依存する。（中略）したがって、対応する形の認識や解釈なしに、いかなる知識（認識）も知識についての解釈もあり得ないということは明白である。形についての学習は、中心諸教科のすべての知識の基礎である。（156頁）

　第四　（前略）中心統合の理論の喚起するものは、数値化とよばれる判断の様式の訓練が、外界の事物についての、すべての知識のかく得に欠くことができないということであり、また、この判断の様式は、物の長さを測り、重さを測るなどのことによって、最も経済的にかく得されるということ、つまり、中心諸教科の直接の学習に本来備わっている、すべての訓練の中心で、かく得されうるということである。（157頁）

　第五　注意（attention）は脳と意識的に対する外的属性の作用によって誘い出される旺盛な知的創造の過程である。（157頁）

　第六　観察は、実習と調査の要求を伴ない、中心的諸教科の基礎的で、予備的な学習となる。（158頁）

　第七　学校に入るまでにかく得している話し言葉について（158頁）

　第八　読み方（reading）について（158頁）

　第九　すべての表現様式（mode of expression）——身振り、音声、音楽、話し方、制作、造形、描画、作図、作文など、について（159頁）

　第十　音楽について（159頁）

　第十一　身体の活動について（160頁）

　第十二　表現の概念的諸様式について（160頁）

　第十三　話し方（speech）と書き方（writing）（160頁）

　第十四　（前略）すべての表現活動は、教育的な思考の上に十全な反射作用をもつべきであるということを意味している。（161頁）

第十五　中心統合法の理論の主要な問題提起は、すべて真の教育は、本来道徳的で、倫理的なものであるという証明の中で理解される。教育は人間の真理へむかっての態度を発達させることである。(161頁)
　これらを整理すると、次のような6点にまとめることができる。
1．教育の組織の中心に子どもを置くこと。(第一)
2．子どもの自発性、発動性を触発するのは環境であること。(第二)
3．環境の中で子どもの発達を促す教材（subject-matter）は、中心的諸教科（centra-subjects）に統合されること。(第二)
4．判断、推論、注意、観察は、外界の事物の属性の作用によって誘発され、獲得される基礎的能力であること。(第三・第四・第五・第六)
5．話し言葉、身振・音声・音楽・話し方・制作・造形・描画・作図・作文などの表現様式、音楽、身体、話し方と書き方などで学習される学力は、学習の手段として既得の学力を使用しながら獲得されるものであること。
　（第七・第八・第九・第十・第十一・第十二・第十三・第十四）
6．中心統合法の理論は、教育は人間の真理へむかっての態度を発達させるということを提起していること。(第十五)
　このように整理すると、1・2・3・5などには、樋口勘次郎氏の「統合主義新教授法」の所説に通ずるものがあることが理解される。樋口勘次郎氏が、パーカー氏の学説に学んで、統合主義、児童中心、活動主義の教授法をまとめたものと考えて、ほぼ、間違いないと判断される。
　樋口氏の「飛鳥山遠足」に内包されている授業の場＝トポスに通ずる考え方が、パーカー氏においては、「環境」と子どもとの相互関係を通して教育作用が発現するという見解に示されていると認められる。子ども中心、活動主義、環境、中心統合といったキーワードから導き出される授業の実践構造が、その土台に「環境」─場＝トポスを位置づけることは、必然的な帰結である。同じような立脚点をもつ樋口氏とパーカー氏の教育方法観に似通ったところが生ずるのは、当然のことである。

第五項　「ホール・ランゲージ」運動の「オーセンティシティ」

　桑原隆氏は、『ホール・ランゲージ』（1992　国土社）において、米国留学中に参加した「ホール・ランゲージを実践する教師の会」における、ボブ・リートマンという小学校長の研究発表について、次のように報告している。
　　ボブの発表は「書くこと」の指導についてであった。話の中心は、いかにうまく書くかといった技術の問題ではなくして、本物の、実の場に即した書くことの場と機会が重要であって、それをいかに設定し、組織していくかというものであった。彼の話の中に「オーセンティシティ authenticity」という言葉が頻繁に使われていた。私にとっては初めて耳にする英語で、会が終わった後、グッドマン教授に質問した。<u>それは、スキル的な技巧的なものの練習ではなくして、「言語主体とその場や状況とが緊密に結びついて機能的に行われる本物の言語活動や学習」で、そのまとまりがホール・ランゲージのホールではないかと理解した。未だに適訳は見当たらないが、私はその時、大村はま先生の「実の場」といった言葉を思い出し、それと重ね合わせて理解した。</u>（同上書19－20頁　下線は引用者。）
　現代の米国において実践されているホール・ランゲージ運動に、「実の場」に通ずる「オーセンティシティ　authenticity」が重要視されていることは、注目すべきことである。桑原氏は、同書において、同運動の中心的指導者であるグッドマン博士の、「ホール・ランゲージ運動の源流」という論文を訳出している。グッドマン博士は、ホール・ランゲージ運動に影響を及ぼした教育学者として、ジョン・デューイ氏の名前をあげている。そして、デューイ氏が、「学習者をカリキュラム展開過程の中心に置くこと、言語と他の領域の学習とを統合することを主張し、その理論的根拠を明らかにした。」（同上書167頁）として、ホール・ランゲージ運動に影響を及ぼしていることを示している。

ジョン・デューイ氏は、よく知られているように、F.W.パーカー氏とは同時代人である。さらに、パーカー氏が創立したシカゴ教養・教育学院と、デューイ氏の所属しているシカゴ大学教育学部との合併問題をめぐって、種々、交渉があった。合併問題については両者に対立があったものの、教育思想、理論面では共通するところを有しており、相互にその教育理論を高く評価しあっている[3]。

　大略ではあるが、このように源流を辿っていくと、大村はま氏―芦田恵之助氏―樋口勘次郎氏―パーカー氏―デューイ氏―グッドマン氏……大村はま氏、という一種の円環的な系譜が浮かびあがってくる。ただ、大村はま氏とグッドマン博士とは同時代であり、相互の影響関係というより、同じ水源から流れ出た2つの流れである。それぞれの国の文化性、精神風土性、社会・政治機構の差異によって、独自性のある教育観、教育理論が形成される。この問題については、比較教育学的な研究が必要である。

注
　1) 本書12頁参照
　2) 本書15～18頁参照
　3) 西村誠・清水貞夫訳『中心統合法の理論（パーカー）』（1976　明治図書）所収の解説を参照している。

第三節　国語科授業における「表現」の問題

第一項　問題の所在

　国語科の指導領域は、1979年の学習指導要領の改訂によって、これまでの「聞くこと・話すこと」「読むこと」「書くこと」の３領域を、「理解」「表現」の２領域に統合・再編成された。すなわち、「聞くこと」「読むこと」を「理解」に、「話すこと」「書くこと」を「表現」にそれぞれ統合したのである。音声言語・文字言語の違いにもとづく活動形態による区分を、その内包する作用にしたがって統合したものと考えられる。「表現」について言えば、〈内にあるものを言語を媒介として外化する〉という作用的意味を根拠としているとみられる。

　一方、改訂学習指導要領国語の小学校６年生の「表現」領域の目標には、「目的や意図に応じた表現をするため、全体を見通して適切に話したり、組立の効果を考えて文章を書いたりすることができるようにするとともに、適切で効果的な表現をしようとする態度を育てる。」（下線は引用者。）とある。さらに、それにもとづく指導事項には、「エ主題や意図をはっきりさせ、表現することによって更に自分の考えを深めること。」（同上）「ケ自分の書いた文章を読み直し、効果的な叙述の仕方について工夫すること。」（同上）などとある。目標の「表現」と「話す」「書く」とは、明らかに使い分けられている。「話す」「書く」は、活動を表しており、「表現」は、活動の結果をさしている。ところが、指導事項においては、「表現」「書く」「叙述」の用語の間にどのような相違があるのか必ずしも明確ではない。「表現」を単に「書く」「話す」といった活動を作用面から言い改めたにすぎないとも考えることができる。

近年、国語科授業における指導法として、「書く」活動や「表現」活動が導入されることが多くなってきている。日本国語教育学会は、その機関誌「月刊国語教育研究」の1991年1月号（No.224）で、〈読みのための『書く』〉、1992年5月号（No.240）で、〈作文・機会と場に生きる表現活動〉というテーマで特集して、問題の解明に取り組んでいる。
　〈読みのための『書く』〉の特集において、大村はま氏は、次のような巻頭言を寄せておられる。

　　　書くことは、もっともっと読むことの学習の方法に使われなければならなかったと思う。問答・話し合いなどが、実に気楽に使われているのに比べて、書くことの使われ方はかなり重い感じである。
　　　読みの学習の充実というと、①繰り返し熟読　②話し合う　③発表というように運ばれてくることが多い。そのあとに、わかったこと、考えたこと、感じたことなどをまとめるところで、書くことが出てくることが多い。もっと、そのまとまったことを書く以上に、まとめるために書くことがほしい。

　これに続いて、「書く」ことの働きが、どのような学習効果をあげうるかということについて、「文字を使って、心のなかを見通せるようにする」「目で見ていると、読みを広げ易い、関連が発見し易い。そして、深まり方を幅広くする。」「ことに、自分の考えを深めるため、いくつかの物事や考えの関わり合いのなかで新しいものを作り出していくため、書くことは助けである。」などと説かれている。ここには、「書く」活動の学習方法としての有効性が明快に述べられている。すなわち、「書く」活動によって、開かれていくものが、創造的な価値の世界であるということである。
　筆者は、同誌1991年1月号（No.224）の特集論文に次のように述べた。

　　　読みのための書く活動を例示すると、次のようなものがあげられる。
　　　1書きうつす／2書きぬく／3書き込む／4書き広げる／5図式化する／6要約する／7変換・再構成する／8続きを書く／9感想を書く／10批評を書く
　　　1〜4は、文章の叙述に即した読みのための書くこと、5〜8は、文

章の構造に即した読みのための書くこと、9〜10は、文章の全体像（作者の個性の反映を含む）を対象とした読みのための書くこと、というようにおおまかには整理できよう。

　文章には、意味の層として、[1]事柄レベル・[2]関係レベル・[3]価値レベルの三層が仮設される。文字記号を意味としてとらえる表層の中にあらわれるのは、書かれた事柄（素材）である。その事柄（素材）が関係づけられて、文章の構造が見えてくる。文章は、この事柄・関係の二層が表現として外化された、表現的統合体である。その中軸にあるのは、作者の個性である。読みの最終段階は、表現を読み、価値をとらえることである。（下線は引用者。）

「書く」活動を手段として、「表現」を読むことを目的とした活動を展開する、という関係把握の上に立って論述した。特に、「叙述」と「表現」とは、言語による外化の質的レベルの差（内実の差）として認識し、あらわしたものである。この「書く」「作文」「表現」の関係と差異については、同誌1992年5月号（No.240）に、次のように述べた。

　機会と場に生きる表現活動というとき、表現活動は、必ずしも、作文、書くことに限らない。音声言語による表現活動と文字言語による表現活動とを包含する。媒体としての言語に、話しことば・書きことばの違いはあっても、表現活動としての機構は共通する。一般に、表現は、主体の内部にあるものを、何らかの媒体によって外化するという意味で用いられている。その場合、内面にあるものの外化には、大きくとらえて二つのレベルがあると考えられる。一つは、いわゆる操作活動的レベルのものである。認知・技能レベルの外化と言ってもよい。これに対して、情意・価値レベルの内面的なものの外化という表現も考えられる。

　主体の内面形成に働く認識の層には、さまざまなとらえ方があるが、[1]事実認識、[2]関係・法則認識、[3]価値認識の三層を措定する立場に立って、表現の内実について考究してみたい。前述の認知・技能レベルの外化としての表現は、事実認識、関係・法則認識のレベルの層を、その内実としている。情意・価値レベルの外化は、価値認識の層を中心的内実

としていると見ることができる。

　いわゆる「表現」「理解」のいずれの場合についても、「表現」のとらえ方は、このように考えることが必要であろう。とすると、学習指導要領の用語である領域概念としての「表現」、目標（指導事項）概念としての「表現」、学習指導の方法概念としての「表現」の三者の関連を明確にし、国語科の授業に生かしていくことは、すぐれて実践的な課題である。さらに、「場」の力動性と「表現」活動のあり方との関係を究明することによって、総合生成主義の立場に立つ授業の方途を探究することも重要な課題である。

第二項　教育における「表現」の意義

　木村素衛氏は、『表現愛』（1939初刊　岩波書店）において、「表現」について、次のように述べている。

　　表現と云ふとき、この書に於いては私はそれを広い意味に理解してゐ<u>る。単に内的生命の自身に於ける直接の発動や或いは言表に限らず、また作り現はされたものとしての様々な制作物や所産に限らず、これらを含み入れて更に一層具体的包括的に、凡そ何ものかを作り現はすことに於いてみづからの存在を具体的に維持して行くやうな生命のはたらきを、表現として理解してゐるのである。</u>人間の本質を私は具体的にはかるものとして理解してゐる。<u>人間はみづからを形成的に表現しつつこのことを自覚してゐる存在である。</u>私はかくの如きものとしての人間の本性に就てこの数年間考へて来た。
　　表現の意味がこのやうに広く取られるところでは、実践的行為と芸術的制作作用とは共に表現の領域に属して来なければならなくなる。（同上書2頁　下線は引用者。）

　人間的存在の本質を表現においてとらえ、人間は、自己を形成的に表現することを通して、そのことを自覚するものである。特に、「凡そ何ものかを作り現はすことに於いてみづからの存在を具体的に維持して行くやうな生命

第一章　国語科授業のトポス論

のはたらき」を「表現」とするという考え方は、教育の問題を原理的に討究するにあたって、示唆深いものを有している。また、「表現」を「実践的行為」と「芸術的制作作用」との両方の意味を内包するものとしていることは、表現行為のレベルを考えるにあたって参考になる。さらに、次のようにも述べている。

　　表現が内なるいのちを形成的に現はすものである以上、素材が表現的生命の不可欠の一契機を形作るべきことは明らかでなければならない。併し表現的世界に於いて主体に対する外と言はるべきものは、直ちにそして単なる素材であるであろうか。表現的世界に於いて具体的に生きるとき、我々の外に於いて直接に出逢ひそして交渉するところのものは素材であるに過ぎないものであるだろうか。
　　具体的な表現的生命活動に於いては、直接我々が出逢ふところのものは単なる素材ではない。外なるもの単に主体からの形成的加工を待つに止まるものではなく、却て常に主体に語りかけるところのものである。表現的世界に於いて外の契機を成すものは素材ではなくして、みづから我々の表現的意志に語りかけて来る表現的環境である。歴史が人間の表現的生命過程であるなら、外とは歴史的環境に他ならないのである。我々は素材よりも前に先づ歴史的に生み出されたものに出逢ふ。人間は本来かかる世界の内に生み出され、育ち、みづから作り、そして死滅する。（同上書10－11頁　下線は引用者。）

この文章に続けて、木村氏は、次のようにも言う。「表現的主体は、それ自身としてはいのちなき素材的自然に自己を刻み込むことに依て、表現的主体であるのではない。主体は語りかける外に対して応ふる内として、初めて本来的意味に於ける表現的主体性を獲得するのである。」（同上書33頁）人間的存在の本質を形成的表現の自覚に認め、さらには、表現的環境の語りかけに応える内なるものとして表現主体が形成されるとする。このような人間存在の認識は、教育の目標としての人間を考えるとき、人間を全体的に、しかも表現的存在としてとらえている点が、教育の今日的課題を討究するにあたって、きわめて刺激的である。現代社会においては、人間は、部分機能的

にとらえられており、あまりにも合理的合目的的にしか見られていない。人間が、ゆとりをもってのびやかに、自由な存在として自己を全的に生きることが容れられない、息苦しい社会になっていることの反映でもあろう。しかし、人間が、自らを形成的表現的な存在であると自覚し、その存在を規定する環境をも表現的にとらえているところから導かれるのは、人間を全的にかつ自由性と主体性を固有の属性として生きる存在とする認識である。

　木村素衛氏は、人間は、歴史的実在において、表現的形成的意志の自覚的体現者であり、現在と未来、現実と理想、今とイデアの、それぞれの間に距離を自覚し、人間的存在の有限性・不完全性を認識する存在であることを指摘する。この表現的意志の具現は、原理的にエロス的であるところから、この「表現」は「表現愛」とよぶことができるとする。この「表現」のエロス的構造の特色は、「個的主体や、その一々の表現的行為と、それが目ざす対象的無としての完全性の理念との間には、登攀し尽くすことを許さない距離」があり、その距離は無限であるとする。その意味では、エロス的立場に立つ限り、人間は完全性を求めながら、自らを完全性において救う（完成する）ことはできない。この問題を解決するために、木村氏は、アガペ的原理を導入する。「エロスが上述の如く向上的な愛であるのに対し、向下的なアガペが個的なものに対するその不完全性に拘るところなき絶対的肯定性の故に絶対的愛と名づけられてよいとすれば」ということを前提条件として、両者の弁証法的統合において、表現的存在の全体構造を認めようとする。そこには、形成的表現の自覚的存在としての人間が、自己形成にあたって、相対的自己否定により完全性への接近をはかるとともに、その過程において、絶対的肯定によってその完全性を容認するという自己成長の原理がある。これは、もう一歩進めて、自己教育の原理をなすと言うことができる。

　蜂屋慶氏は、この木村素衛氏の所説にもとづきながら、「自己表現」を教育方法原理とする学説を発展させておられる。

　蜂屋氏は学習の本質について、次のように述べられる。

　　　人間の学習の本質は"自覚"であると、私は考えている。自覚とは、「我れが、我れを、我において、知ること」である。私たちが日常生活

第一章　国語科授業のトポス論

において自覚ということばを使うときには、"我において"を外している、自分が自分を知ることを自覚と呼んでいる。しかし、少し深く考えてみると自覚は自分を知ることだけではない。他人に対して"自覚しなさい"と言うとき、あるいは自分に対して"もっと自覚しなければ"と思うとき、それはただ単に自分を知るだけではない、自分を知って、自分をよりよい自分に高めることを自覚の中に含めている。自分を知ることと自分を高めることを含んでいる自覚の構造を明らかにしてみよう。

（中略）

　我を知る具体的な例として、鏡で自分の顔を見る場合を取り上げてみよう。私たちは自分の顔を自分の眼で直接見ることはできない、水に映すか、鏡に写して見る。朝、起きて鏡の中に映っている自分の顔を見る。ひげが伸びているのが見える。見えているのはひげが伸びている顔だけであるが、そこに同時に、ひげを剃った自分の顔をあるべき顔として見直している。そして、あるべき顔を実現しようとしてカミソリを取ってひげを剃る。我が我を見て、あるべき我を見直すのは心の内に於いてである。あるべき我を実現するには、外である環境に働きかけなければならない、自己を表現しなければならない。心のうちに思っただけではあるべき我を実現することはできない。カミソリで剃るか、理髪店に行くかしなければならない。外である環境に働きかけて、内に抱いたねがいを実現するのは、表現・形成であり創造である。自覚の具体的なあり方は形成的自覚である、表現的自覚である。（蜂屋慶編『教育と超越』1985　玉川大学出版部　122−123頁　下線は引用者。）

　学習の本質を「自覚」に認め、自覚とは「我れが、我れを、我れにおいて知ること」として、木村素衛氏の所説にもとづいて学習論を展開しておられる。「我れにおいて」「我れを」自覚することから、「よりよい自分」「あるべき我」を見いだし、それを実現―創造的に表現・形成していくところに、形成的自覚としての学習が成立するとされる。ここには、自己学習力形成の根基をなす考え方が認められる。

　蜂屋氏は、また、教育の目的について次のように述べられる。

人間は、超越の世界に触れつつ、技術の世界に住むものである。人間の世界を、このようにとらえると、子どもをおとなに（人間）する行為である教育の目的は、
　　(1)その社会に既にある技術（アート）を子どもに教え学びとらせること、
　　(2)子どもの中にある学習する力、協力する力、創造する力、を育てること、
　　(3)子どもをして超越の世界に触れさせること、
の三つの力になる。三つに分けてとらえてきたが、教育実践においては、教育の目的として同時に追求される。教育の実際においては、三つははたらきとして一つの教育行為に含まれている。既存の技術を子どもに教え学びとらせることを通して、学習性、協力性、創造性を、その根源から…超越の世界に触れさせつつ…育てるのが、人間育成の教育である。（同上書31－32頁）

　蜂屋氏は、「外である環境に働きかけて、内に抱いたねがいを実現する」ことを、「技術」を習得し、活用することであるとして、「超越」の世界に触れることと対応させておられる。「超越」という考え方の導入は、蜂屋氏の教育論の本質的特色を示すものであるが、これは、木村氏の「エロス」と「アガペ」との統合体として「表現愛」をとらえ、そこに教育の原理を見いだす考え方と通底する。「エロス」は「技術」に、「アガペ」は「超越」に対応していると見ることもできよう。とりわけ、「超越」を教育の目的に位置づけていることは、人間を全的に絶対的な肯定的存在として容認し、育成するという教育観に立つことであって、今日の教育課題にとって示唆的である。

　蜂屋氏は、さらに、教育の方法原理として、「自己表現」を提起される。
　　<u>自己表現とは、主体が内にねがいをもち、客体である環境に働きかけて、自分のねがいを外に現し出すことである。</u>主体は自己表現することによって、自分を知り自分の力量を知る、そして自分の力量を高めようとする、ここに人間の学習の根源がある。<u>自己表現は、働きかける主体</u>

第一章　国語科授業のトポス論

> と働きかけられる客体である環境との間に成立する行為である。主体と客体（環境）との関係を手がかりにして、自己表現を三つに分けることができる。<u>主客未分の自己表現、主客分離の自己表現、主客合一の自己表現である。</u>（同上書126頁　下線は引用者。）

　自己表現が、主体が内にもったねがいを、客体である環境に働きかけて、それを外に現すことだとすると、そこには、外に現すための技術が必要となる。さらに、その自己表現が、^{1}主客未分→^{2}主客分離→^{3}主客合一の段階を経て発展的に営まれていくとしていることは、自己表現を媒介として目ざされる人間の育成の階梯を示しているものと理解される。H.ウェルナーは、シンボルの発生的形成過程を、未分化・一体→分化・階層化と仮説している。蜂屋氏の自己表現の階梯も、人間の発達・形成の過程としてとらえると、発生的形成の原理に適合していると受けとめることができる。

　木村素衛氏・蜂屋慶氏によって提起された教育の目的原理・方法原理は、いずれも、「表現」を共通項として内包しており、理論の根基をなしている。これらの原理は、今日の教育のもっている実践的課題の解決に有益な方策を示唆する。現代の教育の状況を見ると、分析・錬成主義とも言うべき方法による教育を推進している人々があるかと思うと、一方、総合・生成主義とも言うべき方法によって教育実践に取り組んでいる集団がある。特に、分析・錬成主義の方法による教育は、基礎学力の習得を徹底させ、効率的に学力形成をはかることができるとされている。確かに、プログラム学習や工学的手法による最適化による指導過程の構成、法則化運動の人々の主張にもとづく授業展開の定石化などを見ると、学力を確実に形成することができると認められる。

　しかし、全面的に肯定されているかというと、必ずしも、そう言い切れないところがある。1つは、画一化を生み、個性的なものの伸長が阻害されるのではないか、という危惧である。また、基礎・基本の学力の効率的な育成が、結果的には、何かができる、何かが分かるという結果学力の形成にとどまり、新しく見いだした問題を解決する力、それに必要な知識・技能を習得して活用する力――学習力の育成にはつながらない、という指摘もある。

創造的思考力が育たないという反省も出されている。受験戦争の激化している現代社会が、教育に求めているものに、いわゆる受験学力の強化ということがある。それは、速成的な、詰め込みによる教育を生起させやすい。それはまた、学力格差を大きくし、いわゆる落ちこぼれを生み出す。

　総合生成主義の立場に立つ教育実践は、いわゆる単元学習法によるものが代表的なものであろう。学習者の問題意識、興味・関心・学力実態を出発点として、問題や目的的活動を単位として学習活動を組織する単元学習は、学習者の個性を生かしたり、興味・関心にもとづく追究活動を展開して、問題解決力を育成したり、発見的・創造的思考力を発現、錬成したりすることを可能とする。しかし、いわゆる基礎・基本の学力が育ちにくいという批判もある。昭和20年代に盛んであった経験主義の単元学習にも同様の批判があったが、現代のいわゆる新単元学習も、その視点からの批判的検討が加えられなければなるまい。

　現代社会は、価値観が多様化し、国際交流の進んだいわゆる国際化時代と言われている。一方、高度に発達したマス・メディアや科学技術によって情報機器が、社会の機構を、生産された物より情報に価値を認める社会、いわゆる情報社会に変化させた。このような時代・社会に生きる人間は、主体的に社会の変動に対応し、そこに生ずる問題を解決するに必要な学力を自ら習得し、活用することができなければならない。また、多様化した価値観の中で、主体性を失わず、溢れる情報を適切に処理して的確な判断をするための情報を創造する力も必要とする。さらに、このような社会は、人間を没個性的な一律な存在としやすい。それだけに、個性的に自己を生きることのできる人間、自己表現をはかることのできる人間であることが求められている。

　このような問題意識に対して、木村素衛氏の、人間が、表現的環境との相互交渉の中で、形成的表現的主体であることを自覚する存在であるとする学説は、全的個性的人間としての自己実現の可能性を示唆する。また、表現的環境の論は、教育的環境論としてとらえ直すことによって、授業構成論の基盤とすることができる。さらに、エロスとアガペを統合した表現愛は、生涯学習力の問題を考えるにあたって、有力な理論的根拠となる。

第一章　国語科授業のトポス論

　自己表現を教育の方法原理とする蜂屋慶氏の学説は、すぐれて指導方法・技術論である。蜂屋氏は、自己表現の階梯を3段階に整理し、[1]主客未分の自己表現、[2]主客分離の自己表現、[3]主客合一の自己表現を提唱しておられる。これを、H. ウェルナーの発生的形成論に類比して考えると、人間の発達形成を促進するのに重要なステップは、主客分離の自己表現の段階である。蜂屋氏は、この段階の自己表現は、「環境を対象としてとらえて、環境のもつ性質や法則を知り、それに従って環境を道具として、素材として用いて自己を表現する。」と述べておられる。このレベルの自己表現は、「技術の世界」におけるものである。このような自己表現活動を通して、獲得されるのは技術である。言いかえると、環境を素材として、自分のねがいを外にあらわし出す仕事は、技術を活用することによって遂行される。技術は、本来、何かを生み出す目的のために、手段として用いられる。したがって、学習目標として獲得する技術は、何かを生み出す目的的活動（仕事）を通して形成される。そして、その獲得過程そのものが、自己表現となる。この自己表現は、技術を個性化されたものとして獲得させる働きをもつ。これは、技術獲得そのものが自己表現活動となる場合である。それに対して、その獲得を効果的にするための学習方法としての表現活動がある。それには、学習技術としての表現技術が必要とされる。いずれにしても、自己表現を媒介として、主客未分→主客分離→主客合一の発達形成を連続的に促進することができると考えられる。

　主客未分、主客分離、主客合一の、それぞれの段階における自己表現は、それぞれの段階にある学習主体の、全人的存在自覚を保障するものであって、例えば、未熟なりの完全性を自覚するということである。その意味では、木村素衛氏の言う、表現愛のエロス的相対性の側面と、アガペ的絶対性の側面とを同時的に成立させる、弁証法的なあり方をここに見いだすことができる。

47

第三項　国語科授業における目標・方法としての「表現」

　前項までに討究した教育の目的原理・方法原理としての「表現」の問題の、国語科の授業レベルの実践的課題への展開の可能性を検討することとする。問題解決の方途を明らかにするための検討対象として、福岡教育大学附属福岡小学校の学校共同研究の報告を取り上げる。報告書は、『個が生きる授業の創造』(1991・10　北大路書房)としてまとめられている。

　「自己表現活動」を中軸とした授業のしくみについて、基本的な考え方を次のように述べている。

　　個が生きる授業づくりとは、子ども一人ひとりが、自分の見出した課題に基づき、自分の考えに友の考えを取り込み、価値ある新しい考えに作り変えつつ、意欲的に追究し、新しく生み出した考えを学級全員のものとして練り上げていくような子どもの姿を生み出すことである。(中略)
　　個が生きることの本来的意味である、集団の中で存在価値を示す自立した子どもの育成、あるいは集団に埋没することなく自己の目標をしっかりもって、自己も良し、集団も良しと調和的に価値追究できる子どもの姿を目指すためには、これまでの授業を変えなければならない。個が生きる授業づくりのポイントは、次の４つの観点から学習指導の組立を見直していくことだと考える。
　　①　子どもの考えを引き出す課題づくり。
　　②　子どもの考えを確かにする表現活動。
　　③　子どもの考えを深める見直し活動。
　　④　子どもの考えの良さを味わう表現活動。
　　以上４つの観点から指導過程を見直し、各段階での「活動の場」が、連続・発展するように組織すること。そうすることによって、授業は変わる。

　このような仮説を、次ページのような研究構想図にまとめている。

第一章　国語科授業のトポス論

```
┌─ めざす授業像 ─────────────────┐
│  子ども一人ひとりの見方、考え方、表現などをより │
│  価値の高いものへと高めていく過程や結果において、│
│  「わかった」「できた」「自分だってやればできる」│
│  という成就感、効力感、有用感を感得させる授業   │
└─────────────────────────┘
              │
      ┌─ めざす子どもの姿 ─┐
      └──────────┘
              │
┌─────┬─────┬─────┬─────┐
│(1)何をし、│(2)自分の思い│(3)他の追究の│(4)自分の追究の│
│何を考えな │やや願い、考え│仕方と結果を │仕方と結果とを │
│ければなら │などを言語、 │もとに比較・ │関連づけながら、│
│ないのか、 │映像、動作な │吟味し、自分 │自他のよさを自 │
│どんな方法 │どの方法を用 │の見方、考え │覚している子  │
│を用いれば │いて自己表現 │方を付加・修 │        │
│よいかとい │している子  │正・強化しな │        │
│う自己目標 │       │がら追究して │        │
│を明確にし │       │いる子    │        │
│ている子  │       │       │        │
│          │          │          │成就感・効力 │
│  自己目標 │自己表現活動 │ 自己評価  │感・有用感  │
└─────┴─────┴─────┴─────┘
              │
  ┌─ 授業像に迫るために大切にしたい子どもの活動 ─┐
  └───────────────────────┘
              │
┌─────┬─────┬─────┬─────┐
│(1)問題事象│(2)自分の考 │(3)自分の考 │(4)他者の見方・│
│や問題場面 │えを客観的に │えを他者の考 │考え方・表現の │
│に出会って │表現し対象化 │えと比べなが │良さを受け入れ │
│自分なりの │する活動   │ら吟味・検討 │るとともに自己 │
│見方・考え │       │していく活動 │の追究のよさを │
│方に基づい │       │       │感得、表現させ │
│て問題を意 │       │       │る活動     │
│識化させる │       │       │        │
│活動    │       │       │        │
└─────┴─────┴─────┴─────┘
              │
        ┌─ 活動構成 ─┐
        │表現 ← 交流 ← 表現│
        └──────────┘
```

この実践研究を通して実現しようとする目標像としての「めざす子どもの姿」が、[1]自己目標、[2]自己表現活動、[3]自己評価、[4]成就感・効力感・有用感の４点から示されている。自己目標にもとづいて、追求する過程を自己表現活動として推し進め、同時に自己評価活動を並行して、追求の内実を精練し、達成感・成就感をもたせる、という実践構想である。この追求活動は、自己表現活動として営まれる。その際、表現技術・方法として、動作化表現活動・音声化表現活動・文章表現活動・イラスト表現活動・図式化表現活動・工作的制作活動などを取り入れている。この表現活動は、表現→交流→表現という順序で構成されている。この活動配置は、表現されたものによって相互交流を効果的に行うことを意図したものである。つまり、この場合の表現は、自己の内面に形成されたものを外化し、客観視できるようにするものである。自己評価の機能も、この活動は内包している。本来的な意味での自己表現に対しては、その補助的な役割を果たしているものである。

　この実践構想にもとづいて、授業がどのように具体的に実践されたかを検証する。

　小学校２年生の文学教材「お手紙」の指導例[1]である。「表現活動」としては、役割表現を導入している。次のような指導の経過をたどっている。

学習段階	学習の流れ	手だて
つかむ	１　人物の変容をとらえる。（３時間） 　(1)　全文を読み、変容人物に対して感想をもつ。	・さし絵 ・初めの感想
ふくらます	２　人物の様子や気持ちを追究する。（４時間） 〈お手紙の内容に感動し喜んでいるがまくんの気持ちの追究を中心に〉 （７／９時） （つかむ） 〔表現の違いに気づきことばを取り出す役割表現〕	

第一章　国語科授業のトポス論

(1)　自分なりのがまくんの喜びの表現（前時までに） (2)　役割表現のモデルを見ての話し合い (3)　がまくんの喜びの表れている言葉の取り出し「ああ。」「とてもいいお手紙だ。」	※がまくんに焦点化 ・ビデオ提示 （がまくんの喜びの表現に不十分さがあるもの）
（ふくらます） 〔自分の解釈を明確にする役割表現〕 (4)　人物像をとらえるために２人組での役割表現 　○喜びに対する自分の考え（解釈）の明確化 　〔お手紙をくれたからうれしい→かえるくんはやさしい〕	・２人組による役割表現（声の出し方・表情） ※気持ちの文章化
〔解釈を深める役割表現〕 (5)　相互交流によるがまくんの人物の追究 　○代表児の役割表現をもとにがまくんの気持ちの交流 　・喜びをかえるくんの心情と結びつける 　〔お手紙のよさへの喜び→かえるくんの思いやり〕	・代表児の役割表現（声の出し方・動き） ※視点変更の発問
〔解釈を広げる役割表現〕 (6)　描かれていない部分の創造的役割表現 　①　代表児の役割表現　②「心の声」の表現 　〔「ああ。」「とてもいいお手紙だ。」の敷衍化〕 　・かえるくんの思いやりを知ったがまくんの表現	・代表児の役割表現（表情・「心の声」） ※かえるくんの心情の付加 ※個性的表現の賞賛

51

	（まとめる） 【まとめの役割表現】 （7）本時場面を通しての役割表現（役割音読を中心にして） 　○がまくんの気持ちの文章化 　「これからも助け合っていつまでもなかよくしようね。」	・代表児の役割表現 ・「お礼の手紙」 ※読みの変容の賞賛
まとめる	3　学習のまとめをする。（2時間） 　○役割表現（音読）による全文の読みと人物像の文章化	※読みの変容の賞賛 ・終わりの感想

　授業の流れの「ふくらます」段階を見ると、〈役割表現〉を5つのステップに分けて組織し、授業の展開をはかっている。すなわち、〔¹表現の違いに気づきことばを取り出す役割表現〕〔²自分の解釈を明確にする役割表現〕〔³解釈を深める役割表現〕〔⁴解釈を広げる役割表現〕〔⁵まとめの役割表現〕である。これは、漠想→分化想→統合想という順序で、理解想の深化・拡充・統合をはかっていると見ることができる。

　〔¹表現の違いに気づきことばを取り出す役割表現〕の子どもの具体像は、次のように示されている。

○玄関前でしあわせそうにわらっているさし絵を提示し、不十分な点をもつ役割表現をした子どものビデオを再生、視聴させる。気づきをメモさせる。
※M児の反応
・がまくんはとてもうれしい気持ちになっています。
・「ああ」という言葉は、もうちょっと気持ちを出した方がいい。そして、もっとうれしそうな表情をしなければいけない。
・「ああ」を感心したように言って、「とてもいいお手紙だ。」と強く読もう。

　ここでは、問題点（不十分な点）を明確に把握させ、それを追求させている。2人組で、交替して役割表現をし、交流させる。気づきを言い合う。さ

らに、代表児にモデル演技させ、教師の発問によって深めさせる。代表児の表現に不足している部分、更には書かれていない部分を想像し、創造的に表現させる。最後のまとめは、〈がまくんになってかえるくんにお手紙を書こう。〉という文章化による役割表現である。次のような例が報告されている。

> 今からきょうだいみたいにいとこみたいになかよくしようね。ずっとお手紙をやったりもらったりしてなかよくしようね。かえるくんからのお手紙をだいじにだいじにしまっておきます。親あい、親友という文章を聞いて前よりずっとうれしくなりました。

　この学習をさせた後に、〈筋にそい描かれている部分を中心に役割音読をさせる。〉・〈初めの感想と自分の読みを比べさせ、読みの深まりに気づかせる。〉という学習活動をさせ、全体の学習のまとめとしている。
　役割表現を中軸とした授業の展開は、どちらかというと、蜂屋慶氏の言われる「主客分離」の段階の自己表現活動によって行われていると見られる。それは、文学教材の理解指導の授業方法としては、理解の深化・拡充をはかることを目標として導入されるものであるから、当然のことである。理解想の分化は、主客分離の自己表現活動によって促進される。その意味では、役割表現活動を５段階に分けて組織したのは、有効であった。「叙述」のことばに着目し、それを「表現」として読み深め、読み広げるために、役割表現を行わせ、しかも２人で交替で行ったり、代表児の表現活動を全体で話しあったりしている。これは、単に、分析的にことばの意味を読み解くだけでなく、表現活動をすることで読みまとめているのである。と同時に、交流することで精練していると評価できる。役割表現には、作中人物と同化することを促す作用があり、必ずしも分析をしなくても総合的直観的に理解を深める働きをしている。それはまた、一種の体験活動ともなっていて、イメージ化の作用とも相まって、準体験的な文学体験を成立させる。主客分離の自己表現活動の中に、主客合一の自己表現を生み出す契機があると言うことができる。

本実験的検証授業が、目標とする子ども像は、全体の研究構想図の中に、4つの観点から示されているが、「(4)自分の追究の仕方と結果とを関連づけならが、自他のよさを自覚している子」という段階に至って、主客合一のレベルにきわめて接近した状態に達していると評価されよう。本授業の最後に到達した子どもの自己表現は、〈がまくんになってかえるくんにお手紙を書こう。〉という活動の結果、生み出された手紙文に認めることができる。引用した手紙文例の傍線部に表れている子どもの精いっぱいの自己表現は、理解のレベルの相対的な深浅の差を越えて、かけがえのないその子らしい個性の表現となっている。その意味では、主客合一の自己表現に、きわめて接近した反応であると評価できる。

　本実験的授業の構想による、「表現」を目的原理・方法原理とする授業の成立に有効に作用していると見られる「場」の力動性について述べておきたい。

　木村素衛氏は、人間が、形成的表現的主体として自覚するのは、表現的環境としての外の動きかけに応える内としての自らを覚ることによってであると述べている。著者は、「場」の力動性の問題について、『個が生きる授業の創造』(前出)の「序章」で「『場』の力動性は、主体とその立つ『場』との間に成り立つ相互関係である。『場』に立つことによって、人は、その作用を受けて主体となる。すなわち、『場』の作用に触発されて何らかの問題意識をもち、それを追究するために『場』に働きかける。この相互作用の発現は、『場』が応答的環境としての条件を備えていることを示すものである。」と述べた。[2] また、茂呂雄二氏の説く、バフチンの発話論の「場の有意味性」の、表現指導への有効性についても指摘した（同上書）。「場の有意味性」は、相互に伝え合う場、つまり対話的な場において、それぞれの立場に立った身ぶり・語り口を利用することで形成され、そのような場の作用によって、言語能力を生成的に獲得できる、というものである。[3]

　本実験授業が、役割表現を導入し、対話的場面を構成して授業を展開しているのは、この「場の有意味性」の作用を生かしているものと見ることができる。役割表現をさせることで、中心人物の身ぶり・語り口を利用して、理

第一章　国語科授業のトポス論

解を深め、表現を効果的に営まれている。
　また、授業の場を、「表現的環境」ととらえ、応答的環境としての作用、「場」の力動性が、本実験授業にどのように組織的に活用されているか、ということについては、必ずしも明確ではない。が、授業の導入段階で、さし絵を利用して、作品中の「変革人物」と出会わせている点が、それにあたると考えられる。この出会いによって、役割表現活動が必然性のある活動として展開されたものであれば、「場」の力動性が発現されていると認めることができる。同書所載の写真記録によって授業場面を見ると、黒板に拡大さし絵が貼付されており、役割表現活動をしている子どもたちは、がまとかえる、かたつむりの切り絵のキャップをつけて演技をしている。教室が一種の劇的空間を形成していることが想定される。この劇的空間は、「場」の力道性を発現して、その中にいる子どもたちの自己表現活動を誘発する。授業の展開される教室を、応答的環境として装置づけ、「表現」活動が内発的に発動されるようにすることが、重要であることが、理解されよう。
　本実験授業は、「表現」を目的原理・方法原理とした授業の成立の可能性を支持する有力なデータを提供しているものと評価することができる。

注
　1）本事例は、同校　古川千年教諭による実践である。
　2）著者は本書に、序章として、「個が生きる授業「場＝トポス」を求めて」というタイトルで論考を寄せている。「場」を教育的環境としてとらえ、学習者が意欲的になり、主体的に学習を進める授業の仕組みを、「場」の力動性を生かす装置として条件整備をすることを述べている。
　3）茂呂雄二氏は、『なぜ人は書くのか』（1988　東京大学出版会）156頁において、このことについて述べている。

第二章　機能的活動主義に立つ
　　　　国語科授業構築のための基礎的考察

第一節　これまで考えていた機能的活動主義に立つ
　　　　国語科教育に関する見解

第一項　言語の機能

　まず、諸家の言語機能論の要点を示す。
① 　時枝誠記＝１実用（手段）的機能、２社交的機能、３鑑賞的機能
② 　服部四郎＝１伝達の道具としての機能、２文化の蓄積・伝承としての機能、３思考の乗り物としての機能
③ 　岩淵悦太郎＝１認識（言葉で認識する）、２伝達（言葉で伝達する）、３思考（言葉で思考する）、４創造（言葉で創造する）
④ 　ハリデー＝１言語を生活の道具として捉える道具的機能、２行動を統制する統制的機能、３他者と協調していく相互作用的機能、４自己表現としての個体的機能（個体的自己表現機能）、５事柄についての発見、調査する発見機能、６想像世界を形成する想像的機能、７内容を伝達する表象的機能
⑤ 　中沢政雄＝１言語は思想を形成する、２言語は文化を形成する、３言語は社会を形成する、４言語は経験を広げ深める、５言語は認識を広め深める
　大西は、これまでのところ、③の岩淵の説を基に、１通じ合い機能・２記録（記銘）機能・３認識機能・４思考機能・５想像機能・６創造機能の７機

能を措定していた。現在は、岩淵の機能観をハリデーの機能観の立場から再検討する必要があると考えるようになっている。ハリデーの言語機能論については、近年、言語学者の間で強い関心がもたれており、ハリデー自身の著書としては、『機能文法概説——ハリデー理論への誘い——』（2001・6　くろしお出版＝山口他訳）が出ており、それに先立って、2000年1月には、『言語研究における機能主義——誌上討論会——』（小泉保編　くろしお出版）という学界有志の討論結果をまとめた著作が出版されている。前掲のハリデーの機能観と岩淵の機能観は共通するところ多い。我が国においては、中沢政雄氏に『機能的国語教育』（1962）という著作がある。また、西尾実先生の国語教育論も基本的には、通じ合いという言葉の機能を根幹とする立場に立っておられると考えられる。

第二項　言語活動の場と言語機能の発現の関係性に関する考察

　大西は、これまで、言語の機能は、目的的言語活動の発動、展開の過程に発現するという仮説をもっていた。目的を、言語を用いて達成するには、言語が、目的を達成するために有効に働かなければならない。つまり、言語が目的達成のための機能を発現するということである。言語の発達は、未分化なものが分化、階層化するという筋道を経るという、ウェルナーとカプランの微視発生説がある。言語の機能は、高度に発達するにともなって、複雑に分化し、高度に階層化されるものと考えられる。明治期の西洋修辞学でも、目的と文章形態との密接な関係について説述している。

　言語活動は、活動を成立させる場の条件を発見し、それを具現化することによって、目的を遂行する生活営為である。言語活動を成立させる場の条件は、1誰が（主体）、2誰に・誰から（相手）、3何のために（目的・意図）、4何を（内容）、5どのように（方法・形態）の5要因である。この5要因のうち機能が形をもって表れるものが「方法・形態」である。さらに、この

第二章　機能的活動主義に立つ国語科授業構築のための基礎的考察

「方法・形態」を操作可能なものに分節化具体化されたものが、言語技術である。このことは、形成された、一定の言語ジャンルは、この言語技術を目的・意図の実現のために操作した結果として成立するのであり、目的・意図実現のために形成された言語形態をもった言語作品は、生活目的達成のために活用される。

　言語活動として現実化されて表れるのは、「どのように（方法・形態）」である。形は、内容に支えられて成り立つ。つまり、何を（内容）・どのように（方法・形態）という場の条件（要因）である。これらは、誰が（主体）、誰に・から（相手）、何のために（目的・意図）という３条件（要因）を前提として成り立つものである。その意味で、何を・どのように、という条件（要因）は、第２条件ということができる。

　言語活動形態には、どのような言語の機能が内包されているか。話し言葉活動形態と書き言葉活動形態とでは、媒体言語の性質によって差異が存在すると考えられる。ここでは、今日、それぞれの媒体による活動形態として一般に認められているものを上げ、そのうち学習指導要領に活動例として示されているものについて、その活動例に内包されていると考えられる言語機能を提示する。※印をつけたものが、学習指導要領に例示されているものである。（　）に記入しているのは、ハリデー理論の機能に相当すると考えたものである。

○**話し言葉による通じ合い活動形態**（※　←、活動形態を支える機能、（　）内は、ハリデー理論にもとづく機能。）

・独話
　　話し言葉による発表※　←通じ合い・認識・思考（相互作用機能・個体的自己表現機能）
　　話し言葉による報告※　←通じ合い・認識、（道具的機能・相互作用機能・発見機能）
　　話し言葉による説明※　←通じ合い・認識・思考、（相互作用的機能・発見機能・伝達のための表象機能）
　　話し言葉による主張　←通じ合い・認識・思考・創造、（相互作用的機

　　　　　　　　能・個体的自己表現機能・伝達のための表象機能）
・プレゼンテーション　←通じ合い・認識・思考・創造、（道具的機能・相互
　　　　　　　　作用的機能・発見的機能・統制的機能）
・対話※　←通じ合い・認識・思考、（相互作用的機能・伝達のための表象機
　　　　　　　　能・個体的自己表現機能）
・会話　←通じ合い、（道具的機能・個体的自己表現機能・伝達のための表象機
　　　　　　　　能）
・座談　←通じ合い、（会話に同じ）
・講話・講演　←通じ合い・認識・思考、（相互作用的機能・個体的自己表現
　　　　　　　　機能・発見機能）
・討議・討論※　←通じ合い・認識・思考、（講話・討論に同じ）
・会議　←通じ合い・認識・思考・創造、（統制の機能・相互作用的機能・発
　　　　　　　　見的機能）
・フォーラム　←同上、（講話・討論に同じ）
・パネル・ディスカッション　←同上、（討議・討論に同じ）
・ディベート　←同上、（討議・討論に同じ）

〇書き言葉による表現活動形態
　1）　論理的文脈を主とする文章の場合（※　←は、活動形態を支える機能）
・通信文
　　　手紙　はがき　電報　電子メール※　←通じ合い、（道具的機能・相互作
　　　　　　　　用的機能）
・記録文
　　　日記　公的日記　私的日記　←記録・認識、（相互作用的機能・個体的自
　　　　　　　　己表現機能・伝達するための表象機能）
　　　観察記録　実験記録　飼育記録※　←同上、（相互作用的機能・伝達する
　　　　　　　　ための表象機能・発見機能）
　　　日常的生活記録　←同上、（日記・公的日記に同じ）
・報告文
　　　調査報告　レポート　学校・学級新聞の報道記事※

第二章　機能的活動主義に立つ国語科授業構築のための基礎的考察

　　　　←通じ合い・認識、(相互作用的機能・伝達するための表象機能・発見機能)
・説明・解説文※　←通じ合い・認識・思考、(相互作用的機能・伝達するための表象機能・発見機能)
・感想文※　←通じ合い・認識・思考・想像・創造、(相互作用的機能・個体的自己表現機能・発見機能・伝達するための表象機能)
・意見・論説文※　←通じ合い・認識・思考・創造、(感想文の機能・統制的機能)
　2)　文学(形象)的文脈を主とする文章の場合
・物語・小説文
　　散文　創作文(物語・小説)※　←通じ合い・認識・思考・想像、(相互作用的機能・個体的自己表現機能・発見機能・想像的機能)
　　韻文　詩　短歌　俳句　←同上、(同上)
・標語　コピー(宣伝)　←同上、(相互作用的機能・道具的機能・統制的機能・発見的機能)

○**書き言葉による理解活動形態**
　1)　論理的文脈を主とする文章の場合
・記録・報告文　←通じ合い・認識、(相互作用的機能・発見機能・伝達するための表象機能)
・説明・解説文※　←通じ合い・認識・思考、(相互作用的機能・発見機能・伝達するための表象機能)
・評論・論説文※　←通じ合い・認識・思考・創造、(説明・解説文の機能・統制的機能)
　2)　文学(形象)的文脈を主とする文章の場合
・散文
　　物語・小説※　←通じ合い・認識・思考・想像、(相互作用的機能・発見的機能・想像的機能・伝達のための表象機能)
・韻文

詩　短歌　俳句　←同上、(物語・小説の機能に同じ)

第二節　M. A. K. ハリデー機能論の立場から見た国語科における言語能力・技能の検討

　目的的言語活動は、その遂行のために有益な言語技術・方法を駆使することを要求する。その言語技術・方法は、目的的言語活動形態に即応して発現し、その活動形態を支持し、展開を促進する機能を形あるものにしたものである。ハリデーの機能文法は、機能主義の立場に立つ国語科学力（能力・技能）を検討するのにふさわしい理論的構造を持っている。M. A. K. ハリデー氏（2001）、山口　登氏（2000）の説述を参照しつつ、以下にハリデーの理論を概説する。

第一項　ハリデーの機能文法論の概要

1　選択体系機能理論

　ハリデーの機能文法は、「選択体系機能理論」と呼ばれる。この理論の基本的な考え方は、言語を常に対人的相互作用の主要な一部と見ることである。対人的相互作用は、無目的に行われるのではなく、必ず特定の目的を果たすために行われるとする。
　「選択体系機能理論」は、コンテキスト・システム・テキストの3点から説明できる。この3者の関係は、いずれも、対人的な意味行動によって作り出される社会記号的な事象であって、対人的な意味行動とは無関係に、客観的に存在する物質的な事象ではない。つまり、コンテキスト・システム・テキストは、対人的意味行動が展開されるなかで、相互に作用し合って成立す

第二章　機能的活動主義に立つ国語科授業構築のための基礎的考察

るものである。すなわち、それぞれどの１つを取り上げて考えるにしても、他の２つを視野に入れて見ることが求められる。

　テキストは、言語を主要要素として、対人的相互作用を具現化したものである。主要要素とするというのは、言語以外の図表や写真・音楽、あるいは身体的行動（身振り・表情・服装・相手との距離、椅子や机の配置などを含む）も、対人的相互作用を具現する要素であるということである。対人的相互作用は、相互作用者の存在する時空間のありようで、３つのパターンに分けられる。すなわち、第１は、相互作用者が同じ時空間に存在する場合で、友人同士の会話、商店での買い物、大学での聴講など。第２は、異なる時空間に存在する場合で、手紙、論文、書物など。第３は、相互作用者が異空間に同時的に存在する場合で、電話、ラジオやテレビ中継などがこれに当たる。このように考えると、テキストには、対人的相互作用の過程そのものとして成立するものと、対人的相互作用の産物として成立するものとがあることが分かる。これらはまた、動的な過程として捉えることも、静的な産物として見ることも可能である。一般的には、テキストの言語的側面を中心に置いて考えているが、テキストを認識するには、テキストに反映されている、コンテキスト・システムに依ってたたみ込まれている意味要素を析出する必要がある。

2　言語システムの層とメタ機能

　対人的相互作用を具現する主要要素である言語の側面から、一般の言語生活を支え、展開を促している言語の技能の問題を考える前提として、言語システムとメタ機能について考究する。

　言語システムは、音韻・音声／書記体系、語彙・文法体系、意味体系による層的構成をなすとされる。これは、見方をかえると、音韻・音声／書記体系を表層、語彙・文法を中層、意味体系を深層とする構造体と捉えることができる。例えば、廣島・広島・ひろしま・ヒロシマ・Hiroshimaの５通りの表記の違いによって、そこに異なる意味が表れてくる。つまり、書記体系、

語彙・文法体系、意味体系が一体的に表現されていると言うことができる。語レベルから、文レベルにあげて考える。「俄などしゃぶりの雨のために、トラックが道路の真ん中でスリップし、横転した。」と「俄などしゃ降りの雨が、トラックを道路の真ん中でスリップさせ、横転させた。」とは、意味のうえでは同じであるが、文法体系の面からは、異なる構文法として説明される。語のレベルにおいても、「どしゃ降り」を「豪雨」に、「スリップ」を「滑る」に書き改めると、違ったニュアンスの意味表現になる。音韻・音声についても、声の色合い、抑揚などによって、異なった意味表現になることがある。

メタ機能について述べる。人間の言語システムの意味を作り出す仕組みを豊かなものにするための方略が、メタ機能化である。言語の層化によって表現媒体から意味内容が分離し、その中間に、より抽象のレベルの高い語彙・文法体系の層が介在することで、意味の仕方が飛躍的に増大したが、社会的人間の対人的作用の意味活動は、さらなる意味の仕方の増加を必要としている。それに応えて分化、発達したのが、観念構成的メタ機能、対人的メタ機能、テキスト構成的メタ機能である。

ア．観念構成的メタ機能

相互作用者は、相手に伝えるべき、物質的には連続的な心的外的経験事象を、非連続的な記号事象として解釈構築するための意味の仕方を必要とする。すなわち、「だれが／なにが、いつ、どこで、どんなふうに、なんのために、なにを、どうしたのか」「なにが、なに／どう、であるのか」「だれが、なにを、どのように、知って／思って／感じているのか」というような意味の仕方を必要とする、ということである。このような意味の仕方についての認知に関わって働くのが、観念構成的メタ機能である。

観念構成的機能の意味層に属する選択体系網の代表的なものが、前述の非連続的な記号事象を過程型として記号化する過程構成選択体系網である。過程構成は、われわれの経験事象を、過程中核部、参与要素、状況要素の3要素の組み合わせとして捉える。以下に、選択体系網を図式的に整理する。

第二章　機能的活動主義に立つ国語科授業構築のための基礎的考察

過程構成
  過程中核部
    物質過程—事物・事象の動的な出来事の変化、行動の言語記号化
    行動過程—外部から観察可能な身体的生理的活動の言語記号化
    心理過程—事物・事象に対する知覚、感情、認知の言語記号化
    発言過程—事物・事象についての発言そのまま、あるいは発言内容の主旨の言語記号化
    関係過程—２つの事物・事象の一方を他方のクラスに所属させたり、他方をもう一方と同定したりなどする、所属・同定の記号化
    存在過程—事物・事象の存在の記号化
  参与要素
    物質過程—行為者と対象
    行動過程—行動者
    心理過程—感覚者と現象
    発言過程—発言者と受信者と言内容
    関係過程—体現者と属性、同定者と被同定者
    存在過程—存在者
  状況要素
    広がり—事象の生じる時間的長さ、くぎり（時間）、距離的長さ（空間）
    位置—事象の生起する時と場所（時間と空間）
    様態—事態の生じる様子
    要因—事象の生じる原因・理由、生起の目的
    条件—事象の生じる前提となる条件や付帯事項
    随伴—事象の生起に随伴する人物・事物や随伴しない人物や事物
    役割—事象が生じる際の事物の役割や結果的に生じる状態
    事柄—行動過程の一部や心理過程・発言過程が向けられる対象（トピック）

観点―述べることの拠り所となる見地、立脚点

イ．対人的メタ機能

　相互作用者は、相手に対する自分を、自分に対する相手を、特定の対人的役割に位置付けるための意味の仕方を必要とする。と同時に、その位置付けにもとづく意味行為の交換において様々な心的姿勢の仕方（例えば、上下関係＝力関係、公私関係、親疎関係、感情的状態など）を必要とする。この対人的役割への位置付けのための意味の仕方、並びに心的姿勢のための意味の仕方についての認知に関わって働くのが、対人的メタ機能である。

　対人的機能の意味層に属する選択体系網には、a．交換選択体系網、b．心的姿勢選択体系網、c．モダリティー選択体系網、などがある。これらと対応する言語システムの層との関係を整理する。

　a．交換選択体系網
　　・語彙・文法層→叙法選択体系網
　　・音声・音韻層→音調選択体系網
　　・書記層→終止符・疑問符の選択体系網
　b．心的姿勢選択体系網
　　・語彙・文法層→語彙選択体系網
　　・音韻・音声層→声調選択体系網
　　・書記層→感嘆符と疑問符の多様な組み合わせなどの選択体系網＝
　　　　「！？」「！！」
　　　　→音の調子を示す記号や文字の大きさなどの選択体系網＝
　　　　「だ・い・す・き」「あ～ほ」「こら～ッ」
　c．モダリティー選択体系網
　　・語彙・文法層→「ひょっとすると」「おそらく」「多分」「きっと」
　　　　「らしい」「と思われる」などの語彙・表現の選択
　　　　体系網
　　・音韻・音声層→自信に満ちた声の出し方から自信のない声の出し方
　　　　までの様々な程度の音声の選択体系網

※意味層のモダリティー選択体系網から発言内容の真偽に対する確信の程度が選択された場合、語彙・文法選択体系網からは対応する語彙や表現が選択され、音韻・音声選択網からは対応する声調が選択される。対人的機能は、相互作用者が意味行動によって絶えず相手との関係を動的に調整し合うための一群の意味の仕方として話し言葉と書き言葉のいずれの場合にも重要である。とりわけ直接対面して行われる対人的相互作用においては、その働きが顕著に発現する。

ウ．テキスト構成的機能

テキスト形成的機能の代表的なものは、**a.主題theme選択体系網**、**b.新旧情報new-given選択体系網**、**c.結束性cohesion選択体系網**の３体系網である。

また、言語が対人的相互作用という意味行動のなかに位置づけると、観察、記述すべき言語事象は、いわゆる文ではなく、音声言語・文字言語共に**ひとつのまとまった談話を構成するテキスト全体**ということになる。

　a．主題—題述

相互作用者が意味行動において、特定の事物についての談話を作り出すためには、**特定の項目を話題subject-matterの中心的な軸**として提示する必要がある。この話題の中心軸は、主として、**観念構成的機能に属する語彙・文法選択体系網からの主として語彙の選択**によって具現される。

テキストがテキストとしてあるためには、談話を構成する一連の節がメッセージの連続として首尾一貫した展開が図られていなければならない。一連の節の首尾一貫性を支えるのは各々の節のなかの主題の機能をなす要素である。

・主題→節が伝えるメッセージの起点

・主題の節内の位置→節頭

・主題の機能を担う節頭の構成要素→名詞句・副詞句・動詞句など。

主題の機能を担う要素以外の要素は、その主題を起点として伝えられるメッセージ本体をなし、題述rhemeと言う。メッセージは、基本的に、主題

＋題述で形づくられている。この主題＋題述の構成、展開パターンには、次の3類型がある。

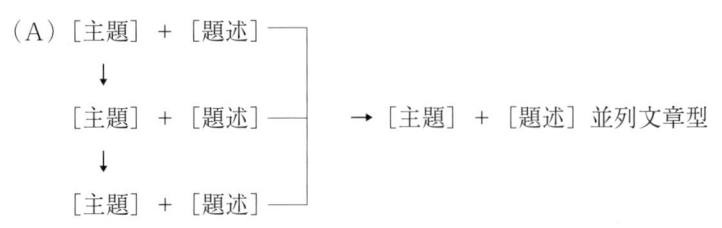

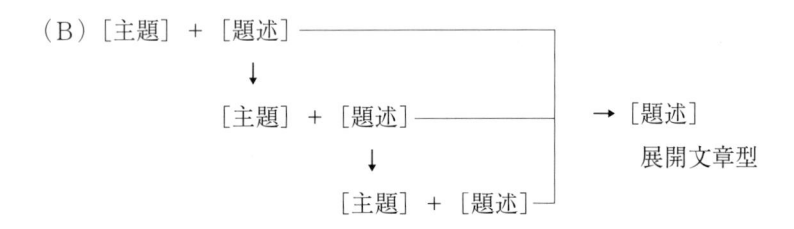

（A）［主題］＋［題述］ ┐
　　　↓
　　［主題］＋［題述］ ─┤→［主題］＋［題述］並列文章型
　　　↓
　　［主題］＋［題述］ ┘

（B）［主題］＋［題述］ ┐
　　　↓
　　　　［主題］＋［題述］ ┤→［題述］
　　　　　↓　　　　　　　　　展開文章型
　　　　　　［主題］＋［題述］ ┘

（C）〈マクロ主題（トピック文＝［主題］＋［題述］・［主題］＋［題述］）＋マクロ題述（［主題］＋［題述］）〉　→　マクロ主題＋マクロ題述文章型

　この3つの主題選択パターンは、原則的には、おのおの別個の談話に独立して発現する。どのパターンもすべての種類の談話に現れる。典型的な発現の仕方としては、特定の種類の談話の特定の箇所に、もっぱら、ある1つのパターンが選択されるのが一般である。

b. 結束性

　節における家庭構成の構成要素である過程中核、参与要素、状況要素は、互いにその意味空間の内的空間の内的力学で結びついている。

　［例］駆除隊が　　熊を　　　畑で　　　仕留めた。
　　　　　↓　　　　↓　　　　↓　　　　　↓
　　　　行為者　　対象　　　場所　　　行為＝物質過程
　　　（参与要素）（参与要素）（状況要素）　（過程中核部）

　これらの構成要素には、もともと互いに結合しあう内的力学が存在してい

る。

これに対して、節と節、節と対人的相互作用の場面との結びつきを可能にしているのは、節内部の意味力学とは、まったく性質の異なる、テキスト形成的な意味の力学に基づく結束性のメカニズムである。

1）照応 reference
2）代用 subustitution
3）省略 ellipsis
4）接続要素　→節と節とを結びつけるための接続詞など
5）語彙的結束性 lexical cohesion
　　　　→反復 repetition・同義関係 synonymy・反意関係 antonymy
　　　　　・上位下位関係 hyponymy
　　　　→上位語 superordinate と下位語 hyponym および共通下位語 co-hyponym
　・全体部分関係 meronymy　→上位語と部分語 merronym
6）隣接ペア adjacency pair　→対話の隣接的配置

エ．コンテキスト・システム・テキストのメタ機能から見た相関関係

コンテキストとシステムとテキストとの相関関係を図式化すると、次のようになる。

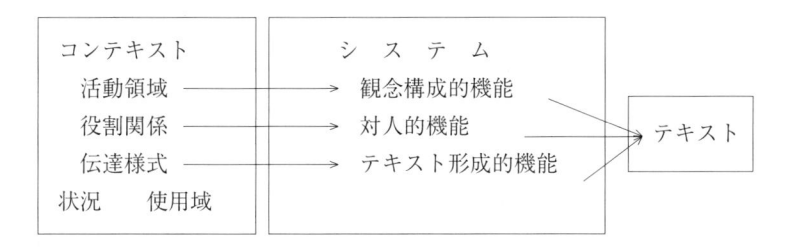

```
コンテキスト              システム
  活動領域　──────→　観念構成的機能
  役割関係　──────→　対人的機能　　　──→　テキスト
  伝達様式　──────→　テキスト形成的機能
  状況　　使用域
```

オ．ジャンル

対人的相互作用は、突然始まったり突然終わったりすることはなく、特定の目的に応じて、通常、一定の始まり方、一定の進み方、一定の終わり方という秩序だった段階を経てなされる。ハリデー理論では、このような一定の

「始め―中―終わり」という「段階的な展開構造の類型」をジャンルと呼んでいる。

例えば、サービス対応で、「いらっしゃいませ」から始まり、売買、貸借などにかかわる対応がなされ、「ありがとうございました。」で終わる、一定の応対のパターンがある。このようなものを言う。

第二項　機能的活動主義に立つ国語科教育としての言語能力・技能を検討するための拠り所とするハリデー理論の柱

① 特定の社会において、特定の目的を果たすために、一定のはじめ・中・終わりという段階を経て行われる対人的相互作用は、特定の文化・価値観のもとで、特定の対人関係における相互作用を具現する、特定の役割（一般的には、意味の仕方 how to mean）を身につけている必要がある。
② 対人的相互作用が、言語の働きのすべての基本である。
③ 相互作用において交換されるメッセージは、すべて「テキスト（文章・談話にかかわらず）」として形成されたものによって、行われる。
④ 言語を主とする対人的相互作用におけるテキストを支える言語システムの層には、〈音韻・音声／書記　体系〉・〈語彙・文法体系〉・〈意味体系〉の３層がある。
⑤ テキストは、〈主題―題述〉を基本要素として構成される。
⑥ テキストにおけるメッセージは、主題を起点とし、それについての題述によって展開される。テキストの展開には、〈主題―題述〉の反復による展開を図るもの、先行の〈主題―題述〉の〈題述〉を〈主題〉とする〈主題―題述〉の尻取り式メッセージ構成による展開を図るもの、全体としてのマクロ主題を設定し、それを支える〈主題―題述〉によって構成、展開を図るもの、の３パターンがある。
⑦ テキストがテキストとして機能するためには、談話（文章）を構成する一連の節がメッセージとして首尾一貫した展開が図られる必要がある。そ

れを支えるのは、各々の節の中の主題themeであり、主題はその節の伝えるメッセージの起点をなす。この主題の機能を担う構成要素には、名詞句、副詞句、動詞句などが動員される。主題以外の要素としては、主題を起点として伝えられるメッセージ本体をなすもので、題述rhemeと呼ばれるものがある。

⑧　テキストには、コンテキスト（活動領域・役割関係・伝達様式）、システム（観念構成的機能・対人的機能・テキスト形成的機能）が反映されている。

⑨　テキストは、一定の始・中・終の段階的展開構造の類型であるジャンルを有する。

⑩　言語システムの意味を作り出す働きを豊かに、かつ精緻にするためには、機能のメタ化が必要となる。メタ機能には、観念構成的メタ機能、対人的メタ機能、テキスト形成的メタ機能の３種がある。

第三節　ハリデー理論からの国語科教育における言語能力・技能の検討
　　　　——大西の短作文技能の場合——

第一項　「場」の条件に関する検討

　大西は、かつて、『短作文指導の方法』（1980　明治図書）という著書で、「書くこと」について「そもそも、文章を書くという営み自体が、書く目的・場から演繹される、書くための条件の発見、ということである。すなわち、書く目的・必要から、書くべき内容とそれを伝えるべき相手が決まってくる。つまり、書くという営みは、書くための条件の発見とその具現の過程なのである。（中略）したがって、短作文に限らず、作文指導は、この、条件の顕在化から潜在化の方向に向かって、すなわち、条件にしたがって書くことから、条件を発見して書くことへと進められる必要がある。」（同上書88頁）と述べたことがある。このことは、作文技能（短作文技能）を目的・必要に応ずることのできる働きを保有するものという見方に立っていることを示している。書くための条件を具現する作文技能は、場の条件のどのような作用を反映して形成、発現したものか、ハリデー理論にもとづいて討究してみたい。
　本書においては、書くことの条件を設定する原則として、ア）場の条件、イ）書くべき内容に関する条件、ウ）文章記述上の条件、の３つの観点を設定していた。場の形成要因を整理すると、以下のようになる。

　　・書き手主体（誰が）　　　　　　┐
　　・相手＝受け手（誰に）　　　　　├→　場の条件
　　・目的・意図（何のために）　　　┘
　　・内容（何を）→　書くべき内容に関する条件

・叙述・形態（どのように）→　文章記述上の条件

なお、この書く場の条件（形成要因）については、最近では、「作文教育における条件作文法に関する一考察」（2003）において詳しく考察しているが、この問題に関する最初の見解表明は、『短作文指導の方法』であった。その後、「場」については、『作文教育における文章化過程指導に関する研究』（2004　溪水社）において、創構・構想・叙述（表現）の３段階に対応して「状況的場」・「境遇」・「場面」という２段階の具体的状態を生成されるという見解を発表している。それらをも考慮に入れて、ハリデー理論と比較、検討を行う。

［検討］

〈検討のために援用するハリデー理論〉

「場の条件」は、用語の上では、ハリデーの理論の「コンテキスト」に近いと考えられる。「コンテキスト」の形成要因を列記する。

○コンテキスト

文化　―――　価値観の複合体………伝統的・イデオロギー的

状況　┌――　一次的活動領域　┐
　　　└――　一次的伝達様式　┘→　一次的役割関係

使用域　┌――　二次的活動領域　┐
　　　　└――　二次的伝達様式　┘→　二次的役割関係

他のテキスト

● 　場の条件は以下の通りである。

○場の条件

言語発信主体（誰が）

言語受信主体（相手・受け手＝聞き手・読み手）

目的・意図（何のために）

発信・受信内容（何を）

言語活動（理解・表現）の形態・様式・方法（どのように）

ハリデーの「文化」については、大西は、それに相当するものを呈示していない。ただ、「状況的場」・「境遇」・「場面」には、「文化」に関すること

は、具体的かつ融合的に内包されていると言うことができる。特に、伝統的価値観とそれに対立するイデオロギー的価値観との拮抗から問題意識を抱き、それを追究した結果を言語化しようとすると、それは表現活動を誘発することになる。ハリデーの「状況」には、大西の言う、主体と対象との間の緊張関係を内包する事態という意味は存在していないように理解される。シチュエーションという程の意味で用いられていると考えられる。

対人的相互作用において、客体的存在物として相互作用の媒体となるのは、テキスト（談話・文章）である。コンテキストと言語システムの層は、テキストに具現される。このような考え方を適用すると、厳密なコンテキストの客観的な析出は、テキストの分析を通して行うことが求められる。ここでは、場の5条件とハリデーの文化・状況・使用域との関係を見ることとする。

「状況」の「一次的活動領域」は、「今、どのような対人的相互作用が行われているか」ということで、例えば、店頭での**買い物**という品物と代価の**交換**という活動を言う。「一次的役割関係」は、「その場合の**相互の役割**は何か」ということで、前掲の例に当てはめると、**店員**と**客**という役割関係ということになる。「一次的伝達様式」は、「その対人的相互作用はどのような伝達媒体を通して行われているのか」ということで、具体例としては、**店頭における対面・聴覚媒体**によって、買い物という商行為を遂行するということがあげられる。

二次的活動領域、二次的役割関係、二次的伝達様式について、二次的といっているのは、一次的と言っている「状況」の中でのこととして捉えていることに対して、「使用域」のこととして捉え、表している。つまり、二次的活動領域は、「対人的相互作用で**何が話題**とされているか」ということで、二次的役割関係は、「相互作用者が互いにどのような**発話役割**を担っているか」ということであり、二次的伝達様式は、「用いられている**言語**がより口語的かより文語的であるか」ということである。

他のテキストというのは、「**慣用表現やことわざなどの決まり文句**」などを、新たに作り出されるテキストの一部に利用されるものを言う。

第二章　機能的活動主義に立つ国語科授業構築のための基礎的考察

このことを踏まえて、場の５条件とハリデーのコンテキストとの対照関係図を作ると以下のようになる。

　　言語主体が言語活動を発動する内発化する状況（「状況的場」）

　　誰が
　　　　＞状況・使用域＝一次的・二次的活動領域・役割関係
　　誰に

　　何のために ──▶ 使用域＝二次的活動領域・役割関係

　　何を ──▶ 使用域＝二次的活動領域

　　どのように ──▶ 状況・使用域＝一次的・二次的伝達様式

この関係図には、大西の「状況的場」に対応するものがないことが分かる。

ハリデーは、３種類のメタ機能を提示している。すなわち、

ア）観念構成的メタ機能、イ）対人的メタ機能、ウ）テキスト形成的メタ機能である。これらの機能と場の条件との関係は、次のように捉えることができる。

　場の状況性

　　言語発信主体（誰が）──▶対人的メタ機能

　　言語受信主体（誰に）──▶対人的メタ機能

　　目的・意図（何のために）──▶対人的メタ機能・観念構成的メタ機能

　　言語発信・受信内容（何を）──▶観念構成的メタ機能・対人的メタ機能

　　言語活動（理解・表現）形態・様式・方法（どのように）

　　　　──▶テキスト形成的メタ機能・観念構成的メタ機能・対人的メタ機能

対人的メタ機能は、言語の基本的機能を対人的相互作用と捉え、言語活動とその内実を形づくり、テキストにより相互作用を実質化する中軸的機能である。言語活動を形成し、発動させる仕組みとしての場の条件のすべての要因に、対人的メタ機能が作用するとする考え方は、自然である。言語活動の発動に関わって、言語主体に目的・意図が自覚されると、おのずと主体・相手の立場を意識するようになり、内容も漠然とながら意識化される。観念構成的メタ機能をここに位置づけた理由である。

第二項　短作文技能についての検討

① 短作文技能の系統的措定の基本的考え方

　言語技能を言語の階層要因である、語・文・文章（段落）の各レベルに即して措定する。
　ア）文字・表記・語彙—言語要素系
　イ）基本文型・コンポジション技能系
　ウ）レトリック・一般意味論系
　エ）「場」に応じて書くことの技能系
　なお、この時期は、短作文の分量の限度を200字程度としていた。藤原与一先生の所説に従って、一語作文・一文作文・二文作文・三文作文・200字限定作文・一章作文といった作文方法に拠ることとしていた。

② 短作文技能の検討——小学校中学年（3・4年）の場合——

（ア）文字・表記・語彙—言語要素系
〈語のレベル〉
　　ア．送り仮名に注意して、語句を書くことができる。
　　イ．「」（）『』を文中に使うことができる。
　　ウ．漢字を410字（3年生）〜610字（4年生）ぐらい書くことができる。
　　エ．かたかなで書く語の種類を知り、適切に表記することができる。
　　オ．学習した漢字を正しく文の中で用いることができる。
　　カ．表現のための文字や語彙をふやす。
［検討］
〈検討のために援用するハリデー理論〉
　言語要素系のみならず、短作文技能の4系列の内容検討は、ハリデー理論

第二章　機能的活動主義に立つ国語科授業構築のための基礎的考察

の「言語システムの層」に拠るのがよいと思われる。
・意味体系
・語彙・文法体系（語結合）
・音韻・音声／書記体系（音声／文字結合）
言語要素系の検討に際しても、この言語システムの3層を適用して考究することが求められる。

● まず、「エ．かたかなで書く語の種類を知り、適切に表記することができる。」という語のレベルの技能について考察する。

かたかなで書く語の種類は、現行指導要領では、次のように規定されている。

〈イ　文字に関する事項〉
（ア）平仮名及び片仮名を読み、書くこと。また、片仮名で書く語を文や文章の中で使うこと。

片仮名の使用についての規定は、この段階のものだけである。
山口登氏は、ハリデー理論に拠りながら、

> 3つの層に属する選択体系網はすべて、そこからの意味要素を選択することで、各々異なる文字列や記号（日本語の場合、漢字、ひらかな、カタカナ、alphabet；書体、サイズ；手書き、活字；句読記号；縦書き、横書き、ルビ、等）は、たんにすでに存在する意味の表現媒体であるのではなく、どれを選択するかでそれじたいが異なる意味をつくりだす。

として、例として、「花子」「はなこ」「ハナコ」「Hanako」を上げ、文字の用い方で異なる意味を作り出していることを指摘している。わたしは、広島を例として考えて見た。

廣島―広島―ひろしま―ヒロシマ―Hirosima

［花子］も「華子」とすると、また、異なる意味が表されることになる。一般に、わが国の正書法では、外来語（外国の人名・地名、外国由来の物・事）、生物学的用語としての動植物名については片仮名を用いることとしている。しかし、実際的な場面では、言語主体の意図によっては、この原則ルールに従わない表記がなされる。その表記は、いわゆる語用論の立場から

理解し、表現される。語用論は、機能主義の立場に近く、「選択体系機能理論」は、その説明原理として働きうるものと考えられる。

　語彙については、「オ．学習した漢字を正しく文の中に用いることができる。」「カ．表現のための文字や語彙をふやす。」という事項を上げている。オについては、漢字は表意文字であるから、その学習は文字学習であるとともに、語彙学習でもある。従って、漢字の学習は、文字表記の指導と同時に、語用論的語句指導、語彙指導がなされなくてはならない。これは、片仮名、平仮名についても同じように考えるべきではないか。

（イ）コンポジション（基本文型）系
〈文のレベル〉
　　ア．読点の役割を理解し、接続語の後など、文の必要箇所にうつことができる。
　　イ．会話文は、改行して書くことができる。
〈文章（段落）のレベル〉
　　ア．段落のはじめを、1字下げて書き出すことができる。
［検討］
〈検討のためのハリデー理論〉
・前掲の言語システムの3層は、一体的に働く。語彙・文法体系と書記体系は、それだけ単独に取り上げると、形式的な働きの説明になってしまうが、意味体系を重ねて捉えると、単なる形式的記号ではなく、内容的な意味を表す働きをなすものとして説明することが求められてくる。
● 〈文〉〈文章〉各レベルのア・イ、アのいずれも、なぜ、節後の後に読点を打つのか、それによってどういう書き手の意図を表現できるか、会話文を行がえする場合と、行がえしないで行の中に続けて書く場合とでは、そこに込められる意味は異なってくる。

　ただ、読点を打つ位置を1つの約束事として提示するか、その機能を含めたルールとして説明的表現で提示するか、検討することが必要である。
〈語のレベル〉

第二章　機能的活動主義に立つ国語科授業構築のための基礎的考察

なし

〈文のレベル〉

　ア．重文構造の文を、主語・述語をはっきりさせて書くことができる。

　イ．修飾語を重ねて用いた文を、受けかかりをはっきりさせて書くことができる。

　ウ．ことがらを表す名詞句を並列した文を書くことができる。

　エ．「ところが」「すると」などの接続詞を使って、2つの文を続けることができる。

　オ．2つの文を、1つの文にまとめることができる。

〈文章（段落）のレベル〉

　ア．はじめ・なか・おわりを意識して、短いできごとの文章を書くことができる。

　イ．あることを、時間の経過にしたがって整理して、短い文章に書くことができる。

　ウ．中心文を考えて、それをもとに、1段落を書くことができる。

［検討］

〈検討のためのハリデー理論〉

・ここで援用することのできるハリデー理論は、言語システムの層とメタ機能である。

・特に、メタ機能は、観念構成的機能・対人的機能・テキスト形成的機能の3機能が共に適用する必要がある。

・以下、適用しつつ検討する。

● 〈文のレベル〉のア・イの技能項目は、文の構成に関わるものである。ハリデーの考え方に従うと、言語システムの「語彙・文法体系」に重ねて、「意味体系」をも含めて検討することが必要となる。即ち、アについては、単文を並列した場合と、一文に合成した場合とでどのように意味が異なるのか、ということである。

　　　　花が咲き、鳥が歌う。→　花が咲く。鳥が歌う。

　イについては、読点の打ち方や受け係りをどう見るかで、どのように意味

が異なってくるか、ということである。
　　　　・ここではきものを脱ぐ。
　　　　・結核は、検査・治療方法の進歩により、確実に治療すれば治る病気です。
　ウは、ことがらを表す名詞を並列するという述べ方でどういう意味を表すことができるか、ということである。
　　　　・音韻・音声・書記体系、語彙・文法体系、意味体系を言語システムの層という。
　　　　・奈良七重七堂伽藍八重桜
　エ・オは、接続詞を用いて、二文をつないで一まとまりの短文章を完成する作業と、二文を一文にまとめて一まとまりの内容として表現する作業である。エは、用いる接続詞の意味機能と二文それぞれの内容とが整合性をもち、1つの文章として完結性を保持しているかということである。オは、イとは逆の場合である。二文を一文にすることで、どのように意味が異なってくるか、ということである。
　　　　・桜の花が満開になった。ところが、
　　　　・雨があがった。すると、
　　　　・花が咲く。鳥が歌う。→　花が咲き、鳥が歌う。
● 　〈文章（段落）のレベル〉
　アは、できごとの文章を書く作業である。できごとは、できごとの起こり―できごとの展開―できごとの終結という構成になる。この検討は、言語システムの層とともに、メタ機能の考え方を動員して行うことになる。語彙・文法体系では、複数文によって構成されることになる。また、メタ機能としては、観念構成的メタ機能を適用する。できごとを叙述するわけであるから、「だれが／なにが、いつ、どこで、どんなふうに、なんのために、なにを、どうしたのか」という枠組みで、外的事象を解釈、構築することになる。
　できごとという外的事象を、例えば、横断歩道での老人の交通事故というできごとに定めて、文章に書くとして、できごとの非連続的記号的事象を過

程型として記号化するには、過程中核部・参与要素・状況要素の３要素を過程構成選択体系網から選択して過程構成をする。まず、過程中核部から、物質過程として「事物・事象の動的な出来事の変化、行動の言語記号化」と、心理過程として「事物・事象に対する知覚、感情、認知の言語記号化」とを、次に、参与要素から、物質過程として「行為者と対象」を、第３に、状況要素から、「広がり―事象の生じる時間的長さ、くぎり（時間）、距離的長さ（空間）」、「位置―事象の生起する時と場所」、「様態―事態の生じる様子」、「要因―事象の生じる原因・理由」、「条件―事象の生じる前提となる条件や付帯事項」、「随伴―事象の生起に随伴する人物・事物」、「観点―述べることの拠り所となる見地、立脚点」などを選択して、過程構成をすることになる。

メタ機能としては、対人的メタ機能も動員される。選択体系網としては、ａ交換選択体系網（語彙・文法層→叙法選択体系網＝叙述法・命令法・疑問法など）、ｂ心的姿勢体系網（語彙・文法層→語彙選択体系網、書記層→文字の大きさ、感嘆符・疑問符など）、ｃモダリティー選択体系網（語彙・文法層→陳述の副詞及びそれと照応する陳述表現語彙）などの動員が想定される。

テキスト構成的メタ機能としては、主題選択体系網、新旧情報選択体系網、結束性選択体系網がある。テキストがテキストとしてあるためには、談話（文章）を構成する一連の節がメッセージの連続として首尾一貫した展開が図られていなければならない。メッセージは、基本的には、主題＋題述で構成される。展開パターンは、次の３つである。

(1) ［主題＋題述］→［主題＋題述］→［主題＋題述］
(2) ［主題＋題述］
　　　　［主題＋題述］
　　　　　　　［主題＋題述］
(3) ［**マクロ主題**（トピック文＝〈主題＋題述〉・〈主題＋題述〉）―**マクロ題述**
　　（〈主題＋題述〉）］

先に例に挙げた、「横断歩道における老人の交通事故」というできごとについての文章を書くとして、上述のメタ機能を活用することになるものと思

われる。著者の作成した例文を示す。

　本日朝、8時半ごろ皆実町6丁目の交差点で交通事故があった。青信号になって直ぐ、横断歩道を渡り始めていた80歳位の女性が、急に突っ込んできた乗用車にはねられてたたきつけられるように倒れた。一緒に渡っていた人たちが、その事態の対処に敏速に動いた。ある人は、後続の自動車が現場を避けて通過するように指示したり、ある人は、加害車を止めて警察に連絡をとったりした。また、何人かの女性は、負傷者の介護に当たり、励ましの声をかけた。それぞれ手分けをして、わたしも、交差点の直ぐ近所にあるS整形外科に走って、事態の急を訴えた。それに応じて、直ちに医師と看護師とが担架を持って駆けつけ、病院ですばやい医療処置が行われた。間もなく、パトロールカーが警笛を鳴らしながら到着して、事故を起こした運転手と周囲の人たちに事情聴取を始めた。

　その間二十分足らずであったが、居合わした人々の敏速、適切で協力的な行為は、見事なものであった。人情の希薄化が嘆かれることの多い近年、久しぶりに心温まる事態に出会った。

　検討の試みとして、ハリデーの説く選択体系理論及び選択体系網から、主として言語システムの層、メタ機能のうち観念構成的メタ機能、テキスト形成的機能、対人的メタ機能の中から有用と思われるものを選択活用した。ただし、それが適切、有効になされているかは、自己批正する必要があると考えている。イ・ウについても、実際に作文して検討しなければならないのであるが、ここに示した作文例にも、若干は、適用できているのではないかと思っている。

（ウ）一般意味論・レトリック系
〈語のレベル〉
　ア．文脈の中での語の概念を明確にして、用いることができる。

第二章　機能的活動主義に立つ国語科授業構築のための基礎的考察

〈文のレベル〉
　ア．風景や場面のようすを比喩を使って表すことができる。
　イ．会話文を入れることで、場面のようすを具体的に、生き生きと表すことがでる。
　ウ．主部に対して、正しい判断を現す述部を照応させて書くことができる。
　エ．過去形や推量形の文末表現を使って、表現意図にそった文を書くことができる。
　オ．常体と敬体とを区別して、文を書くことができる。
〈文章（段落）のレベル〉
　ア．文章の中の一部分を引用して、それについての感想や意見を書くことができる。

［検討］
〈検討のためのハリデー理論〉
　一般意味論・レトリック系として措定した指導事項（技能）を検討するために活用されるべきハリデーの理論は、以下のものが仮定される。すなわち、言語システムの層からは、意味体系を重点に、併せて語彙・文法体系、書記体系が、メタ機能からは、対人的メタ機能を重点に、観念構成的メタ機能、テキスト形成的メタ機能が、これに加えて、コンテキストからは、状況・使用域が動員されると考えられる。

● 〈語のレベル〉
　アの語の概念を文脈中において明確化して用いることは、いわゆる語彙指導においても行われることである。語・語句の概念の抽象化、一般化のレベルを文脈に適切に用いる知識と技能は、一般意味論で基本に据えられているものである。一般意味論は、人間が思考し、判断し、行動する際に働く言語の機能について説く言語理論である。ハリデー理論では、言語システムの層の意味体系を重点に、語彙・文法体系、場合によっては、書記体系が利用されると考えられる。

● 〈文のレベル〉

83

ア・イは、いわゆるレトリックの技法を活用することが求められる技能である。ハリデー理論から見ると、観念構成的メタ機能の過程構成における状況要素、対人的メタ機能の心的姿勢選択体系網の語彙・文法層の知識技能、場合によっては、モダリティー選択体系網からの知見を動員することが求められることもありうる。

　ウ・エ・オは、一般意味論の技法が要求される技能である。メタ機能の対人的メタ機能における、交換選択体系網の叙法選択体系網、モダリティー選択体系網の語彙・文法（表現）の選択体系網の知見が活用される。

〈文章（段落）のレベル〉

　アは、文章の中の一部分に対する、感想・意見を書く技能である。これは、一般意味論の事実と意見・感想を区別して書いたり、読み取ったりする技能に当たる。ハリデー理論から見ると、メタ機能の観念構成的メタ機能、テキスト形成的メタ機能を主として、対人的メタ機能、ジャンル、言語システムの層の意味体系・語彙文法体系が動員されることになると考えられる。学習指導要領にあげられている「事実と感想・意見の区別」という指導事項は、感想・意見の対象としての事実と、感想・意見の根拠としての事実の区別というところまでは、言及していない。この点を明確にするには、一般意味論を適用するか、ハリデー理論の観念構成的メタ機能のうち、過程構成の過程中核部・参与要素の知見を活用することになると考えられる。

(エ)「場」に応じて書くことの技能系

〈語のレベル〉

　　ア．段落の内容を読みとって、小見出しをつけることができる。
　　イ．読んだり聞いたりしたことを、短い語句でメモし、整理することができる。

〈文のレベル〉

　　ア．書かれている内容を、箇条書きに整理できる。
　　イ．文章の一部分をくわしく書き広げることができる。
　　ウ．書いてないことを、前後から読み取って補うことができる。

第二章　機能的活動主義に立つ国語科授業構築のための基礎的考察

　エ．段落の要点を一文で書くことができる。
　オ．先生の指示にしたがって、感想を一文で書くことができる。
　カ．読み取った文を暗誦し、もとの文を見ないで、書くことができる。
　キ．学級の生活目標を一文で書くことができる。
〈文章（段落）のレベル〉
　ア．調べてわかったことを、短い文章にまとめて書くことができる。
　イ．教科書についている学習問題の答えを、ノートに短くまとめて書くことができる。
　ウ．物語のあらすじを、時・所・人物・事件の要点を落とさないように、まとめて書くことができる。
　エ．先生の指示にしたがって、読んだ文章の感想を短い文章で書くことができる。
　オ．クラスの連絡黒板に、必要な事柄を落とさないように、連絡事項を書くことができる。
［検討］
● この系列の短作文の技能は、それ以前の3系列の内容を総合して、場の条件（目的条件）にかなうように、機能的に措定されている。したがって、ハリデーの選択体系機能論の適用可能性は高いと考えられる。「場」の条件の検討については、すでに「コンテキスト」との関連性の考察において説述している。

　短作文の技能の措定は、学習指導要領の指導事項を基本にしているので、ハリデー理論に基づいて再構成することができると考えられる。これからの課題として、学習指導要領が、目標として提示している国語科の指導事項の検討は、なお継続されなければならない。

　当面、読むことの基本的指導事項と書くことの基本的指導事項を新たな観点から策定した。第三章において、目的的言語活動に必要な技能をサブシステムとして選択し、授業を構成することができるよう系統的に組織、配列している。

第四節　現行学習指導要領・国語が提示している「伝え合う力」に関する考察

第一項　問題の所在

　前回改訂の学習指導要領・国語では、これまでの国語科の総括目標に「伝え合う力を高める」を加えた。
　　国語を適切に表現し正確に理解する能力を育成し、伝え合う力を高めるとともに、思考力や想像力及び言語感覚を養い、国語に対する関心を深め国語を尊重する態度を育てる。（「関心」は、中学校では「認識」となっている。下線は引用者。）
これに対して、外国語では、次のような総括目標を掲げている。
　　外国語を通じて、言語や文化に対する理解を深め、積極的にコミュニケーションを図ろうとする態度の育成を図り、聞くことや話すことなどの実践的コミュニケーション能力の基礎を養う。（中学校外国語。下線は引用者。）
このコミュニケーションについては、「(2)言語活動の取扱い」において、
　　（ア）　実際に言語を使用して互いの気持や考えを伝え合うなどのコミュニケーションを図る活動を行うとともに、(3)に示す言語材料について理解したり練習したりする活動を行うようにすること。（下線は引用者。なお、「言語材料」には、音声・文字及び符号・語、連語及び慣用表現・文法事項があげられている。）
と述べている。
　国語と外国語とで用いている言葉は異っているが、「伝え合う力」と「実践的コミュニケーション能力」とは、ほぼ、同じ意味に用いられていると見られる。これは、国語も外国語も、言語の教育として、達成レベルは違って

いても、目ざすところが同じであることから、その内実が同じものになったものと考えられる。ところが、国語では、コミュニケーションという言葉は、全く用いられていない。その意図するところは、文部省著作の『学習指導要領解説』の国語編においても言及するところがない。

　最近、国語科においてコミュニケーションという言葉を用いて表現（作文）指導をすることは、コミュニケーションという言葉の概念が、広範、多義にわたり、例えば、一方的な伝達の意味に理解されたりする恐れもあるので、「伝え合う力」の育成を図ることができない、という指摘がなされた。
　コミュニケーションという言葉は、確かに哲学や社会学、言語学など文化の各分野において、また、ビジネス界や、日常的な言語生活において多用されている。さらに、世界各国において、同語源に基づく類似の言語形をもつ言葉が歴史的にも長く用いられてきている。このことは、コミュニケーションという言葉が深さと豊かさを保有していることを示唆する。その言葉の建設的で革新的な意味を前景化して用い、言語の教育に生かしていくことは、極めて重要なことである。
　ここでは、「伝え合う力」として新しく措定された目標用語が、過去の学習指導要領国語の目標設定の推移の過程でどのような位置を占めているか、また、各分野で用いられているコミュニケーションの意義はいかなるものかを究明する。そして、「伝え合う力」が、どのような意味で用いられなければならないか、討究する。これが、本節の目的である。

第二項　「伝え合う力」措定に至るまでの経緯と「伝え合う」ということの意味

　「伝え合う力」という言葉が、国語科においてクローズアップされたのは、前回の学習指導要領が最初である。この問題を、過去の学習指導要領がどのように扱っていたのかを見てみることによって、「伝え合う」という言

葉に込めようとしている意味を明らかにする。

　昭和26（1951）年版の『中学校・高等学校指導要領国語科編（試案）』では、「小・中・高等学校における国語学習指導の一般目標は何か」という問題を考える前提として、言語の役割についての認識を次の3点にまとめて述べている。

　㈠　言語は、互に意志を通じ合うのに必要で、社会生活に欠くことのできないものである。

　㈡　言語は、思想や感情と深い関係を持ち、考えを進める上に欠くことのできないものである。

　㈢　言語は、どんな学問や技術を学んでいくのにも媒材をなすものであって、この意味で文化の獲得創造に欠くことのできないものである。

　㈠は、言語のコミュニケーション機能を、㈡は、言語の思考機能を、㈢は、言語の学習・創造機能を示している。本節に直接に関わるのは、㈠の機能である。特に、「通じ合う」という言葉が用いられていることに注目しておきたい。

　このような認識に基づいて、次のように目標が措定されている。

　㈠　社会生活上自分に必要な情報や知識を得るために、他人の話に耳を傾ける習慣と態度を養い、技術と能力をみがくこと。

　㈡　自分の意志を伝えて他人を動かすために、いきいきとした話をしようとする習慣と態度を養い、技術と能力をみがくこと。

　㈢　情報や知識を得るため、経験を広め教養を高めるため、娯楽と鑑賞のために、広く読書しようとする習慣と態度を養い、技術と能力をみがくこと。

　この3目標は、言語の「通じ合う」という基本機能を、㈠で、「聴く」＝情報・知識獲得、理解、㈡で、「話す」＝意志伝達、表現、㈢で、「読書」＝情報・知識獲得、娯楽・鑑賞、のように、理解・享受と伝達・表現とに分けて活動として捉え直している。それらをさらに、習慣・態度・技術・能力として形成するといった、[1]目的・[2]活動・[3]結果の3つの過程的分節として措定している。

第二章　機能的活動主義に立つ国語科授業構築のための基礎的考察

これらの目標は、昭和33（1958）年告示の学習指導要領でも、ほぼ同内容で継承されているが、整理、明確化が図られている。小・中学校では、次のように示されている。

〈小学校〉
1　日常生活に必要な国語の能力の養成と言語生活の向上（要約）。
2　経験を広め、知識や情報を求め、また、楽しみを得るために、正しく話を聞き文章を読む態度や技能を養う。
3　経験したこと、感じたこと、考えたことをまとめ、また、人に伝えるために、正しくわかりやすく話をし文章を書く態度と技能を養う。
4　国語能力の確実化と国語への関心・自覚の養成（要約）。

〈中学校〉
1　生活に必要な国語の能力、言語生活の向上（要約）。
2　経験を広め、知識を求め、教養を高めるために、話を確実に聞き取り、文章を正確に読解し、あわせてこれらを鑑賞する態度や技能を身につけさせる。
3　経験したこと、感じたこと、考えたことをまとめ、人に伝えるために、わかりやすく効果的に話し、正しく書写し、的確に文章に書き表わす態度や技能を身につけさせる。
4　ことばのはたらきと国語への関心・自覚・国語を尊重する態度や習慣の養成（要約）。

注目されるのは、26年版が話し言葉中心に、表現活動と理解活動を目標として措定していたのに対し、書き言葉を加えていることである。特に、「正しく」を強調していることと、「読解」という言葉を用いていることが、「経験」を残しながら、「技能」、「能力」に重きを置く方向への転換を示唆している。とは言うものの、「日常生活」「生活」に必要な国語能力と「言語生活」との向上を前提に、「人に伝えるために」話し、書く態度や技能が目標とされていることは、「通じ合う」という言葉こそ用いられていないが、コミュニケーション機能にもとづく目標措定と見ることができる。ただ、「通じ合う」の「合う」は後退している。

学習指導要領の改訂は、ほぼ10年ごとに行われる。昭和42（1967）年改訂の目標は、次のようになっている。
〈小学校〉
　生活に必要な国語を正確に理解し表現する能力を養い、国語を尊重する態度を育てる。
　このため、
1　国語で思考し創造する能力と態度を養う。
2　国語による理解と表現を通して、知識を身につけ、心情を豊かにする。
3　国語による伝達の役割を自覚して、社会生活を高める能力と態度を養う。
4　国語に対する関心・言語感覚、国語を愛護する態度の養成と育成（要点）。
〈中学校〉
　生活に必要な国語の能力を高め、国語を尊重する態度を育てる。
1　国語によって思考し、理解し表現する能力と態度を養う。
2　国語による理解と表現を通して、知識を身につけ、考えを深め、心情を豊かにする。
3　国語による伝達を効果的にして社会生活を高める能力と態度を養う。
4　言語文化の亨受、創造の基礎的能力と態度の育成（要点）。
5　国語の特質の理解、言語感覚、国語の愛護と向上の態度養成（要点）。
　この期の目標は、ことばのコミュニケーション機能に立って措定するという点では、前期と同じである。全般に目標内容が分節化されている。思考力、言語感覚の提示が目立つ。「国語による伝達」は、「社会生活」という言葉と対応させることで、「通じ合い」という意味を内包することを示している。これは、「生活に必要な国語を正確に理解し表現する能力（小）」のように、「理解」と「表現」とを一連のものにまとめていることによって裏づけられている。
　このように措定されていた目標が、昭和52（1977）年の改訂では、大きく

第二章　機能的活動主義に立つ国語科授業構築のための基礎的考察

変る。

〈小学校・中学校〉

　国語を正確に理解し表現する能力を養う（高める）とともに、国語に対する関心（認識）を深め、言語感覚を養い（豊かにし、）国語を尊重する態度を養う（育てる）。

（（　）内は中学校。）

本期改訂の最も大きな点は、これまでの「聞くこと・話すこと」「書くこと」「読むこと」の3領域を「理解」と「表現」の2領域に改編したことである。このことと照応するように、これまでの総括目標とそれを支持する分節化した目標という提示のしかたが、一文で総括的に示されている。さらに、「生活に必要な」という言葉も削除されている。領域も目標も、集約、統合化が図られているということである。加えて、前期まで用いられていた「伝える」「伝達」という言葉も外されてしまっている。このことが、コミュニケーション機能に立つ国語科教育ということから大きく後退した印象を与えるのは否定できない。

平成元（1989）年3月告示の学習指導要領の目標は、昭和52年版のものに、「思考力」と「想像力」とを加えて、次のように改訂されている。

　国語を正確に理解し適切に表現する能力を育てる（高める）とともに、思考力や想像力及び言語感覚を養い（思考力や想像力を養い言語感覚を豊かにし）、国語に対する関心（認識）を深め国語を尊重する態度を育てる。

（（　）内は中学校。）

このような経過を経て、平成10年次の改訂に至るわけであるが、大きくまとめれば次のようになろう。

1951年（昭和26）——通じ合う
1958年（昭和33）——伝える
1967年（昭和42）——伝達
1977年（昭和52）——なし
1989年（平成元）——なし
1998年（平成10）——伝え合う

言語のコミュニケーション機能に立った国語の技能と態度とを育成する国語科教育という考え方が、次第に希薄になり、思考機能を重視した、理解能力・表現能力の育成という考え方に移り、再び、コミュニケーション機能重視の国語科教育に返ったという推移を認めることができる。これは、「理解」「表現」の2領域を「話すこと・聞くこと」「書くこと」「読むこと」の3領域に再編成したことによっても裏づけられる。もちろん、単純に50年前に回帰したのではない。「思考力」「想像力」「言語感覚」を目標に位置づけていることからも、コミュニケーション機能だけでなく、思考機能・想像機能・認識機能に目標とする言語能力を支持し、その内容をなす働きを拡充して捉えていると言うことができる。時代・社会の要請——情報化、国際化、人間関係の希薄化・複雑化、少子高齢化の状況の反映であることは言うまでもない。
　当面の課題である「伝え合う」ということについて言えば、50年前は、「通じ合う」と表現されたものが、「伝え合う」という表現に変化していることの意味が問題になる。
　「通じ合い」という言葉は、戦後の国語教育の理論的指導者であった西尾実氏が用いているのが早い時期のものである。

　　わが国でも、言葉の機能を「伝達の手段」に認めてきたことは、久しい以前からのことである。が、問題は、このコミュニケーションが「伝達」と訳されたために、一方的な働きとして受取られてしまって、それが「通じ合い」という社会的機能として、はっきりととらえられなかったところに、不備を残し、われわれにおける言葉の実態把握を十分なものにし得ていなかったように思われる。
　　それならば、いうところのコミュニケーションとは何であるか、訳語としては、前には伝達・通達、近くは交通・通交・交渉などが用いられるが、一般的用語としては、また、その意味がまぎらわしかったり、偏ったりしている。それならば、いったい、どれだけの意味があらわれればよいか。表現では、自己表現ともいわれるように、その基準は、表現者その人の真実にあった。ところが、コミュニケーションでは、「通

第二章　機能的活動主義に立つ国語科授業構築のための基礎的考察

じ合い」という語が示すように、それが相手にわかり、相手をうなずかせ、相手を動かすことでなくてはならぬ。つまり、一定の相手があり、その相手との交渉である。したがって、同じことを話し、書くにも、相手により、場によって、その話しかた・書きかたが変っている。(『言葉とその文化』第３刷版1950＝昭和25・10　引用は、教育出版版『西尾実国語教育全集第四巻』1974所収による。下線は引用者。)

　西尾氏は、コミュニケーションの意味として、「通じ合い」、「相手にわかり、相手をうなずかせ、相手を動かすこと」、「相手との交渉」といったことを示し、「伝達」という訳語の問題点を指摘している。「通じ合い」の内実として、西尾氏が「[1]相手にわかり」・「[2]相手をうなずかせ」・「[3]相手を動かす」という３段階を示していることは、重要である。これは、[1]理解→[2]納得→[3]説得という、相手の受け入れの深化、変化の過程を包含させていると考えられるからである。

　1951（昭和26）年の指導要領の目標は、西尾氏の目ざすものと一致していることは論をまたないが、その後は、「伝える」「伝達」という言葉を用いて、用語の上では、「通じ合い」から遠去かる傾きを示している。が、先に指摘しておいたように、「通じ合い」としてのコミュニケーションの意味を前提に用いていた。大きく変ったのは、1977（昭和52）年の改訂である。それは、指導領域を「理解」と「表現」に統合したことと対応していると考えられる。このように統合、分立したことが、「通じ合い」の「合い」の意味の希薄化をもたらしたと見られるからである。このことは、1989（平成元）年の改訂でも、２領域は維持され、コミュニケーションに関わる目標語句も用いられないままであったのに、1998（平成10）年に、３領域に再編成され、「伝え合う力」に表現を変えて復活した。

　ここで、改めて「通じ合い」と「伝え合い」の違いが問題になる。『角川必携国語辞典』（大野晋・田中章夫編　1995＝平成７）では、「通じる」は、「一方的でなく、二つのもののあいだを通う、往復するという意味がある。」とし、「伝える」は「情報などを次々に人手を経て、相手に届くようにする。」と解説している。「伝え合う」について論をなす人は、「通じ合う」は消極的

で、それに対して「伝え合う」は積極的な意味を表すと言う。恐らく今期改訂で、「通じ合い」を「伝え合い」に改めて提出した意図は、こういったところに存在すると考えられる。しかし、安易にそのように受けとめてよいのか、という問題が残る。

「伝え合う力」には、文部省は、『解説』で次のようにコメントしている。
　「伝え合う力」とは、適切に表現する能力と正確に理解する能力とを基盤に、人と人との関係の中で、互いの立場や考えを尊重しながら言葉によって伝え合う力のことである。激しく変化するこれからの社会をよりよく生きていくためには、互いの立場や考え方を尊重して言葉による伝え合いを効果的にし、相互の理解を深め豊かな人間関係を構築し、協力して社会生活を向上させていくことが必要である。(『中学校学習指導要領解説――国語編――』1999＝平成11・9）

「通じ合い」を「伝え合い」に改めて用いたことについては、特に言及されていない。しかし、ここに述べられていることは、西尾実氏の「通じ合い」説に、かなり共通している。とは言うものの、理解し、表現する能力の育成と、「伝え合う力を高める」こととを分けて示すことで、双方を強調することが、同時に、「伝え合う力」を高める活動を特立、分離する傾きを生起させる。すでに、実践現場では、そのような問題状況が現出している。

いま１つは、「通じる」「伝える」ことの結果としての「わかる」ことのレベルが、問題としてあげられる。前掲の国語辞典では、「通じる」の意味として「精通する」ということを示している。「伝える」には、「届く」ということだけで、「わかる」までは、触れられていない。このことは、『広辞苑第五版』でもほぼ同じである。特に、「通じる」には、「了解される」「伝えて了解を得る」という意味が示されている。もちろん、「伝え合う」という場合は、相手がわかるということを含意していることは言うまでもない。

これらの問題は、コミュニケーションという言葉を国語科で用いないということとの関連で討究されなければならない。

第三項　コミュニケーションの視点からの「伝え合う力」の討究

　「伝え合う力」の育成を目ざす国語科教育の用語として、「コミュニケーション」は、多義的で曖昧であるので適切でないという意見があることは先に述べた。今期改訂の学習指導要領国語編には、コミュニケーションという言葉を全く用いていないのは、それを裏づけるものであろう。本節では、コミュニケーションの視点から、「伝え合う」ということについて考えることとする。
　哲学の分野では、コミュニケーションについて次のように定義している。
　　　記号の制作・伝達・受容・解釈からなる表現の働き、もしくはその中で記号情報が循環する回路のこと。(広松渉・子安宣邦他編『岩波哲学・思想事典』1998　岩波書店)
　さらに解説を加えて、コミュニケーションは、次の２つに分けられるとしている。
- 人々の相互行為の面に重点を置く社会学的コミュニケーション
- 表現の意味解釈に重点を置く認知心理学的理論

　長井和雄氏は、ドイツの哲学者Ｊ.ハーバーマス氏は、コミュニケーションを「言語能力と行為能力をそなえた主体同志が諒解という行為を媒介として行う相互行為」と規定しているという（長井和雄著『言語力形成の論理』1993）。また、ハーバーマス氏は、言語による行為を、「諒解志向型」の行為と「成果志向型」の行為とに分け、前者を「コミュニケーション行為」、後者を「戦略的行為」とし、後者は、言語を道具として扱い、自分の目的のために相手を利用する戦略的なものであって、「諒解」を求める前者が、真の意味でのコミュニケーションとなるとしているという（同上書）。
　ハーバーマス氏の言う「諒解志向型」の行為を「コミュニケーション的行為」とするという考え方は、わが国の学習指導要領の「通じ合う」と「伝え

合う」との問題に示唆するものがある。前節で述べたように、「通じる」における「わかる」は、「了解（諒解）」の意味で用いられ、「伝える」における「わかる」は、「届く」のレベルにとどまっている。ただ。「伝え合う」という複合語になると、「わかった上で伝える」という意味が含意されてくる。そのレベルでの「わかる」は、了解（諒解）の前段にとどまっていると考えるのが自然である。しいて言えば「理解」ということになろう。「諒解（了解）」は、哲学的用語としては、「言語や事柄の意味をとらえること」という意味の「理解」を一歩進めて、理解したものを分節化する「解釈」と、具体的な状況に適合させる「適用」の一連の過程を含んで、深くわかることをさすとされている（『岩波哲学・思想事典』）。

　このように討究すると、「通じ合う」における「わかる」は、「諒解（了解）」であり、「伝え合う」における「わかる」は、「理解」というように対応させてとらえることができるように考えられる。

　社会学者の後藤将之氏は、communicationを「伝達」と訳すことの問題性を指摘するとともに、communicateという動詞形の語のさまざまな訳語をあげ、それらを集約して、「同じひとつのものを複数が共有する」、「別々だったものがひとつになる」という意味を基本として示している（『コミュニケーション論』1999　中央公論社）。

　後藤氏は、コミュニケーションを、[1]認識としてのコミュニケーション・[2]交流としてのコミュニケーション・[3]構造としてのコミュニケーションの3つに分けて説く。このうち、本節の主題に関わる1・2については、おおよそ、次のように述べている。

　認識としてのコミュニケーションは、人間を「閉じた殻」のような存在と捉え、その「殻」と「殻」との間は相互的な「認識」に根拠を置いて、一定の「合意」「同意」に達することを求める行為であるとする。その際、充足すべき条件として、[1]相互の同一対象への志向、[2]相互の相互への志向、[3]相互の志向内容の同一性、[4]その同一性への相互認知の4条件がある。

　交流としてのコミュニケーションは、人間は、比較的に開放的な情報の「流れの束」の中に存在し、周囲から影響され、また周囲にも影響を送り出

している、という認識に基づいている。「閉じた殻」として認識できる人間であるが、その個体は、情報の「流れの束」として存在しているものであり、その背後には、「交流の実在」を指摘できる。そのことによって、現在におけるコミュニケーションの可能性を認めることができる、と言う。

後藤氏の所説は、社会学の立場からではあるが、人間を本質的にコミュニケーション的存在であるとする認識に立ち、「閉じた殻」的個体であるとともに、情報の「流れの束」として周囲との相互影響関係にあるとして、人間存在とコミュニケーションの深い関わりを提起している。コミュニケーションが、「合意」「同意」に達することを求める行為であるとする見解は、ハーバーマスの説に通底する。

岡部朗一氏は、コミュニケーション学の立場から、コミュニケーションに関する定義が126もの多数に上ることを述べ、それらを、[1]相互作用説・[2]刺激─反応・[3]意味付与説・[4]レトリック説の4類型に整理している。この中で最も多いのが、「相互作用説」であると言う。これらの説を統一的に理解するための前提となる特性を、次の6点にまとめて示す。

1、不可避性──人間は、その存在の本質からコミュニケーションを避けられないこと。
2、内容面と関係面──送り手と受け手の関係面と、その外部にあるメッセージとの2面である。この2面が混同されると、コミュニケーションが混乱すること。
3、対称関係と補完関係──コミュニケーション参加者間の人間関係の対称面は、2人の個人が相互に独立、平等であること、補完面は、相互が違っていることを前提に補完し合う関係にあるということ。
4、計数性と類推性──計数性は、コミュニケーションのデジタル・システムの側面を言い、言語（バーバル）という抽象的な概念で明確で正確な表現できることを意味している。類推性は、連続性をもつ、コミュニケーションのアナログ・システムの側面を言い、ノン・バーバルで、大体の内容を単純かつ具体なものとして伝達することを意味しているということ。

5、進行性——コミュニケーションは、動的で常に変化するプロセスとして進行するものであるということ。

　6、先行性・相互作用性・交流性——コミュニケーションの先行性は、人間のコミュニケーション行為において、人間としての既有の経験、時間的空間的に蓄積してきた学習成果を発揮するということである。相互作用性は２者間の働きかけ、働きかけ返す（interaction）ことで、その意味で相互影響性でもある。交流性は、多くの人と共有するトータルは環境の一部として、かつ、他の人との交渉・交流（transaction）状況において生起するものであるということ。

　以上は、石井敏・岡部朗一・久米昭元各氏共著の『異文化コミュニケーション改訂版』（1996＝平成８　有斐閣選書）所収の「第１章コミュニケーションの基礎概念（岡部執筆）」に基づいてまとめたものである。この岡部氏の論考は、コミュニケーションの特性のほとんどを網羅していると見られる。コミュニケーションの問題を討究するに当っては、この６つの視点を外すことはできないと言うことができる。ただ、コミュニケーションにおける「わかること」の深さの問題はどうなのであろうか。これは、哲学・社会学で追究するものとの差異がもたらした結果とも考えられる。

　コミュニケーションの視点から、「伝え合う力」を見ると、「伝え合い」に比べて、コミュニケーションの方が、「相互交渉性」に焦点を合わせて検討しても、はるかに広く深い内容を保有していると言うことができる。

　哲学のＪ.ハーバーマス氏が提起している「主体同志が諒解という行為を媒介として行う相互行為」という規定は、深さの点では重要な条件提示である。社会学から提起されている、コミュニケーション的存在としての人間認識と「閉じた殻」としての人間認識という一見矛盾する捉え方を、情報の「流れの束」という考え方を導入して統合する考え方は、コミュニケーション学の整理の１つ、コミュニケーション主体の相互独立・相互補完関係という見解と相俟って、コミュニケーション行為の発動要因を示唆するものとして、重要である。

　コミュニケーション学が提起している６特性は、コミュニケーションの広

さを示すものである。これらは、ほとんど、コミュニケーションを相互交渉性の点から捉えたものである。

第四項　まとめ

　以上、「伝え合う力」をめぐって、哲学や社会学、コミュニケーション学などの、コミュニケーションに関する学説、見解にもとづいて、「伝え合う力」として提起されている内実について考究した。その結果、「伝え合う力」が「コミュニケーション」がこれまでに追究し、拡充、深化し、蓄積してきた機能や定義を、必ずしも生かしていないということが明らかになった。「伝え合う」という言葉で、双方向性という相互交渉と、相互の立場の尊重は強調されているが、その「わかり合う」ことの深さについては、言及するところがない。

　第二次大戦後のわが国の国語科教育が、言語のコミュニケーション機能を基軸として構築され、展開された時期に、コミュニケーションは「通じ合い」として国語科教育の目標に位置づけられた。この「通じ合い」を「伝え合い」と改めたことが、はたして進歩、発展ということになるのか、問題である。

　管見にもとづく検討であったが、ここで明らかになったことを、「伝え合う力」の内実の拡充、深化のために実践的活動を通して生かすことが求められる。

第五節　これからの時代が要求する学力

第一項　中央教育審議会答申（平20.1.17）が提示した教育の将来像

　中教審は、この答申の中で、21世紀の社会は、「知識基盤社会」と言うべき時代に入る。「知識基盤社会」とは、新しい知識・情報・技術が政治・経済・文化をはじめ社会のあらゆる領域での活動の基盤として働く社会を言うとしている。このような社会では、知識や技術は日々革新、進展し、さらには、これらは、国際化、グローバル化され、時代の中軸をなす物の見方、考え方も、大きく変革される。

　このような社会において求められる主要能力は、OECDの国際的に実施するPISA調査対象の枠組みとする「単なる知識や技能だけでなく、技能や態度を含む様々な心理的・社会的なリソース（資源・データ等）を活用して、特定の文脈の中で複雑な課題に対応することができる力」である。具体的には、①言語・シンボル・テクストを相互作用的に用いることができる力、②知識や情報を相互作用的に用いることができる力、③技術を相互作用的に用いることができる力、といった諸能力を活用して問題解決を図るということになる。

　国語科学力では、PISA型読解リテラシーとして、調査対象とされた力は、「自らの目標を達成し、自らの知識と可能性を発達させ、効果的に社会に参加するために、書かれたテキストを理解し、利用し、熟考する能力」と定義されている。ここで言うテキストは、文章のような「連続型」のものと、図や図表・グラフなどの「非連続型」のものとを含んでいる。

　このような学力は、マルチメディアリテラシーに深くつながっている。ま

た、前節で取り上げた読むことと書くこととの関連的活動も、関係づけて考えることができる。

第二項　レトリカル・コミュニケーション能力としての学力

　前項でも記したように、現代は、国際化・グローバル化社会であるとともに、高度情報社会とも呼ばれている。また、情報の発信者と受信者との間に行われるコミュニケーションが、適切に遂行されるためには、その情報を担うメディア（媒体）と送達機構とを適切に運用することが求められる。コミュニケーション活動において、もっとも多く用いられる言語メディアについて考えて見よう。言語には、単語レベルにおいて、それぞれの語に特有の概念が内包されている。物・事・心情・精神を表す語の概念は、本来的にそれを用いる人々の間に共通する意味を表すものとして受け止められている。しかし、現実的には、それを用いる人の持っている経験や知識、認知スタイルによって、個性的な意味や感情が付与されて、必ずしも、発信者が受信者に伝えようとしている意図が、すべて届くとは限らない。そこで、洋の東西を問わず、いわゆるレトリック（修辞法）が発明され、コミュニケーション活動に際して、活用すべき必須の知識と技能として学習されてきた。
　ところが、現代のように高度に発達した情報技術社会において、また、グローバル化した国際化社会においては、高度に発達した電子メディアを理解し、操作できるようになること、異文化に生きる人々の物の見方考え方、感じ方、生活習慣などを理解した上で、コミュニケーション活動をしなければならない。
　メディアが、映像、メロディー、音声、実物、など多様化しても、発信者が脳裏に伝えようと考えていることは、言葉によって、まとまった意味のあるものとして意識化されている。レトリックが必要とされる所以である。西洋修辞学においては、古来、創構・配置・修辞・記憶・所作という五大要素を持ち、相手を説得する弁論術ともいわれた。一時、この修辞法は衰退し

て、コンポジションがその位置を取って代わったが、20世紀に入って、世の中が、高度工業化社会から情報化社会に変革されてくると、レトリックの必要性が再認識され、ニューレトリック（現代レトリック）として再生された。これは、情報化された社会、国際化された社会、グローバル化した社会、さらにまた、高度に革新された通信技術という電子機器が駆使される社会においては、古代修辞学の五大要素の内、創構を重要視することと、相手を説得することを目的とする修辞法の改革を図って、さまざまなノイズによって受ける妨害を除去し、送り手ができるだけ正確な情報を、受け手に伝達することができるコミュニケーションを、レトリカル・コミュニケーションという。

　特に、重要視されるのが創構である。コミュニケーションでは、伝え合い活動で交わされるメッセージを創出することにあたる。その際、送り手が創出するメッセージが正しく事実を反映したものか、判断の根拠としている事柄に誤った認識はないか、十分に検討される必要がある。ひとまとまりのメッセージを創成するには、批判的思考力が要求される。その批判的思考スキルは、一般意味論の理論に学ぶとよい。一般意味論は、思考と行動に働く言語を正しく用いる方法論を説く学問である。例を挙げる。「地図（言語）は必ずしも現地（事実）を正しく反映しているとは限らない。」、「述べられていることが、報告なのか推論なのか断定なのかを明確にする。」「言葉の表す概念には抽象のレベルがあるので文脈に適合するよう用いるべきである。」など重要な原理が示されている。特に、受け手についての情報が不明確な場合は、メッセージの創成に正確さとともに、理解しやすいように工夫を加えて表現しなければならない。受け手が送られてきたメッセージを信頼するとともに、理解することができなければ、コミュニケーションは成立しない。送り手が留意しなければならない今一つは、伝達する手段のことである。対面しての通じ合いは、通じ合いの場面を共有していて、相手のことも、反応もよく分かるし、質疑応答も容易にできて、伝達過程においても、誤りを少なくすることができる。しかし、受け手が遠く離れており、加えて、相手についての情報が少ない場合、まして文化を異にする場合には、

メッセージの創成についても、伝達手段についても、いっそうレトリカルに考えて行われなければならない。「媒体（メディア）はメッセージである。」とは、有名なマクルーハン氏の言葉である。その意味では、どのようなメディアを用いてメッセージを創り、どのような通信媒体を使って送達するかによっても、受け手の納得や説得の度合いは異なってくる。

第三項　マルチメディアリテラシーとしての学力

　メディアリテラシーについては、国語科教育において実践されてきている。メディアリテラシー教育で取り上げられるのは、映像メディアが多い。言語メディアの教育を中心としてきた国語科も、マスコミュニケーションが、いわゆるマスメディアとして多様化した映像が用いられるようになった。映像は視覚に訴えて、一瞬にして全体を示すことができると考えられている。しかし、現実は、無限と言ってよいほどの連続性を有している。そのため、マスメディアとして、対象を映像化するには、ある角度から現実を切り取って、不特定多数の受信者に送達する情報として発信することになる。したがって、映像メディアを取り入れたマスコミュニケーションにおいては、受信者は、映像情報をそのまま現実として受け入れると、思いがけない誤解をしかねない恐れが生じる。必然的に、メディアリテラシー教育は、受信した情報を批判的に受け止めることのできる力を育てることを目標とすることになる。

　マルチリテラシーズについては、桑原隆氏編著『新しい時代のリテラシー教育』（2008　東洋観出版）に収められている足立幸子氏の「マルチリテラシーズ教育を実現するカリキュラムの構成」という論文が参考になる。足立氏は、米・英・豪・南アフリカの言語教育研究者集団「ニューロンドングループ」が提案しているリテラシー教育の概念を次のように紹介している。「マルチリテラシーズとは、リテラシーがマルチ（多様）な状況にあることをさす。この状況は、①社会のグローバル化にともなって、社会の中に文

化・言語の多様性が現れたこと、②情報通信技術の発達から多様なコミュニケーション様式が生まれたことの2点から考えることができる。つまり、多言語・多メディア教育が『マルチリテラシーズ』である。」(同上書167頁) 我が国においては、平成23年度から小学校で英語を学習させるようになっている。外国人も単なる旅行者だけでなく、長期間にわたって在住し、労働に従事したり、外国資本の企業も設立されて日本人と外国人とが一所に働いたり、世界中から留学生が多数就学したりしていて、まさに、国際社会化してきている。

　前述のPISA型読解リテラシーも、マルチリテラシーズ教育を前提としているといってよい。そこで連続性テキスト、非連続性テキストといわれているものも、前者は、言語（文章）メディアに基づいて形成されており、後者は、数学リテラシーによって数量化された意味を、視覚的に理解しやすいように図や図式、グラフなどの記号を媒体として表現したものである。つまり、複数のメディアによるリテラシーを必要とすることを示している。リテラシーとしては、これら以外にも、科学的リテラシー、音声記号（例えば、モールス信号など）リテラシー、映像リテラシーなどが考えられ、その対象となる理解・表現のメディアも、当然、多様に存在する。

　マルチメディアリテラシーズの中軸に据わるものは、何と言っても、論理的批判的思考力である。形象的思考力ではない。形象的思考力は、文学や音楽、絵画、音楽などの鑑賞、表現を感性に支えられて働く。

　これからの時代に求められる学力は、マルチメディアリテラシーズでなければならないことは明らかであろう。

第三章　国語科教育における指導の「システム化」の問題

第一節　国語科における学習のシステム化に関する先行研究

第一項　昭和40年代末から50年代にかけての「教育のシステム化」の動向

　昭和49＝1974年3月18日から23日まで、東京において、「カリキュラム開発に関する国際セミナー」が開催された。その報告書が、文部省（現文部科学省）によって、『カリキュラム開発の課題　カリキュラム開発に関する国際セミナー報告書』（昭和50＝1975　大蔵省印刷局）として刊行されている。このセミナーにおいて議論されたことは、多岐にわたっており、そのすべてを紹介することはできないが、当時、特に話題になった、「工学的接近」と「羅生門的接近」という教授・学習過程の組織化の考え方について述べる。図式的に整理すると、次のようになる。
　「工学的接近」＝一般的目標→特殊目標→「行動的目標」→教材→教授・学習過程→行動目標に照らした評価
　「羅生門的接近」＝一般的目標→創造的教授・学習過程→記述→一般的目標に照らした判断評価
　「工学的接近」は、現在する学習者が必要とし、実現が要求されている学力を目標として設定したものが一般的目標である。それは、さらに具体化した特殊目標に分節化され、それらは、テストで測定可能な「行動的目標」として表される。この行動的目標を実現するための媒材としての教材が作成さ

れ、それにもとづいた教授・学習過程と活動が組織される。目標実現のための教授・学習活動の結果は、行動的目標に照らしてその達成度を測定、評価し、目標の設定、教授・学習過程の構成、ひいてはカリキュラムの開発、構成にフィードバックする。「工学的接近」は、「教授・学習過程のシステム化」と言いかえることが可能な教育方法論である。

「羅生門的接近」は、まず、一般的目標が設定される。これは、「工学的接近」と同じである。次の段階では、一般的目標を特殊目標に分節化することをしないで、直ちに、これを実現するための教授・学習過程が構成される。ただ、この教授・学習過程は、特殊目標＝行動的目標にもとづくものではないので、教授・学習活動の展開過程で学習者の反応に応じて、それに適切に対応できる活動に創造的に修正される。したがって、評価も客観的な数量的測定にもとづくものでなく、達成度の、ある程度主観的な判断による記述によって評価をする。つまり判断評価をする。なお、「羅生門的接近」は、黒沢明監督の「羅生門」になぞらえて、米国イリノイ大学のアトキン教授によって名付けられたものという。国語科教育に例を取ると、前者は、文法指導や説明文の読解指導に適用され、後者は文学教材の指導に応用されている。

昭和50年代に入って、教育のシステム化ということが一般的に言われ始めた。それは、教育工学という教育方法に関する実践的学問が構築され、その教育現場への普及が図られるようになったことと軌を一にしている。その契機をなしたのは、米国のＢ．Ｓ．ブルーム氏の「教育目標の分類学（タキソノミー）」の紹介である。特に、当時の国立教育研究所のメンバーを中心とした、ブルームの教育評価に関する著作の翻訳、紹介は大きな影響を及ぼした。

教育現場では、いわゆる落ちこぼれ、落ちこぼしの問題が緊要な教育課題として提起され、その解決策が切実に求められていた。

そこで、その方策として実践的に探究されたのが、**ブルーム理論にもとづく完全習得学習**である。これは、教育目標分類学にもとづいて、授業レベルの教育目標を具体的に策定するとともに、その目標の内実をなす学力の形成

過程を分析して、その学力の形成過程の節目ごとに、達成度を測って不十分な点への補充的な指導を行うという、「形成的評価」を実施して学習集団の成員のほとんどの者を、目標とする水準に到達させるというものである。この当時、教育評価の実践的研究では、もっぱら、形成的評価が中心に置かれていた。到達度評価研究として成果をあげたものに、京都府の府全体で取り組まれた業績がある。また、福岡教育大学附属福岡中学校の形成的評価研究も高く評価されている。

第二項　輿水実氏による「国語学習のシステム化」の提唱

　国語科については、京都や福岡でも取り組まれているが、全国的視野に立って調査や実践研究に取り組んだのが、輿水実氏をリーダーとする「国語教育研究所」である。輿水氏は、『国語科研究資料2』（1974・5　明治図書　国語教育研究所編）において、「国語科のシステムズ・アプローチの問題点」という論文で次のように述べている。

　　言語はシステムであるという認識と、国語科のシステムズ・アプローチとの関係

　　　言語は「記号体系」であるといわれる。体系はシステムである。たとえば日本語の音韻組織としての「あいうえお」の五十音図は、実に整然とした組織である。

　　　また、たくさんある漢字も、その字源から考えたり漢字字典における部首別配列などから考えれば、それなりの体系、系統を持っている。文法が一つの法則の体系であることは、いうまでもない。

　　　そこから、ある人たちは、今の、戦後の日本の国語科教育で日本語を系統的な知識として取り立てて教えないということを非難しているが、その人たちは日本語の体系を重視しており、国語科の教育内容の、全部ではないが、その一部分について、システム的な接近を説いているようにも考えられる。

しかし、システムというものを、人類がはじめて月面に達した、その時のシステムとして考えると、そこに、もっと目的的なもの、はっきりした到達目標があって、全体はそのための組織でありたい。何かの能力をつけるために、必要な知識を系統的に配列したというのであればシステムであるが、言語という体系的なものがある。それを教えるということは、教授とか授業とかのシステムづくりではない。

　日本語の系統的な知識が小学校の国語科教育で必要か、どのようなものがどの程必要か、そういう目的的な観点から、その知識が精選され配列された時に、それがはじめてシステムズ・アナリシスであり、システムズ・アプローチである。教育目標以外のところでそれが持っている組織、系統を、そのまま教育体系の中に持ち込んできても、それは、システムズ・アプローチではない。（中略）

授業方法へのシステムズ・アプローチ

　現場の国語科教育実践の中で、最近問題となっているのは次の四つの問題である。

　　1　教育機器利用
　　2　学習指導案のフローチャート化
　　3　行動目標採用
　　4　授業モデル設定

　教育機器、たとえばOHPとかアナライザーとかを利用しようとして、それならばそれをどこで使用するか、その学習指導過程をくわしく分析して、いわゆる最適化を考える。

　学習指導案のフローチャート化は、これと縁がある。しかし、フローチャート化は、教育機器利用をふくまなくてもいい。自分の指導過程、学習者の学習過程を一つの「流れ」として、その全体を調べてみるために使っていい。そしてそれは、システム化の一つである。

　行動目標の採用は、システム化の出発点、国語科の授業改造の根本である。国語科学習指導の目標は、従来、あまりに一般的な、漠然としたもので、何を、どこまで学習させるのかはっきりしなかった。そのため

第三章　国語科教育における指導の「システム化」の問題

に、一時間一時間の学習に力がなかった。行動目標は、学習者のレベルで考えた到達目標で、学習指導にそうしたはっきりした具体的な到達目標が出来れば、学習過程は、それにしたがって、はっきりと構成されてくる。学習指導が一つのシステムになる。（中略）

　行動目標は最終の到達目標であるが、その途中にも行動目標を立て、途中の目標のたびにフィード・バックするというようなシステムづくりが、むしろ、ふつうである。

　授業モデルの設定は、授業という複雑な操作を、手落ちなく進めて行くためにはなるべく単純なモデルがあって、それを利用して行くことが効果的・能率的であると考えられるからである。わたしの提案の六段階の基本的指導過程も、一つの授業モデルである。ただわたしの基本的指導過程はいち教材文の学習指導モデルで、教授単位としてすこし大きすぎる。そこで最近、もっと小さな教授単位についても、授業モデルが作られつつある。

　これからの授業は、こうした授業モデルを使用することによって、いっそう組織的なものになって行くにちがいない。

(同上書5－11頁　下線は引用者)

　引用文の下線部分に、輿水氏の主張のポイントがある。要約的に言うと、国語学力の形成という目的を「効果的、効率的」に達成するために、学習指導過程の「最適化」を図る必要があり、それを実現する方策の原理的な方法として、「システム化」という考え方がある、ということになろうか。国語科の場合、言語の力を育成することを目標としている。言語の力のとらえ方によって、システム化の具体的な方法が異なってくる。つまり、言語そのものは1つの体系を持っている。が、そこに、国語学習システム化の根拠をもとめると、言語の力は言語の体系的知識を持つということになる。輿水氏は、国語科教育・授業のシステム化を図るには、教育・授業の目標を、言語の力が具体的に実現された状態を示す行動目標として表す必要があるとしている。さらに、最終目標としての行動目標は、途中段階の行動目標として分節され、その目標のたびにフィードバックするというシステムの必要を説い

ている。これは、いわゆるサブシステムであるが、これに教育機器の利用を加えると、学習の効率化を促進できる。これもまた、サブシステムとして機能するものである。途中の行動目標におけるフィードバックは、いわゆる形成的評価のことを述べているものと考えられる。

　この時期のシステム化が、「効果的・効率的」な指導を実現するために、「最適な」方法を策定し、指導過程に適切に位置付けることを提唱していることは、一見、妥当な考え方のように見える。しかし、言語の力の習得は、必ずしも直線的になされるわけではない。行きつ戻りつしながら目標に達する場合や、ステップを飛び越して目標に行き着く場合、また、言語の力の基礎の部分の学習、実際的な言語活動の場面における言語の力の運用力の学習の場合など、複線的な指導過程が要求されることがある。

　この問題について、輿水氏は、指導コースのシステム化を提案している。作文指導についても、読解指導についても3本立てによる指導計画の立案と実践を説いている。すなわち、

　作文指導と読解指導の3本立てについては、それぞれ以下のように示している（『国語科研究資料3』1974　明治図書・同6　1975　明治図書）。

　作文指導の3本立て
　　①　A教科書単元作文コース
　　②　B自由作文（生活作文）コース
　　③　C基礎技能・言語要素単元作文（練習作文）コース
　読解指導の3本立て
　　①　A教科書学習コース（教師の管理指導による）
　　②　B基礎学習コース（方法学習、自己学習を主とする）
　　③　C自由読書コース（自己学習、集団学習）

　この3本立てコースの相互の関係が、国語学力の分節を取り立てて系統的な指導を継続的な蓄積することになっているかどうか、検討する必要がある。作文の場合は、Cコースは、言語事項の知識とそれを運用する技能という国語の基礎学力の育成を図るコースであり、Aコースは、基本的な作文方法とその運用技能の育成を図るコース、Bコースは、生活を題材として、特

第三章　国語科教育における指導の「システム化」の問題

別な制限なしに自由に文章を書く活動を通して作文力の習熟を図ろうとするコースである。その意味では、基礎・基本・応用という学力のトータルな系統的組織的な指導をしようとする意図は理解できる。

　読解指導の場合は、Bの基礎学習コースでは、読みの基礎スキルを学習させ、Aの教科書学習コースでは、教師の指導の許にまとまった作品・文章の読み解き方を指導する。Cの自由読書コースでは、個人読書・読書会などの集団読書活動で読みの力の習熟と態度形成を図る。このようなことを意図していると受けとめられる。その意味では、作文指導の場合とほぼ同じ考え方に立っていると見られる。

　この輿水氏の説には、作文・読解の両分野の指導コースと言語の力の育成を図る学習指導過程のシステム化とが、どのように相互に関係づけられているか、また、国語学力の中に「基礎・基本」といわれるものが、どのように位置付けられているか、さらに、学力の構造を、学力の形成過程に対応するように展開したら、どのように配置できるか、といったことについては、必ずしも分明ではない。今日的な教育課題の観点から検討する必要がある。

第三項　「文章」は一つのシステムをなすとする、樺島忠夫氏の見解について

　樺島忠夫氏は、その著書『情報・文章・システム』（1973　毎日新聞社）において、文章はシステムである、とする見解を、次のように述べている。
　　文章はある目的を果たすために、いくつかの文を構成要素として成り立っているシステムである。たとえば、
　　　今日はよい天気だ。だから犬を連れて散歩しようと思った。しかし昨日の雨で水たまりがたくさんできている。それで犬を連れないで一人で散歩に行った。
　　この文章は四つの文から成り立っている。文はそれぞれある働きを持っており、この文がある関係を持って結合して文章を形作っている。

<u>そして文章として一つのまとまった内容を持っている。だから文章はシステムをなすということである。</u>
　ところが、文章を構成している文を眺めてみると、これもまたシステムの形を持っている。ある働きを持つ語がいくつか集まって文としての一つの働きを作り上げているからだ。<u>だから文章というシステムは、文というシステムを構成要素として成り立っている。</u>このようにシステムの構成要素であるシステムをサブシステムという。<u>文章はサブシステムである文を統一してある目的を果たすシステムなのである。</u>

（前掲書45-56頁　下線は引用者。）

　文章は、ある中心的な観念によって複数の文を統合する文の集合体である、とするのが、文法論的文章論の定義である。樺島氏の文章システム論も、そのような考え方を前提にしていると見られる。システムについての考え方は、輿水氏と同じである。ただ、ここまでの見解であると、文章学習のシステムとしては、不十分である。樺島氏は、文章を書くという行動を、システム構成行動と捉え、文章産出過程を図式化して示している。つまり、システムとして完成された構成体の静態的構造の構成要素を分析的に捉えたものではなく、産出、生成していく動態的な分節的な捉え方をしたものである。その意味では、授業過程が学力の形成過程に即して構成されるという現

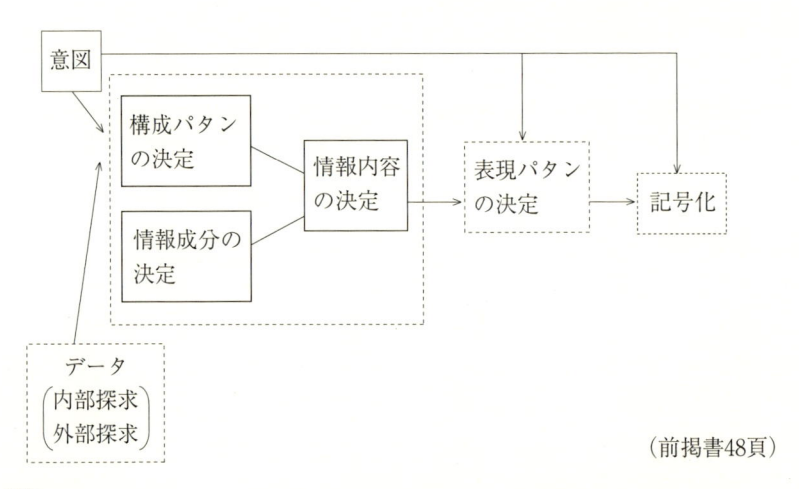

（前掲書48頁）

112

代の授業過程の考え方とそのシステム化への応用が期待できる。

　このモデル図は、文章の内容を産出し、組織する内的思索行動とその外化＝文章化の過程を視覚化したものである。すなわち、Ⅰ意図とⅡデータとによってイン・プットされたものが、Ⅲの内的操作の後に「文章」としてアウト・プットされるという過程を表している。Ⅱのデータ収集は、外的な行動として営まれる。それを文章内容の部分としての成分化を図るとともに、文章の構成パターンにもとづいて文章内容を決定し、それをどのように表現するか表現パターンによって表現の仕方を見定め、それにしたがって言語記号化する。これは、情報理論にもとづく、システムとしての文章構成行動を表したものと理解できる。

　ただ、前述したように、これは、ただちに文章を書くことの力の育成を図る<u>指導</u>のシステム化とは言えないので、そのことが今後の課題として残されている。

第二節　今日的な教育課題に対応するための「システム化」の考え方

第一項　現代の国語科に求められている実践的課題

　現代の教育界において話題となっている切実な課題は、児童生徒の学力が低下傾向にあるということである。特に最近は、PISAの調査結果で、我が国の中学生の読解力が、国際的に目立った低下を示したということで、論議されている。そのような問題点に対して提起されたのが、基礎学力の回復、基本学力の充実ということであった。その回復、充実のための方策として、文化審議会は、基礎学力の反復練習と基本学力の習得に型を導入することを提唱している。言語技術教育の主張、百マス計算、漢字の前倒し学習による漢字力の充実などの実践は、それなりの価値を持ち、成果もあげていると見られる。しかし、今日の国語科教育に求められている、主体的に学ぶ力、確かで豊かな基礎・基本の学力、生涯にわたって自己成長を図ることのできる、発展的な学力（学習力）の育成は、必ずしも十分には実現できないのではないか。

　そこで、これらの課題に応えるために、昭和50年代に盛んに論議された教育のシステム化の成果に学びながら、現代的な国語科教育のシステム化の方法について考えてみたい。

第二項　国語科教育実践の今日的課題に応える教育のシステム化の方法

1　現行学習指導要領に見られる学力観と学力構造

① 　現行学習指導要領の拠って立つ学力観

　現行学習指導要領の依拠する学力観は、機能主義の言語観に立つ学力観である。言語生活における「伝え合う力」という言語活動力と、それを支持する能力である「表現する能力」と「理解する能力」とを中軸とし、思考力や判断力・想像力、言語感覚、国語を尊重する態度などといった内的な力を活動力の内側から、また土台から支えるという学力構造観に立っている。つまり、言語のコミュニケーション機能を中心とした学力観であるということができる。

② 　国語科学力の構造

　国語科学力の構造は、広岡亮蔵氏の、いわゆる３層構造論に依拠していると見られる。それも、初期の見解にもとづいているように理解される。すなわち、学力構造を同心円に見立て、それを深層・中層・表層に分けて、深層＝態度知・中層＝関係知・表層＝要素知とする考え方である。指導要録の評価に関連して提示されている「観点別学習状況」の評価の観点として示されている、「国語への関心・意欲・態度」、「話す・聞く能力」、「書く能力」、「読む能力」、「言語についての知識・理解・技能」は、広岡氏の３層構造と対応する。相互を関係づけると、次のようになる。
　深層＝態度知＝関心・意欲・態度
　中層＝関係知＝話す・聞く能力、書く能力、読む能力
　表層＝要素知＝言語の知識・理解・技能
　この関係図を、国語学力の構造の観点から、その基礎・基本に分節する

と、基礎＝言語の知識・理解・態度、基本＝話す・聞く・書く・読む能力というように関係づけられる。関心・意欲・態度という態度知は、それだけで単独に発現するものではない。必ず、能力の働いた状態像としての活動に具現するものである。強いて構造的に位置付けるとしたら、基礎・基本の土台となる基底力として作用するものと捉えることができる。したがって、その達成状況を評定するには、能力の発現態としての活動の様相によって見定めるほかはない。

2　システムとしての国語科学力の構造

① 　学習指導要領・国語の指導領域構造と国語科学力の構造

　学習指導要領の国語科の指導領域は、「話すこと・聞くこと」「書くこと」「読むこと」・「伝統的な言語文化と国語の特質に関する事項」という3領域1事項で構成されている。特に、「国語の特質に関する事項」は、話す・聞く・書く・読むという言語行為の基礎に位置付けられて、言語行為を正しく適切に営むことができるように作用するものとされている。

　この国語科の指導領域を言語学の観点から見ると、ソシュール氏のラング・パロール・ランガージュという言語の3側面と関係づけて理解することができる。関係図を作成すると、次のようになる。

話すこと・聞くこと 書くこと 読むこと	パロール ランガージュ	言語運用活動
国語の特質に関する事項	ラング	言語則

　ラングは、言語の法則的なものとして抽象的に個人の脳裏に存在するものである。それに対して、パロールは、ラングが個人の言語行為として具体的に実現されたものである。ランガージュは、個別的特殊的なものであるパロールと法則的なものであるラングとを合わせた個別の言語の全体を表すも

のとして用いられる。この表では、パロールとランガージュとを言語運用活動の項にいれているが、実際に観察可能なものとしてのパロールと、抽象的ではあるが法則化できるラングとを合わせたものということで、ここに配置したのである。話すこと・聞くこと・書くこと・読むことの基礎として言語事項を位置付けると、話すこと以下の言語活動は、言語運用活動と捉えることができる。

② 言語の階層と言語技術

言語は、語—文—文章（段落）の階層性を有する。表記については、語に、音声・文字・符号を含める。

言語行動は、その目的を達成するために必要とされる言語技能・能力を動員する。その言語技能・能力は、言語技術が言語主体によって活用可能な状態に習得されたものを言う。言語技術は、客観的な存在として人から人へ伝達可能なものとして体系性を持つ。その意味では、言語技術の単位は、言語の階層にもとづいて分節することが可能である。すなわち、語・文・文章（段落）という言語（文章）を構成するサブ・システムとして取り出すことができるということである。

3　国語科教育におけるシステム化の方法

(1)　単元単位の指導過程によるシステム化

① 読むことの指導過程（輿水実氏の一般指導過程）によるもの
　1．教材を調べる（文字・語句の調べ、全文の読み通し）。
　2．文意を想定する（読みの目標・学習事項・読み方の決定）。
　3．文意にしたがって、各段階・各部分を精査する。
　4．文意を確認する。
　5．この教材にでてきた技能や、文型・語句・文字の練習をする。
　6．学習のまとめ、目標による評価。

② 書くことの指導過程・1（一般に行われている指導過程）によるもの
　1．書くことの目的や見通しを持つ。
　2．材料集めをする。
　3．文章の組み立てを考える（アウトラインの作成）。
　4．記述する。
　5．推敲する。
　6．清書する。

③ 書くことの指導過程・2（文章の階層的分節である、語・文・段落を取り立てた短作文による指導方法の過程）によるもの
　1．階層的分節である語・文・段落の各レベルの文章を書くことを必然とする場の設定。
　2．短い文章を書く目的を明確にした、全体としての文章の制作。
　3．短い文章を書く場の目的に即して、書いた文章を活用する。

(2) 目的的言語活動を単位とする授業モデル（大西案）

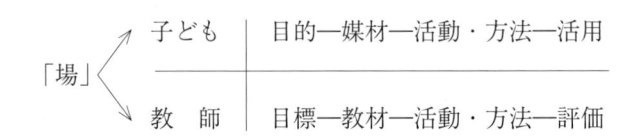

「場」	子ども	目的—媒材—活動・方法—活用
	教　師	目標—教材—活動・方法—評価

　(1)の①②のモデルは、それぞれ6分節で構成されている。①の場合は、1．2．3．4の分節を1分節ずつ取り立てて指導し、最後に全体としての読みの力の完成を図ることができる。5．と6．は、別の扱いになる。②の場合は、2．3．4．5の分節をそれぞれ取り立てて指導し、最後に全体としての文章を書く力を完成するという方法が考えられる。③のモデルは、システム化は、書く過程にもとづくものではなく、階層的分節としての短文章を取り立てて短いものから長いものへと進むことによって、長くまとまった

文章を書く力を育てることを意図するものである。

　(2)のモデルは、それにもとづいて、システム化を図ろうとするものではなく、目標とする言語技能・能力をリアルな言語活動の場で意欲的主体的に習得させることを企図する授業の仕組みである。したがって、サブシステムとして取り立てた言語力の分節を効果的に指導するために活用すべきものである。

4　指導コースによるシステム化

　基礎的な言語技能の反復練習による習得の確実化を図ることは、基礎学力低下の回復方法としてよく言われることである。しかし、組織的系統的継続的に、しかも発展的に学力の育成を図るには、このねらいを達成することのできるカリキュラムを策定することが要求される。輿水実氏は、先に引例したように、読むことも書くことも活動過程をシステム化し、組織的な指導を推し進めることを説いておられる。それに学んで提案してきているのは、指導コースのシステム化である。すなわち、次のねらいによる4コースである。

1. 基盤コース…………書き慣れ、読み慣れ、充実した言語生活の日常化
2. 基礎コース…………話す・聞く・書く・読む活動の基礎としての言語事項の学習
3. 基本コース…………話し方・聞き方・書き方・読み方の学習
4. 応用（活用）コース…基礎・基本コースで習得した言語力の習熟

　今日、我が国では、学習指導要領の指導事項に基づく評価規準が、教育政策研究所によって策定され、それによって、小・中・高等学校の現場においては、評価規準を組み込んだシラバス（授業計画）が立てられている。これは、たいへん好ましいことである。しかし、目標として立てた、ある学力を丸ごと対象として指導し、評価するというのでは、系統的発展的に学力の育成を図ることができないのではないか。今日、必要とされているのは、国語学力の基礎と基本を分節するとともに、基本的学力の構成分節を析出して、

それを形成関係にもとづいて配置し、それぞれを系統的に組織してコースに振り分け、年間にわたる指導計画を立てる。さらに、国語学力の場合は、基本的学力の内実をなす言語の機能と種類（文学言語・科学言語＝論理言語など）にもとづいて下位分節化し、システム化する。こういったことが必要ではないか。

　基礎・基本の国語力を下位分節化する観点として次の3点を立てる。
(1)　学年別
(2)　言語の階層—語・文・文章（段落）
(3)　言語の種類—科学（論理）言語、文学言語
(4)　言語の機構・機能—文章構成要素的技能系、一般意味論的技能系、レトリック・表現論的技能系

第三章　国語科教育における指導の「システム化」の問題

第三節　書くこと・読むことのシステム化のための
　　　　サブシステムとしての基本的指導事項の策定

第一項　書くことのサブシステムとしての基本的指導事項の視点

(1)　策定のための視点
1 ）低・中・高学年別による分類
2 ）言語の階層的レベルによる分類
　①　語のレベル
　②　文のレベル
　③　文章（段落）のレベル
3 ）言語の機構・機能による分類
　①　文章構成要素（言葉のきまり）的技能系→論理・文学の両ジャンルに共通する
　②　一般意味論的技能系→論理・文学の両ジャンルに特有なもの
　③　レトリック・表現論的技能系→上記に同じ
4 ）文章の表現形態（ジャンル）による分類
　①　論理的文章を書くことのサブシステムとしての基本的技能
　②　文学的文章を書くことのサブシステムとしての基本的技能

第二項　読むことのサブシステムとしての基本的指導事項の視点

(1)　策定のための視点

1）低・中・高学年別による分類
2）言語の階層的レベルによる分類
　① 　語のレベル
　② 　文のレベル
　③ 　文章（段落）のレベル
3）言語の機構・機能による分類
　① 　文章構成要素（言葉のきまり）的技能系
　② 　一般意味論的技能（論理的思考・形象的スキル・批判的思考スキル）系
　③ 　レトリック・表現論的技能系
4）文章の表現形態（ジャンル）による分類
　1）論理的文章を読むことの基本的技能
　2）文学的文章を読むことの基本的技能

第三項　書くことのサブシステムとしての基本的指導事項策定の実際例

〈小学校低学年〉

【論理的文章を書くサブシステムとしての技能】

(1)　**文章構成要素（言葉のきまり）的技能系**
1）語（文字・表記）のレベル
　① 　ひらかなを書くことができる。
　② 　カタカナで書く語の種類を知り、文や文章の中で書くことができる。
　③ 　長音・拗音・撥音・促音などを語や文の中で表記することができる。
　④ 　「　」を使って会話文を書くことができる。
　⑤ 　漢字配当表の漢字について、1年＝80字、2年＝160字を読み、かつ、書くことができるとともに、だんだんに文や文章の中で使うことが

第三章　国語科教育における指導の「システム化」の問題

　　できるようになる。
2）文のレベル
　①　句読点の打ち方を理解し、文や文章に用いることができる。
　②　文の中の主語と述語との関係に注意して書くことができる。
　③　語と語や文と文との続き方に注意しながらつながりのある文や文章を書くことができる。
　④　助詞「は」「へ」「を」を文中において正しく用いることができる。
　⑤　「そして」「それから」「だから」「けれど」を使って、文と文とを続けることができる。
3）文章（段落）のレベル
　①　自分の考えが明確になるように事柄の順序に沿って簡単な構成を考えることができる。
　②　経験したことや想像したことなどから書くことを決め、書こうとする題材に必要な材料を集めることができる。
　③　自分のしたことを思い出して、100字ぐらいの文章に書くことができる。
　④　文章や段落の書き出しは、1字下げて書くことができる。
　⑤　いつ・どこで・だれが・どうしたという内容の文章を4文で書くことができる。

(2)　一般意味論的技能（論理的思考スキル＝比較・類比・類推・原因結果の関係など、批判的思考スキル＝善悪の判断、思考の筋道の整合性など）系
1）語のレベル
　①　身近に使われる言葉（主として名詞）の、上位概念と下位概念とを区別して用いることができる。
　②　いろいろな意味で文中で用いられる語を、語の意味のレベルに気をつけて、誤解の生じないように用いることができる。
　③　事の善悪、好き嫌いについて述べるときそれらの感情を表す言葉に気をつけて用いること。

2）文のレベル
① 直接見た物や事を、色・形・数量などを取り入れてそのようすを一文でかき表すことができる。
② 身近な物事を、一文で簡単に説明することができる。
③ 聞いたことや見たことで心に残ったことを一文でメモをすることができる。
④ ひとが怒っている様子を怒っているという言葉を用いないで怒っいることが伝わるように書くことができる。

3）文章（段落）のレベル
① 自分のしたことや見聞したことを、したこと、見聞したことの順序にしたがって書くことができる。
② 自分のしたことや見聞したことから考えを、何に基づいてそのように考えるようになったか、そのわけと一緒に書くことができる。
③ 2つの段落を、「しかし」とか「だから」などのつなぎ言葉を適切に用いて書くことができる。

(3) レトリック・表現論的技能系
1）語のレベル
① 白く細い指を〜のような指という喩えをつかって表現することができる。

2）文のレベル
① 人物の様子を顔や背丈などの特徴をとらえて一文で書き表すことができる。
② 擬態語、擬音語、擬声語を用いて、人や物事の様子、動きなどを一文で書き表すことができる。
③ 色、形、数量などを表す言葉を用いて、物事の様子を客観的に忠実に一文で書き表すことができる。
④ 例を引いて、ある事柄を一文で書き表すことができる。

3）文章（段落）のレベル

第三章　国語科教育における指導の「システム化」の問題

① 具体的な例や出来事だけで1段落を書き表すことができる。
② 例や出来事を書いた段落に対して、その例を引いた訳や出来事に対する感想などを1段落で書き表すことができる。
③ 文章の最後の段落にこの文章で一番言いたかったことを、1段落で書き表すことができる。

【文学的（形象的）文章を書くことのサブシステムとしての基本的事項】

(1)　文章構成要素（言葉のきまり）的技能系
　※【論理的文章を書くことの基本的指導事項】に同じ。

(2)　一般意味論的技能（言語の感化的な働きに基づく論理的思考スキル＝比較・類比・類推など、批判的思考スキル＝善悪・好き嫌いなどの思いを述べることなど）系
1）語のレベル
　① 語の概念のレベルの違いを理解して用いることができる。
　② 物事の程度を表す言葉（すごい、大変、絶対、少しもなど）を、対象の状態にふさわしく用いることができる。
2）文のレベル
　① 物語中の登場人物同士の意見の話し合いを、それぞれ一文ずつで吹き出しを使って書くことができる。
　② 物語や俳句などで、省略されているところを想像で補って一文で書くことができる。
3）文章（段落）のレベル
　① 自分の出会った好きな人物の好きなところを様子がよく分かるように、そのわけとともに短い文章に書き表すことができる。
　② 朝、登校する途中に見たり聞いたりしたことを、時間の経過や場所の移動、見聞した出来事などを順序よく、また、様子がよく分かるように文章に書き表すことができる。

(3) レトリック・表現論的技能系（形象的思考スキル＝イメージの反復・累加・対比・重層化・統合などによる表現技能）

1）語のレベル

① 風の吹く音、水の流れる音、人の笑い声、ねこが高いところへ飛び上がる様子などを、擬声語・擬音語・擬態語を使って書き表すことができる。

②「やさしい」「きれい」「うつくしい」の反対の言葉を書くことができる。

2）文のレベル

① 何かを、○○のような○○という喩えを使って一文で書き表すことができる。

② 見たりしたりしたことを、５７５の音数律で俳句を作ることができる。

③ 花瓶に生けてある花を、それを見ていない人にもよく分かるように一文で書き表すことができる。

3）文章（段落）のレベル

① 空の雲の様子とか校庭に立っているケヤキやポプラ、クスノキなどの大木の様子などを見た感じがよく分かるように（目に浮かぶように）短い文章に書き表すことができる。

② お母さんの優しさが、友達によく分かるような例を挙げて短い文章を書くことができる。

〈小学校中学年〉

【論理的文章を書くことのサブシステムとしての基本的指導事項】

(1) 文章構成要素（言葉のきまり）的技能系

1）語のレベル

① ３年生で200字、４年生で200字の漢字を新たに読み、かつ、その大体

を書くことができるとともに、3年生では2年生までに学習した漢字を、4年生では3年生までに学習した漢字を文中に正しく用いることができる。
② 活用に注意し、送りがなを正しく送ることができる。
③ 学習した漢字の語句を文中に用いることができる。
④ 表現するための語句を増やし、その語句の意味を正しく用いて表現することができる。
⑤ 表現のために必要な漢字や語句で、不確かなものがあったら、辞書で調べて正確に書く習慣を身に付けることができる。

2）文のレベル
① 重文構造の文を、主語・述語の関係に注意し、それが明確に分かる文を書くことができる。
② 修飾語を重ねて用いた文の、修飾・被修飾語句の受けかかりに注意し、適切に読点を打って一文を書くことができる。
③ 複文構造の一文を書くに際して、誤解を招きそうなところに注意して読点を打つことができる。
④ 「ところが」「しかし」「けれども」などの逆接性の接続語句を使って、2つの文を続けることができる。
⑤ 文章中の一文ごとに、ことばのきまりの誤りがあるか注意して読み直し、正しく書き改めることができる。
⑥ 仮名ばかりで書いた文と漢字を交えて書いた文とを比べて、漢字を用いることの長所を理解して効果的に漢字を用いた文を書くことができる。

3）文章（段落）のレベル
① 段落の始めの1字を下げ、行を改めて書くことができる。
② はじめ・なか・おわりを意識して段落に分け、短い文章を書くことができる。
③ 書こうとする中心を明確にして、1段落の文章を書くことができる。
④ 文章全体における段落の役割を理解し、書こうとすることが明確にな

るように段落相互の関係に注意して、文章を書くことができる。
  ⑤ 結論的見解をまとめて述べることを予告する接続語句（これまでのところをまとめていうと、この文章で一番言いたいことは、など。）を適切に用いることができる。

(2) 一般意味論的技能（論理的思考スキル・批判的スキル）系
 1）語のレベル
  ① 文脈の中で語を用いる場合（特に、キーワードとなる場合）語の概念にずれのないように留意して用いることができる。
 2）文のレベル
  ① 主部で提示したことについて、正しい判断に基づき、それに照応する述部を持った文を書くことができる。
  ② 自己の判断、表現意図を正しく表す文末表現語句（多くの場合、助詞や助動詞を複合させて用いる。〜のだ、〜だろう、〜かもしれない、〜に違いない、など。）を用いて文をつづることができる。
  ③ 事柄や事態、状況の程度を表す場合に用いる程度・情態の副詞（たいそう、すごく、超〜、ゆっくり、よろよろ、うっとり、など。）を実態に正しく対応するものを選んで文に表現することができる。
  ④ 文と文とを接続詞〈つなぎ言葉〉でつないで文脈を形成する際に、前文の内容条件と後文の内容条件との間の整合性を考えて書くことができる（だから、しかし、ところが、だが、そして、それに、かつ、一方、または、まず、だいいちに、つまり、むしろ、たとえば、なぜなら、ただし、さて、このように、など。）。
  ⑤ 写真の内容を正しく理解する助けになる一文を書き添えることができる。
 3）文章（段落）のレベル
  ① 中心文を冒頭において、その具体例や理由、根拠を続けて1段落を書くことができる。
  ② 事実や具体例を1段落で書き、それに続いてその事実に対する見解

第三章　国語科教育における指導の「システム化」の問題

や、まとめの段落を続けることができる。
③　自分の言いたい中心点をまとめた段落を書き、中心点を書いた段落の裏付けとなる根拠や理由を述べた段落を続けるとともに、その根拠や理由を裏付ける具体例を挙げた段落を書くことができる。

(3)　**レトリック・表現論的技能系（論理的文脈を効果的にするためのイメージ化の思考論理操作技能）**
1) 語のレベル
①　抽象的な考えを抽象的語句で表現した後に、身近でわかりやすい言葉で言い換えて述べることができる。
②　論理的文脈形成に有効に働く語句を選んで用いることができる。例えば、雪のように文学的な想像を喚起するような語については、はじめに、科学的な概念で用いることを断っておく。
③　抽象的語句や考えを効果的に進めたり、まとめたりする語句を増やして、使用するように努めることができる。
2) 文のレベル
①　倒置法を用いて強調しようとする点の表現効果を高める一文を書くことができる。
②　論じようとする論点を疑問の形で提示し、それついての答えを述べる文を続けることで読み手を引きつける二文を書くことができる。
③　「〜だけではない。〜。」という文型で二文を書くことができる。
④　「〜および〜」「〜並びに〜」を使い分けた一文を書くことができる。
3) 文章（段落）のレベル
①　ある事象を1段落で、意見や感想を一切加えないで書き、次の1段落でその事象についての説明を書くことができる。出来事〈事件〉であれば、その原因や理由など。
②　有名な人の言葉や人びとが真理を表していると考えられていることわざなどを引用して2段落の文章を書くことができる。

【形象的(文学的)文章を書くことのサブシステムとしての基本的指導事項】

(1) 文章構成要素（言葉のきまり）的技能系
　1）語のレベル ┐
　2）文のレベル ├─「論理的文章を書くことの技能系」に同じ。
　3）文章（段落）のレベル ┘

(2) 一般意味論的技能系（論理的思考スキル・批判的思考スキル）
　1）語のレベル
　　① 語の概念が抽象的に規定されて用いられる科学的な言語と連想を誘って多様な意味で用いられる語のあることを理解して、俳句や短歌や詩などに用いることができる。
　　② 同じ一語を用いても逆の意味になることに留意して使用することができる。
　2）文のレベル
　　① あるものを、擬人法や擬物法を用いて、その表現が読み手に与える効果を考えて一文に書き表すことができる。
　　② 同じような意味の言葉を、一文の中に反復して用いて実際以上の強い感じを持たせることができる。
　　③ われわれは～する。あなたがたは～してはいけない。あなたは～してはいけない。これらの文の効果を考えて文を書くことができる。これらの代名詞を固有名詞に置き換えてみよう。
　3）文章（段落）のレベル
　　① 表面的にはある人物をほめながら実は非難している文章を書くことができる。

(3) レトリック・表現論的技能系
　1）語のレベル

第三章　国語科教育における指導の「システム化」の問題

①　ある物や事を適切に、また、好ましい感じを与える言葉を、辞書で調べたり、これまでに読んだ物語・詩などの文章表現で心に残った言葉を思い出したりして表現することができる。

②　同じものを、片仮名で書く場合と漢字で書く場合とを心得て、その表記から受ける感じを生かして、使い分けることができる。（例、広島とヒロシマ）

2）文のレベル

①　人物の様子を、頭髪・顔・背丈・服装などを取り上げて、どのような人か想像できるように一文で書くことができる。

②　ある事物の様子を、修飾語句を重ねて用いることで詳しく表す事ができる。

③　山や空の雲などを一文の中に比喩を使って、様子がよく分かるように表すことができる。

④　５７５の音数律で俳句を詠むことができる。

⑤　よく使われることわざや慣用句、故事成語が生きる一文か二文を書くことができる。

3）文章（段落）のレベル

①　ある風景や出来事を詩に書くことができる。

②　「誰もいなくなった公園で、ブランコだけが風にゆれていた。」という文に続けて、短い物語を書くことができる。

③　２人の人の会話を通して、仲のよい様子がよく分かるように書くことができる。

〈小学校高学年〉

【論理的文章を書くことのサブシステムとしての基本的指導事項】

(1)　**文章構成要素（言葉のきまり）的技能系**

1）語のレベル

①　語句の送りがなを正しく送って書くことができる。

② 「—」や「……」などの符号を適切に用いることができる。
   ③ 知っている漢字を文脈の中で適切に使うことができる。
   ④ 4年生までに学習した漢字の上に、5年生で185字、6年生では、5年生までに学習した漢字の上に、181字の、それぞれ配当されている漢字を書くことができる。
   ⑤ 話し言葉と書き言葉との違いに気づいて遣い分けることができる。
   ⑥ 表現意図に応じて、語句を効果的に用いることができる。
   ⑦ 語感に注意して、その語句を表現に生かすことができる。
 2）文のレベル
   ① 文の中で意味の切れ続きを考えて、適切に読点を打つことができる。
   ② 条件を表す接続助詞（ので・から・〜ならばなど）を使って、正しい帰結の言葉と呼応した複文を書くことができる。
   ③ 対比・逆接・原因結果・詳述などの関係づけで2つの文をつなげることができる。
   ④ 目的に応じて、常体と敬体とを区別して文を書くことができる。
   ⑤ 文の中、あるいは文末に使われる助詞や助動詞を適切に使って文（重文・複文）を書くことができる。
 3）文章（段落）のレベル
   ① トピックセンテンスを冒頭か結尾に置いて文章（段落）を書くことができる。
   ② 自分の考えを明確に表すための構成を考えて、文章を書くことができる。
   ③ ある見解を説明するための実例の段落を書くことができる。
   ④ 目的や意図に応じて、書くべき事柄を落とさないように整理して、文章を書くことができる。

(2) 一般意味論的技能（論理的思考スキル、批判的思考スキル）系
 1）語のレベル
   ① 多義的な意味を持つ語の概念規定をして用いることができる。
   ② ある語を同じ意味の別の語で言い換えることができる。

2）文のレベル
① ある事実を観察して、感想や推測を交えないで一文で書き表すことができる。
② その文で表そうとしている判断を適切に表す文末の言葉を選んで書くことができる。
③ ある判断を表す文の内容を、根拠をあげて否定する意見を2文〜3文で書くことができる。

3）文章（段落）のレベル
① ある出来事を肯定する内容の1段落とそのことを否定する内容の1段落を続けて書き、さらにその2つの段落のどちらかに賛成する意見を、理由とともに1段落に書くことができる。
② 具体的な事例を3つあげて、それらに共通することをまとめる一文を書き加えた、300字程度の文章を書くことができる。
③ 自分の意見に対して反対する意見を予想して、その意見への反論を述べた文章を書くことができる。

第四項　読むことのサブシステムとしての基本的指導事項策定の実際例

〈小学校低学年〉

【論理的文章を読むことのサブシステムとしての基本的指導事項】

(1) **文章構成要素（言葉のきまり）的技能系**
1）語のレベル
① はっきりした発音で音読することができる。
② 平仮名を読むことができる。
③ カタカナを読むことができる。

④　220字位までの漢字を読むことができる。
　⑤　読点の打ち方に注意して読むことができる。
　⑥　1つ1つの語句の意味や使い方に関心をもち、似たような意味を表すもの、反対の意味、対照的な意味をもつものがあることに注意して読むことができる。
　⑦　読み方や意味の不明な文字や使い方について注意しながら読むことができる。
2）文のレベル
　①　文章を読みながら、読めない文字、意味の不明な語句、理解できない箇所などをはっきりさせることができる。
　②　文の中における主語と述語との照応や修飾と被修飾との関係に注意して読むことができる。
　③　文と文との続き方の関係を考えながら読むことができる。
3）文章（段落）のレベル
　①　文や文章の中における指示語や接続語の役割に注意して読むことができる。
　②　文章の大体を理解することができる。
　③　文章の叙述に即して正しく内容を読みとろうとすることができる。

(2) 一般意味論的技能（論理的思考・批判的思考スキル）系
1）語のレベル
　①　語の概念の抽象度に違いのあることに気付いて表現内容を読み取ることができる。
　②　カタカナで書かれた語の性質を考えながら読むことができる。
2）文のレベル
　①　文の主語に対して、述語が正しく照応しているか注意しながら読むことができる。
　②　文と文との接続が、順の関係になっているか、逆の関係になっているか、わけ（理由）を述べているか考えながら読むことができる。

③　事実を述べた文かどうか考えながら読むことができる。
3）文章（段落）のレベル
　　①　時間的な順序、事柄の順序などを考えながら文章を読むことができる。
　　②　まとめを述べた段落はどれか、考えながら読むことができる。
　　③　まえの段落に述べられたことの具体的な例をあげた段落かどうか考えながら読むことができる。

(3)　レトリック・表現論的技能系（形象的思考論理の操作＝イメージの累加・対比・重層化など）
1）語のレベル
　　……
2）文のレベル
　　①　例を引いて説明している文の例が、どういうことの説明のために使われているか考えながら読むことができる。
3）文章（段落）のレベル
　　①　文章で大事なことが述べられているのはどこかを考えて、筆者が読み手に伝えようとしていることを読み取ることができる。

【文学的文章を読むことのサブシステムとしての基本的指導事項】

(1)　文章構成要素（コンポジション）的技能系
1）語のレベル　　　┐
2）文のレベル　　　├　論理的文章に同じ
3）文章（段落）のレベル ┘

(2)　一般意味論的技能（言語の感化的内包に基づく論理的思考スキル＝比較・類比・類推など）系
1）語のレベル
　　①　知覚を働かせて、語の表す色や形、様子を思い浮かべることができる。

② 直喩表現で、a〜のような〜bの表現のaは、現実に存在している物ではないことが分かる。
 2) 文のレベル
　　① 文章の中でおもしろいと思ったり、何だろうと思ったりしたところを示すことができる。
 3) 文章（段落）のレベル
　　① 時間的な順序、場面の移り変わり、事柄の順序などを考えながら文章を読むことができる。
　　② 出来事の起こった時間や場所を指摘することができる。
　　③ 文章を読んで感じたり、思ったりしたことを話し言葉や書き言葉で発表することができる。

(3) レトリック・表現論的技能系（形象的思考スキル＝イメージの反復・累加・対比・重層化・統合などによる意味生成の技能）
 1) 語のレベル
　　① 語のくりかえしが、快いリズムを生み出し、気持ちが引きつけられることを指摘することができる。
　　② 比喩で表現された物や事の様子を想像することができる。
 2) 文のレベル
　　① 描写文と描写文とが表している様子をイメージのまとまりとして読むことができる。
 3) 文章（段落）のレベル
　　① 物語のあらすじを読み取ってまとめることができる。
　　② 登場人物が誰々であるか指摘し、その様子を想像しながら読むことができる。
　　③ 物語の中の中心的役割を果たしている人物を捉えることができる。
　　④ 物語の出来事などを登場人物中の誰に寄り添って捉えるか考えながら読むことができる。
　　⑤ 出来事の起こっている場面の様子を想像しながら読むことができる。

⑥ 行為や出来事、場面のイメージとイメージとを累加して表されている感じを言うことができる。
⑦ おもしろいと感じた表現を示すことができる。

〈小学校中学年〉

【論理的文章を読むことのサブシステムとしての技能系】

(1) **文章構成要素(コンポジション)的技能系**
1) 語のレベル
① カタカナで書く語の種類を知り、文や文章の中での役割を考えて読むことができる。
② 610字ぐらいまでの漢字を読むことができる。
③ 文章を理解するための文字や語句を増やして利用することができる。
④ 語句の組み立てを理解し、文脈理解に役立てることができる。
2) 文のレベル
① 語句の意味を文脈に沿って考えることができる。
② 読点の役割に注目して文の意味を読み取ることができる。
③ 「」やそのほかのくぎり符号の役割に注目して、文脈をとらえることができる。
④ 文の中における主語・述語、修飾・被修飾、接続・被接続の関係を捉えて、文脈や文章の部分の意味を読み取ることができる。
3) 文章(段落)レベル
① 文章の要点を理解し、自分の立場からまとめて見ることができる。
② 自分の立場から大事だと思うことを落とさないで理解することができる。
③ 文章の叙述に即して、表現されている内容を正確に読みとることができる。
④ 内容を理解するため、また、自分の表現にも役立てることができるよ

うにするため、意味のまとまりごとに内容を整理して文章を書くことができる。
⑤　内容を一層正しく、かつ、深く理解するため、また、自分の表現の仕方に役立てるため、文章を段落ごとに要約しながら読み、それぞれの段落相互の関係、段落と文章全体との関係などについて考えることができる。
⑥　文と文との接続関係、段落と段落との関係を考えて文章の構成を理解し、文章の内容を捉えることができる。
⑦　表現に即して、文や文章の細かいところまで注意しながら内容を読み取ることができる。
⑧　文章の中における語句の働きを考え、語句の性質によって文章（段落）の要点を捉えることができる。

(2) 一般意味論的技能（論理的思考・批判的思考スキル）系
1）語のレベル
　①　語の意味の抽象のレベルの違いに注意して文脈を捉え、語の文脈中の意味を理解することができる。
　②　語句と語句との関係が、類同の関係か対照の関係か対の関係かを考えながら、文脈中での意味を読み取ることができる。
2）文のレベル
　①　文末に着目して、事実を述べた文か判断（断定・推量・理由＝根拠付けなど）を述べた文かを読み取ることができる。
　②　文と文との関係を、つなぎの言葉（接続詞・接続助詞）に着目して、順の関係か、逆の関係かを捉えて、文脈を読み取ることができる。
3）文章（段落）のレベル
　①　読んだ内容について話し合い、1人ひとりの感じ方や考え方に違う点があることに注意することができる。
　②　読んだ内容について感想をまとめたり、自分ならどうするかなどについて考えたりすることができる。

third章　国語科教育における指導の「システム化」の問題

③　文章の中心的な事柄に対して、自分の感想をまとめることができる。
④　読み取った事柄についての感想を比べ合い、1人ひとりの理解の仕方の違いについて考えることができる。
⑤　読む目的に照らして大事な事柄をまとめたり、必要なところを細かい点に注意して読んだりすることができる。
⑥　内容の中心的な事柄とその他の事柄との書き分け方を理解しながら文章を読み、自分が文章を書くときに役立てることができる。

(3)　レトリック・表現論的技能系
1）語のレベル
　　……
2）文のレベル
　①　逆接の言葉に着目して、逆接の後に筆者の述べようとしていることがあることに注意することができる。
　②　文と文との述べ方が、記述と説明の関係になっていることを指摘できる。
3）文章（段落）のレベル
　①　表現の優れている箇所に気付き、自分が表現するときにも応用して見ようとすることができる。
　②　述べたいことの中心になることを文章の初めに置くことが、どのような読み手の理解への効果をもたらしているか、気付くことができる。
　③　他者の主張や見解を一応肯定し、それを根拠をあげて逆接的に否定することで、効果的に自説を主張していることを理解することができる。

【文学的文章を読むことのサブシステムとしての基本的指導事項】

(1) 文章構成要素（コンポジション）的技能系
 1) 語のレベル ┐
 2) 文のレベル ├ 論理的文章に同じ
 3) 文章（段落）のレベル ┘

(2) 一般意味論的技能（言語の感化的内包に基づく思考スキル＝イメージの反復・累加・対比・転換・統合による意味生成の技能）系
 1) 語のレベル
  ① 語によって表されている物や事がどのような感じを伴っているか言うことができる。
  ② 隠喩、擬人法によって表現された物や事が何を表しているか考えながら読むことができる。
 2) 文のレベル
  ① 作中の登場人物の行為や会話、様子などを通してその人物の心の中の思いを捉えることができる。
  ② 一文、あるいは二、三文程度の表現の奥にある意味を読み取ることができる。
 3) 文章（段落）のレベル
  ① 物語の内容が、登場人物の誰に寄り添って語られているか考えながら読むことができる。
  ② 物語のヤマ場を見つけることができる。
  ③ 物語の主題を具体的な描写的イメージ的表現を通して考えることができる。

(3) レトリック・表現論的技能系
 1) 語のレベル
   ……

2）文のレベル
  ① 直喩・隠喩（擬人法）の表現効果について気付いたことを言うことができる。
  ② 描写の文と説明の文とを関係づけて表そうとしている意味を捉えることができる。
3）文章（段落）のレベル
  ① 事柄の意味、場面の様子、人物の気持ちの変化などが、聞き手によく伝わるように音読することができる。
  ② 表現に即して、人物の気持ちや場面の情景が描かれている箇所を思い描き、味わって読むことができる。
  ③ 表現の優れている文章を視写したり、自分の各文章にも優れた表現のの仕方を取り入れたりすることができる。
  ④ 場面イメージの累加、対比を通して語り手の伝えようとしているものを読み取ることができる。

〈小学校高学年〉

【論理的文章を読むことのサブシステムとしての基本的指導事項】

(1) 文章構成要素（コンポジション）的技能系
1）語のレベル
  ① 1000字位までの漢字を読むことができる。
  ② 文章の中に用いられている漢字の果たしている役割を理解して文章が表そうとしている意味を捉えることができる。
  ③ 語感、言葉の使い方に対する感覚に関心をもって、文章を読むことができる。
2）文のレベル
  ① 語句の意味を文脈に沿って正しく的確に理解することができる。
3）文章（段落）のレベル

①　表現に即して、文や文章の細かい点にまで注意しながら内容を読み取ることができる。
②　内容を的確に理解するため、また、自分の表現の仕方に役立てるため、文章全体の組立てを理解することができる。
③　目的に応じて理解した文章の内容を再構成して書くことができる。

(2)　一般意味論的技能（論理的思考・批判的思考スキル）系
１）語のレベル
①　語が事実のみを概念化しているものか、ある感じとともに表しているものか区別できる。
②　語の概念の抽象のレベルを考えながら、述べられていることを読むことができる。
２）文のレベル
①　客観的な事実を述べた文か、ある判断を加えた分化、前文の内容について説明した文か考えながら述べられている内容を読み取ることができる。
②　善し悪しについての判断を述べた文が何を根拠にしているか考えながら読むことができる。
３）文章（段落）のレベル
①　事象を客観的に述べている部分を書き手の感想、意見などを判別しながら理解することができる。
②　文と文との関係、段落と段落との関係が、「報告」・「推論」・「断定」の順序に見解が展開されているかどうか考えながら読むことができる。
③　主題や要旨を確実に理解しながら、自分の感想や意見をまとめることができる。
④　書き手のものの見方、考え方、感じ方などについて考えながら読むことができる。
⑤　必要な事柄を調べるため、また、必要な情報を得るため、文章を読むことができる。

第三章　国語科教育における指導の「システム化」の問題

⑥　文章の内容と自分の生活や意見とを比べながら読むことができる。
⑦　書き手のものの見方、考え方、感じ方などについて、自分の考えをはっきりさせて読むことができる。
⑧　本を読んだ結果、自分の感じ方や考え方がどのように変わったかを考えることができる。
⑨　自分が文章を書くときに役立てるため、簡潔に書いてある箇所と詳しく書いてある箇所とについて、書き手のそのように叙述した理由を考えてみることができる。

(3)　**レトリック・表現論的技能系**
1）語のレベル
　　……
2）文のレベル
　①　文と文との接続における逆接の言葉の働きに注意して筆者の主張を読み取ることができる。
3）文章（段落）のレベル
　①　文と文との関係、段落と段落との関係に着目して、文章構成のあり方が文章全体の意味内容の表現にもたらす効果について考えることができる。
　②　文と文との関係、段落と段落との関係が、記述・説明・論説という述べ方で進められていることに注意しながら読むことができる。

【文学的文章を読むことのサブシステムとしての基本的指導事項】

(1)　**文章構成要素（コンポジション）的技能系**
1）語のレベル　　　┐
2）文のレベル　　　├─　論理的文章に同じ
3）文章（段落）のレベル┘

(2) 一般意味論的技能（言語の感化的内包に基づく思考スキル）系
1) 語のレベル
　　……
2) 文のレベル
　① 文に述べられていることが事実でなくても、それを通して深い意味を表していることに気付き、その意味について理解することができる。
　② 広告のキャッチコピーなどの表現について、誇大に表現されていないかどうか考えながら読むことができる。
3) 文章（段落）のレベル
　① 登場人物中のどの人物に焦点をあてて、語り手が描写や説明をしているか、捉えることができる。
　② 作中の背景や自然の描写が登場人物中のどの人物の視点から語られているか指摘することができる。
　③ 登場人物の作中における言動に変化を発見して、その変化の意味について考えることができる。
　④ 作品全体の具体的な形象（イメージ）を通して、語り手が作品全体の中心的な考えとして表現しようとしていることについて、自分なりの読み取りの結果の根拠をはっきりさせて述べることができる。
　⑤ 作品に表現されていることを自分の経験などと結びつけながら、感想や意見をまとめることができる。

(3) レトリック・表現論的技能系
1) 語のレベル
　① 語・語句表現における直喩や隠喩（擬人法）表現の表している物や事の表している意味とイメージを理解することができる。
2) 文のレベル
　① 一文表現や二文、三文表現の中に叙述されている、描写と説明を通して、それぞれの述べ方の意味の関係を捉えてまとまりとしての意味を理解することができる。

第三章　国語科教育における指導の「システム化」の問題

② 一文、二、三文表現の叙述面での意味の奥に表現されていない意味が込められていることに気付き、読み取ることができる。
3）文章（段落）のレベル
① 人物の気持ちや場面の情景が描かれている箇所について味わって読むことができる。
② 表現の優れている文章を視写することによって、理解及び鑑賞を深めるとともに、優れた点を自分の表現にも生かすことができる。
③ 主題を述べるために書き手が工夫している表現の仕方について考え、自分が文章を書くときに役立てることができる。
④ 文学的文章の主題は、必ずしも文章中にあらわに書かれているとは限らないことを理解し、手がかりを見つけて主題を捉えることができる。
⑤ 口語調の文章と文語調の文章の表現効果の違いに注意して文章を読むことができる。

注
　『短作文指導の方法』（1980　明治図書）の場合と「技能系」の分類の観点が少し変えている。言語要素系は、文章構成要素（コンポジション）系に統合している。一般意味論は、独立させて、思考スキルを含めて扱うことにした。レトリックと表現論とを合わせて基本の柱として立てることにした。

第四節　「読むこと」「書くこと」のサブシステムとしての基本的指導事項策定の拠り所とした言語の理論
　　　——「文章構成要素（コンポジション）的技能系」・「一般意味論的技能系」・「レトリック・表現論的技能系」の三類のそれぞれについて——

(1)　学習指導要領が依拠していると見られるソシュールの言語理論

　ソシュールは、ラング・パロール・ランガージュの3観点から言語の様態の構造的分類をしている。図式的に示すと、以下のようになる。

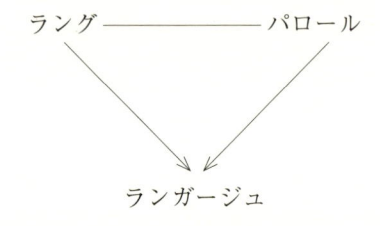

```
    ラング ——————— パロール
         ＼     ／
          ＼   ／
           ＼ ／
          ランガージュ
```

　ラングは、人の脳裏に存在する言語の法則的体系を表す。パロールは、個人の言語行為として特殊的具体的にラングが具現されている状態を表す。ランガージュは、この両者が一体化したものとして捉えられている。
　現行学習指導要領の国語科では、その指導領域を、「話すこと・聞くこと」「書くこと」「読むこと」および［伝統的な言語文化と国語の特質に関する事項］の3領域・1事項で構成している。その言語学的意味は、ソシュールのこの構造図に求めることができる。すなわち、ラング＝［（伝統的な言語文化と）国語の特質に関する事項］、パロール＝「話すこと・聞くこと」・「書くこと」・「読むこと」という関係づけがなされていると見られる。ランガージュと、ラングは、人と人との間で共通する社会性をもつ。それに対して、

パロールは、言語の個人的側面を表し、特殊的であるとする。また、学問研究の対象となるのは、ラングであるとしている。西尾実先生は、このランガージュを「言語生活」に相当するものと捉えておられる。学習指導要領の3領域、1事項を、ソシュールの言語の三角関係に当てはめると、次のようになる。

基本	パロール、ランガージュ＝　話すこと・聞くこと、書くこと、読むこと
基礎	ラ　ン　グ　　　＝（伝統的な言語文化と）国語の特質に関する事項

これは、言語の法則性とその法則性の言語行為への具現化という観点から捉えたものである。

(2) 基本的指導事項としての言語技能系の三類と指導要領の領域「話すこと・聞くこと」「書くこと」「読むこと」との関係

次のように関係づけることができる。
　基礎＝ラング＝文章構成要素（コンポジション）的技能系＝［(伝統的な言語文化と）国語の特質に関する事項］
　基本＝パロール・ランガージュ＝一般意味論的技能系、レトリック・表現論的技能系＝「話すこと・聞くこと」「書くこと」「読むこと」

① 文章構成要素（コンポジション）的技能系

現行の学習指導要領の［(伝統的な言語文化と）国語の特質に関する事項］は、コンポジション理論の体系とほぼ重なる。その体系の内容は、次のように構築されている。

　　［(伝統的な言語文化と）国語の特質に関する事項］
(1)　「A話すこと・聞くこと」,「B書くこと」及び「C読むこと」の指導を通して，次の事項について指導する。

ア 伝統的な言語文化に関する事項
（略）
イ 言葉の特徴やきまりに関する事項
（ア）言葉には，考えたことや思ったことを表す働きがあることに気付くこと。
（イ）漢字と仮名を用いた表記などに関心をもつこと。
（ウ）送り仮名に注意して書き，また，活用についての意識をもつこと。
（エ）句読点を適切に打ち，また，段落の始め，会話の部分などの必要な箇所は行を改めて書くこと。
（オ）表現したり理解したりするために必要な語句を増し，また，語句には性質や役割の上で類別があることを理解すること。
（カ）表現したり理解したりするために必要な文字や語句について，辞書を利用して調べる方法を理解し，調べる習慣を付けること。
（キ）修飾と被修飾との関係など，文の構成について初歩的な理解をもつこと。
（ク）指示語や接続語が文と文との意味のつながりに果たす役割を理解し，使うこと。
ウ 文字に関する事項
（ア）第３学年においては，日常使われている簡単な単語について，ローマ字で表記されたものを読み，また，ローマ字で書くこと。
（イ）第３学年及び第４学年の各学年においては，学年別漢字配当表の当該学年までに配当されている漢字を読むこと。また，当該学年の前の学年までに配当されている漢字を書き，文や文章の中で使うとともに，当該学年に配当されている漢字を漸次書き，文や文章の中で使うこと。
（ウ）漢字のへん，つくりなどの構成についての知識をもつこと。

［文章構成法＝コンポジション理論］
　コンポジションを紹介して、戦後の我が国の国語教育に大きな影響を与えた森岡健二氏は、その著『文章構成法』（1963　至文堂）においてその内容を

第三章　国語科教育における指導の「システム化」の問題

体系的に示している。目次によってその体系を見てみる。

　　文章を書く手順―主題をきめる・計画をきめる・草稿を書く・推敲して書き直す
　　主題―主題とは・主題の選択・主題の限定・主題による統一・主題表
　　主題の展開―材料とは・材料の収集・材料の検討・材料の整理
　　主題の展開―材料の配列→時間順序・空間順序・一般特殊・特殊一般・原因結果・結果原因・漸層法・既知未知・問題解決・重要さの順序・動機付け
　　アウトライン―アウトラインの作成
　　段落―段落とは・段落への分割・段落の統一・緊密なつながり・段落のつながり・段落の長さ・主要段落（定義・実例・類推・比較対照・列挙と概括・繰り返し・消去法・原因結果・導入及び結びの段落・つなぎ及び補足の段落・強調の段落・会話の段落）
　　正しい文―４項目略・主語述語関係及び連用修飾被修飾関係の表示・並列関係の表示・節の表示・独立語、独立節の扱い
　　効果的な文―文の構造―作文の分析＝誤りや不適切な表現のある文の具体的な検討の説述
　　文法―作文の分析→文法上の誤りの類型＝体言・活用・副詞と接続詞・助詞
　　用語―語彙力の養成・語彙力の診断・読解と語彙・コンポジションにおける用語の扱い
　　文字・表記―文字・表記の機能・コンポジションにおける扱い（以下誤用例にもとづいて正書法についての具体的な説述）

なお、森岡健二氏は、コンポジションについて、次のように概括している。コンポジションの特徴をのべるとすれば、コンポジションについては、次のことが言えるかと思う。すなわち、コンポジションでは「構成」という観点から表現過程が著しく体系化されていること、ことばづかいだけでなく思考法の問題が大きな比重を占めること、効果的なコミュニケーションのためという目的意識がはっきりしていて、対象が文学的文

章より遙かに広がっていること、単なる文章談義でなく、教育・指導・学習などの実際的な目的と直結していることなどである。

(前掲書375-376頁)

　学習指導要領の「言葉の特徴やきまりに関する事項」「文字に関する事項」も、「話すこと・聞くこと」・「書くこと」・「読むこと」の指導を通して指導することとされている。これは、コンポジションの場合と同じである。両者とも、ラングそのものではないが、伝え合う活動を正しく確かに営むための基礎となる言語知識と技術が体系的に整理されている。このような考え方に立って、指導要領の［(伝統的な言語文化と) 国語の特質に関する事項］とコンポジションの内容とを勘案し、「文章構成要素（コンポジション）的技能系」としてまとめたのである。

② 一般意味論的技能系

　一般意味論は、アメリカで発達した言語の科学である。我が国において多くの人に読まれ、その普及に力があったのは、Ｓ.Ｉ.ハヤカワ著・大久保忠利訳『思考と行動における言語』(原書第4版　1985　岩波書店) である。この第4版の序文で、ハヤカワは、次のように述べている。

　　ハッキリと考えることを学び、より効果的な話し方・書き方を学び、聞いたり読んだりしたことをよりよく理解することを学ぶ――こういったことこそ、中世の3科（文法・修辞・論理）の時代から今日の高校・大学での英語科にいたる言語学習の目標である。この本は、これらの伝統的な目標に、現代の意味論の方法をもって迫ろうとしたものである――意味論的方法をもってとは、人間生活における言語の役割を生物学的に機能的に理解し、また言語の種々の用途を理解するということである。すなわち、説得し行動を制御する言語の働き、情報を伝達する言語の働き、社会の結びつきを作りそれを表現する言語の働き、そして詩と想像の言語の働きなどである。

　一般意味論で扱われる内容は、次のようなキーワードで表される。その一部を示す。

・地図と現地
・報告・推論・断定
・外在的意味と内在的意味
・言語の情報的内包と感化的内包
・感化的コミュニケーションの言語
・文学の働き―記号的経験―科学と文学
・言語と思考―抽象の過程―二値的考え方と多値的考え方　　など

　現行学習指導要領には、一般意味論をうたった指導事項はないが、「事実と意見の区別」とか「語の概念のレベルの違い」といった事項が取り上げられている。これらは、一般意味論的な考え方に立つ事項と見ることができる。

③　レトリック・表現論的技能系

１）レトリック（修辞学）
　レトリックとは、これまで「文の彩」であり、表現を美しく飾ることであるといった受けとめがなされていた通念が、平明に、リアルに真実を表現するという文章理念の変革にともなって、現在では、単なる言葉の飾りの術ではなく、発見的認識の術、適切、正確な思考・判断にもとづくコミュニケーションを図る術といった考え方に変わってきている。古典修辞学では、創構（発想）・配置・修辞・記憶・所作（発表）という５部門でその内容が組織されるとされている。これを現代の立場から捉え直し、意義づけて、「ニュー・レトリック」という名称のもとに、レトリカルコミュニケーションの理論が提唱されている。
　入門レベルで扱われるレトリックの内容としては、瀬戸賢一氏が『日本語のレトリック』（2002　岩波ジュニア新書）において、
　㈠　意味のレトリック―意味のあや（文を対象とする）
　㈡　形のレトリック―形のあや（文を対象とする）
　㈢　構成のレトリック―思考のあや（文章＝テクストを対象とする）

という3観点から整理しているのが、参考になる。
　筆者は、次のように整理している(2005　第一学習社版『総合国語学習便覧』)。
　(1)　類比、類推によって形状や状態などを効果的に表現する技法
　　①　直喩　まるで針のような冬の雨が、私の腕を冷たくぬらした。(まるでなどのような比喩を直接的に表すことばを用いて、二つの物の類似関係を示す技法)
　　②　隠喩　私は組織の歯車にすぎない。(比喩を表すことばを用いないで、二つの物の類似関係を強い印象を与えるように表現する技法)
　　③　諷喩(寓喩)　弘法も筆の誤り、朱に交われば赤くなる。(喩えによってその裏にある意味を悟らせる技法)
　　④　換喩　向こうからセーラー服がやってきた。(事物の特徴や部分、付属物などを示して、その事物の全体を表現する方法)
　　⑤　活喩(擬人法)　バラの香りが私の心を癒してくれた。(人間以外の事物を人間になぞらえてイメージ化して理解できるように表現する技法)
　　⑥　擬物法　平和へのあこがれは、湖面の波紋のように国民の間に広がっていった。(何かの事柄を、自然現象になぞらえて表現する方法)
　　⑦　声喩(擬態語法)　はっしと打ち込んでくる竹刀を、ひらりと身をかわして切り返した。(何かの状態や動作を、擬声語や擬態語になぞらえて表現する技法)
　　⑧　パロディ　よく知られた文学作品やことわざ、成語などの骨格を残し、内容を組み替えて風刺や滑稽化などの意図を込めて書き表したもの。
　　　　山路を登りながら、こう考えた。(後略)→耳をほじりながら、こう考えた。(後略)
　(2)　言葉の意味を屈折、制御することで意図する効果をあげる技法
　　　張喩(誇張法)・反語法(アイロニー)・逆説法(パラドックス)・設擬法(修辞的疑問法)
　(3)　言葉の配置を操作することによる技法
　　　反復法・倒置法・対句法・引用法(引隠法)・挿入法・省略法・漸層

第三章　国語科教育における指導の「システム化」の問題

法（クライマックス法）

2）表現論（学）

田中瑩一氏は、表現学を「主体との関係に基礎づけられた言語表現の体系的究明」を目的とする学問と定義している（2001　朝倉書店版『国語教育辞典』）。そして、表現学が今日の国語科教育に果たすべき課題として、「現実の言語活動は総合的な、というよりむしろ混沌とした姿で展開される。そのような性質をもつ活動に秩序を見出し、学力として有効な要素を析出する拠りどころをどこに求めたらいいか、今こそ表現学がその体系や方法をいっそう確かなものにし、国語教育に対して強力な実践知を提供できるようになることが期待される。」（同上書337頁）と述べている。

表現論（学）は、表現学会が組織され、その学的内容の研究が進められている。今日までの集成が、『表現学大系』（全33巻）でなされている。筆者は、これまでの諸家の研究成果のうち、松永信一氏の『言語表現の理論』（1971　桜楓社）・土部弘氏の『文章表現の機構』（1973　くろしお出版）から、文章の表現様式及び叙述層形成についての所説に学んで、基本的指導事項を策定した。また、文脈形成を促進する機能をもつ「キーワード」に関する指導事項を措定している（本章第五節参照）。その一端を掲げる。

(1)　論理的文脈による叙述層─記述・説明・論説
(2)　形象的文脈による叙述層─描写・説明・対応
(3)　内容キーワード─素材性キーワード（事柄）・中心題材性キーワード（関係）・テーマ性（価値）
(4)　論理キーワード─展開性キーワード・定位性キーワード

以上、基本的指導事項策定の拠り所とした言語の理論や知見を略述した。学習指導要領の指導事項は、領域・[事項]別に分類されているが、それぞれの部類の内部では、言語の階層レベルによる整理以外は、並列的である。田中氏の言われるように、表現学だけでなくその他の学的分野の理論にもとづく、「学力として有効な要素」の析出による系統的組織化が必要であると考える。

第五節　「書くこと」「読むこと」のシステムの核をなすキーワードに関する考察

第一項　キーワードの問題点

　国語教育における「キーワード」についての認識は、次の記述によって理解することができる。

　　　文章を書いたり、読んで理解したりする際、特に重要な役割を果たし、鍵となっている語や語句を「キーワード」（英keyword）という。
（『国語教育研究大辞典』1988　明治図書所収「キーワード」清田文武氏執筆154頁）

　清田氏は、これに続けて、キーワードの発現様相の特色として、文芸作品には、感動詞・助詞・助動詞など、いわゆる時枝文法に言う「辞」にあたるものが発現する傾向があり、説明的文章では、対象・事象に対してその実質を表す名詞・動詞・形容詞などの、いわゆる「詞」に属する語がキーワードとなる傾向があると、解説している。また、発現の反復性、いわゆるトピック・センテンスが多く現れることをも指摘している。

　この解説が、時枝文法の言語過程説にもとづいてキーワードの発現様態をとらえている点は、承認できる。しかし、「文章を書いたり」する際の鍵になる語、語句の働きについては、ほとんど触れるところがない。一般に理解されている「理解の手がかりとなる重要語句」という認識のレベルにとどまっている解説であると言わざるを得ない。ただ、時枝の言語過程説にもとづく立言は、キーワードの機能についての重要な示唆を内包している。それは、理解・表現の言語過程における言語想のオーガナイザーの機能である。時枝学説にもとづいて、理解・表現の過程における、詞＝客体的表現、辞＝

主体的表現の核、基軸となるキーワードの働きを考えると、そこには、オーガナイザーの作用のあることが想定されてくる。

本節においては、時枝学説に限定されない立場から、キーワードのオーガナイザー機能に関する諸先行研究を討究し、理論的仮説を導きたい。

第二項　キーワードの機能に関する諸説の検討

精神医学者の妙木浩之氏は、精神分裂病のクライエントに治療を施しているとき、クライエントの話は、「ばらばら」「めちゃくちゃ」であるにもかかわらず、治療者自身からのもの、クライエントからのもののいずれの場合にも、ある言葉や行動に出会って、突然、「話がわかる」体験をすることがあると述べて、次のように、キーワードの機能について説述する。

> そうした時に（引用者注。クライエントのばらばらな話の断片それぞれに解釈を与えていると、混乱してくるとき。）、「ばらばら」なカオスの中に、今までのあり方を理解する時の共通項としての「キーワード」、言い換えれば、クライエントの話や行動のパターン、あるいは物語の主題を治療者が見出すことで、クライエントの持っている問題の範囲を特定して、「何がどこまで問題なのか」を明確化することができる。そうして治療者もクライエントも、「キーワード」で抱きとられ、支えられるという体験を生きる。（下線は引用者。「キーワードとメタファーの発生と使用」北山修・妙木浩之編『言葉と精神治療法』1989　至文堂　177頁）

妙木氏の臨床体験が示唆しているものは、キーワードのオーガナイザーとしての機能の存在である。この体験記は、一見、理解のオーガナイザーとしての機能について述べているように認められる。しかし、カオス（混沌）に秩序を与えられるオーガナイザーは、受動的な理解の段階に働いているものではなく、特に治療者が生み出したものである場合は、治療者が表現主体となって、混沌の事態からキーワードを発見し、それによって主題想を組織する、表現活動過程のオーガナイザーとして活用していると言うことができ

る。

　林四郎氏は、文学作品の分析を通して、「テーマ・キーワード」と「文体キーワード」の存在と働きを解明し、次のように述べている。

　　文章の読解において、キーワードを見つけることが大切であることは、今さら言うまでもあるまい。キーワードも、そのキーが何を明らかにするかによって、いろいろな性格のキーワードに分れるようだ。いちばん普通に着目されるのは、その文章の主要な話題とか題目とかを表すものだろう。これをトピック・キーワードと呼んでおこう。トピック・キーワードは、文章の情報的内容を縮約して代表するものだから、いうまでもなく、内容上のキーワードである。
　　ところが、同じく内容上のキーワードでも、トピックを表すというよりも、作者の問題意識を投映しているといった方がよい性格のものがある。これをかりにテーマ・キーワードと呼ぼう。(「キーワード考──『三四郎』の構成にふれて──」『文学探求の言語学』1975　明治書院　158頁)

林氏は、これに続いて、「文体キーワード」について、次のように説く。

　　トピック・キーワードやテーマ・キーワードは、多くの場合、名詞である。これに対して、文の述語の部分に現れ、従って、動詞、形容詞、補助動詞、助動詞であるか、または、それらの複合した形のものが、文章の一つの特徴を示す場合がある。述語の末端の折屈部は、その文章の文体を形づくることになりがちなので、仮にこれを文体キーワードと名づけてみよう。(同上書163頁)

　林氏のキーワード論は、文章の読解活動において見いだされ、活用されるものとされている。「トピック・キーワード」、「テーマ・キーワード」は、それぞれ、「文章の情報内容を縮約して代表するもの」、「作者の問題意識を投映しているといった方がよい性格のもの」という定義は、妥当な見解である。「文体キーワード」についての見解は、すぐれた着眼である。清田文武氏は、時枝文法の「辞」に相当する感動詞・助詞・助動詞によって担われるキーワードが、文学作品に出現する傾向のあることを指摘しているが、これは、先行する林氏の見解をふまえていると見ることができる。確かに、林氏

第三章　国語科教育における指導の「システム化」の問題

の言うように、「文章の文体を形づくり」、筆者の発想や表現態度を１つの傾向として特色づける文末語句が存在する。しかし、文章の論理的展開をつかさどる語句（接続詞、接続助詞・ある種の副詞など）も存在しているし、それらと呼応して文末に用いて、書き手の判断や表現態度を特色づける作用をもつもの（補助用言、助動詞、助詞など）もあることに注目する必要がある。

　認識・思考活動におけるキーワードの機能に着目し、組織化に活用することを提唱しているのは、庄司和晃氏である。庄司氏は、認識の三段階理論として、「認識は、抽象の度合いによって、本格的で抽象的なもの、過渡的で半抽象的なもの・素朴で具象的なもの、の３つの段階に区分けすることができる。これが『認識の三段階の構造』である。」（『認識の三段階連関理論』季節社　1985　34頁）と定義的に述べている。さらに、認識の発展には、３つの道があるとして、「のぼる」道、「おりる」道、「よこばい」の道の３つをあげる。「のぼる」道は法則化・原理化・本格化・抽象化の過程、「おりる」道は大衆化・社会化・素朴化・具象化の過程、「よこばい」の道は、同一段階内の認識の発展過程で、事例や比喩などを提示して認識を進める段階であるとする。

　庄司氏の認識の三段階関連理論で示唆深いのは、これら三段階の認識発展に際して、「思考運転」をつかさどる、「キッカケことば」を発見し、その活用を組織化している点である。例えば、本格的段階の「のぼる」道の思考運転の「キッカケことば」として、「本質的には」・「つまり」・「結局のところ」・「端的に言えば」などをあげている。過渡的段階の「よこばい」の道の思考運転の「キッカケことば」としては、「仮りに」・「たとえば」・「具体的に言うと」・「に似ている」・「コトワザ的には」などを例示している。素朴的段階の「おりる」道の思考運転の「キッカケことば」としては、「気がする」・「らしい」・「経験的には」・「感覚的には」などを示している。

　庄司氏のこの提言には、思想創出過程におけるオーガナイザーの働きをするキーワードの存在を示唆している点がある。これは、文章表現活動過程に位置づければ、文章の構成と展開を促すキーワードとしても機能させることができるものである。庄司氏の言う「キッカケことば」は、認識内容の深化

157

と密接に関係づけながら、形式的に操作する作用をもつ。その意味では、内容そのもののオーガナイザーとは、異なる。妙木氏が精神治療過程で発見したキーワードは、どちらかというと、内容そのものの組織化、意味構造化に作用するものであった。

ケネス・バーク氏は、その著『動機の文法』(原著　1945　森常治訳　1982　晶文社)において、動機の所在をつきとめる典型的思考をつかさどる「鍵語(キーワード)」について、次のように述べる。

　　いま、ひとがなにかをやっているとする。そして、彼が何をやっているのか、そしてそれをやっている理由をのべなければいけないとする。そのようなとき、どのような要素が説明のなかに含まれてこなければならないのだろうか。(中略)
　　右の質問に対してひとつの回答を与えるのが本来のねらいなのだ。(中略)
　　筆者は以下におこなう研究を成立させるにあたって、いわば母体ともなる大原則として、五つの用語(ターム)を採用することにする。それは、「行為 Act」、「場面 Scene」、「行為者 Agent」、「媒体 Agency」「意図 Purpose」の五種類である。人間の動機を十全なかたちで記述しようとするとき、これらのことばが必要になるわけである。まず、思考または行動のかたちをとって生じたもの、すなわち「行為」を描写することば、つぎに、その行為の背景、それを発生した状況を名付けることば(「場面」)が必要である。さらにわれわれは、誰が、またはどのような種類の人間(「行為者」)がその行為をおこなったか、どのような方法、もしくは道具(「媒材」)を使用したか、しかもどのような「意図」でおこなったか、を指摘することばをもたなければならない。(同上書17頁)

ケネス・バーク氏は、この5つの鍵語を「劇学の五つの鍵語」として、人間の動機に関わるすべての現象を、劇としてとらえ、劇としての分析の観点、あるいは用具として5つの鍵語(キーワード)を提示する。このバークの考え方は、いわゆるニュー・レトリックの主張に重ねあわせると、述べ表すべきことの発見と組織化の方法体系としての意義をもっていると認めるこ

とができる。このような見方が許されるとすると、ケネス・バークの５つのキーワードは、スケールの大きい発見と認識、組織化の方法体系であると言うことができる。それは同時に、インベンション（アイデアの創出と組織化）の方法である。ケネス・バークがニュー・レトリックのユーリステックス（Heuristics）の代表者と言われる所以である[1]。ユーリステックスは、「言うべきことの体系的方法」を言うことばである。

以上、妙木浩之、林四郎、庄司和晃、ケネス・バーク各氏のキーワードに関する見解・学説の検討を通して、キーワードには、[1]発見・[2]認識・[3]組織・[4]展開の機能のあることが明らかとなった。それらは、言語を媒介とする理解・表現活動の基となるところで発現、作用し、理解活動、表現活動の過程で、それぞれの思考（想）を組織、展開するオーガナイザーの働きを有すると仮説することができる。

第三項　理解思考（想）・表現思考（想）を組織するキーワードの機能の仮説的整理

著者は、かつて、中・高等学校生徒の作文（意見文）を診断的に分析していて、作文のできばえと、作文中に見いだされるキーワードの活用様相との間に、関連性のあることに気づき、実験的に調査した。その結果、文章の内容の核となるものを、「内容」キーワード、文章の論理的展開の要となっているものを、「論理」キーワードとして分類した（拙著『意見文指導の研究』渓水社　1990所収「論説文指導の基礎的研究――高等学校のばあい――」1982、「論説文指導の基礎的研究――課題論説文におけるキーワードの機能を中心に――」1983、「意見文指導の改善――中学校２年生のばあい――」1986、「意見文制作過程におけるキーワードの機能」1988）。これらは、次のように整理できるものであった。

〈「内容」キーワード〉
１．素材性キーワード

2．中心題材性（主題性）キーワード
3．理念性（価値性）キーワード
〈「論理」キーワード〉
1．論を運ぶキーワード

　この分類、整理について検討する。この内容に関しては、作文指導の基礎的な研究過程において発見し、明らかにすることのできたものであって、必ずしも先行諸説に学んだものではなかった。この点について見ると、以下のように言うことができる。

　「内容」キーワードに関わる説、見解を提示しているのは、妙木浩之（1989）、林四郎（1975）、清田文武（1988）の各氏であり、庄司和晃（1985）氏の所説は、「論理」キーワードに関連づけて理解できるものである。ケネス・バークの5つのキーワードは、発見、認識、組織の機能をもつものであった。言いかえれば、対象認識の枠組みであるとともに、その内実の核となるものであった。

　林四郎氏は、「内容」キーワードに相当するものに、トピック・キーワードとテーマ・キーワードのあることを述べている。これは、キーワードの「内容」の意味の階層性に照応するもののあることを示唆するものであった。妙木浩之氏の見解は、「内容」の組織機能を示唆しているが、「内容」の階層性についてまでは、言及していない。

　庄司和晃氏の「キッカケことば」は、「思考運転性」とも言い表しているように、「論理」キーワードそのものを示しており、いわゆるオーガナイザーとしての機能をも指摘していると見ることができる。「キッカケことば」としてあげられているものを検討すると、2種類に分けることができる。「本質的には」「結局のところ」「たとえば」など、思考の深化、拡充を促し、言語表現の展開を図る働きをするものと、「～気がする」「～らしい」といった主体の判断や態度を直接的に表明する働きをもつものとである。これは、文章想の展開と定位に関わる働きをしていると見ることができる。庄司氏は、このことに言及することはしていないが、林氏の言う「文体キーワード」は、庄司氏の取りあげている文末に現れる「キッカケことば」と同

質のものと考えられる。「文体キーワード」は、文末部に現われ、表現主体の発想の構えとその傾向を特徴づけるものとして、妥当な見方と評価することも可能であるが、むしろ、言うべき「内容」に対する態度を表明し、「内容」を定位する働きに重きを置いてとらえるのがよいのではないかと考える。

　清田文武氏は、文芸作品には、いわゆる「辞」にあたるキーワードが発現し、説明的文章には、「詞」に相当するキーワードが発現する傾向を示すと述べている。文学的文章が、形象的イメージ的表現を主とし、説明的文章が論理的概念的表現をとる傾向を示すことは、一般論として承認されていることであるから、文種によって発現するキーワードに差が生ずることは理解できる。しかし、言語の本質的な機構と機能の面から考えると、文種を超えて、詞と辞に相当するキーワードが発現すると見るのが妥当ではないか。

　筆者は、「内容」キーワードには、意味の階層に応じて、[1]素材性・[2]中心題材性（主題性）・[3]理念性（価値性）の3種類を措定した。「論理」キーワードには、[1]展開性と[2]定位性とを考えている。これは、中・高校生の作文を分析し、類型化したデータをもとに整理したものである。これらは、小学校レベルの説明的文章教材の分析結果によっても裏づけられている[2)]。説明的文章には、「辞」に相当する「論理」キーワードが、「詞」にあたる「内容」キーワードに劣らず、多く発現し、重要な働きをしているので、限定的にとらえない方がよいと考える。ただ、文学的文章については、実証的に検討する必要があり、課題である。

　「内容」キーワードとしての[1]素材性・[2]中心題材性・[3]理念性それぞれの語句は、言語（文章）の叙述層に応じて発現する。説明的文章では、素材性のキーワードは、事柄レベルの意味を表す「記述」層に、中心題材性のキーワードは、関係レベルの意味を表す「説明」層に、理念性のキーワードは、価値レベルの意味を表す「論説」層に発現する傾向を示す。「論理」キーワードとしての[1]展開性・[2]定位性の語句は、「内容」キーワードと照応して用いられる傾向を示す。

　以上の討究結果にもとづいて、キーワードの機能について、改めて、次の

ように仮説的に再整理する。
　〈「内容」キーワード〉
　1．素材性キーワード
　2．中心題材性キーワード
　3．理念性キーワード
　〈「論理」キーワード〉
　1．展開性キーワード
　2．定位性キーワード

第四項　理解と表現をつなぐインベンションにおける　　キーワードの問題

　キーワードは、立場を変えて見ると、対象とする、事象・事実・文章などを分析⇄総合したり、意味づけたりする際に動員、活用される、構造化された知識を表すことばである。それは、長期記憶化、体制化された既有の知識の中から賦活して活用されるのが、一般である。多くの場合、構造化された知識を表すことば（キーワード）は、対象とする事象・事実・文章の中から、認識・思考の促進、組織化に役立つ核となることばを発見し、それをキーとして利用するのがふつうであろう。
　しかし、事象・事実・文章に対峙して、それを理解し、さらには、それについての自己の見解や意見を形成しようとする際、それに対応できるキーワードを保有していないときは、新たに創出するほかはない。もちろん、完全に無である状態から創出することはできない。既有の構造化された知識を組み直し、新たな事象・事実・文章に対応しうるようなキーワードを創り出すことが要求される。それに応えるためには、キーワードを創出する力を養う必要がある。それは、実際的なキーワード発見、活用活動を通して身につける以外に方法はない。
　垣内松三氏は、その著『國語の力』（大正11　不老閣）において、理解と表

第三章　国語科教育における指導の「システム化」の問題

現をつなぐインベンションの問題を取りあげて、次のように述べている。

　文に現はれたる構想・句法・措辞の形はinventionより導かるる内面的必然性を有するのである。モウルトンの「芸術的摂理」と「文学的建築」との関係、Motive forceとMotive formとの関係等も其の全一的統合の上に始めて解決せられ、文の眞相は、その内面に於ける具体的統一の原形に於て見得られるのであると考へらるゝごとく、句法の倒置・轉換・頓止等は、その立場からのみ解釋し得るのである。（引用は、『國語の力』昭和28　有朋堂版　173頁。初版本は不老閣　大正11）

文章の表現内容と表現形式とを二元的にとらえるのでなく、想（アイデア）の創出と組織化という意味で用いられているinventionに着目して、表現形式と表現内容とを統一的に把握することについて述べている。つまり、inventionの必然的展開相として、「構想・句法・措辞の形」が発現する、としているのである。これは、文章の「形」を静態的にとらえるのでなく、inventionの生成、展開の様態として、動態的に把握する考え方に立っていると言うことができる。垣内氏は、さらに、次のように述べる。

　これまで「讀む作用」をのみ叙説し来ったが、「國語の力」はそれに由ってのみ充實を望むことができない。然るに讀方と綴方、解釋と作文、批評と創作とは、常に融和を欠き、特に最後の批評と創作との乖離は常に反復せられるのであるが、<u>もし讀方・解釋・批評が作品の産出の作用に少しのこだはりなく随伴して精密にその展開を跡づける態度に出づるならば臆見と獨斷から兎れて、これ等の間に和解が成立つであらう</u>。（中略）<u>もし讀方・解釋・批評に於て能産の作用を對象とするならば、「讀む作用」は「綴る作用」と同じ方向を進みて均しく能産の作用を經驗するのであって、所謂「創造的讀方（クリエーティブリーディング）」といふ説は最もよくこの意味を示すものであらう</u>。（同上書285頁　下線は引用者。）

これは、いわゆる読み書き関連指導の理論的基礎となりうる見解である。読むことと書くことの両者を関係づけ、読む力と同時に、書く力の育成に培う方法として、「産出の作用」「能産の作用」に着眼して、「その展開を跡づける」ことを提言している。垣内は、インベンションへの着目、想の産出＝

能産の作用、展開の跡づけについては述べているが、その作用を促進するものについては、触れるところがない。

ところで、文章の「構想・句法・措辞の形」が、インベンションより導かれるということは、逆に、「構想・句法・措辞」に、それらをそのようにあらしめたものが、「形」としてその姿をとどめているということでもある。インベンションの展開の跡を、文章の「形」にさぐるためには、当然、その文章の「構想・句法・措辞」に、展開の手がかりを求めることになる。すなわち、「キーワード」である。

このように見てくると、「讀む作用」と「綴る作用」をつなぐインベンションには、その組織化、展開を促すキーワードの存在を仮説せざるを得なくなる。垣内氏は、キーワードについては説いていないが、垣内氏の『國語の力』に先行して同様の見解を実践家の立場で説いた秋田善三郎氏に、次の叙説がある。

　　第二　児童をして作者の地位に立たせて、その表現に就て、鑑賞批判させることである。比處にいふ表現の形式とは、文学・語句・語法・修辞・結構等を指示するのである。創作的讀方教授に於ては、文学・語句・修辞と單獨に切り離して取扱ふことを避け、常に想の上に立つて、その表現の形式として之を論ずる。(中略)かくの如く、文章の形式を通して想に到達すれば、更に作者がその想を表現するに當って、如何に工夫し苦心したか、その表現の跡を振り返って眺めて見る。而して表現の適否巧拙を鑑識批判させ、想と形式との一致點を吟味せしめんとするのである。(『創作的讀み方教授』光村図書版『近代国語教育論大系7　大正期Ⅳ』所収。なお、秋田氏の初版本は大正8。35－36頁　圏点は原文、下線は引用者。)

「文学・語句・修辞」を単独に切り離さず、「常に想の上に立つて、その表現の形式として之を論ずる」ことは、想の組織、展開に作用する「語句」「語法」をキーとして活用することを含意している。

垣内・秋田両氏の所説に従うと、キーワードを発見、創出して活用する力の演練の場として、理解と表現をつなぐインベンションの展開を跡づける活

第三章　国語科教育における指導の「システム化」の問題

動の場が有効であると考えられる。

　構造化された知識は、認知心理学ではスキーマ（schema）という。スキーマは、未知の事象・文章などの理解に際して、既有の構造化された知識を賦活、動員して適用する。それを同化的適用という。キーワードに、スキーマとしての機能を認めることができるとすると、キーワードの発見、活用は、この同化的適用に類比して理解することが可能である。創出して活用する場合は、スキーマを組み直して活用する調節的適用に相当すると考えられる。理解と表現とをつなぐインベンションを跡づける過程で、既有のスキーマをもっていない場合は、理解活動を通して、新しいスキーマを獲得して活用するか、その一部を組み直して適用しなければならなくなる。キーワードの場合も、対象から発見して用いるのでなく、全く新しく創り出すか、一部を作り直して用いるかする。つまり、調節するのである。

　このように考究してくると、アイデアの創出とその組織化というインベンション活動は、キーワードの発見、創出活動と不可分な関係にあることが理解される。とともに、インベンション活動の場は、キーワード活用能力の育成の場としての有効な作用をもつことを認めることができる。

第五項　集約

　キーワードに関する先行諸研究にもとづいて、筆者の実験的調査結果をも加味して検討し、次のような仮説的見解を得た。
　1　キーワードは、理解活動だけでなく表現活動においても、特にその基となるインベンションの段階に働く機能をもつこと。
　2　キーワードには、「内容」に関するものと「論理（形式）」に関するものがあること。
　3　キーワードには、発見、認識、組織、展開、定位の機能があること。
　4　キーワードの意味機能は、次のように仮説的に整理できること。
〈「内容」キーワード〉

(1)　素材性キーワード

　(2)　中心題材性キーワード

　(3)　理念性キーワード

〈「論理」キーワード〉

　(1)　展開性キーワード

　(2)　定位性キーワード

5　キーワードには、理解と表現をつなぐインベンション活動を促進する働きがあること。

また、以下のような課題を残した。

1　文学的文章と説明的文章とで発現するキーワードに差異があるか。

2　キーワードを言語の機構単位にもとづいて整理できるか。

3　キー・コンセプト、キー・イメージといったものの存在を措定できるか。

4　集約4の仮説的整理をさらに下位分類できるか。

以上、集約と課題について述べた。これらは、さらに実験的方法によって追究されなければならない。

注

1）木原茂「散文のレトリック」（『表現学大系各論編30　表現指導の原理と方法』1992・3所収　教育出版センター　95頁）

2）拙著『国語科授業論叙説』（1994・12　溪水社　105-112頁）

第四章　国語科授業づくりの理論的考究

第一節　国語科授業の構成方法

第一項　目的的言語活動をユニットとする授業の構造

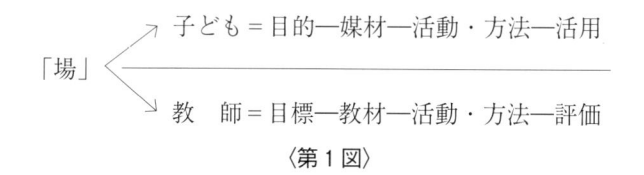

```
              ┌→ 子ども＝目的―媒材―活動・方法―活用
 「場」 ←─────┤
              └→ 教　師＝目標―教材―活動・方法―評価
```
〈第1図〉

　国語科学力の育成を目的とする授業は、目標とする国語能力の動員、活用を必然とする言語活動の場を設定し、その言語活動が展開される過程において国語能力の形成、発達を促す手だてを講ずる教育的営みである。目標とする国語能力の形成、発達は、その国語能力が生き生きと働いている状態を現出してこそ、効果的かつ実質的に行われる。国語能力が生き生きと働く状態は、言語活動主体が、意欲的に言語活動を発動することによって成立する。言語主体が、意欲的に言語活動を発動するのは、言語活動の目的が主体にとって達成することに価値を見いだしているとともに、興味と関心を引くものである場合である。言語主体を、このように意欲的、発動的にするには、言語活動を発動し、展開する場にそれを可能にする条件を装置する必要がある。上に掲げた図式は、ここに述べたことを概括的に視覚化したものであ

る。この図の上段の子どもの活動系列は、子どもを活動主体とする目的的言語活動である。

　国語科の授業は、一般に、内容価値的目標・能力的目標・態度的目標を軸に構成される。授業は、この目標の設定が中心となる。例えば、第2図のように授業成立の要因としてあげられるものを関係づけることができる。

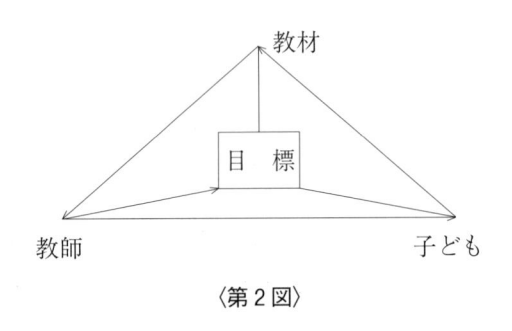

〈第2図〉

　教師・子ども・教材は、授業を構成する外在的要因である。それに対して、目標は、これらの3要因を、内側から関係的に結びつける働きをする。言いかえると、教師は、子どもの学力実態を把握し、それにもとづいて子どもに習得させるべき目標を設定する。その際、現代の学校教育では、その育成すべき学力を学習指導要領において提示している。指導要領の指導内容は、学年段階別に示されており、法的拘束力をもつとされている。したがって、授業案を作成するに際して、まず、取り上げなければならい。しかし、現実に目前にある子どもにとって、その目標が習得可能なレベルにあるものであるとは限らない。指導要領の提示する目標を上からのものとすると、子ども（学習者）の実態からの目標は、下からのものと言うことができる。ただ、子どもの実態から出発するとしても、授業の目標としては、上からと下からの目標とを勘案して措定することが求められる。また、教材についても、目標を習得するための媒材としての有効性を検討して位置付けるとしたら、子どもの学力実態とその興味・関心に応え、学習活動の全過程にわたって学習意欲を持ち続けさせるためには、媒材そのものが子どもの興味・関心

第四章　国語科授業づくりの理論的考究

を喚起し持続させるものであることが要求される。

　子どもの学習活動の直接的対象となるのは、目標ではなく、活動媒材としての教材である。読むことの授業の場合は、目標的教材価値を内包する文章材となるので、教材を形あるものとして存在する。「書くこと」の場合は、ある「こと」・「もの」すなわち、「書くこと」の題材となるものを活動媒材として提示したり、状況性のある事態として対峙させたりすることになる。ただ、書き方の解説や書き上げることの手本とすべき文章についての見解（いわゆる文話）などは、具体的な文章としての形を備えたものとなる。「話すこと・聞くこと」の教材は、活動方法の解説文教材は別として、音声を媒体とする話すこと・聞くことという活動材は、瞬時に消滅するので、それを録音や録画（ビデオ）によって反復認知の可能なものにする必要が生じる。いずれにしても、教材は、目標という抽象的なものを、具体的な形をもったものとして、子どもの学習活動の直接的対象とされる。

　教材←子どもという関係図式には、子どもの学習活動が内包されており、かつまた、その学習活動を目標達成活動として円滑に展開できるように、教師による支援・援助も同時に対応的に措置することが含意されている。

　この授業成立の要因の三角関係構造を、時間的に線条的に展開したものが、第１図である。子ども系列の目的的言語活動は、目的―媒材―活動・方法―活用の４本の柱で構築される。それに対して、教師系列の目標的授業活動は、目標―教材―活動・方法―評価という４本の柱で支えられる。この２系列が、「場」という、子どもの目的的言語活動と、教師の目標的授業活動とを、同時的に緊張感をもって主体的に展開することを促す条件を備えた授業空間において重層化される。学習者（子ども）が緊張感をもって主体的な活動展開に従うように促す刺激条件が、「場」に仕組まれて（装置化されて）いることが必要になる。

　この「場」の備えるべき条件、言いかえると装置化されるべき要因は何か、次に述べる。

第二項　授業の「場」の備えるべき条件

　授業の「場」の備えるべき条件は、状況性、応答性、問題意識の喚起性が内包されていることである。この３者は、同じことを別の言葉で言い表したものである。状況性と応答性は、授業の「場」の外的要因として作用するものであり、問題意識の喚起性は前２者に比べて主体の内面に作用する要因である。

　「場」の外的要因は、自然発生的な状況性の場合と意図的に装置化されたものとに分けられる。前者は、しばしば偶然性に依ることになる。それに対して、後者は意図的計画的に「場」の設定が可能である。しかし、意図的に設定したものがリアリティを持たない場合は、学習者の意欲を喚起することができない。平素から常に学習の「場」の設定に活用できる自然的な状況性を内包する事態を発見するようにこころがけている必要がある。自然的な「場」に人為的に加工し、装置化することで授業の場とすることができる。

　内的要因としては、経験的に、また、心理的心情的（興味・関心といってもよい）に外的要因の刺激に反応する共鳴板的なものを持っていることが必要である。これは、あらかじめ扱おうとしている題材に関連のある本の読み聞かせや読書紹介、新聞や雑誌の切り抜きの掲示、朝の10分間作文、3あるいは5分間スピーチの中から材料を見付けて紹介し、問題意識に培っておくといった方法も考えられよう。いずれにしても、事前の学習者の心を耕しておくことが求められる。

第四章 国語科授業づくりの理論的考究

第二節 「読むこと」と「書くこと」の授業の理論的基礎

第一項 「読むこと」の授業の理論的考察

1 文学的文章教材の機構的機能的特質と理解の作用

　文学教材指導を、文学作品（芸術作品）の指導として行うのでなく、文学の言語力の育成を目標として行う指導であるとする考え方は、かなり一般化していると見られる。とすると、文学的文章を成立させる媒材としての言語の特質を明らかにしておく必要がある。文学の言語[1]の特質を、暗示性（含意性）・多義性・拡散性（イメージ性）に認める考え方がある。これは、科学（論理）の言語と対比的に見る立場からの考え方である。すなわち、科学（論理）の言語[2]の特質は、文学の言語に対して、明示性・一義性・収束性（概念性）にあるとする。例えば、科学（論理）の言語としてとらえた場合、「雪」は〈大気中の水蒸気が、極小の物質を核として低温下に六角形その他に結晶した氷片〉という意味で一義的に理解される。文学の言語として理解する場合には、「雪」は、降り積もった状態で顕著となる〈白さ〉から清純・清潔といったイメージが連想的に形成され、「雪の肌」といったような用いられ方をする。また、万葉集の棹尾に置かれている大伴家持の「あらたしき年の始めの初春の今日降る雪のいやしけ吉事」に見られる「雪」は、〈雪の多く降るのは、豊作の前兆である〉ということを含意している。これも、文学の言葉の特質の一端を示す例である。
　文学表現の本質的作用を「異化」にあるとするのは、ロシアのフォルマリ

ストであるシクロフスキーの説をふまえて展開する大江健三郎の論[3]である。「異化」に対置されるのは、「自動化」であるとして、無意識的、無自覚的に用いられている日常・実用の言葉を、文学表現の言葉とする様々な工夫の仕組みを「異化」という言葉で説明する。そして、俵万智の『サラダ記念日』の歌を引いて次のように述べる。

　　（前略）ザックバランに日常・実用の言葉を発するように詠まれているこの歌で、「この味がいいね」か「この味はいいね」か、ひとつの格助詞の使いわけについてすらいかに工夫がはらわれているかを、散文の書き手は思ってみなければならない。さらには、わが国のまことに長い歌の歴史において、女性が男性のことを呼ぶ代名詞としての君という言葉が、ここでいかに新しく、それも自然に使われているかを考えてみなければならない。これもまた、決して自然発生的な成果ではないはずだから。（圏点は原文。）

これにしたがうと、文学的表現に「異化」という作用が生ずるのは、文学の言語のもつ、多義性、含意性（暗示性）・拡散性（イメージ性）という機能によるものと考えることができる。これらの機能が、「異化」という作用を発現するのは、主体の想像力が賦活されるからである。

文学的表現を媒介として文学的文章を受容すると、主体の内面には、想像力の働きによってそれがイメージとして形成され、そのイメージを通して対象を「異化」し、明視する。このイメージを通しての対象の「異化」は、語のレベル、文のレベル、段落のレベル、文章のレベルの各層においてなされる。それにまた、個物の表現、背景としての自然の表現、登場人物の表現、人物と人物との葛藤としての事件の表現、それらによって構成された場面の表現、作品としての文章全体の表現のそれぞれにおいても、イメージを通しての「異化」がなされることでもある。

ここに述べた各レベルにおけるイメージを通しての「異化」は、意味化の階層、事柄レベルの意味・関係レベルの意味・価値レベルの意味においても作用する。言いかえると、事柄レベル→関係レベル→価値レベルという深化を経過して「異化」が達成されるということになる。文学的表現のイメージ

第四章　国語科授業づくりの理論的考究

を通しての「異化」は、例えば、個物の表現においても、意味の深化過程を経過して価値レベルの「異化」が果たされる。小川未明の「野ばら」が、教材化されているが、この「野ばら」は、作品に登場する当初には、単なる点景物にすぎない。つまり、事柄レベルの意味を担った野ばらの知覚イメージとして形成される。したがって、この段階では、うっかり読み過ごしてしまいかねない。「異化」作用が十分に発現していないということである。国境を守る青年と老人とが仲よく将棋をうっている姿と、蜜蜂の群れる野ばらの花とは、ひびき合って関係レベルの意味を担ったイメージとして形成される。作品の中で特別な役割をもったイメージではないかということを意識するようになる。この作品の末尾には、枯れた野ばらが描かれている。ここまでくると、野ばらは、もはや単なる個物としてまた一点景としての存在ではなくなる。作品のテーマを担うシンボライズされたイメージとして形成され、作用する。この段階では、価値レベルの意味を内包する表現・イメージを通して、高い水準での「異化」が達成される。

　イメージは、空間的表現性をもつ。イメージ形成を促進する表現方法は、描写である。描写法によってイメージ形成を促す文学的表現は、すき間の多い表現である。個物のイメージ形成のための描写は、精密になされる。が、イメージとイメージとをかかわり合わせて関係レベルの意味をもった表現を意図する場合には、関係的意味は、説明するか、イメージの配置を組み合わせによって呈示し、意味づけは読み手にゆだねるかの、いずれかの方法を選ぶことになる。後者は、すき間の多い表現となる。イメージの配置の方法には、累加・対比・重層などがある[4]。例をあげよう。

　　夜　　小6　山内美和子
　黄色い夏みかんが
　夜の空にひかる
　夏みかんの木の下の方から
　ずっと下の谷の方の家から
　きぼうのような

173

笑い声が聞こえてくる

　そんな声はわたしのうちにはない
　（「緑の教室」国下麿瑳人編　松永信一著『言語表現の理論』1971　桜楓社の
　　引用による）

　まず、「夜」という詩の題名について読む。単語である。しかし、詩の題名ということは、この表記のしかたから理解される。詩の題名—文学作品の題名は、作品の主題の表現になっていることが多い、という読みのスキーマが賦活され、作用する。とは言うものの、「夜」という単語が喚起する表象は、その語自体の概念に規定されながら形成される。つまり、暗くなって、物が見えにくくなり、何となく沈んだ雰囲気をかもす１日のうちの時間帯といった、一般的で無限定な知覚表象とそれに伴って派生する感情とが一体化したイメージである。次の１行に進むと、「黄色い夏みかんが」という句が目に触れる。この句は、まず、「黄色い夏みかん」という知覚表象を喚起する。「黄色い」は、「夏みかん」を形容して、あざやかな明るい色彩感を呼び起こす。この明るさは、題名のもたらす「暗さ」との対比性を意識化させる。「が」という主格を表す助詞は、次に続く述語の存在、述定を期待させる。「夜の空にひかる」の第２行に進む。「夜の空」は、題名と照応する。「空」は、空間の高く広漠とした感じをもたらす。また、「ひかる」は、第１行の「が」に導かれる主語句に対応する述語句であることが、認知される。また、「夜の空にひかる」という述語句も、「夜の空」という暗い空を背景に「ひかる」という明るい作用状態が焦点化されて浮かび出てくる。この段階では、「夜」という題名が、何を表現しているかは、十分には理解できない。「夜」という時間帯を示していることがわかる程度にとどまる。この２行は、一文で構成されている。この一文は、現象文であり、客観的な状態の叙述になっている。そして、〈黄色い夏みかんが　ひかる〉を図としながら、〈夜の空〉を背景とするイメージのゲシタルトを形成する。つまり、一文全体としては、「明るい」という視覚的イメージが形成されているが、内

第四章　国語科授業づくりの理論的考究

部は対比的重層を形づくっているということである。

　ここで注意すべきは、読み手によっては「黄色い夏みかん」を月の隠喩として理解しようとするケースがあることである。これは、小学校の高学年ぐらいから大学生に至るまでしばしば現れる読みである。小学校の低・中学年では、すなおに「夏みかん」と読む子どもがほとんどである。これは、学年が進むにしたがって、いわゆる詩スキーマが形成され、それを、トップ・ダウン式に適用して理解しようとする傾向が強くなるためであると推定される。ただ、トップ・ダウン式に適用しても、同化的に自己に引きつけて理解しようとしないで、柔軟に文章の機構に即応しながら、スキーマを調節していくことができると、妥当性のある理解をすることができる。これは、理解主体（子ども）の認知スタイルの差から生ずる個性差であると考えられる。

　ここまで読み進んできたところで、読み手の内面には、題名と第一文との関連で、統合された理解（解答）は必ずしも得られていない。つまり、問いが残っている状態にある。この問いの意識をもったまま、次の文に進むことになる。第二文は、第3行～第6行である。ここでの読みも、ほぼ、第一文の読みと同様になされる。この文は、第5行の「きぼうのような」という比喩表現を受ける「笑い声が」を主語とし、「聞こえる」を述語として構成され、第3、4行は、連用修飾句として、述語を限定する。この文も、全体としては、明るいというイメージを形成しているが、連用修飾句は、暗さを表す背景をなしている。内部が、対比的重層を形づくっている点は、第一文と同じである。

　第一文と第二文とによって形成された2つのイメージは、どのように関係づけられ、2つのイメージの連続を通して、どのような意味生成がはかられるか。このことについては、この詩には、「説明」はない。読み手にゆだねられている。つまり、1つのすき間表現として、読み手に問いを喚起しているわけである。第一文の視覚的な明るいイメージと第二文の聴覚的な明るいイメージは、類同の関係にある。読み手は、読み進める過程で、第一文のイメージの上に、第二文のイメージを累加させることになる。すなわち、明るさが、いちだんと強調される。しかし、題名読み以来の問いは、ここでも解

175

決されない。

　次は1行あきである。最後の1行は、第三文を構成し、詩の結末をなす。「そんな声は」は、前文の「きぼうのような笑い声」をさす。これを受けて「わたしのうちにはない」と否定する。結末の一文が、前文を受けて否定するということは、それまでの明るさを一転して全面的に打ち消すということであり、暗いイメージが全文の中心に位置づいて統合的に形成される。さらに、それぞれの文の内部には、「わたしのうちには」と「谷の方の家から」とが対比され、「うち」と「家」という用語にも作者の思いの反映を読みとることができる。末尾の文は、主語に「は」がついて、陳述部分の否定を呼び起こす係助詞を用いた判断文である。これは、前二文が「が」を用いた現象文であるのに対応している。「は」の機能によって、末尾の一文が前二文を背景とする図を形成する作用を促進している。そして、題名の「夜」によって喚起された問いの答えは、この末尾の一文によって方向づけられる。しかし、関係的意味づけは、あくまでも理解主体にゆだねられている。対比的重層化という関係把握を通して主体が認識するのは、価値レベルの意味である。

　この詩は、文学的表現としては成熟したものではないが、それだけにその表現機構が典型的に単純化されており、文学的表現の生成過程を解明しやすい。それにもとづいて文学的文章材の機構的機能的特質と理解のメカニズムを上述のように討究した。

2　論理的文章教材の機構的機能的特質と理解の作用

　すでに述べたように、論理的文章教材の言語は、いわゆる科学（論理）言語である。科学（論理）言語の特質は、明示性・一義性・収束性（概念性）にある。前節で例にあげた「雪」の場合でも明らかなように、概念を一義的明示的に規定して用いられる。言いかえると、表す言葉と表される事実とが一致していることを前提として、理解し表現される言語である。論理的文章教材の機構には、語・文・段落・文章の階層性が認められる。文学的文章材

が、イメージ形成を階層的に促進するように文脈が形づくられるのに対して、論理的文章教材の場合は、論理的文脈が、階層的に形成され、文章が展開される。

　井上尚美氏は、言語論理教育における言語の階層別の論理の扱いについて、次のような指導内容の要点を示しておられる。(『言語論理教育への道』1977・6　文化開発社)
　　1　単語—概念の明確さ
　　2　文—判断の正確さ
　　3　文章—論の筋道の正しさ
これは、言語論理教育のプログラムとして考えられたものであるが、理解、表現活動のいずれにおいても、活動過程において確実に達成しなければならない活動の促進条件である。文章を読み進める営みは、時間的線条的に叙述をたどりながら、文章の論理的階層を読み深め、意味生成の深化をはかるということである。

　論理的文章においては、「説明」という論理的叙述法によって叙述が展開される。論理的文章の叙述層には、「説明」の論理のありようによって次元分けが可能である[5]。たとえば、解釈などの操作を排して、対象とする事実に即して述べる。いわゆる「記述」という事柄レベルの意味を表す叙述層がある。それに対して、記述された事実に内在する因果関係や、記述されたいくつかの事実に共通する法則性などを取り出して「説明」する、関係レベルの意味を表す叙述層がある。それらにもとづきながら、一定の価値判断を主張する、「論説」という価値レベルの意味を表す叙述層が措定される。これらは、1つの論理的文章の中で重複的に発現するが、文章の書かれる目的や意図によって、比較的に多く現れるものと少ないものとがある。多く発現する叙述層を中心として文章のジャンルが形成される。記述中心＝記録・報告文、説明中心＝説明・解説文、論説中心＝評論・論説文といった整理ができよう。

　論理的文章を読む行為は、文章の語・文・段落という階層を分け入りながら、記述・説明・論説の各叙述層をたどり、意味生成の深化をはかる行為で

ある。これらを分け入り、たどるためには、手がかりや足がかりが必要である。その手がかり、足がかりとなるものに、内容キーワードと論理キーワードとがある[6]。内容キーワードは、文章の内容を形成する核となる語句である。内容キーワードには、叙述層に応じて、素材性のキーワード、中心題材（主題）性のキーワード、理念（価値）性のキーワードを見いだすことができる。これは、意味の層に分け入る足がかりとなるものであるが、文章の線条性をたどり、その論理的展開をとらえる手がかりとなるものが、論理キーワードである。論理キーワードは、文章（段落）の冒頭や複文の文中に用いられて、論の展開のか・な・め・となるもの（接続詞・接続助詞・接続関係を表す副詞や代名詞など）、論の確定の判断や立場の表明のために文末に用いられるもの（助動詞・助詞）がある。内容キーワードには、実質概念を表す言葉が、論理キーワードには、言語主体の主体的判断・関係概念を表す言葉が用いられる。

　論理的文章の文章機構の特質の１つとして、問いの提起、その答の叙述という形式で文章の展開がなされるという叙述の仕組みをあげることができる。長田久男氏は、「文章は、言語による答である。」[7]という文章観にもとづいて、文章理解、表現の行為とその教育についての説を立てておられる。論理的文章に、問いと答えとの対応叙述を見いだすことは容易である。筆者想定法も、原理的には、文章を媒介とした筆者との対話・問答にその根拠を置くものと考えられる。この問答形式による文章展開という叙述の仕組みは、文章理解を主体的に推進する発動的授業機構を組織するための拠り所となる。

　以上述べてきたことを、具体的に論理的文章教材について説明する。

〔文章例１〕

　　　　シャボン玉の色がわり　　　　佐藤早苗

　①シャボン玉に、そっと顔を近づけて、よく見てみましょう。さまざまな色のもようが、くるくると動いているのが分かります。にじのようなしまもようができていることもあります。

②シャボン玉は、[1]どんな色をしているのでしょうか。また、[2]どうしてそのような色になるのでしょうか。シャボン玉を作って調べてみましょう。
③まず、湯ざましの水を、コップに半分用意します。その中に、けしょう石けんを、小指の頭くらいけずってとかします。よくふくらむように、さとうも少しとかします。次に、ふきこむ息を弱めるために、中ほどに、二、三か所あなを空けたストローを用意します。このえきとストローをつかって、シャボン玉を作ります。
④ストローの一方の口にシャボン玉えきをつけてゆっくりとふきます。すると、シャボン玉はふくらみ、いろいろな色が、あらしのように目まぐるしく動き回ります。さらに、ゆっくりと息をふきこんでいくと、あらしはおさまって、青一色になります。
⑤つづけてゆっくり息をふきこんで、もっと大きくします。すると、青いシャボン玉には、赤いふちどりができてきます。そして、赤いふちどりは広がり、全体が赤っぽくなります。
⑥そのうちに、黄色のふちどりがあらわれます。そして、黄色のふちどりは全体に広がり、黄色の一色になります。
⑦このように、シャボン玉は、さまざまにまじり合った色のもようから、青、赤、黄色の三色にかわります。そして、この色がわりは、何回やっても同じ順番です。
⑧では、どうして、シャボン玉は、このように決まった順番で色がわりをするのでしょうか。
⑨じつは、シャボン玉の色は、まくのあつさによって決まるのです。息をふきこんで、シャボン玉が大きくなるにつれて、まくはうすくなります。まくのあつさがかわると、色がかわります。青、赤、黄色と色がかわったのは、まくがうすくなっていったからです。
⑩さまざまな色のもようがまじり合うのは、まくのあつさがどこも等しくないときです。にじのようなしまもようができるのは、下の方ほど、まくがあつくなっているときだったのです。一色になるのは、ゆっくりとふいて、まくのあつさがどこも等しくなったときだったのです。

⑪さあ、きれいな色のシャボン玉を作って、青空にとばしてみましょう。
（『国語三上　わかば』光村図書　1992年度用　①〜⑪は形式段落。圏点、下線は引用者。）

　この文章材は、事象の「記述」と、その事象に内在する法則性について「説明」する叙述層で形成されている、いわゆる「説明文」である。この文章は、大きく分けると、[1]問題—[2]実験・観察—[3]解明—[4]まとめ—[5]呼びかけ、という５つのまとまりに整理できる。この文章材で、記述層を中心として叙述されているのは、[2]実験・観察の部分の④・⑤・⑥・⑦である。この部分の内容キーワードは、「シャボン玉」、「色」「青一色になる」「赤いふちどりができる」「赤っぽくなる」「黄色のふちどりがあらわれる」「黄色の一色になる」「色がわり」と素材レベルの類同関係の言葉を取り出してくると、「色がわり」が、キーワードとして特定される。論理キーワードは、「色がわり」に対応するのは、変化の順序を表す「すると」「そして」「そのうちに」という語句である。いま１つ、「このように」は、観察結果を総括するキーワードの働きをしている。文末部に事象、事態を客観に述べる現在形表現がとられていることを、「記述」という叙述のキーワードと考えることができる。

　これに対して、⑨⑩は、シャボン玉の「色がわり」の原因・理由を「説明」した部分である。内容キーワードとしては、「まくのあつさ」を析出できる。これは、中心題材性のキーワードである。「色がわり」の原因が「まくのあつさ」にあるというキーワードである。「色がわり」の原因が「まくのあつさ」にあるという関係的レベルにおいて把握される意味を表しており、この文章の要旨の核をなしている。論理キーワードは、「〜によって、〜。」「〜と、〜。」「〜のは、〜からです。」があげられる。これらは、それぞれ「原因—（結果）」・「条件—帰結」・「結果—原因」の関係を表す言葉である。また、文末の「〜のです」が、３回反復発現するが、これらも、説明の意図を表明するキーワードである。

　本文章材における問・答による展開形式は、形式段落②に提示されている

第四章　国語科授業づくりの理論的考究

問い、「¹シャボン玉は、¹どんな色をしているのでしょうか。」「²どうしてそのような色になるのでしょうか。」の二文に対する答えを述べるという方法によっている。1の「どんな色」についての答えは、記述層を主とする④・⑤・⑥・⑦に述べられている。2の「どうして」についての答えは、説明層を主とする⑨・⑩に述べられている。

〔文章例1〕は、記述層と説明層とによって成立する文章材であった。論理層を含む文章材を例としてあげて述べることとする。

〔文章例2〕
　　オゾンがこわれる　　　　伊藤和明
（形式段落①〜⑨省略）
⑩燃えないとか、他の物質と反応しにくいということは、その物質自身が分解しにくいということで、一般に、「安定している」と表現される。フロンガスは安定しているために、大気中にはき出されると、そのままゆっくりと、空へ上っていく。そして、何年かかけてオゾン層のある高さまで達する。そこで初めて、太陽からの大量の紫外線とぶつかり、分解するのである。
⑪このとき、フロンガスが分解して飛び出した塩素が、オゾンにぶつかると、オゾンがこわれてしまう。その結果、オゾンが減少していく。今、わたしたちの頭上で起きているのは、こういう現象なのである。
⑫オゾン層のオゾンが少なくなれば、地上に降り注ぐ紫外線の量が増し、その結果、人間には皮膚がんが増えたり、目の病気が増えたりするだろうといわれている。また、植物の生育もさまたげられ、農作物にも大きなえいきょうが出るだろうと推定される。わたしたちの生活の便利さを支えている物質によって、今、人類をはじめとする地球上の生命が危険にさらされようとしているのである。
⑬そこで、一九八五年以降、たびたび国際会議が開かれるようになった。そして、世界じゅうでフロンガスの生産や使用をできるだけ早くやめようという約束が結ばれた。

⑭それには、フロンガスに代わる新しい物質を作り出さなければならない。それをわたしたちの生活のすみずみにまで行きわたっているフロンガスを取りかえようというのだから、たいへんな努力が必要である。
⑮地球が、四十六億年という長い年月をかけて築き上げてきた環境、その中ではぐくまれてきた生命を、現在のわたしたちの生活の便利さと引かえにこわしてはならない。だから、今こそ、世界の人々がちえを出し合って、問題の解決に当らなければならない時なのである。

（「国語六上　創造」光村図書　1992年度用　圏点、下線は引用者。）

　この文章は、[1]問題・障害のある事象について述べ、ついで[2]その問題・障害発生の原因を究明し、[3]その問題・障害の除去・解消の必要のあることを説得的に主張するという構成になっている。引用は、2（⑩・⑪・⑫）と3（⑬・⑭・⑮）とにあたる。内容から考えて、1は記述層、2は説明層、3は論説層を中心とする叙述がなされていることが理解される。3を中心に、叙述層の分析をする。3の中でも、特に⑮が、結論的主張となっている。⑮は、⑬・⑭の段落のはじめに用いられている。「そこで」「それには」という論理キーワードに導かれて、結論的主張に向う論を受けて、結論的見解を述べ、それを主張している。主張を導く論理キーワードは、「だから」である。これらの、段落・文頭の論理キーワードと照応して用いられているのが、反復して出現する「〜なければならない」という文末表現である。これは、自らの論の立場を明示し、主張を強調することを表すキーワードである。この論の内容を形づくるキーワードは、⑮では、「―環境」・「―生命」・「生活の便利」・「ちえ」「問題の解決」が析出される。これらは、中心題材性のキーワードであるが、次のように関係づけてみると、「ちえ」は、理念性のキーワードのレベルに達していることが理解できる。

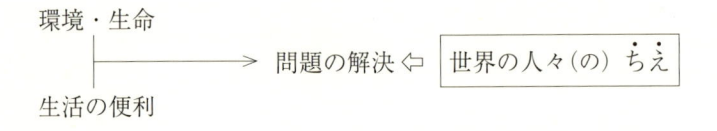

環境・生命
　├─────→ 問題の解決 ⇐ 世界の人々（の）ちえ
生活の便利

182

第四章　国語科授業づくりの理論的考究

　このように分析することが可能であるならば、⑭・⑮の叙述層は、「論説」となっていると言うことができる。問答による展開形式については、省略した部分の形式段落⑦に「ではなぜ、オゾンが減ってきているのだろうか。」という、「説明」を求める問いが提示されている。⑧以下は、その「説明」になっている。「論説」に対応する問いは、直叙されていない。しかし、形式段落⑭の「それには、～なければならない。」「～だから、～が必要である。」というセンテンスの内容から逆に「どうあるべきか」という問いかけのあることを想定することができる。言いかえると、⑭・⑮は、この問いに対する答えとして叙述されていると考えることができる。

3　『場』の力動性にもとづく文章理解の発動的授業機構

(1)　文章理解の心理的機構

　次ページに文章の理解過程のモデル図[8]を示す。

　文章は、時間性、線条性を言語的特質としてもっている。つまり、絵画や静止映像などが空間性をもっていて、全体像を同時的に認知できるのに対して、文章は、線条的にたどりながら時間的経過にしたがって全体把握に至る。認知識域に入り、そこから得られる情報量によって限定される部分に立ち止まって対象を認識し、そこから、さらに先を予想しつつ、次の部分に立ち止まり、かつふり返って予想の適否を反省しながら、次の読みの行為に進む。このような作業を反復して、全体の総合的認知に至るのである。

　文章は、意味の層をもつ。表層から深層に至る段階を、3層に分けてとらえる考え方は一般的である。ここでは、事柄レベル・関係レベル・価値レベルの3層を仮説する。文章の表層でとらえられるのは、文章の素材に近い、事柄である。これらの事柄だけの叙述では、書き手の意図を伝えることができない。事柄と事柄とを関係づけて、いちだん深い意味を表し、伝達することが必要となる。文章のもっとも深い層の意味は、価値レベルのものである。事柄レベル・関係レベルの叙述においても、価値レベルの意味を内包しているが、潜在的である。書き手の物の見方・考え方・価値観が色濃く表れ

183

る叙述層では、この意味が顕在化する。しかし、一般的には、事柄レベル→関係レベル→価値レベルと分け入って、その意味把握に至る。文章の線条性をたどる行為は、意味の階層性に分け入る営みと同時進行で行われる。したがって、モデル図に示したように、時間的経過とともに、線条的に全体をたどり終わると、意味層は、価値レベルに達しているということになる。これは、モデル的に仮設されたものであるから、読みの実際では、多様なバリエーションをもって発現する。

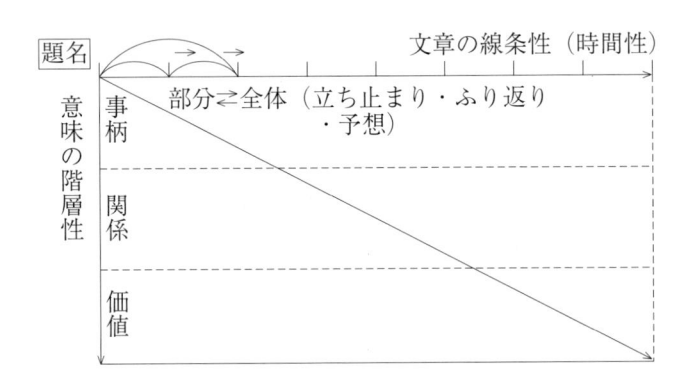

　小学校５年生の児童を対象に、文章理解過程の実験的調査を行ったことがある[9]。実験に用いた文章材は、あまんきみこの「すずかけ通り三丁目」である。この文章材を、題材と本文の小エピソードとを単位としてカード１枚ずつに印刷し、それを自力でたどり読みしながら、反応を記録させる。読み終わった段階で、あらすじをまとめさせ、感想を書かせる。この反応結果をもとに分析した結果、次のようなことが明らかとなった。
　(1)　個別形態「分節たどり読み」にみられる児童の読みの様態としては、〈読み進めの心理的反応類型〉に、[1]できごと読み進め型・[2]できごと予想読み進め局所感想型・[3]できごと予想、読み進め、局所同化型、[4]できごと予想、疑問・問題・不思議意識による読み進め型・[5]できごと予想から共感的心情反応読み進め型・[6]中途より記録欠落型、の６つのタイプが整理された。

(2) 読みの意識としては、予想読み進め意識が基本で、読みの進展にともなってこれが漸減していく。局所立ち止まり意識は、平衡的に維持され、ふり返り意識が、読み進めの終末部分に出現している。読み進めにおいては、「予想」「局所立ち止まり」「ふり返り」の３つの意識が働くことが認められる。

(3) 「分節たどり読み」の過程における読みの反応としては、「[1]できごと」・「[2]疑問・問題・不思議」・「[3]解釈」・「[4]心情的反応」・「[5]同化共感」・「[6]想像」・「[7]無記入」の７つの類型が認められた。

(4) 「分節たどり読み」における読みの構えには、「対象化」型・「同化」型・「事象」型の３つを認定することができた。

(5) 「分節たどり読み」後の「あらすじ」記述にみられる読みとりの様態としては、「あらすじ」把握の類型として、[1]構造型・[2]大要型・[3]順次型・[4]未完型の４つの反応が得られた。これらの類型別に、分節ごとの、一定時間後の内容再生状況をみると、物語の柱となる部分が取りあげられ、記述される傾向を示し、構造型・順次型では６段構成、大要型は５段構成の類型が認められた。

(6) 「分節たどり読み」後の感想記述にみられる感想の着眼点と感想類型には、着眼点として、〈a中心エピソード〉〈b物語の構成〉〈c場面の描写〉〈d主要人物〉〈e事象〉の５つ、感想類型として、〈1心情的〉〈2解釈的〉〈3疑問・問題・不思議〉〈4あらすじ・事象〉の４類型がみいだされた。両者の組み合わせパターンとしては、〈a・1〉〈a・2〉〈a・3〉〈a・4〉〈c・2〉〈c・3〉〈d・1〉〈d・2〉〈e・3〉〈e・4〉の10パターンが得られた。

これらの調査結果は、先に述べたモデルを仮説として調査したものではなかったが、おおむね、仮説の裏づけとなるデータとなりうるものである。(1)・(2)・(3)の結果からは、文章の線条性のたどり読みの意識に、立ち止まり、ふり返り、予想が発現すること、読み進めの過程で、事柄・事象把握→解釈・推論→感想・心情反応へと意味把握が深まっていくこと、の２つのデータが、その裏づけに活用できる。(4)からは、読みの傾向性として、指導

の個別化の必要性を示唆される。(5)・(6)の結果は、構造的読みの重要性を認識させられるデータである。意味の層としては、関係レベルがかなめとなることが理解される。

(2) 文章理解活動の発動要因としての「場」の作用

さきに、哲学における「トポス」論や教育的環境論などを討究して、授業の「場」について、次のように述べた。

> 「場」の力動性は、主体とその立つ「場」との間に成り立つ相互関係である。「場」に立つことによって、人は、その作用を受けて主体となる。すなわち、「場」の作用に触発されて何らかの問題意識をもち、それを追求するために「場」に働きかける。この相互作用の発現は、「場」の応答的環境としての条件を備えていることを示すものである。(「第一章　国語科授業のトポス論」参照)

応答的環境条件は、生活的空間や場所に問題を見いだし、それを状況として認識することを促す刺激作用要因である。このような条件は、実際の生活空間や場所に見いだすことができる場合もあるが、意図的計画的な教育営為の「場」とするには、偶然性に頼ることになってしまう。授業における学習活動としての文章理解活動を発動させるためには、この状況性を保有するような「場」の条件を備えた教育的装置を整備することが必要となる。つまり、状況的な「場」に子どもが出会うことによって問題意識を喚起され、その問題解決のための文章理解活動が、主体的内発的に発動されるよう、教育的環境を整えるということである。

例えば、子どもたちの住む町にゴルフ場建設の話が持ちあがり、それをめぐって賛成派と反対派とが激しく対立している状況の中で、子どもたちも自然破壊の問題に強い関心をもつようになっている。この機会をとらえて、この子どもたちと「自然を守る」(伊藤和明　国語六上　光村図書　旧版)を出会わせ、読みの目的意識（問題追求意識）を喚起し、読みの活動を内発的に発動させる、といった授業の「場」を構成する。子どもたちの住む町の現実の問題でなくても、切実感をもつように、新聞記事を提示したり、写真を

貼ったり、子どもたちの見聞を話させたりなどして、教室に状況性を発現させるといった方法も考えられる。

　子どもたちが主体として問題を追求しようとして、その問題解決のための情報が特定の文章材に内包されていることを発見したとき、情報獲得行動としての文章理解が始められる。情報は、問題解決に有用な（価値ある）メッセージである。読みの目的を問いとするならば、情報は答えである。得られた答えは、問題解決のために活用される。答えの質的レベル、内容は、問いの内容、質的レベルと対応する。読みの目的・問いは、「場」の状況に内包される要因である。したがって、その問いの答えとしての文章材も状況の中に包み込まれる。

　文章理解活動は、目的的言語活動として遂行される。その目的的言語活動を成立させる要因は、[1]理解主体・[2]筆者・[3]主体の目的意識・[4]文章材の内容・[5]理解活動形態とその方法、である。これらを要因として言語活動の場面が構成され、展開される。「場」の状況性は、主体の目的意識に直接的に反映される。主体に問題意識がすでに存在する場合は、「場」は増幅作用を発現する。主体に問題意識がない場合は、「場」が働きかけて意識喚起を促すよう「場」の状況性をあらわにする必要がある。前にあげたゴルフ場のはじめの例は、主体に問題意識がある場合であり、あとの例は、ない場合である。

(3)　「場」の力動性にもとづく文章理解の発動的授業機構

　「場」の力動性を生かした授業の機構を次の図のように先述した。

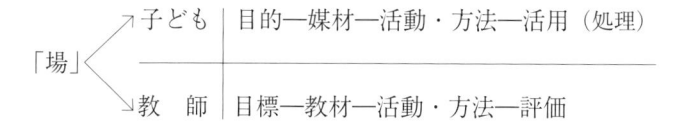

```
        ┌→ 子ども │ 目的―媒材―活動・方法―活用（処理）
「場」 <                                                        
        └→ 教 師 │ 目標―教材―活動・方法―評価
```

　状況的な場（「場」）に子どもが立つと、その作用によって問題意識が喚起され、それを解決することを目的とする活動を発動させる。目的達成の言語

活動は、目的の内容によって、理解活動・表現活動・統合的活動のいずれかに分かれる。つまり、活動は、目的達成のための方法として選択されるということである。活動は、読む活動のように媒材(文章材)を必要とする。目的的言語活動は、活動結果を生み出す。作文活動であると、文章である。この活動結果としての文章は、目的に即して活用(処理)される。これが〈目的―媒材―方法―活用〉の目的的活動系列である。

このような子どもの目的的言語活動に、教師は、子どもの言語能力を育成するための目標的価値を見いだし、それを授業として仕組む。これが、〈目標―教材―方法―評価〉の授業活動系列である。したがって、「場」は、教師にとっては、応答性(内発的動機づけ要因)を含んだ授業展開の「場」であり、子どもにとっては、問題意識喚起要因を内包する状況的な「場」である。2つの活動系列を重層構造化することであり、発動力のある授業機構化することでもある。

発動力は、子どもの問題解決意欲であり、目的達成の切実感である。この解決意欲・達成の切実感の高揚には、活動媒材としての文章材が深くかかわる。すなわち、解決、達成のために、文章の内容を利用することになるからである。「場」の作用によって喚起された問題意識にもとづく追求活動は、文章の内実によってその成果を左右される。したがって、文章材の選択が重要な意味をもつ。解決すべき問題、達成しようとする目的に適合する文章材と出会うと、その成果の内実も意欲も高いものとなる。

理解主体の問題意識・目的意識によって、選択される文章材の内実は異なる。すなわち、知識・情報を得て、その問題解決や目的達成をはかろうとする場合は、説明的文章が選ばれ、感動や情操的充実感を得て、人間認識を深化しようとする場合は、文学的文章が求められることになる。授業においては、問題意識の喚起と文章材の選択とは「場」の仕組みとして出会いが成立するように、条件設定される。出会いは、偶然が必然となることである。問題意識や目的意識に文章材が適合することが、文章材との偶然の遭遇を必然の出会いとするのであるが、教育の場では、教師が意図的計画的に授業として組織するものであるから、教師は、その筋道を見透して「場」の設定をす

第四章　国語科授業づくりの理論的考究

ることが必要である。

　このような学習主体の主体性、意欲を尊重しながら発動的授業機構が、目標達成に向けて稼働する仕組みで危惧されるのは、学力の基礎・基本の育成が保障できるか、ということである。この問題点を克服して、学習者の主体性を保障する授業が具備すべき条件は、次の通りである。

①主体が活動を内発的に発動させる仕組みをもっていること。
②学力の基礎・基本の習得とその習熟をはかる仕組みを備えていること。
③活動主体の主体性を保障する援助の方法（学習の手引き）が組み込まれていること。
④１人ひとりの課題追究の傾向性を生かすことのできる仕組みであること。
⑤目的的活動によって生産された成果が活用できる仕組みをもったものであること。

注
1）2）竹内芳郎「文学言語の〈意味〉と価値」（『岩波講座３文学』1976）
3）大江健三郎著『新しい文学のために』（1988　岩波新書）
4）森本正一編著『ファンタジー教材の読み方指導』（1989　明治図書）
5）拙稿「読みの心理的過程に即した指導法を」（「教育科学国語教育 No.381」1987・7　明治図書）
6）拙稿「意見文制作過程における『キーワード』の機能」（「福岡教育大学紀要37号」1988）
7）長田久男稿「文章を読む行為の教育」（岡山大学教育学部「研究集録第36号」1973）
8）拙著『学習の手引きによる国語科授業の改善』（1987　明治図書）に発表のものに加筆修正している。
9）拙稿「授業過程における児童の文章理解２―小学校五年生のばあい―」（「福岡教育大学紀要38号」1989）

参考文献
松永信一著『言語表現の理論』1971・8　桜楓社

永野　賢著『国語教育における文章論』1986・6　共文社
井上尚美著『国語の授業方法論』1983・2　一光社
W. イーザー著『行為としての読書』轡田収訳　1992・3　岩波書店

第二項　「書くこと」の授業の理論的考察

1　創構（インベンション）について

　筆者は、短作文の機能について次の5つを措定し、これらの機能は、「短く書く」という形態的特質に由来すると考えている。
　1　書く場の自在性
　2　創構の機能
　3　学習技能としての機能
　4　社会的生活的機能
　5　詩的表出の機能
　短作文指導は、これまで、作文の基礎技能の練習学習の方法として活用されてきた。確かに、この5機能を発現させて学習させると、作文の基礎技能の習得に有効であることは、多くの実践の証明しているところである。しかし、短作文による方法によって、作文力育成の新生面を開拓するにあたって考えるべき問題が生じている。1つは、作文の基礎技能・能力といわれるものの機械的なドリルに陥りやすいということである。今1つは、作文の基礎技能・能力といわれているものを、従来のように単純にコンポジション・セオリーによって分析されている基礎力としてとらえてよいのかという問題である。このことは、現代の作文指導が、コンポジション・セオリーにもとづいて行われていることから生起している問題でもある。文章の形は整っていても感銘のうすいものになるとか、類型的で没個性的な文章になるとか、文章制作の手順や方法のドリル的学習のため、作文意欲が減退するなどといったことが論議されている。

このような問題を克服するための方途を、短作文の「創構の機能」に求めることができるのではないかと考えている。

　「創構」は、inventionの訳語、「アイデアの創出とその組織化」の意味で用いられる語である。本来は、古典修辞学の用語で、修辞法の体系の冒頭に位置づけられている。古典修辞法は、次の5段階で組織されている。

　1　創構　invention
　2　配置　disposition
　3　修辞　elocution
　4　記憶　memory
　5　所作　action

「創構」で生み出されたアイデアを、全体としてのまとまりをもつように「配置」し、そのまとまりに聞き手や読み手をひきつける工夫をして、ことばを選び表現する「修辞」、さらに「記憶」して、身ぶり、つまり「動作」を交えながら、聞き手や相手に訴える。本来、修辞法は、法廷における弁論術として発達したものである。したがって、法廷で弁論するための論点や論法を数多く貯えておき、その場の状況にしたがって取り出し、弁論に活用することができるように、体系的に整理しておくと好都合である。アリストテレスは、『トピカ』において、弁論で扱う問題について、定義・特有性・類・付帯性（偶有性）の4つの観点から分類し、分けられたそれぞれについて、予め作られた議論点のカタログを作成している。『トピカ』の中には、付帯性に関する論点・論法が103、類に関するものが81、特有性に関するものが69、定義に関するものが84、合計337にも及んでいるという（中村雄二郎『場所　トポス』平成元・3　弘文堂）。

　アリストテレスは、『トピカ』の中で、問題の所在の意味で「トポス」ということばを次のように用いている。「問いを作成しようとするひとは、まず第一に、どこから攻撃を始めるべきか、そのトポスを見出さなければならない。第二には、自分自身に向かって一つ一つ順序を追って問いをつくらなければならない。そして残り第三は、これらの問いを他のひと（相手）に向かって、現に言い出さなければならない。」（岩波版『アリストテレス全集2』

1968-73所収『トピカ』229頁）この、第一の段階が、インベンションで、第二の段階がディスポジション、第三の段階がエロキューションにあたる。トポスには、場所という訳語が与えられている。問題や論点の所在する場所という意味である。

アリストテレスは、『自然学』の中で、トポスを自然的な物理的空間の意味で用い、2つの物が同時に同一の場所に存在しえないという原理を説いているという（前出中村雄二郎）。この場所（トポス）による存在の限定という作用は、例えば、人間がその存在となる場合は、人間の存在が場所（トポス）に規定されることで、人間は主体として形成される。木村素衛氏は、人間が存在する環境は、人間の内なるものに対して働きかけてくる外（表現的環境）であり、人間は、それに応えて内なるものの表現を形成的に自覚する、表現的主体である。それが人間の存在の本質であると述べている。（『表現愛』昭和14）。この表現的環境としての「外」は、アリストテレスのトポスと通底するものをもっている。

このように見てくると、トポスには、二様の意味があることが理解される。すなわち、1つは、主体形成の作用であり、いま1つは主体が対象に見いだす問題の所在という意味である。

アリストテレスのトポスは、すでにあるものが発見されるべく存在している所という意味のものであるが、そのことは、論点発見の手続やその組織、配置の方法・技術を学習するにあたっては、それらを一定の規範性をもつものとして整理されたもの（トポイ）を模倣し、記憶し、習熟して活用する、という手順をとることになることを暗示する。このような発見・記憶・習熟という段階によるのでなく、創出・生成・活用という過程を通して習得するというプロセスを求めて、次のような「創構過程モデル」を創案して発表した（『意見文指導の研究』1991　渓水社）。

このモデルは、意見の生成過程モデルではあるが、実質的には、創構過程モデルである。ここに示した創構過程は、アリストテレスの言う発見モデルではなく、生成モデルである。その理論的根拠として、H.ウェルナー氏や金原省吾氏の学説を援用している。ウェルナーは、シンボルの形成は、未分

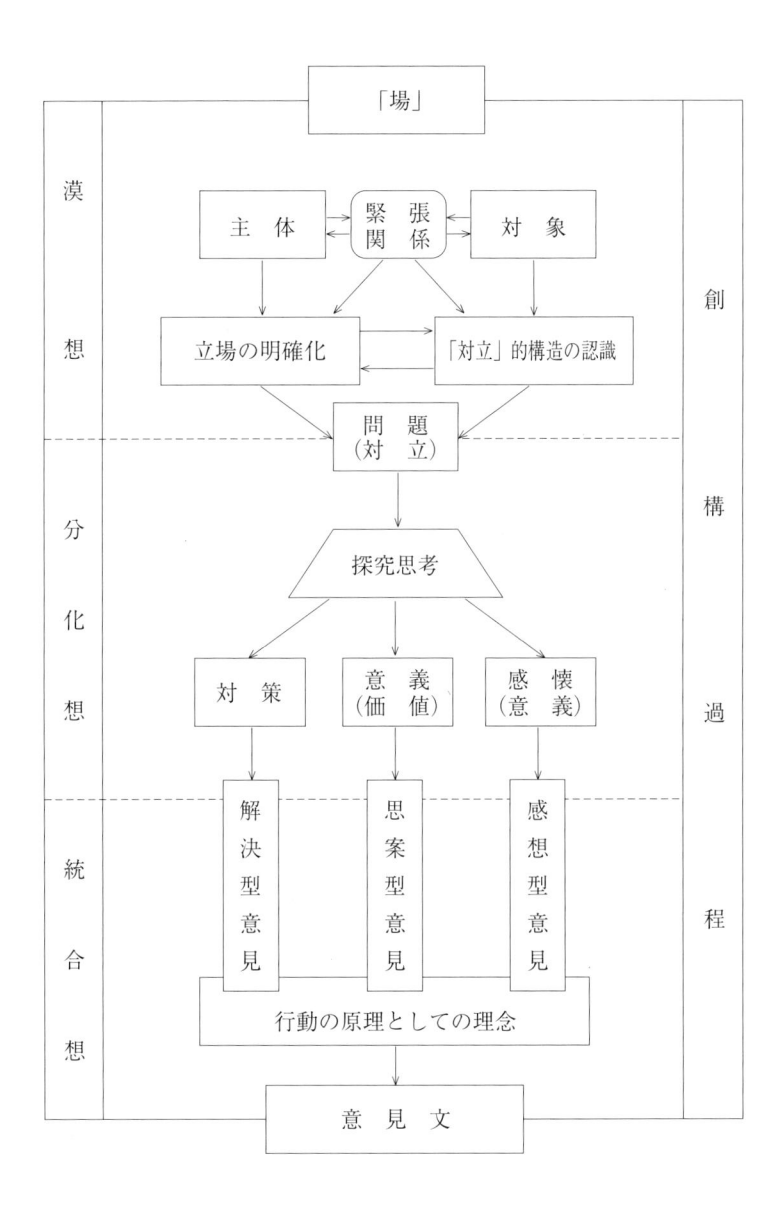

第四章　国語科授業づくりの理論的考究

```
                        ┌──────────┐
                        │   「場」   │
                        └──────────┘

漠          ┌──────┐  緊　張  ┌──────┐
想          │ 主 体 │ 関　係  │ 対 象 │              創
            └──────┘ ←────→ └──────┘
                 ↓      ↓   ↓
            ┌──────────┐  ┌──────────────┐
            │立場の明確化│←→│「対立」的構造の認識│
            └──────────┘  └──────────────┘
                      ↓  ↓
                   ┌────────┐
                   │ 問　題  │
                   │ (対 立) │                     構
                   └────────┘
- - - - - - - - - -  ↓  - - - - - - - - - -
分                ╱─────────╲
                 ╱  探究思考   ╲
化              ╱───────────────╲
                 ↓      ↓      ↓
想         ┌──────┐┌──────┐┌──────┐      過
           │ 対策 ││意 義 ││感 懐 │
           │      ││(価値)││(意義)│
           └──────┘└──────┘└──────┘
                ↓      ↓      ↓
- - - - - -┌──┐┌──┐┌──┐- - - - - -
           │解││思││感│
           │決││案││想│
統         │型││型││型│
           │意││意││意│
合         │見││見││見│              程
           └──┘└──┘└──┘
想             ↓   ↓   ↓
           ┌──────────────────┐
           │ 行動の原理としての理念 │
           └──────────────────┘
                      ↓
                 ┌────────┐
                 │ 意 見 文 │
                 └────────┘
```

193

化・一体→分化・階層化という過程をとるとしている。金原氏は、文章想の生成は、部分が集合して全体を成すのではなく、潜在的な未分の全体があって、それが部分に分化するのであると述べている。

　未分化あるいは漠然とした全体の意識化は、人間が、「場」に立つことによって、対象との間に、ある緊張関係（問題・対立）の存在を意識することによってなされる。問題意識が喚起されるとその問題（対立）を解決しようとする方向に精神的作用が働く。探究（解決）思考の発現である。この過程を、漠想→分化想→統合想として仮設する。この分化想の過程に作用するのが問題解決思考であるが、それを客体化するのが、言語である。言語は、語─文─段落─文章という階層を有する。アイデアのまとまりが、その階層に応じて言語化されるのである。短作文の創構機能は、ここで発現する。特に、語・文・段落のレベルの言語化は、短作文そのものと言ってよい。

2　「発話」の発現・ことばの意味生成と「場」の作用

　言語の生成の場を、対話という言語活動の場に求める、ミハイール・バフチンの「発話」理論がある[1]。バフチンは、言語の生み出される根本について、「発話」という考え方を適用して説明する。

　ことばは、ソシュールの言うように、現象を超越して存在するラングという法則的なものが現実化されて成立するのではなくて、話し手と聞き手といった言語主体が存在し、その間に言語によるコミュニケーションの関係が形成されるとき、発話が促される。つまり、言語は、そのような具体的現実的な働きの中で生成されるものであって、ある法則的なものが、具体的状況に即して現実化するものではない。さらに、こうして生み出された言語は、話し手・聞き手という主体が、相互に発話主体となって交代するところから、発話の、[1]境界・[2]完結性・[3]あて名の所有という3つの特質が形成されるとする。これが、生成された言語の形態的特質の徴標である。

　増山真緒子氏は、「表情からことばへ」という論考[2]の中で、こどもの言語獲得・形成について、以下のように述べる。

第四章　国語科授業づくりの理論的考究

　子どもは、対話の中ではじめて「ことば」に出会うのであり、「ことばによる対話は身体的な表現運動の一つ」にほかならず、「間主体的な身体の表現運動は『情動の場』と呼ばれる間主体の場によって可能になっているのであり、それ故、この『場』において始めて、音声記号は互いに有機的に関連しあい、場に意味の生成を負いつつ、場の意味を担うものとなって生成する。言い換えると、この『情動の場』は音声の指示性と行動に対する喚起性を動機づける場であるかのように感知されている場でもある。」(『ことばの誕生するとき』1991・2　新曜社)

　また、次の2点も、指摘されている。「ことばの理解」とは、「象徴形成の理解」に他ならない。また、対話において発話する者とこの発話を聞く者とは、この発話された音声の意味を、いわば、互いの対話が作り出す「情動の場」に懐胎する表情性として知覚し、そうすることによって、「ことばの意味」が理解できたと思念しているにすぎない。したがって、ことばの意味の理解は、表情の理解と同一の様式にもとづいて行われる。

　増山氏の指摘する3つのことのうち、第一の内容に関連して、言語発生、意味形成の場ともいうべきものの存在を、対話関係の中に見いだしている点に注目したい。これはすでに述べた、バフチンの「発話」の理論ともひびきあうところがあり、この両者は、創構(インベンション)を、「発見」の視点から「生成」の視点に転換してとらえ直すにあたって、有効な手がかりとなるものと思われる。

　対話は、2人の発話主体の間に成り立つものである。乳・幼児の言語獲得—言語力の発生的形成の様態は、乳・幼児の無意識的無意図的な行為や発声に対して、場面の状況にあわせた、母親の受けとめによる対応・言葉かけの反復によって、自然的に獲得されていく。ここに成立するのは、状況的な場であり、その中での行為や発声が、場の条件によって、意味を担うようになるということである。これが、相互に意図的意識的な表現行為となるとき、言語力が発生的に形成される。言いかえると、状況的な場の条件にもとづいて、主体は、発話の構えをもち、その思いを他者(相手)に向かって表出する。ここでは、相互に、自己は他者になる。場が、自己の内面に他者を

存在させると、この対話は、自己内対話となる。このことは、単に幼児に限定された発生様態ではなく、児童・生徒の言語獲得における場合も適用できる発生的形成の筋道としてとらえることができるのではないか、と考えるものである。

3　状況的な場と発話・対話（問答）の成立・促進

　創構（インベンション）の活動が、生成的になされるためには、状況的な場を必要とする。言いかえると、主体が場に状況を見いだし、それに対応する構えをもつことが要求される。状況的な場は、主体に問いを喚起し、その答えを求める。答えが言語化されるとき、それが語のレベルであるか、文のレベルであるか、段落のレベルであるかによって、分化の単位が階層的に定まる。

　増山氏が、論文中に挙げている次の対話例は、この問題について示唆深いものを有している。

　　子「あーえ」（と言いながら、子犬の方へかけよる。）
　　母「わんちゃんネ、かわいいネ」
　　子「わん」
　　母「そう、わんちゃん、かわいいネ」

この事例について、増山氏は、オホヤ．E．シュヒエリン氏らの説をふまえつつ、子の発話の「わん」を主語、母親の「かわいいネ」は述語であるとして、この母子の対話の組み合わせが、発話のセットとしてとらえられることを指摘している。この例は、幼児の発話の典型的な様態を示すものであるが、基本的には、児童・生徒、ひいては大人の発話も、この構造をもつものではないかと考えられる。この幼児の例については、子が「わん」と発話した事態を見た母親が、子が、子犬の方にかけよったのは、「かわいい」と思ったのだと判断して、「かわいいネ」と発話したものであるとされている。これを、1人の発話主体によってなされた形にすると、「わん（犬が）、かわいい。」となり、主語・述語をそなえた文が成立する。この言語現象の

第四章　国語科授業づくりの理論的考究

内部には、事象（対象）→解釈（問い）→解釈・判断（解答）という、判断の成立過程を措定することができる。端的に言えば、ここには、対話過程を媒介とする問いと答えの対応関係の成立を見ることができる。
　このことは、次のような実践例によって裏づけることができる。

　　「牛の絵」を見て（一年生）
　　　教師は、前面に「牛」の大きな絵を提示する。（環境の設定）
　１Ｔ　ハッと思ったことを牛さんにたずねましょう。そして、牛さんになって答えるのね。
　　　〇変身して答える――変身作文という。調査したことをもとに答えてもよい。
　２Ｔ　まず、おたずねすることを書きましょう。驚いたことをおたずねするといいね。
　３Ｃ　（牛さん）どうしてそんなに大きなおなかなの。
　　　〇牛さんという呼びかけは一遍だけにすることとする。
　４Ｃ　どうしてそんなに大きなおちちなの。
　５Ｃ　どうしてそんなに小さな目なの。
　６Ｃ　どうしてそんなに細いしっぽなの。
　７Ｔ　「大きいこと」と「小さいこと」と反対のことなのね。大きいお腹から思いついた反対のこと、又は、反対みたいに思うことを考えてたずねたのね。これは、びっくりしたことなのね。とてもおもしろいことをたずねてくれました。
　８Ｔ　答えをしましょう。よく考えましょう。
　９Ｔ　どうしてそんなに大きなおなかなの。
　10Ｃ　おいしい草をいっぱい食べたから。
　11Ｔ　どうしてそんなに大きなおちちなの。
　12Ｃ[1]　赤ちゃんにおいしいお乳を飲ませてあげたいから。
　13Ｃ[2]　おいしいお乳を赤ちゃんに飲ませてあげるから。
　14Ｔ　そうそう。言い方をかえたのね、言葉の並べ方をかえたのね。ど

ちらもよく分かる答えなのね。
　○問いと答えを学習の進行に従って板書する。TとCとに別れて対話
　　読みをする。教室の中では、独話（発表）は多くあっても、対話が
　　ない。言葉は自分の物であると同時に他人の物であるわけだから対
　　話というのは大事にしたいと考える。
（第42回西日本夏の国語教育研究大会　大会資料「短作文による指導法」
　　1992・8　香川県国語教育研究会）

　この実践は、「環境の設定」として、牛の大きな絵を提示して、子どもたちと絵の中の大きな牛とを出会わせている。おそらく、子どもたちの中からは、驚きの声があがったものと想像される。教師の第一の発問によっても、そのような反応があったことがうかがわれる。「ハっと思ったことを牛さんにおたずねしましょう。」と問いを誘発し、「牛さんになって答えるのね。」と牛に「変身」して答えを考えさせ、問いと答えという対応関係で対話が成立するよう意図している。この「牛さんになって」というのは、この対話の場における特定の身がまえをもつように導き、それに伴う語り口を誘っている。バフチンの「発話」の具体相をここに見いだすことができよう。
　この対話による発話の促しが、発話主体の内面にアイデアとそれを主語化する言語表現の生成をもたらす。先に引用した幼児の対話による発話例は、語のレベルであったが、この実践例は、文のレベルでなされている。注目されるのは、圏点の部分、「あげたい」「あげる」のように、主体的希望表現と知的判断表現の差異が生じていることである。これは、変身という身がまえが、対象との同化を深め、発想にこのような違いをもたらしたものと思われる。いずれにしても、このような対話関係における状況的場のダイナミズムが、ことばを生成的に表出させる作用をもつことを、指摘しておきたい。

　4　生成論にもとづく短作文過程の検討

　短作文による指導において、指導の対象とされていることばの単位が、一

語・一文・二文・三文・二百字などと限定されているものがある。短作文は、たとえ短く少なく書かれても、文章として書かれるものである。そのことを前提とすると、一語作文・一文作文・二文作文も、当然、文章として書かれなくてはならない。市川孝氏は、文章が成立する条件として、次の2つをあげておられる。

(1) 全体性——前後に文脈の連絡がなく、それ自体として独立し、1つの全体としての完結性を有していること。
(2) 統合性——原則として2つ以上の文の集合からなり、1つの主題のもとに統合されていること。

　一文作文の典型例は、俳句などに求められる。一語作文を文章とすることには、異論があるかもしれない。小学校や中学校の教室を参観すると、教室の正面に、「協力」とか「努力」とか「仲よし」などといった標語のようなものが掲げられていることがある。これらの言葉はそれだけでは、単語にすぎない。しかし、学級成員が目ざす努力目標として共通に認識し、その意思の表現となっていると認められる場合は、文章表現と言うことができよう。主題が、一語に凝縮されているわけである。

　このように見てくると、文章の本質は、全体性・統合性にあることが理解される。確かに高度化複雑化した思想は、一語や一文では表現することができない。一文で表すにしても、それは、複雑な構造になる。例えば複文構造のようにである。さらに、複数の文でなければ表現できない思想が生み出される場合も考えられる。段落レベルのものになることも想定される。

　ある程度まとまった長い文章が産出される過程は、語→文→段落→文章という順序をたどるとするのが、一般的な考え方である。しかし、1つのまとまった想が、統合想として文章の主題となる過程は、H.ウェルナー[3]や金原省吾[4]の言うように、ある未分化な全体があって、それが分化して明確化されていくのであって、必ずしも語のレベルからスタートするわけではない。段落→文、文→語、文→段落→語、語→段落→文といった多様な分化・統合の過程を経るものである。

　このように考えると、これまでの一般的な方法とされたコンポジション理

論から脱却して、生成的な方法による指導法を、短作文によって開拓していくことが、可能性のある課題となる。

　この仮説の成立について、短作文指導の創唱者である藤原与一氏の実践例によって検討する。

　藤原氏は、『ことばの生活のために』（1967　講談社）において、主として大学生を対象にした実践例を系統的に整理して述べておられる。

　一語作文について、次のような実践例を示しておられる。

　　私は、広島の大学の教室で、学生諸君と一語作文のけいこをしました。（中略）私がまず、旅行中の経験を話します。みんなは興味を持って聞いていてくれます。あとで、聞いての感想を、一語であらわしてもらいます。たとえば、こんな話をしました。私が長崎県の五島に行った時のことです。島じまをめぐって、一つの島で、こういう経験をしました。宿をたとうとすると、船の出る港まで乗せて行ってやろうと、オート三輪のおじさんが、親切に言って下さるのですね。感激して、それに乗りました。ぴょんぴょんはねるようにして行くこの車が、やがて峠の道にさしかかります。空のきれいな日でした。車は松林の道を行きます。峠を越えて、山の向こう側を下りはじめると、パッと前方が開けて、海が見えてきました。空と松林と海と。きれいな景色でした。青いこの自然の美しさの中を、人にも出会わず、とろとろと下るうち、思いがけなく、右手前方に、カトリックの教会の屋根が見えてきました。松の向こうに屋根がとがり、その先に、大きな十字架が立っています。私は、身を置いている自然の大風景の中で、この教会の建物を見て、一瞬、深い感動を覚えたものでした。さて、みなさん、ここで、あなたがたが私になってくださって、私のこのときの気持ちを、ひと言で言い表してください。

　　書いてもらいました。一語作文です。二とおりの作業をしてもらいました。一つは、和語で言いあらわすことにしてもらったのです。──「いのり」などの答えが出ました。二つには、漢語で言いあらわすこと

にしてもらったのです。──「敬虔」などの答えが出ました。とにかく、かれらは、いっしょうけんめいに考えてくれたのです。

(同上書84 - 86頁)

　この実践には、３つの文章生成の契機が内包されている。その１つは、教師と学生との関係ではあるが、話し手と聞き手という対話場面において、「あなたがたが私になって下さって…」という、一種の「変身」をして発話するということである。２つ目は、呈示された状況場面からどのような「気持ち」を抱いたかという問いかけを意識するということである。当然、一語で「気持ち」を表現することは、その答えを生み出すということになる。３つ目は、その答えを一語で表現するということである。これは、提示された表現条件であって、発話者が、一語で言い表そうとしたものではないが、感動表現は、凝縮したことばで表出的に表現されるのが、ふつうなので、この条件は、不自然な要求ではない。と同時に、語られた場面状況が、主語（題目）となり、一語作文の「いのり」「敬虔」がその述語（述定）となるという、文の基本的構造を、その深層にもっているという推定を可能とする。
　一文作文の事例について見よう。
　一文作文の例題には、次のようなものが、掲げられている。何例か、あげてみよう。

(1)　文の前半を示して、それにつづけて一文を完成する。
　　〇人を笑わせようと思ったら、→
　　（例）←自分がおもしろがっていてはだめだ。
　　　　　←自分から先に笑ってはだめだ。
(2)　主語（題目）を呈示して、あとをつづけて一文を完成する。
　　〇愛は、→
　　（例）←人間のいちばんたいせつなものである。
(3)　次の文章を読みあげて、最後の一文の省略部分をつづけて、完成する。

○菊池は生き方が何時も徹底してゐる。中途半端なところにこだわってはゐない。彼自身の正しいと思ふところを、ぐんぐん実行にうつして行く。その信念は合理的であると共に、必ず多量の人間味を含んでゐる。そこを僕は――。（芥川竜之介『人物記』から）
　　（例）（示されていない。）　　　　　　　　　　　（同上書88－89頁）
(4)　次の文の、――の部分を補って完成する。○――、夢である。
　　（例1）（できないことをするのは、）夢である。
　　（例2）（人の一生は）夢である。　　　　　　　　　（同上書91頁）
(5)　次の文の――のところをおぎなって完成する。
　　○私は、ユーモア小説とは、――だと思っている。
　　（例）（示されていない。）　　　　　　　　　　　　（同上書92頁）
(6)　次の状景を見たとして、一文作文をする。
　　○こんなことがありました。三十余年ぶりに、友人が私をたずねて来たのです。雨の日でした。私は、町かどに立って、友だちの来るのを待っていました。ちょうどその時、どしゃぶりの雨の中で、牛乳はこびの小型トラックが、どうしたことか、一箱をどさっと落として行きました。さあたいへん、そこらは牛乳の海――（とはちと大げさですが）――です。びんも割れて、そのへんにバラバラ。中にはころころころげているびんもあります。しかも牛乳のはいったままのも。雨はどしゃぶりです。人も電車もあわただしげです。
　　（例）（示されていない。）　　　　　　　　　　　　（同上書97頁）

　一文作文の事例を見て、大きく3つの場合に整理されることに気づく。1つは、一文の一部分（条件節・述語・主語）を省略しておいて完成させるもの、2つは、やや長い文章の中の一文の部分を省略しておいて完成させるもの、3つは、具体的な状景を文章で呈示して、それを一文で作文させるもの、である。
　一文の部分の完成の場合は、文脈の形成を作文主体の想像力によって行われなければならない。これに対して、やや長い文章の中の、一文の部分を完

成する場合は、文章それ自体の形成している文脈の中に位置づくように、補わなければならない。しかし、単独一文の場合も、文章の中の一文の場合も、主語が提示されているものは、その答えとしての述語を補い、述語が提示されているものの場合は、その問いとしての主語を補うことになる。これらに対して、「――したら」という条件節が呈示されている場合は、その条件と整合性をもつ判断をもつことが求められる。これらに対して、１つの状景が呈示されて、それを一文で表す場合は、状景を客観的に叙述して報告する文にするか、状景に含まれている事件の原因を推定する文にするか、状景の示すできごとへの感想や意見を述べる文にするか、多様な内容と表現態度が生み出されるものと考えられる。報告、推定、説明、感想、意見のいずれの文を書くかは、主体が、対象（状景）から受けるアピールをどう受けとめるかの差異によって生ずるものであろう。一文を生み出す過程に働く促進条件にどのようなものがあるか、ということにいくつかの示唆を受けることができる。

　文脈形成にあたって、問いと答えを見いだし、それを整合させることで、文を生み出しているのは、文生成の原理の１つと受けとめることができる。また、その文の一部を成す主語や述語や条件節を発話している発話者の意図――ひいては、その表現の身がまえにならって、それに応ずるように自身の発話を生み出しているのではないかと考えられる。さらに、この２つの原理的仕組みを成立させるためには、零記号とも言うべき一種の「場」を措定する必要があるのではなかろうか、ということである。この「場」は、単なる想定ではなく、現象化しないが実在的な（その意味では潜在する）「場」ということである。

　二文作文についての事例も、ほぼ、一文作文と同じなので、省略する。200字限定作文の例について考察することとする。

　　○単語三つ四つを用意します。何のかかわりもない三つ四つでけっこうです。たとえば「かなづち」「ひとりぼっち」「外出」。この三つの、おのおのについて、その単語を含むセンテンスをつくり、その三つの

センテンスが、一まとまりにつづくようにします。
　（例１）かなづちを買いに町へ出た。ポストの前に、ひとりぼっちの女の子。なんであの子は、あんなかっこうで外出しているのだろうと、ぼくはひどく気になった。（圏点、下線は引用者）
　（例２）かなづちのさびたのはこまりものだ。でも、だれも相手にしない、ひとりぼっちのかなづち君。君だって、時にはしごと場へ外出したかろう。（同上114頁）

　この例について、藤原与一氏は、「こうして単語をふみ台にして、短作文をつくっていくことができます。この、自由なつくり出し、産み出しがたいせつですね。」とコメントしておられる。この短作文活動では、３つのことばが与えられている。これらの３語は、トピック・キーワードとでも言うべきものであり、これをもとに、文章を生成することが求められているわけである。まず、それぞれの語をもとに一文を構成し、それらの脈絡をつけて統合して、文章を生成するという手順も呈示されている。
　この事例では、語→文→文章という文章産出過程が示されているように見える。しかし、実際には、この３つのキーワードを関係づけて、全体想（漠然とした想であることが多い）を生成し、それを文に表現し、文脈を形成しつつそれを展開する。その展開段階で、相互関係が明確化され、分化想として文に表現されるものと考えられる。この３つの語を含むおのおのの文が、統合される主題想が明確になったとき、全体としてまとまった文章が完成される。
　（例１）についてみると、３つのトピック・キーワードは、必ずしも統合されていない。「ひとりぼっち」と「外出」は、ある程度関連づけられているが、「かなづち」については、あとの２語とは、無関係に取り入れられている。この文脈では、必ずしも「かなづち」でなくても、他の物を買いにいくのでもよい。「ひとりぼっち」と「外出」とは「女の子」によって結びつけられている。しかし、これは、「外出」の主語が「女の子」であり、「女の子」の状態が、「ひとりぼっち」ということで関連づけられているにすぎない。この文章は、「なんで」「ひどく気になる」という問題意識（問い）が中

心に据わっている。「あんなかっこう」が、疑問の対象であるが、これも「ひとりぼっち」に意識が向かうのではなく、指示対象不明の「あんな」ということばで、表現されている。この漠想が、もう一度、トピック・キーワードに結びつけられて、分化し、明確化されると、中心点のはっきりした文章になるものと考えられる。

　これに対して、(例2)は、3つのトピック・キーワードを関連づけて「ひとりぼっち」をテーマ・キーワードとして統合し、全体想を生成している。この文章の生成過程は、おそらく、「ひとりぼっち」に問題意識を触発され、それを中心想として「かなづち」「外出」で分化し、展開し、想の明確化をはかったものと推定される。

　(例1)(例2)ともに、文章として成立していると認定されるのは、主題を中心としてゲシタルトが形成されている、中心統合がなされているということにもとづく。(例1)の場合は、ゲシタルトの図になるのは、「ひどく気になる」ということで、他の3つのキーワードは、地を形づくっている。(例2)については、「ひとりぼっち」が図で、他の2語が、地となっている。図は、問題意識の中心に据わるものである。すなわち、ゲシタルトの形成過程が、文章想の生成過程をなしていると見ることができる。最初の刺激語としての3つのキーワードから出発して、文・段落(文章)と展開していったと見ることができよう。言いかえると、刺激語によって生成された漠想(全体想)が、分化想としての文に展開され、それらを文章として統合する主題想(明確化された全体想)の生成によって完成されたと考えることができる。

　3つのキーワードの提示者は、この作文条件の設定者である。その意味では、キーワードの提示者の問いかけに対する解答として、この文章が書かれたと理解される。提示者と作文主体との間の問答の場が想定される。これは、文章生成の零記号としての背景的(潜在的)条件である。

　コンポジション理論にもとづく現代の作文指導から、生成的原理による作文指導への転換の方略を、短作文の創構機能に求め、討究してきた。これま

での考究の結果を整理する。
　1、言語活動の場を、対話的な関係が成立するように構成する。
　2、対話の基本的な仕組みとして、問う主体と答える主体との、相互交代が成り立つようにする。
　3、この問答関係は、自己内対話として営まれていくように組織する。
　4、文章の主題想を、漠想→分化想→統合想という順序で展開するように、刺激条件を整備する。
　5、右の漠想→分化想→統合想の生成過程の展開の促進刺激は、作文活動の場の条件に仕組む。
　6、想の分化・統合の過程に、語・文・段落の言語の階層レベルを対応させて言語化（表現化）を促進する。
　7、文章を成立させる主題の生成は、ゲシタルト（図と地との力動関係）形成にもとづくものととらえ、「図」は、問題意識の喚起要因を種子として形成されるよう、条件づける。
　8、零記号的場を措定し、文章生成を促進する条件とする。
　9、授業の「場」は、問題意識（問い）を触発する応答的環境として構成する。また、その「場」を学習活動のユニットとして組織する。
　10、短作文の技能を、語→文→段落→文章という、言語機能の階層性を原理としないで、言語主体の言語想の生成過程にもとづいて系統化する。子どもの側から発想する指導を組織する。

　これらの見解は、『作文教育における文章化過程指導の研究』（2004　渓水社）において、実験的実践的に詳述している。

注
　1）『ミハイール・バフチン著作集⑧』（新谷敬三郎他訳　1988刊　新時代社）
　2）『ことばの誕生するとき』（1991・2刊　新曜社）所収論文
　3）『シンボルの形成』（1974・4　ミネルヴァ書房　訳書刊　B.カプランとの共著）
　4）『現代文章の日本的性格』（昭和14・6　厚生省刊）

第三節　「読むこと」と「書くこと」とを関連づけた授業の理論的基礎

第一項　文章理解指導におけるインベンションの問題

　垣内松三氏は、センテンス・メソッドの立場から、文の形と想との一如的把握の問題について、修辞学のインベンションの視点から接近することを提案して、次のように述べる。

　　[1]文に現はれたる構想・句法・措辞の形はinvention（ママ）より導かるる内面的必然性を有するのである。モウルトンの「芸術的摂理」と「文学的建築」との関係、Motive forceとMotive formとの関係等も其の全一的統合の上に始めて解決せられ、[2]文の真相は、その内面に於ける具体的統一の原形に於て見得られるのであると考へらるゝごとく、句法の倒置・転換・頓止等は、その立場からのみ解釈し得るのである。表現の方法が擬人より逸脱して直喩・隠喩・直叙・象徴・表現に推移するのは、人性又は文化の展開を示すものであって、それが措辞法の約束に合ふと合はぬとに価値があるのではなく、[3]それが何故にその場合に最も良く思想を表現する方法であるかを認むることが修辞的解釈の着眼点である。（『国語の力』有朋堂版　173頁　下線は引用者。初版本は大11　不老閣。）

　inventionは、アイデアとその組織化、という意味で用いられる古典修辞学の用語である。古典修辞学では、それを構成する5大要素として、次のものがあげられている。

　　Invention　　　　創構
　　Disposition　　　配置
　　Elocution　　　　修辞
　　Memory　　　　　記憶

Action　　　所作

　インベンション（創構）によって、発想・着想されたことを組織し、配置・構成し、効果的に表現するという順序によって、まとまった思想の叙述・表現を定位する、という方法段階を示したものである。したがって、配置・修辞の適切性・有効性を検討するには、修辞学によって、整理された形式的ルールを適用するのではなく、その発想・意図にもとづいて内容を通して形を把握し、その適切性の討究をするのがのぞましいとされているのである。垣内氏は、さらに次のようにも述べている。

　　これまで「読む作用」をのみ叙説し来つたが「国語の力」はそれに由ってのみ充実を望むことができない。[1]然るに読方と綴方、解釈と作文、批評と創作とは、常に融和を曳き、特に最後の批評と創作との乖離は常に反復せられるのであるが、もし読方・解釈・批評が作品の産出の作用に少しのこだはりなく随伴して精密にその展開を跡づける態度に出づるならば臆見と独断から免れて、これ等の間に和解が成立つであろう。モウルトンの解釈の批評主義論の如きはその一型と見ることができるのである。それと同時に印象批評に堕せざる自由批評に就ても同様に考へることができるのである。[2]もし読方・解釈・批評に於て能産の作用を対象とするならば、「読む作用」は「綴る作用」と同じ方向を進みて均しく能産の作用を経験するのであって、所謂「創造的読方（クリエーティブリーデング）」といふ説は最もよくこの意味を示すものであろう。（同上書285頁　下線は引用者。）

　ここでは、インベンションの展開作用の軌跡として、文章の構想・句法・措辞の形をとらえるという前段の引用部分の所説を一歩進めて、「能産」の作用をインベンションに認めて、「読む作用」と「綴る作用」とを融和的にとらえるという考え方を呈示している。さらに、「創造的読方」という言葉で、読むことと書くこととの深い層での関連活動を示唆している点が注目される。

　垣内松三氏の、インベンションの視点から能産の作用を跡づける読む活動の提唱は、読み書き関連指導の方法原理となっている。そして、能産の作用

の指摘は、読み方指導における、いわゆる筆者想定法の考え方に通ずるものがある。

筆者想定法を創唱した秋田喜三郎氏は、『創作的読み方教授』（光村図書版『近代国語教育論大系7　大正期Ⅳ』所収　初版本は大8）において、次のように述べている。

　次に創作的取扱の意義を説明しよう。創作的取扱とは文章教授に於て、第一作者を想定し、文章を通して想の観方・考へ方・感じ方を翫味させることである。此処でいふ作者とは、編纂者の如き作者をさすのではなく、その文章から想定し、得べき假想の作者の事である。

（中略）

　読方教授に於て兒童が教師の人格を通して、作者の想に統一になった時、その想に對しては受動的であるが、想の翫味に促されて起る情緒的活動は言ふまでもなく能動であって、創作的讀方教授の重視する所である。而して此の創造的活動は、やがて兒童をして自ら文章を創作するに至らしむるものであって、讀方教授と綴方教授との本質的連絡は、實に此の間に存するのであると信ずる。

　第二　兒童をして作者の地位に立たせて、その表現に就て、鑑識批判させることである。此處にいふ表現の形式とは、文字・語句・語法・修辭・結構等を指すのである。創作的讀方教授に於ては、文字語句修辭と單獨に切り離して取扱ふことを避け、常に想の上に立って、その表現の形式として之を論ずる。（中略）かくの如く、文章の形式を通して想に到達すれば、更に作者がその想を表現するに當って、如何に工夫し苦心したか、その表現の跡を振り返って眺めて見る。而して表現の適否語巧拙を鑑識批判させ、想と形式との一致點を吟味せしめんとするのである。かく反省的に思考することは、表現に對する態度を養ひ、其の工夫考察を自覚させる上に忘るべからざる所であって、即ち表現力を増進する所以に外ならない。かくの如き取扱をなせば、兒童は啻に作者の表現法を鑑識するばかりではなく、他日自己の想を表現せんとする時には、自ら言葉の選擇、言廻の工夫に努力し、創作的に表現するに至るもので

ある。故に創作的讀方教授は、一面から見れば一種の綴方指導であっ
　て、其の間には、密接不可離の関係を有するものである。(同上書33－36
　頁　圏点は原文。)

　本書において秋田氏の考えている「創作的読方」は、垣内松三の「創造的讀方」と同じであると言ってよい。秋田氏の、実践者の立場から、「作者」を想定し、読み手である児童をその立場に立たせて、文の形の上に現われる「作者」の発想・意向を読みとらせて、表現想の「翫味」に向かわせるという方法の開発は、原理を一歩、実践的方法・技術に進展させたものと評価できる。秋田氏の言う「作者」は、「その文章から想定し得べき假想の作者」であるとしているところから、いわゆる話者と同一の考え方に立っていることが理解される。垣内のインベンションの視点からのアプローチに対して、「作者」を発見して方法的に具体化し、読む力の獲得が、書く力の育成に転移する道を開いていると言うことができる。

　大正期に開発された「作者(筆者)想定法」を、戦後、継承し発展させたものに、倉沢栄吉氏の指導を受けた、香川県国語教育研究会・野田弘氏と、東京都青年国語研究会とがある。ここでは、前者を中心に取りあげる。『表現過程追跡による読むことの学習指導』(昭和44・11　新光閣書店)は、筆者想定法について、次のように述べる。

　　筆者が、その真理なり、事実なりを発見した深い感動と対面させて、
　その筆者の感動を感動として受け取る。それを筆者想定というのである。ことがらとか、事実とかいうものを表現されたことがらであると考えている。説明的文章といえども、人間の行為であるがゆえに、必ず、ある種の感動がともなっている。だから、文学的文章においては感動を、説明的文章においては事実を、というような単純な分け方には承服できない。説明的文章中に感動を入れることが、説明的文章における読書指導に結びつくという原理である。要するに、読書指導に結びつけていくということが大事であると考える。
　　そのためには、筆者が文章を書くにあたって、取材し、発見し、選択し、制作していった過程にそって読んでいくという過程を重んじたい。

第四章　国語科授業づくりの理論的考究

その中で、①人間の回復、②感動の回復、をはかりたい。これが筆者想定論の基本である。

（中略）

(1)第一次想定

　書かれたものを書かれたものとして受け取るのではなく、書かれたものに対して、いつも読み手の考えがあるということを忘れてはならない。なぜ、この文章が、このような型で書かれたのかということが第一次想定である。

　この第一次想定を前段と後段に分けて、前段を必要とする場合もあるし、必要としない場合もある。第一次想定において「なぜ、この文章が書かれたのか。」が前段であり、「なぜ、この型で書かれたのか。」が後段である。

(2)第二次想定

　この筆者が、どのように調査し、研究し、どんな文献を資料としたか。そして、頭の中で、どのように組み立てたか。すなわち、取材と構想のプロセスをおっかけることを称して第二次想定という。

　そういうふうにやっていくと、文章の叙述に従って読むなどということは、不可能になってくる。構想というのは、文章の叙述ではなく、文章の叙述を叙述たらしめた内面的葛藤である。（同上書19－20頁　下線は引用者。）

　香国研（野田弘氏）の筆者想定法は、基本的には、垣内・秋田両氏の系譜を受け継ぐものである。この説に新しい進展の跡を認めるとすると、「表現過程の追跡」ということをあげることができよう。すなわち、「筆者が文章を書くにあたって、取材し、発見し、制作していった過程にそって読んでいく過程」で、筆者と感動を共有させるという考え方である。これは、本書に言う「第二次想定」にあたるものであるが、「構想」を「文章の叙述を叙述たらしめた内面的葛藤」とする点は、垣内のインベンションの視点からの接近の方法に通底するところがある。

　垣内松三氏によって、インベンションに着目した、文章の形と想との一如

211

的把握という理解と表現の本質的関連づけのあり方が提起され、秋田喜三郎氏によって、作者想定という実践レベルの方法・技術にまで具体化された。戦後、倉沢栄吉氏の指導のもとに、実践家集団によって、筆者の立場に立って「表現過程追跡」という主体的読み方の方法に発展させられた。これらは、ひっきょうするところ、文章理解活動を通して、筆者のインベンションを探る方法である。インベンションは、文章表現活動においてもその中軸をなすものであるが、同時に、文章理解活動においても、基軸に位置づくものである。

　インベンションに基軸を置き、筆者を想定し、その立場に身を置いて文章の内容を深いところで把握しようとする活動は、必然的に、書き手・読み手・表現意図（目的）・表現内容・表現形式（形態）という言語活動の場の要因を自覚させる。すなわち、言語活動と場面との関係要因である読み手が書き手の立場に身を置いて読み、書き手が読み手を想定し、その立場に身を置きながら書く、という力動的なあり方も、この関係要因の認識によって可能になるということである。

　なお、「筆者想定法」について、理論的実践的に体系的に研究されたものに、倉沢栄吉氏の指導にもとづく『筆者想定法の理論と実践――読むことの学習指導の改革――』（昭和47・10　共文社）がある。

第二項　「読むこと」と「書くこと」との関連的活動における「場」の力動性

　青木幹勇氏は、その著書『第三の書く　読むために書く　書くために読む』（1986・8　国土社）において、「変身作文」という読むための書く活動について、「かさこじぞう」を例にとって、以下のように説述している。

　作文の対象とされたのは、かさこが１つも売れないでとんぼりとんぼり帰っている途中、ふぶきの野原で出会ったじぞうさまに、じいさまがかさこをかぶせてあげる場面である。清水洋子という児童の変身作文例が抄出され

第四章　国語科授業づくりの理論的考究

ている。
　　○わしが、お気の毒なことじゃ。といったら、(じぞうさまは)にこっとなさった。
　　○そこで、わしのをあげたら、じぞうさまはなあ、えしゃくをしてくれたんじゃよ。
　　○わたしはとても、もったいなくてなあ。(同上書37頁　圏点は原著者。)
これについて解説して次のように述べる。
　　このような理解や想像、「にこっとなさった」「えしゃくをしてくれた」などのことばは、おそらく発問の応答や、話合いの中からは、生まれてこないと思います。
　　<u>この世界に子どもを引きこんだのは、やはり書くという学習が、子どもを一人の自分に沈潜させるはたらきをもつからだろうと思います。書くということによってかもし出されるイメージの世界のふしぎさというものでしょうか</u>。(同上書138－139頁　下線は引用者。)
これに続いて、青木氏は、作者の清水洋子が、生まれたとき、すぐ体中の血液を入れかえしなければ死んでしまうという病気の状態から、無事育って１年生に入学できるようになった生い立ちについて記す。そして、この子が、神仏の加護といったことを、常々家の人に聞かせられながら、成長してきたとも付言している。
　作中人物に変身して書くという活動が、思考を活発化し、想像を拡充させ、認識を深化させるとともに、発語を促し、表現を誘うのはなぜか。作中人物に変身するということは、作中の場面が、活動の場になるということである。清水洋子は、じいさまの今ある状況を認識し、その立場に身を置いてふるまおうとする。その行為過程は、作中場面の文脈論理に促されて展開する。行為者自身の先行経験や知識が「場」の力動的作用によって活性化され、じいさまのじぞうさまへの敬愛の情を自らのものとして、じいさまの心とことばで発語し行為する。それは、ことさらに作為した行為でもことばでもない。内的必然によって生み出されたものである。ことばの生成である。理解と表現との関連的活動における「場」の力動的作用の発現の一様態と受

けとめることができる。

　ことばの生成的獲得を可能とする学習活動としての言語活動を成立させるためには、「場」の力動的作用を活用することが有効であると思われる。この問題の解明に示唆を与えるものに、ミハイル・バフチンの発話論[1]がある。バフチンは、言語コミュニケーションの立場からのことばの単位としての発話の規定要因は、次の3つである、とする。

1　会話（対話）において話者の交替によって発話の境界が生ずること。つまり、発話者が交替するということは、1つの発話が完結することを示す。それはまた、新たな発話（返答としての理解を含む）を喚起する要因ともなる。

2　発話が完結していること。完結性の要因は、①（発話の）対象意味内容がつくされていること。②話者の発言の意図ないし、発言意思が明確に伝わること、③発話を完結させる構成上、ジャンル上の類型的形式が活用されていること、の3つである。

3　発話が、誰かに向けてなされるアドレス（宛名）性をもっていること。

　このような発話が成立するのは、具体的な対話（会話）的な場においてである。この対話的な場は、話し手と聞き手とともに、発話する話者のことばのコンテキストを規定し、それが発話の全一性（完結性）を保障する作用を発現するとしている。

　バフチンの理論が、理解と表現との関連指導のあり方に示唆するのは、具体的な対話的場というコミュニケーションの場面において、ことばの機能をとらえようとするところである。すなわち、言語主体を対話的場に立たせることによって、発話を発現させる。その発話の完結を受けて、聴き手は、返答（理解）としての発話をする。つまり、発話者との対話の成立である。理解と表現との関連活動に適用して考えると、理解主体は、この対話的場に、聴き手として参入することになる。それとともに、発話者は、発話がアドレス性をもつという特質にもとづいて、受け手（聞き手）を想定して発話する。想定される受け手に対する配慮が、発話のジャンル・構成手法・言語的手段の選択—発話のスタイルを決定する、とするバフチンの説は、想定され

第四章　国語科授業づくりの理論的考究

る受け手と、現実の受け手とのずれの問題を提起する。これは、理解主体を中心とした、理解と表現との関連指導の場の問題について討究する契機を呈示していると理解される。

　理解と表現との関連活動の指導の問題について考えるに当たって、理解結果を表現活動に生かし、言語能力として獲得させるためには、自力活動だけでなく、指導者の介入の問題を検討することが、必要となる。この問題については、増山真緒子氏の所説に啓発されるものがある。

　増山氏は、幼児がことばを獲得する過程の観察例を引きながら、次のように述べる。

　　母親（大人）が子どもに加える解釈は、子どもが解釈された対象に反応することによって、母親（大人）の解釈行動に意味が生まれる（場の妥当性を得る）、すなわち「発話された文の意味と状況の意味とが偶然以上の関係」にあると思われるような場のルール性を生み出す。そして、そのために、母親（大人）は子どもの行動に目指す対象を与え、それをめぐる解釈行動をするのである。（『表現する世界＝共同主観性の心理学　ことば・自我・知覚』平成3・4　新曜社　3頁　下線は引用者。）

増山氏は、さらに言葉を続けて次のように述べる。

　　繰り返しを恐れずに言えば、大人の解釈行動が意味ある解釈行動として成立するのも、基本的には子どもの行動が条件反射的に組織立てられた一連の系列行動と組み込まれていくからであり、日常的な決まり切った行動を繰り返し行ない、また子どもにそうさせることによって、環境と行動のなかに予測の可能性を生じさせることができるからである。そうであればこそ子どもは発話の場のなかにルール性を感じ取ることができ、他者理解の方法を適用する動機づけを感じ取ることができるのである。（同上書22頁　下線は引用者。）

母親（大人）が子どもに加える解釈が、発話されたことばの意味と状況の意味とに必然的な関係をもたらすと、子どもに受けとめられるようにさせる「場のルール性」を生み出す原因的仕組みはどうなっているか。このことについては、後半の引用に述べられている。子どもの行動が条件反射的に生起

215

するように組織された行動に組み込まれるようにすること、日常的にパターン化された行動を反復させること、その条件づけられた行動が、環境と関係づけられて、発話と場＝環境に一定のルールのあることが理解できるようにすることで可能となる、と叙説される。ただ、ここで補説されなければならないのは、子どもが、母親（大人）の解釈行動を自分との共同の、あるいは自分と一体的な行動であると受けとめる仕組みは、どうなっているか、ということである。これについて、増山氏は、「情動の場」というキー概念を呈示する。「情動の場」は、主体が対象の現象相にゆさぶられて形成する感情的情動的体験を、対象と主体が一体化した「情動的（表情的）分節」と認識させる事態であるとする。この「情動的な場」を母（大人）と子どもが共有し、同じ場に立つことによって、子どもにとって、母親（大人）の介入が、単なる介入でなく自分と一体化した（共同化した）、つまり共同主観性の行動と受けとめられるのである。

　理解と表現との関連活動の指導の設定について、これから得られる示唆には大きいものがある。

第三項　「読むこと」と「書くこと」との関連的活動を発現させる「読むこと」の媒材の機構的特質と状況的場の設定

　文章理解活動が成立するためには、媒材としての文章が必要である。活動の様態は、媒材の機構の制約を受ける。理解媒材となる文章材は、大別すると、文学的文章と説明的文章とがあげられる。

　文学的文章を成立させる媒材としての言語の特質は、暗示性（含意性）・多義性・拡散性（イメージ性）にあるとする説がある。これらの文学的言語の機能は、主体の想像力が活性化されて発動し、主体の内面にイメージを形成する。そして、そのイメージを通して対象を「異化」し、明視する。イメージは、個物の表現、背景としての自然の表現、登場人物の表現、人物と人物との葛藤としての事件の表現、それらによって構成された場面の表現、

作品としての文章全体の表現のそれぞれにおいて、イメージを通して、「異化」し、明視し、それぞれのもつ「意味を把握」する。意味には、事柄レベル・関係レベル・価値レベルの階層がある。イメージは、空間的表現性をもつ。イメージ形成を促進する表現方法は、描写である。描写法によってイメージ形成を促す文学的表現は、すき間の多い表現である。細部のイメージ形成のための描写は、精密になされる。が、イメージとイメージとをかかわり合わせて関係レベルの意味をもった表現を意図する場合には、関係的意味は、説明するか、イメージの配置、組み合わせによって呈示して、意味づけは、読み手にゆだねるか、のいずれかの方法を選ぶことになる。後者は、すき間・空白の多い表現になる。

　このすき間、空白は、読み手に問いを喚び起す。答えを求めて作品の世界に分け入ることになる。作中に同化してすき間を埋め、作品を抜け出ることによって、作者の意図を探る。文学的文章のもっとも大きな空白―問いは、文章の提起する主題＝中心問題である。これらの、文学的文章が、読み手に機構的に投げかけてくる問いを追求し、答えを生み出していく活動は、理解と表現とを一元化した活動となる。

　説明的文章を成立させる媒材としての言語の特質は、明示性・一義性・収束性（概念性）にある。説明的文章では、言葉の概念を一義的明示的に提起して用いる。言いかえると、表す言葉と表される事実とが一致していることを前提として、理解したり表現したりされる言語である。文学的文章が、イメージ形成を階層的に促進するように文脈が形づくられるのに対して、説明的文章の場合は、論理的文脈が、階層的に形成される。論理的文脈は、以下のような叙述層を内包する。「記述」という事柄レベルの意味を表す解釈などの操作を排して事実に即して述べる叙述層、「説明」という、記述された事実に内在する因果関係や、記述されたいくつかの事実に共通する法則性などを取り出して関係レベルの意味を表す叙述層、さらに、それらにもとづきながら、一定の価値判断を主張する「論説」という価値レベルの意味を表す叙述層、である。

　説明的文章を読む行為は、文章の語・文・段落という機構的階層に分け入

りながら、記述・説明・論説の各叙述層をたどり、意味生成の深化をはかる行為である。これらを分け入り、たどるためには、手がかりが必要である。その手がかりとなるものに、内容キーワードと論理キーワードとがある。内容キーワードは、文章の内容を形成する核となる語句である。内容キーワードには、叙述層に応じて、素材（事実）性のキーワード、中心題材（関係）性のキーワード、理念（価値）性のキーワードを見いだすことができる。文章の線条性をたどり、その論理的文脈をとらえる手がかりとなるものが、論理キーワードである。論理キーワードは、文章（段落）の冒頭や論文の文中に用いられて、論の展開の要（かなめ）となるもの（接続詞・接続関係を表す副詞や代名詞など）、論の確定の判断や立場の表明のために文末に用いられるもの（助動詞・助詞）がある。内容キーワードには、実質概念を表す言葉が、論理キーワードには、言語主体の主体的判断、関係概念を表す言葉が用いられる。

　説明的文章には、文学的文章のような問いを含むすき間や空白はない。むしろ、それを埋める叙述がなされる。しかし、叙述を展開するために、問いの提起、その答えの叙述という形式がとられることが多い。長田久男氏は、「文章は、言語による答である。」という文章論を立てている。これによれば、文章の叙述を通して問いを発見し、その答えとしての文章の叙述をたどるという読みの行為を想定することができる。

　文章理解の行為は、ここに述べたような理解行為の媒材である文章機構の特質的作用によって制約的に具現される。しかし、それは、理解の対象である媒材による客体的側面であって、理解の主体的側面は、主体の拠って立つ場の条件に規制されている。理解主体が立つ場は、言わば、理解主体のコンテキストとでも言うべきものであるが、主体によって想定される筆者と、その筆者によって想定された仮設される読者などの形づくる文脈も視野に置く必要がある。理解主体の立つ場を規定する条件には、このようなものがあるが、何よりも基本的な条件となるのは、主体の目的（問題）意識であり主体の属する生活環境要因であると考えられる。文章理解行為の中軸となるものが、問いの追究であるとすると、文章材そのものが提起する問いと、主体の

もつ問題意識との双方から、理解活動の推進力となる問題が定位されることになる。理解行為は、具体的な言語的場面の中で遂行される。したがって、この場には、主体の問題意識を喚起して、理解行為を発動させる状況性・緊張関係が内在していることが求められる。と同時に、この場が学習活動の場として機能するためには、指導者が、場に融和的に指導介入できる状況要因を備えていることも必要となる。

第四項　「読むこと」と「書くこと」との関連的活動の授業の単元的展開

　「読むこと」と「書くこと」との関連活動の授業は、単元的に組織し、展開するのがのぞましいと考える。単元的展開の授業は、次のような構造をもっている。

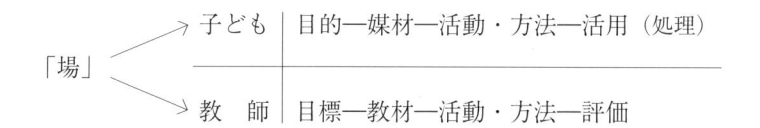

```
                 ┌→ 子ども │ 目的―媒材―活動・方法―活用（処理）
    「場」 ─────┤         ──────────────────────────────
                 └→ 教　師 │ 目標―教材―活動・方法―評価
```

　「場」は、そこに子どもが立つことによって、問題を発見し、それを追究する目的的活動を発動するような、状況性を有する「場」である。それは、単なるフィールドではなく、シチュエーションを成立させている「場」である。子どもの目的達成活動は、目的達成（問題解決）のための媒材を必要とする。さらに、活動の方法が有効、適切なものが選択される。目的達成活動は、活動成果を活用（処理）することで終了する。この一連の活動をユニット（単元）として授業を組織する。すなわち、子どもの目的的活動系列に、教師の目標達成の授業の仕組みを組み込むのである。教師の立てる授業目標は子どもの立てる目的から内容価値的目標を、方法（活動）から能力的目標を引き出して設定される。特に、教師の「方法」は、子どもたちの目的的活

動が円滑に遂行されるように援助する手だてである。言いかえると、教師が子どもたちと「場」を共有して、子どもの活動に介入する行為である。もちろん、その介入は、子どもの活動促進に有効に作用するものでなければならないことは、言うまでもない。この援助の方法は、「学習の手引き」の形をとる。「手引き」は、書きことばで示されたり、話しことばで呈示されたり、時には、教師の行動でモデル演示という方法で行われたりする。具体的には、後に実践例にもとづいて説述する。

　子どもたちが、理解と表現との関連活動を目的的活動として発動し、遂行するためには、子どもたちが、どのような立場に立ってその活動を進めるか、ということを明確にする必要がある。それは、目的意識・相手意識という理解・表現活動を成立させる基本的な要因である。コミュニケーション活動としての理解・表現活動という視点で考えると、想定される立場は、「筆者（話手）」・「作中人物」「読者（聴き手）」などがあげられる。筆者の立場というのは、このことばは、筆者がどのような意図や思いを込めて書いたのだろう、というように叙述に、筆者の発想や着想を求めて読む、といった場合である。この「筆者」には、現実の筆者と、文章を通して想定される、いわゆる「話者」とがある。現実の筆者の立場に立つと、文章を対象化・異化の目で見ることになる。それに対して、「話者」の立場に立つと、文章に同化する構えで対応することになる。同化の構えを一層明確にするのが、「作中人物」の立場に立つ場合である。「読者」にも現実の読者（読み手）と、文章を通して想定される読者とが考えられる。現実の読者は、文章を対象化・異化の目で見ることになるが、想定読者の立場に立つと、文章に同化的な構えで対することになる。

　文章を読み進める行為は、主体のもっている問題意識（目的意識）と文章の機構の特質によって規定される。例えば、文章に書かれている内容を筆者の意図するところにしたがって、詳しく確かに理解することを目的として読むとする。文章の線条性に即してたどりながら、文章の叙述層を分け入るには、文章の機構を支えている、語・文・段落の各レベルにおける要に働いているキーワードを手がかりにすることが、求められる。このキーワードに

第四章　国語科授業づくりの理論的考究

は、内容面の深さに応じて発現する、素材性・中心題材性・理念性のものがある。素材（題材）のキーワードは、事柄レベルの意味、中心題材のキーワードは、関係レベルの意味、理念性のキーワードは、価値レベルの意味をそれぞれ担って機能している。これらのキーワードは、意味の層を掘り下げるためのものである。それに対して、文章の線条性をたどりながら、その論理的展開をあとづける手がかりとなるものが、論理キーワードである。それは、意味の階層にも存在する。すなわち、論理の構築というべきものである。日本語は、文末決定性を特色としており、論理的文章では、結末部分に、理念性の内容キーワードや「～ねばならない」「～べきである」といった、論や主張を確定する論理キーワードが発現することが多い。文学的文章の場合は、イメージとして表現して作品を構築するので、論理的文章と同様の方法では、読み深めることはできない。イメージ化の読みの方法を駆使することが必要である。しかし、言語操作の段階では、同一の方法・技術を活用することができよう。

　理解と表現との関連活動は、さまざまな組合せが考えられるが、ここでは、文章理解活動の過程に表現活動を関連づける場合について、授業の単元的組織と展開の具体的方法について述べることとする。

　文章を読み進める活動の途中段階に位置づけて扱うものを、入子型単元、文章全体を読み終えた段階に位置づけて扱うものを発展型単元とする。実践例にもとづいてこの方法の可能性を討究する。

　次の事例は[2]、小学校４年生の説明的文章教材「体を守る仕組み」の場合である。

　理解活動の過程における書く活動は、次のような考え方にもとづいて組織すると述べられている。

　　まず、「体を守る仕組み」について書かれていると思うことを自由に出させ、思っていることやもっと知りたいことを整理しながら、読み手である児童の問題意識を明確に持たせる。この問題意識を題名とつないで、「自分たちの体はどのように守られているのだろう」という読みのめあてを持たせる。書き手は、「体を守る仕組み」という説明の対象

221

を、「微生物から守る」という見方で切取り、説明しているので、児童の問題を解決できる内容のものもあればそうでないものもある。児童には、自分の求めているものに合うかどうかを確かめながら読んでいくという読みの姿勢を持たせておく。

次に、読みのめあてをもとに、児童それぞれに自分の読みをまとめさせる。ここで、はじめてわかったこと、書き手にたずねたいこと、もっと調べたいことなどを読みとり表に整理させる。

そして、ひとりひとりの読みとりを出し合い、話し合いながら、読みの違いを確かめていき、さらに調べ読みをしていく計画を立てる。読み確かめていくときには、微生物を体に入れないさまざまな仕組みをカード操作を通して構造的に読みとり、「このほかにも～たくさんの仕組みがあります」という箇所からどんな仕組みがあるのか考えたり調べたりしながら、例の挙げ方の読みとりを生かして表現活動へとつないでいけるようにする。(書く活動①)

さらに、入ったときに備えての微生物と戦う仕組みもカード操作を通して構造的に読みとり、結びの段落から、書き手の主張である仕組みのすばらしさを題名とつないで読みとらせていく。そこで、絶えず自分の体を守ってくれる仕組みのすばらしさは、自分自身の力強い見方だと気付き、仕組みのすばらしさを微生物に対して自慢し、納得させるという書く活動の場を設定する。(書く活動②)

読みまとめのときには、書き手は「自分たちの体はどのように守られていたか(体を守るどんな仕組みについて書いていたか)」ということを、文章の構成の仕方をふりかえりながらまとめ、「もっと調べたい」「確かめてみたい」という内容を感想や意見の中から明らかにさせ、発展的な問題意識を持たせたい。そこで、自分の問題について調べ読みをし、書き表していこうという表現意欲を持たせる。児童には、自分の調べてみたい「体を守る仕組み」を取材し、それをカードに書き、構成して、書き手が説明していない、体を守ることとそのすばらしさについて、取材文の書き表し方に習って説明させる。(書く活動③)

第四章　国語科授業づくりの理論的考究

　この指導仮説にもとづいて授業展開がなされた結果、児童の書いた文章を掲げる。
〈書く活動①〉の作文例
　　中村さん、ぼくは、「体を守る仕組み」を読んで、たくさんの仕組みを読んで、たくさんの仕組みとは<u>どんな仕組み</u>かを知りたいから調べました。
　　<u>まず</u>、耳です。耳のおくのほうには、<u>うすいまくのこまく</u>があります。こまくがやぶれたりしなければ、<u>微生物</u>は入れません。それだけでなく耳の中の<u>微生物</u>やほこりは、こまくの前でたまって耳あかとなってかたまります。そして、それを自分でとります。
　　<u>それから鼻</u>です。ほこりや<u>微生物</u>が鼻の中に入ってくると、<u>鼻の中はびんかん</u>なので、むずむずしてきて<u>くしゃみ</u>が出ます。くしゃみは、<u>微生物</u>たちを外に飛ばしてしまいます。<u>微生物</u>は、全部おくの方へ行くわけではありません。とちゅうで<u>鼻毛</u>にひっかかったりします。<u>その微生物</u>はひっかかた仲間といっしょにどんどん大きくなり、最後にかたまって<u>鼻くそ</u>になります。それは、自分でとったりします。
　　<u>この中で一番大切なのは、のど</u>です。<u>微生物</u>は、<u>口からはいをつなぐ気管</u>に入ってくると、内側からそこをあらします。すると、<u>たんがたくさん出ます</u>。そうやっていると、たんがつまって、息が苦しくなってきて、<u>せきが出ます</u>。せきが出るのといっしょに、微生物は外においだされます。（以下略）（注〜〜は論理キーワード、＝＝はテーマ・キーワード、――は、題材キーワード）
　〈書く活動①〉は、入子型単元に相当するものである。この授業は、全体としては、「文章の組み立てに気を付けて、段落の要点や段落相互の関係をとらえ、『体を守る仕組み』のすばらしさを正確に読みとることができるようにする。」という指導目標を立てて実践された理解指導単元である。しかし、この部分については、「書き手にたずねるために取材したカードを、内容の軽重や説明の順序を考えながら構成しているかという視点で見返し、適切なつなぎ言葉を使って書きまとめることができるようにする。」という目

223

標のもとに、「取材した事例を考えさせるために、説明の学習プリントを振り返り、『微生物を体に入れない』という視点からモデル文として呈示した、調べた３つの事例の関係を考えさせたい。ここで、教材文中に用いられていた、『まず』『それから』『これら以上に大事なのは』などのつなぎ言葉がすぐに出たとしても、３番目の事例が、他の事例より大切なのか考えさせなければならない。特に大切だと思う理由を、児童なりに持った上で、説明の順序も異なってくるからである。」という手立てについての考え方のもとで指導がなされている。

　書く活動の場の設定については、子どもは、１人の読み手として、筆者を受け手として、読み進める過程で、触発された問題意識にもとづいて、自分の調べたことの妥当性を確認するという目的（意図）のもとに、書く活動を発動するように整備されている。この問題意識は、本教材を読み始める前に、あらかじめ、題名にもとづいて予想したことの答えを求めるという追究の構えをつくっていることも関連している。

　あらかじめもっていた問いの答えが、文章中に得られない場合は、文章外にその答えを得るための情報を探索することになる。〈書く活動①〉の場合は、文章の記述に触発されて、そこで省略されていることを補充し、敷衍するために調べ読みの活動をし、書き表すという行為をしたものである。補充、敷衍する内容を説述する際に、「まず」「それから」「この中で一番大切なのは、」という論理キーワードを、既習部分から取り出して活用させたり、内容キーワード（特にテーマ・キーワード）として、「体を守る仕組み」「仕組み」を自覚して利用させたりしている。この事例には、「守る仕組み」として、体の器官（耳＝こまく、鼻＝びんかん＝鼻毛、のど＝気管）、「守る作用」として、「耳あか」「くしゃみ・鼻くそ」「たん・せき」といった、テーマ・キーワードを支持する素材（題材）性のキーワードが用いられている。

　本事例では、教師の活動介入としての手引きは、モデル文を呈示して、論理キーワードを意識化させるという方法でなされている。これにそえて出された発問も手引きの働きをしていることは言うまでもない。ここで大切なの

は、子どもが主体的に追究した結果を表現しようという構えをもっていることである。
　この〈書く活動①〉は、目標・指導が明確であり、評価は、書き表された内容が、筆者の説述意図がかなうものになっているかどうかの検討をする（これは理解を深化拡充するための処理となる）という活動を通して行われている。つまり、目標の達成を測る評価は、形式面からは、説述力を、内容面からは理解力（取材力）を対象として行われている。その意味では、作文指導の小単元を構成、展開しているということができる。
　〈書く活動②〉も、入子型単元を形づくっている。〈書く活動③〉は、発展型単元である。
　次に、小学校４年生の文学的文章教材「一つの花」の事例[3]について、検討する。発展型単元である。
　本事例は、次のような目標・場の設定、手だてによって実践されている。
　〈目標〉
○一つの花に込められた思いや願いを、父親、母親、ゆみ子のうちのいずれかの立場で受け止めて、読み取った内容も生かしながら３者のうちの誰かにあてた手紙として書きまとめることができるようにする。
○過去形や推量形の文章表現を使って、表現意図にそった文を書くことができるようにする。
〈指導時数〉　２時間
〈場の設定〉
　子どもたちは、「一つの花には、だれのどんな思いがこめられているのだろうか。」という読みのめあてを持ちつつ、この物語を読み進めてきた。その結果、一つの花には、お父さんからゆみ子への深い思いが込められていることが分かった。そして、その思いとは、「食べ物だけにこだわるのではなく、美しいものを見て美しいと思えるような心を持った、優しい健康な人に育ってほしい。」という思いであることが分かった。
　このような読みを進めてきた子どもたちは、この物語の最後の場面に至って、戦後の大変厳しい状況にも拘らず、母と共に助け合いながら、明

るく生き抜いているゆみ子の姿に、父親が一つの花に込めた思いは、ちゃんと通じていたと読み取った。

　物語の展開からして、死んだであろうと推測される父親が、もし、このようなゆみ子と母親の現在の様子を天国から見ていたとしたら、どんな感想を持つであろうか。また、一つの花に込められた思いが実を結んだ形で生活を営んでいるゆみ子と母親は、今、父親に対してどんな感慨を抱くであろうか。

　読みの深まりとともに、こうした思いが子どもたちの心に芽生えてきた。そこで、そうした思いに刺激を与え、より具体化するように話し合い活動を行ったところ、それぞれの読みの立場によって、父親か母親かゆみ子のいずれかになりきって、3人のうちのいずれかにあてた手紙を書こうということになった。

　この書く活動では、表現主体を誰にするのか、また、誰にあてて書くのか（相手意識）といったことが自由に選択できるために、型にはめられることがない、という子どもたちの意識が作用して意欲が増した。また、書く材料も物語の主題や各場面の叙述等から取材し、選択することができるので、意欲的に書き進めることができたものと考えられる。

　〈場の設定〉で述べられていることでも理解されるように、この実践で組織されている、理解と表現の関連活動は、発展型単元として設定されている。書く活動までの手引きは、問答法でなされている。各自にどの立場で書くかを決めさせ、どのような内容をどのような順序で書こうと考えているか、ということを次々に発表させ、お互いの執筆構想の交流をさせている。次のようなワーク・シート形式の原稿用紙を配布している。

第四章　国語科授業づくりの理論的考究

☐ から ☐ への手紙

```
┌─────────────────────────────────┐
│ _____ │
│ _____ │
│ _____ │
│ _____ │
└─────────────────────────────────┘
```

書きあげたところで、次のような観点を板書して、読み合いをさせている。一種の相互評価であるが、相互に刺激し合って、ブレーン・ストーミングにもなったようである。

> ①　手紙文の中に父親の思いや願いが入っている手紙か。
> ②　かこのことや想像したことが上手に表されている手紙か。
> ③　登場人物になりきった書き方ができている手紙か。

〈手紙文例〉

　　ゆみ子 から お母さん へのお手紙
　　お母さん、こんなにコスモスの花に包まれて、今、とっても幸せな気分だよ。こんなきれいなコスモスの花、みんなにもわけてあげたいね。私の小さいころはどんな子だったの。わがままだったんじゃない？私思うんだけど、コスモスの花が、今みたいな私にしたんじゃないかなって……。
　　だって、いつもうれしいときや楽しいとき、コスモスの花がどこかにあるでしょ。えっと、コスモスの花言葉は……「少女のあいじょう」だったっけ。きっとだれかが私にあいじょうをくれたのね。でも、だれかって、だれだろう。まさか、お母さんじゃないよね。
　　じゃだれなのかしら……。お母さん、おしえてぇ。
　　じゃあ、また、こんどじっくりおしえてね。コスモスの花って、ふしぎ……
　　　　　　　　　　　　　　　　　　　　　　　　　　　ゆみ子より

お父さん から お母さん へのお手紙
　母さん、十年前は、「一つだけちょうだい」というゆみ子のわがままで大へんだったな。いちじは、どんな子に育つか心配したよ。そして、私と大事な母さんとの悲しい別れがあったな。私は、悲しく身を切られるぐらいつらかったよ。そして、電車がホームにはいってくるときに、またあのゆみ子の一つだけちょうだいが始まったので、最後だからさがしたよ。そして、ゆみ子に、コスモスをあげたけど、母さんあれは、母さんにあげた物なんだよ。だれよりもすきな母さんに。でも、悲しい別れだったね。
　戦争で死ぬとき、私は思った。ゆみ子と母さんをのこして死ぬなんて悲しいな。でも、これから、ぜったい母さんたちを天国からみまもってあげるからね。
　大事な母さんたちが、たすかったから本当にうれしいよ。
　私が死んでも、とんとんぶきの小さな家で、小さなしあわせを見つけているんだからうれしいよ。
　ゆみ子も、すなおないい子に育ててくれてありがとう。
　お母さん、どうもありがとう。

　お母さん から お父さん へのお手紙
　あなた、ゆみ子はあなたの願ってたとおりにこんなに大きくりっぱに育ちましたよ。あなたが戦争にいってから十年もの年月がすぎました。あれからわたしは、ゆみ子をあなたの願ってるとおりに育ててきました。あの「一つだけちょうだい」といっていたゆみ子はおつかいやいろいろやってくれる子になりました。本当に思いやりのあるやさしい子に育ってくれて、とてもうれしいです。あなた、おぼえていますか。あなたが戦争に行く日、一輪のコスモスをゆみ子にわたしたでしょう。今、わたしたちの家のまわりは、コスモスの花で包まれているんです。いつかあなたはいいましたね。
　「……一つだけのよろこびさ。……いったい大きくなったらどんな子

第四章　国語科授業づくりの理論的考究

に育つんだろう。」と。わたしは、あなたの言った一言一言をしっかりとむねのおくにしまっています。ゆみ子は、とてもいいよろこびに包まれてますわよ。あなたのことは、ゆみ子には話してません。なぜなら、ゆみ子までもが悲しい思いをしてしまうからです。それをみているわたしだって、とてもつらくなります。あなただって天国でみるのはつらいと思います。ゆみ子は、元気ですので、心配しないで下さいね。いつまでも、わたしやゆみ子を天国で見守って下さい。わたしやゆみ子は本当に本当に幸せですからねー。

　発展型単元として、書く活動が組織されて生産された作文である。したがって、「一つの花」という作品の主題をとらえたうえで書かれるということが、内容の必要条件となる。特に、作中人物になってという書く立場の条件が加わると、書き手は、作品世界に同化し、作品の主題をイメージ化して共感的に理解、享受することになる。つまり、書き手は、作者の着想、意図にそいながら、主体的に発展、拡充させて表現するという創造的な営みをする。どの作中人物になるか、によって、多少の主題への遠近差はあるが、この三文例ともに、ここに述べたことの裏づけとなる内容・表現を獲得していると言うことができる。

　この段階での教師の介入は、間接的である。ワーク・シートの呈示、交流の観点の板書は、子どもたちの主体的活動が、脇道にそれないようにするための配慮である。子どもたちは、いわゆる内容キーワードを、概念的に用いないで、象徴的イメージとして手紙文に取り入れている。特に、ゆみ子の立場に立った子どもの文例は、コスモスを父親の愛情の象徴としてイメージして用いていると理解される。お父さんの立場に立った子どもは、「一つだけ」というキーワードをとりあげ、そのマイナスイメージを、「とてもいいよろこび」「小さなしあわせ」というプラスイメージに変換させてとらえている。その変換の契機を「コスモスの花」に見いだしている。ゆみ子にわたした一つの花＝コスモスであるが、それは、実はお母さんへの愛情の証としてわたしたのだとする筆者の新解釈が、それを暗示している。この自由な想

像が、創造性を生み出すのである。この理解を誤りと決めつけることはできないだろう。この創造的な読みが成立するのも、お父さんの立場に立ち、作品世界に同化し、作品の論理に乗って考えるからである。

お母さんの立場に立った子どもの文例では、コスモスが、象徴として用いられている。コスモスは、父がゆみ子たちに願った。よろこびをもち、幸せになるという思いの象徴である。ただ、このコスモスが悲しみを内包しているものであることも理解している。このような深い解釈が生み出されたのも、このような表現活動の場に立たせて内面的活動をさせたからである。

入子型単元・発展型単元をそれぞれ一例ずつ取りあげて検討したのであるが、もっと多くの事例を収集して検討することが必要である。ただ、単元的授業展開を「場」の力動性をばねに推進することが、多くの可能性を内包していることの一端は、明らかにできたと考えられる。また、入子型・発展型を、同一の文章材の理解活動過程に一貫性のあるように位置づけ、組織すると、垣内松三氏や秋田喜三郎氏の提起した考え方・方法を、新しく捉え直し、発展させることになるという新たな仮説を得ることができた。

注
 1）前出・『ミハイール・バフチン著作集⑧』1988　新時代社
 2）福岡市立三筑小学校　酒井隆教諭の実践による。
 3）福岡市立有田小学校　豊田芳郎教諭の実践による。

第四節　国語科授業展開の方法
——「学習の手引き」を中心に——

第一項　「学習の手引き」の実践的探求

1　「学習の手引き」の問題点

　本項は、学習の手引きを導入して、国語科の授業改善を目ざした組織的な実践・研究の結果[1]をもとに、主として、学習の手引きの機能について考察しようとするものである。学習の手引きについては、戦後の検定教科書において、各教材の末尾に学習課題とその学習のしかたを付記するようになったものを、一般には言っており、「児童・生徒の自主的な学習を助け導くために、単元（題材）あるいは教材に対する学習活動や学習方法を提示し、指示したもの」[2]といった考え方が、ふつうであると考えられる。
　ここで考察の対象とした学習の手引きは、学習者１人ひとりが、主体的に学習にとりくみ、個が生きて働くようにするための授業改善の方法として導入されたものである。したがって、それは、教師が子どもたちの実態にもとづいて作成し、プリントして提示したものであって、教科書教材のあとにつけられた学習の手引きとは異なった機能をもって、授業過程で用いられているものと考えられる。この学習の手引きが、いかなる機能をもちうるものか、実践結果にもとづいて考察していくこととする。

2 「学習の手引き」についての仮説的整理

　授業改善に関する組織的な実践・研究に際して、以下のような学習の手引きの機能と種類について仮説的に整理したもの[3]を提示して、授業実践に入った。
　1　学習の手引きの定義
　学習の手引きは、指導者が、学習者の学習活動を主体的にするために、授業過程において発せられる、発問・助言・説明・指示などで、学習のしかたをもふくめて、書きことばで提示したものを言う。学習の手引きは、あるまとまった学習単位について作成されるのが、原則である。
　2　学習の手引きの機能上からの整理
　学習内容に関する手引きは、内容理解の思考誘発の機能をもち、ふつう、問題形式で提示される。
　学習方法に関する手引きは、方法の自覚・理解と技能化の機能をもち、ある学習単位の学習手順・方法を示すものと、限定された学習問題を解決する手順・方法を示すものとがある。
　学習評価に関する手引きは、課題意識の明確化と評価の機能をもち、学習過程における評価と、学習結果についての評価の手引きがある。また、学習者の学習方法についての自覚が、学習についての自己評価意識の覚醒を促す。
　3　学習の手引きの授業過程上からの整理
　授業過程は、一般に、導入・展開・整理、あるいは、導入・展開・練習・整理・発展の、3段階ないしは5段階に分けて構成されている。導入段階の手引きは、学習に対する動機づけとか、学習の見通し、学習の進め方などが、その内容となる。内容手引き・方法手引きが中心となろう。展開段階の手引きは、授業過程の中核の部分であるから、内容手引き・方法手引きを中心に、評価の手引きも取り入れられるであろう。練習段階の手引きは、練習という定着学習の手引きである。ひとり学びによって練習しながら、自己評

第四章　国語科授業づくりの理論的考究

価・相互評価をあわせ行うことが考えられる。内容・方法・評価の各手引きが活用されよう。整理段階の手引きは、学習のまとめであるから、方法手引きと評価手引きとが用意されるものと思われる。特に、この段階では、方法手引きとして、学習記録作成の手引きが必要とされよう。発展段階の手引きは、学習からの発展であるから、発展学習課題の提示と、その方法手引きが作成されることになる。内容手引きと方法手引きが中心になろう。

　4　学習の手引きの学習形態上からの整理

　学習形態には、個別学習・グループ学習・全体学習がある。学習の手引きも、それに応じたものが考えられる。個別学習の手引きには、内容・方法・評価の手引きが作成されよう。個人差に応ずる配慮が求められる。グループ学習の手引きも、個別学習の手引きに準じて考えることができる。グループでの話し合いという集団思考を進めるための手引きや、グループで分担し、協同して作業を進めるための手引きなど、方法手引きを中心としたものとなろう。全体学習の手引きは、学習全体が指導者の直接指導下にある場合を除いて、全体への発表とか、学習者の司会で話し合いが進められるような場合は、そのための手引きが必要である。方法手引きが中心となるものと考えられる。

　5　学習の手引きの作成・提示の時機による整理

　学習の手引きには、あらかじめ、授業計画にしたがって作成された予定手引きとでも言うべきものと、授業の進展にともなって新たに作成される即時手引きとが考えられる。

3　「学習の手引き」の機能の実践的検討

(1)　実践者・学習者の学習の手引きに対する評価と反応

　実践的検討の対象としたのは、昭和51年度から55年度まで、広島県立教育センターで実施された長期研修講座の実践研究報告書である。これは、学習の手引きを導入して、個を生かす国語科授業を求めて共同研究されたものである。実践研究にあたって、共通の基盤にしたものが、先に掲げた「仮説的

整理」である。

① 実践者が有効とした学習の手引きの機能

実践報告書には、受講者が個別に作成して提出したもの93編（小＝64・中＝29）と、個別報告書をもとに数人のグループで集約されたグループ報告書17編（小＝11・中＝6）とがある。次に掲げるのは、このグループ報告書において有効とされた機能の一覧表である。なお、下欄に示した数字は、各年度のグループ報告書が、1グループだけでも有効とした場合、当該年度は有効と評定されたものとして、算定したものである。

〈第一表〉

	学習の手引きの有効とされた機能	小	中	計
1	課題を明示するので、学習のめあてがはっきりして理解が深まる。	5	3	8
2	教材や作者を読み手に引き寄せるのに有効である。	1	1	2
3	課題が提示され、一人ひとりがどうしても考え、書かねばならない場に立たされるので、考える力と書く力とがつく。	2	2	4
4	一人で課題に取り組むので、本気で考え、理解が深まる。	3	1	4
5	一人で学習に取り組むにあたって、学習のめあてや学習の方法がわかるので、意欲的になる。	4	2	6
6	学習の手順や方法が身につく。	5	5	10
7	手引きによって、一人で考えたことを書くので本音を出す。	1	0	1
8	手引きによって考えたことを、書きとめて発表するので、自信をもった発言が多くなる。	4	1	5
9	手引きによってあらかじめ考えて発表するので、発言の質が高まる。	4	1	5
10	書かれた手引きは、くり返し読んで考えることができ、個人のペースで学習を進めることができる。	5	3	8

11	学習のあしあとが記録に残る。	2	0	2
12	手引きや学習過程の記録をふりかえり、理解を深めることができる。	2	1	3
13	事実関係の読みとりは、一人学びの手引きで可能である。	1	1	2
14	家での一人学びに有効である。	2	0	2
15	次時への学習の手がかりを考えることができる。	2	0	2
16	グループでの話し合いがしやすい。	0	3	3
17	学習時間を効率的に使うことができる。	1	0	1
18	一人ひとりの理解度を確かめながら指導できる。	3	2	5
19	手引きを作成することで、子どもの立場から発問を考えることができる。	1	0	1
20	一人学び→グループ学習→全体学習への学習展開を確実に行うことができる。	2	0	2
21	複式学級の間接指導を効率的に進めることができる。	2	0	2
22	学習の遅れがちな子どもの指導に有効である。	3	3	6

　ここにあげた22項目は、1年間を通じての実践成果を、数人ずつのグループ討議を経て集約し、さらに5年間にわたって集積した成果を整理して得られたものである。これを、先に提示した機能と種類についての仮説的整理に照らしてみると、それぞれの項目が複雑に重なり合っていて、単一の基準では整理できない。つまり、学習の手引きの機能は、それを導入して展開した授業の構造の中に位置づけて、見えてくるものであるから、22項目の有効とされた手引きの働きを、同一次元でとらえることは、無理がある。しかし、学習の手引きの機能を授業展開の過程に位置づけて整理することは、実践的認識の結果を明らかにするという意味で、意義のあることだと考えられる。

　① 学習課題意識の明確化と動機（意欲）づけ
　　ア 学習課題意識・目的意識の明確化
　　イ 学習意欲の喚起・学習態度の積極化
　② 個別学習の保障
　　ア 課題意識・目的意識の明確化
　　イ 必然的な学習の場の形成

ウ　学習の方法・手順の理解
　　エ　個人のペースによる学習の保障
　　オ　事柄レベルの内容理解
　　カ　家庭における個別学習の保障
③　個別指導の保障
　　ア　学習者の実態に応じた個別指導
　　イ　遅れがちな学習者の個別指導
④　個別学習と集団学習の有機的関連
　　ア　発言・話し合いの活発化
　　イ　自信をもった発言と内容の質的向上
　　ウ　個別→グループ→全体の学習の有機的展開
　　エ　複式授業における、間接指導⇄直接指導の効率化
⑤　学習法の習得
⑥　授業展開の円滑・効率化
　　ア　学習時間の効率化
　　イ　次時学習への展開の有機的関連づけ
⑦　子どもの立場からの発問構成
⑧　学習の記録化
　　ア　学習過程の記録化
　　イ　復習の保障

　このように整理してみると、実践者が、学習の手引きを導入した授業に、とりわけ学習の手引きに求めているものが、よく理解できる。すなわち、学習者1人ひとりを、その実態に即しながら、授業の中で生かしていくことのできる働きを求めている、ということである。ここに掲げているのは、そのことが、ある程度実現されていることを、実践者が認めているものであるが、これらは、学習の手引き自体が本来的に持っている機能だけではなくて、さまざまな要因が関連し合って、発現していることに気づかなくてはならない。
　学習の手引きは、学習課題とそれへの接近の方法が、書きことばを媒体と

して提示されるものである。このことによって、学習者1人ひとりが、課題に直面し、提示された方法に従って考えざるを得ない場に立たされるとは言っても、個別の学習成果が、正当に評価され、生かされる学習活動の場が保障されなくては、1人ひとりを生かすことにはならない。個別学習形態と集団学習形態の有機的な関連づけを必要とするゆえんである。次に、学習の手引きが、書きことばによって提示されることから生じている働きについて考えると、書きことばの持つ記録性・反復性によって、学習活動の個別化と個人のペースによる学習を可能にしていることがわかる。第三に、個別学習と集団学習とを有機的につなぐために、書くことを学習活動の中に取り入れていることが、あげられる必要がある。このことも、学習の手引きの働きの有効性を増幅するのに役立っている要因の1つである。学習者1人ひとりが、授業の中で考えたこと、活動したことを書きとめることによって、学習参加の基盤を固めることができるからである。第四に、授業展開の方法として、話しことばによる発問・助言が、学習の手引きに併用されている点について述べておきたい。実践者は、学習の手引きを取り入れることによって、子どもの立場から発問を考えることができるようになった、という意味のことを述べているにすぎないが、書きことばによる手引きと、話しことばによる発問・助言とが、相互にその働きを補い合って、学習者の実態に即し、学習者1人ひとりを生かすことに、相乗的効果をあげていることを推測させるものである。第五に、手引きの内容を規定する課題（問題）については、具体的には、取りあげられていない。手引きに盛り込まれる課題（問題）は、言うまでもなく、授業の目標、その媒材としての教材、さらには、学習の実態に即して具体化され、設定される。ここには、事柄レベルの内容理解は、個別学習で可能である、という実践者の判断が提示されているだけである。しかし、個別学習では、どこまでを理解させておくか、集団学習過程では、それにもとづきながら、どの程度までの高い課題に取り組ませるか、思考活動の組織化ということと相まって、重要な問題が提起されていると考えたい。

(2) 学習者が役立ったとした学習の手引きの機能

　次に掲げる学習者の反応は、小学校の場合は、5年生の説明的文章の12時間の授業、導入した学習の手引きは6編、児童数38名、中学校の場合は、2年生の文学的文章（小説）の12時間の授業、導入した学習の手引きは8編、生徒数31名、いずれも単元学習の形式で実施したものの結果である。選択肢によるアンケートと自由記述の調査との両方をまとめている。

　① 導入の段階
　　ア　計画のたて方がわかる
　　イ　学習進度が理解できる
　② 展開段階
　　ア　内容理解のしかたがわかる
　　イ　人物関係のとらえ方、まとめ方がわかる
　　ウ　速読のしかたがわかる
　　エ　調べ読みのしかたがわかる
　　オ　グループの話し合い、司会のしかたがわかる
　　カ　発表資料のまとめ方、発表のしかたがわかる
　　キ　作文の書き方がわかる
　　ク　内容がよくわかる
　　ケ　読みとる力、考える力がつく
　　コ　これからの学習に応用できる
　　サ　自分の考えを残しておくことができる
　　シ　どうしてもやらなければならない場に立たされる
　③ 整理段階
　　ア　学習の記録と学習資料の整理のしかたがわかる

　この整理にしたがって考えると、学習者には、学習の手引きが、文字通り、学習のしかたの手引きとして受けとめられていることが、理解される。学習のしかたについてみると、内容の理解学習の方法に関するものと、学習の進め方──計画・話し合い・司会・発表などに関するものとの2つに分けられる。つまり、前者は、内容手引きであり、後者は、方法手引きである。

第四章　国語科授業づくりの理論的考究

学習のしかたの習得以外では、展開段階にあげられている、ク・ケ・コ・サ・シの各項は、手引きを導入した授業の成果として、学習者が自覚したものである。これも、手引きの働きとして評価できるものであるが、手引きに固有のものと考えるよりも、授業の全体構造の中で発現した作用と考えることが、適当であろう。

(3) 学習の手引きの問題点

　実践者が、授業実践の結果、問題点・今後の課題として提起した諸点を整理すると、次のようである。なお、下欄の数字は、第一表に同じ。

〈第二表〉

	学習の手引きの解決すべき課題・問題点	小	中	計
1	レールの上を走らせるのでなく、子どもの自由な読みを誘う手引きのくふう	5	1	6
2	問題形式の手引きでなく生活経験を通した反応や活動をさせる手引きのくふう	2	2	4
3	教材べったりのワークシート形式の手引きの克服	2	2	4
4	具体的な活動の場で学習方法を身につけさせる手引きのくふう	1	2	3
5	学習形態と学習の手引きの効果的な組み合わせのくふう	0	2	2
6	学習到達度を自己評価できる手引きのくふう	1	3	4
7	授業過程の分節に即した手引きのくふう	0	1	1
8	学力の個人差に応ずる手引きのくふう	0	1	1
9	個人差に応じた即時手引きのくふう	3	1	4
10	学習の遅れがちな学習者の力に応じた手引きのくふう	2	1	3
11	はげまし手引きのくふう	1	0	1
12	学習意欲をさそう手引きのくふう	1	0	1
13	手引きと授業過程における発問・助言との効果的なかかわらせ方のくふう	1	1	2
14	書くことのスピード差に応ずる手引きのくふう	1	0	1
15	所定の時間内で処理できる手引きのくふう	1	0	1

16 学習の手引きの基本的なパターン化	1	1	2
17 手引きの精選・構造化と系統化	1	0	1
18 手引き作成の協同化	1	1	2
19 子どもとともにつくる手引き作成手順のくふう	1	0	1
20 言語感覚を高める手引きのくふう	1	0	1

これらをさらに集約すると、
① 学習者本位の手引きの作成
② 授業過程・形態に応じた手引きの作成
③ 自己評価のできる手引きの作成
④ 学習者の個人差に応じた手引きの作成
⑤ 学習意欲の喚起と持続のための手引きの作成
⑥ 学習の手引き作成の協同化——省力化
⑦ 学習の手引きの基本的パターン化・精選構造化

の７点にまとめることができる。これらは、実践者が授業実践を通して有効とした諸点に、かなりのものが重なるが、実践において十分に確かめえていない機能、不十分であった点をさらに追求、改善しようとしているものである。これらによって、実践者が、学習の手引きに求めているものが、いっそう明らかとなっている。ここで注目すべきは、評価の問題が取りあげられていることと、学習の手引き作成の協同化、基本的パターン化・精選構造化が提起されていることである。前者は、実践段階で十分に開発できなかったもので、さらに追求しなければならないが、後者は、教育現場の切実な問題として理解できないことではないが、類型化したり、協同化したりすることによって、手引きが、本来、個に即し、個を生かすという目的で創案されたことに反する。ただ、むやみに手引きを取り入れることは、かえって学習者を混乱させ、学習のつまずきのもとになるので、精選することは、必要である。

第四章　国語科授業づくりの理論的考究

(4)　「学習の手引き」の実践例を通しての検討と考察

　実践者によって有効とされた学習の手引きの実践例を取りあげて、その機能について具体的に考察する。

①　学習課題意識の明確化と動機づけの機能

　次に掲げるのは、小学校６年の「最後の授業」（昭51・K小・藤田知旦教諭実践）における学習課題設定の事例である。

　一　フランツは、どんな少年だったか。
　　イ　森の中を通るとき
　　ロ　けい示板の前を通るとき
　　ハ　学校の中庭
　　ニ　教室にはいる前
　　ホ　教室にはいったとき
　　ヘ　村人たちがこられた意味

　この学習問題が設定された経過を述べると、まず、
　①　全文を読み、「つぶやき」「感動」をメモしよう。
　②　全文を読み、ことばを調べよう。
　③　全文を読み、感想をまとめよう。
　④　学習課題（問題）をきめよう。
という学習手順の手引きを提示し、個人→グループ→全体という順序で授業を展開することを予告している。個別学習で、N．M（中位の女児）は、次のような学習問題を記している。

　一　フランツの学校に対しての気持。
　二　フランツの自然に対しての考え。
　三　フランツのこの町に対しての気持。
　　イ　敗戦

241

>   ロ　ちょう発〔ママ〕
>   ハ　司令部の命令
>   ニ　いやな知らせの流れるけい示板
> 四　町の人々の気持（イ〜ニまで）
> 五　日よう日のような学校に対してのフランツの思い。
> 六　先生のいつもの様子とちがった感じを見たときのフランツの気持。
> 七　先生がフロックコートを着てきた意味。
> 八　「フランス語最後の授業」と聞かされたときのフランツの気持。
> 九　「先生がこれほど大きく見えたことはありませんでした。」どうしてだろう。どんな気持だろう。
> 十　「わたしは―。わたしは―。」の線の意味。
> 十一　「フランスばんざい。」の意味。

　実践者によると、クラスの半数近くが、こうした内容の問題を設定していたという。そこで、指導者として、あらかじめ意図し、用意していた問題、「フランツが、最後の授業で、はじめてみつけたものは、何であろう。」を、ここでは出さないで、子どもたちで磨きあい、高めあって決定したのが、前掲の学習問題である。子どもたちは、フランツ少年のイメージをとらえるために、情景描写、フランツの考え、行動などを読みとり、自分の立場で考えるのだと、読みの構えを述べたという。N.M児の一〜六の問題は、手引き一の学習問題に再構成されたことになる。

　このような学習指導によって、この学級の子どもたちには、主体的に学習に取り組む態度と習慣が養われる。指導者の周到な配慮のもとに、子どもたちを学習課題（問題）の設定に参画させ、学習のねらいを明確に把握するとともに、学習の見通しを持つようにさせると、子どもたちの学習の構えは、主体的積極的になる。この際、子どもたち1人ひとりが、自らの手でつかみとってきた問題を、集団の中で交流し、検討しあうことによって、子どもたちがそれぞれに、集団の中に位置づいていく。このことが、意欲を高め、参加の姿勢を積極的にするものと思われる。

② 個別学習・指導の保障

次は、小学校2年生の文学教材「大きい一年生と小さな二年生」(昭53・H小・富永裕子教諭実践)の学習の手引きである。

「大きい一年生と小さな二年生」　なまえ
読み方
　1　「　」の上に名前を書きましょう。
　2　わからないことばには青線を引きましょう。
　3　かんじたことを書きましょう。
一　まさやの大はっけんは、どんなことですか。

二　(まさやの大はっけんを聞いて)あきよとまり子の頭にうかんだことはなにかな。

三　年りんとは、どんなものか、ことばや絵にしてみましょう。
　年りんとは

絵

四　(18ページ)毎年、年りんのように、行くところが広がっていくのです。ということは、どういうことなのか、考えてみましょう。あきよは、毎年行くところが、広がってきました。どんなに広がったかな。
　ようちえん——一年生——(
　二年生——(
　(三年生)——(
五　みんなで話し合う問題——小さいことが気にならないようなかんじがしたのは、どうしてかな。

この授業実践は、この手引きをもとに、一から四までの問題を個別に学習させて、その結果をもとに学級全体で話し合うという、個別→全体の学習形

態をとって展開されている。子どもたちが個別に学習を進めている間に、実践者は、特に遅れがちな子どもに対して重点的に個別指導・助言をする。子どもたちは、この手引きに書き込みをしているので、次の時間までに目を通して、反応傾向を確かめておき、五の問題を全体学習の課題として話し合い学習に入り、個別学習の結果が生きるように発言をうながしたり、指名したりする。全体学習の中で個を生かす展開になっているのである。

　この手引きの問題は、ほぼ、書かれている事柄を読みとることをねらいとして設定されている。事柄レベルの読みとりは、個別学習の段階で可能であるという実践者の報告があるように、読みの授業において、個別学習の段階では、事柄レベルの読みをねらい、集団での学習に入ってこれをより確かなものにしながら、次のレベルの読みに深化、拡充していくことを意図しているものと思われる。この授業実践の場合も、個別学習の段階で、3～5人の遅れがちな子どもの未達成の部分について援助し、全体学習のベースになる学習内容を習得させている。つまり、ほぼ全員に全体学習に必要な前提学習内容を学びとらせているわけである。全体学習の課題（五）も、一～四の内容を再構成し、統合することで、解決できるように構成されている。読みのレベルが、高次なものに発展していくように配慮されているのである。

　個別指導について、実践者は、次のように報告している。

　　ア　わからなくなったら挙手をするので、個別に指導ができ、よかった。音読の段階ですでにつまずく子がいるので、事前に援助できた。
　　イ　手引きを見ると、ひとりひとりが、どのような読みをしているかわかる。深く読み取っている子、かんちがいしている子、全くわからない子など、実態がわかるので、次の指導のめやすが立ちやすく、きめ細かな授業ができやすい。その時間に取りあげて説明したり、話し合ったりできるので効果的である。
　　ウ　考えたり、読んだりしなくては、手引きがすすまないので、手が抜けない。子どもの中には、苦しかったと言う子もいるが、ぼんやりして授業をおわることができないということであろう。

　ここで実践されている個別学習・指導は、学級共通の課題を個人で学習す

る段階で、指導者が個別に対応して指導・援助をするということであって、1人ひとりの個人差に応じた学習課題、学習方法によって取り組ませているものではない。その意味では、厳密な意味での学習の個別化、指導の個別化と言うことはできない。しかし、現代の教育現場における授業実践としては、もっとも一般的な形であり、少なくとも、現段階では、学習の手引きを媒介とした個別学習や個別指導を効果的に進めることの可能性は、もっと追求されてよいのではないかと考えられる。

③　個別学習と集団学習との有機的関連

　個別学習と集団学習との関連づけには、2つの場合が考えられている。すなわち、個別学習から学級全体の一斉学習に入る場合と、個別学習をもとに小集団の学習を経て、学級全体の一斉学習に展開する場合とである。前者の例は、先に例示した「大きい一年生と小さな二年生」に見ることができる。この場合は、個別学習の段階の反応を、指導者がどの程度把握しているか、全体学習に備えてどの程度まで、子どもに達成させているかによって、個別と全体との有機的関連づけの成否が左右される。また、全体学習が、個別学習の成果を確認することに終始すると、学習内容の深化、発展が見られないことになり、授業は低調なものになるという報告がある。

　次に掲げるのは、小学校6年説明的教材「正倉院とシルクロード」（昭54・M小・田辺美枝教諭実践）の授業に導入された学習の手引きである。個別に調べ読みした結果をまとめるための手引きである。

――――― 学習の手引き(3) ―――――
　いよいよあなたが調べたことをまとめる時です。
　どのようにまとめたらよいか、もう少しまとめ方の勉強をしていきましょう。
◎秦豊の文章は、疑問を解明するために、たくさんのことを調べ、それをまとめて、いくつかの内容に分けて書いてあります。その後に結論（わかったこと）がのべられています。
　あなたの調べたものは、どれぐらいの広がりと深さ（詳しさ）をもっているでしょうか。調べてみなくっちゃいけませんね。

◎また、調べたことをまとめるまとめ方は、他にどのような方法があるでしょうか。
(1) 26ページから29ページの「調べたことをまとめる」を読みましょう。
(2) 池田君と石山さんの調べ方をまとめてみると、次のように表せると思うのですが、どうですか。自分の考えでまとめられる人は、下の段にやってみましょう。

<u>池田君の調べ方・まとめ方</u>
○学習したいこと——書かれていることを時代順に整理する。
○資料——人名事典・年表。
○まとめ方——カードを作り、年代順にならべる。

　　（中略）

【まとめ】

> ○問題（課題）をもつ。
> ○資料で調べる。
> ○まとめる。形としては、①年表②かじょう書き③レポート
> 　（たくさんの資料を使ってまとめる。）

◎さて、今度は、あなたのことを考えましょう。どのようにまとめていくとよいでしょう。
① まず、資料の整理をしましょう。（別紙プリント、略。）
② 次に、使いたい資料に○印を。
③ 文章にしていくのに、【まとめ】で十分ですか。もっと調べる必要は。
④ 形は、どのぶんが適当でしょうか。【まとめ】を参考に。

　この個別学習によるまとめをもとに、学級全体への研究発表会の準備をするということで、グループでの集約を、次のような手引きによって行わせている。

　―――― 学習の手引き(7) ――――
◇研究発表会の準備　（時間二時間）
　　　　　　　　　　グループメンバー氏名（　　　　　　）
一　あなたたちの発表の中心は、何にしますか。

二　発表内容を大まかにまとめてみると、どのようになるでしょうか。項目だけを書いてみましょう。

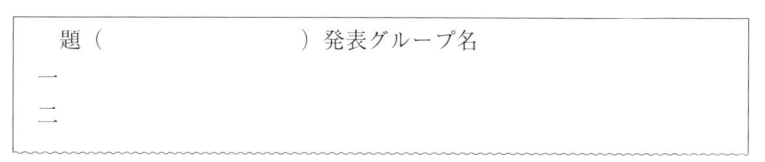

```
　題（　　　　　　　　）発表グループ名
一
二
```

三　みんなによくわかってもらうためには、発表する仕方に工夫が必要です。どんなことが考えられるでしょうか。
　○例えば、（　　　）を書く、というふうに。
四　どのような方法で発表するとよいでしょうか。
　○プリントにして　　○模造紙にまとめて　　○OHPを使って
五　仕事の手分けをしましょう。何をするのか、具体的に決めておきましょう。
　○準備をする時
　○発表をする時

　個別学習をグループ学習・全体学習へ有機的に展開させていくためには、個別学習内容の、集団による再編成・再構造化のための手引きが必要である。ここに引用した手引きは、学習の手順・進め方についてのものが中心になっていて、学習の形態上の有機的展開は、比較的スムーズに行われるものと思われるが、集団思考を有効適切に営ませるための手引きを補充することが必要である。例えば、次のようなものである。

　小5「自然を守る」話し合いの手引き
1 司会　ではこれから話し合いをはじめます。
2 班の人　よろしくお願いします。
3 司会　ぼく（わたし）たちのグループで話し合う問題は、「……」ということです。この問題について話し合う前に、「しらべ読み」のとき、ひとりひとりがもっていた問題と、それについてしらべたことや考えたことを発表してもらいます。

　　　　　Aさんからどうぞ。
 4 A　はい。わたしは、「……」という問題についてしらべたり、
　　　（中　略）
　　※ひととおり発表が終わったら、グループの問題について話し合う。
12司会　では、グループの問題の話し合いにはいります。意見と、なぜその
　　　　ように考えるのか、というわけをはっきり言ってください。どなたか
　　　　らでも、どうぞ。
13D　　はい。(手をあげる。)
14司会　Dさん。
15D　　はい。わたしは、この問題について、「…………」と考えました。
　　　　「……」という資料を出してください。わたしがこのように考えたの
　　　　は、その資料の（　）ページに、「………」と書いてあることから、
　　　　「………」と思ったからです。
　　　　　（下略）〈77ページの(2)の整理の対象とした実践の例〉

　学習内容に即しながら、それをグループとしてまとめていくために、個別学習の結果を、小集団の中で練りあげる必要がある。その際、思考のしかたを身につけていない学習者には、手引きの形で、その方法を具体的に示してやらなければならない。話し合いの内容に即して、個人の発表・説明のしかた、それに対する質疑・意見の出し方、話し合いの内容を拡げたり、集約したり、別の角度からゆさぶって新しい展開を促したりするための手引きを取り入れると、集団思考が、効率的に行われる。
　「正倉院とシルクロード」の実践に見られるのは、個別学習についても、グループ学習についても、主として方法手引きとして提示されている。「手引き(3)」は、まとめ方の形式的な面についての手引きとして作成されている。内容面についてのまとめ方の手引きとして取り入れられているのは、「手引き(1)」である。これも、おおまかに形式・項目が示されているだけなので、すでに指摘したように、この形にまとめるまでの手引きが必要である。「自然を守る」の手引きは、話し合いによって集団思考を深め、まとめるためのものである。この手引きのように、リアルな学習活動の場と、具体

的な学習内容に即して方法が提示されるのでなければ、手引きは、有効に機能しない。また、学習者の必要にも応えることにならない。

④　学習法の習得
　学習法の理解と習得は、学習の手引きの中心的な機能である。手引きの導入により学習法が身につくという実践者の評価が、組織的な実践研究を実施した５年間にわたって、小・中学校ともに報告されているのは、そのことの裏づけとなるものである。先に引例した手引きのいずれを取りあげてみても、学習法の習得を可能とするものになっていると言える。
　学習法の手引きには、学習法を一般的な形で整理して提示したものがあるが、学習は、必ず、ある具体的な学習内容について営まれるものであるから、学習の実際的な場面に生きて働く手引きは、具体的な内容に即して作成されたものでなければならない。一般的な形で提示される学習法は、それが活用される場合は、すでにその学習法が身についているのであって、新しい学習法、未習得の学習法を獲得させるには、効果的ではない。これは、最近の認知心理学の実験結果の知見によっても説明できることである。

⑤　学習過程・結果の記録
　学習の手引きは、主体的な学習活動を保障するための方法として提示されるものであるから、学習者は、その指示や助言に従って学習を進めながら、その過程における思考結果や活動結果を記録して、事後の学習に備える。手引きを導入しない授業においても、このことは行われようが、手引きを導入した授業においては、そのことが、いちだんと確実に行われることになる。
　次の手引きは、小学校３年文学教材「百ぱのつる」（昭54・Ａ小・大坂ヤス子教諭実践）において用いられたものである。

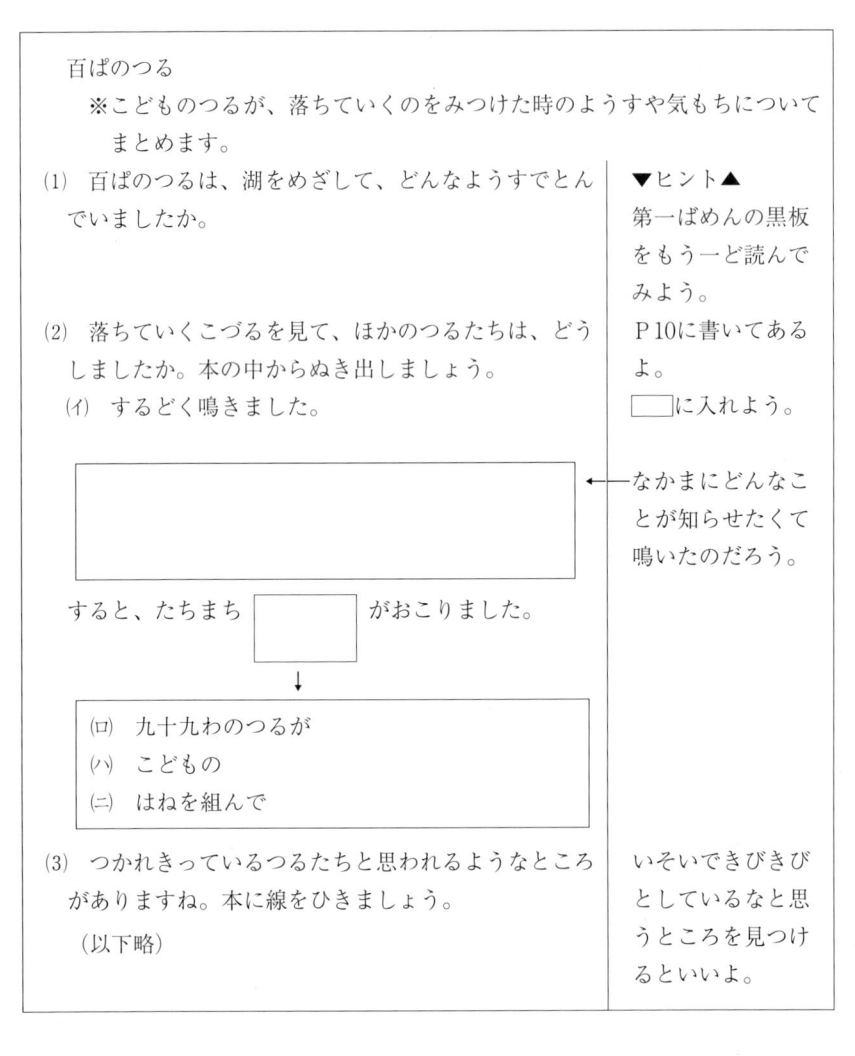

```
　百ぱのつる
　　※こどものつるが、落ちていくのをみつけた時のようすや気もちについて
　　　まとめます。
⑴　百ぱのつるは、湖をめざして、どんなようすでとん　｜▼ヒント▲
　　でいましたか。　　　　　　　　　　　　　　　　　｜第一ばめんの黒板
　　　　　　　　　　　　　　　　　　　　　　　　　　｜をもう一ど読んで
　　　　　　　　　　　　　　　　　　　　　　　　　　｜みよう。
⑵　落ちていくこづるを見て、ほかのつるたちは、どう　｜Ｐ10に書いてある
　　しましたか。本の中からぬき出しましょう。　　　　｜よ。
　⑷　するどく鳴きました。　　　　　　　　　　　　　｜□に入れよう。

　┌─────────────────┐
　│　　　　　　　　　　　　　　　　│←──なかまにどんなこ
　│　　　　　　　　　　　　　　　　│　　とが知らせたくて
　│　　　　　　　　　　　　　　　　│　　鳴いたのだろう。
　└─────────────────┘

　　すると、たちまち　□　がおこりました。
　　　　　　　　　　　↓
　　┌──────────────┐
　　│㋺　九十九わのつるが　　　　　│
　　│㊁　こどもの　　　　　　　　　│
　　│㊂　はねを組んで　　　　　　　│
　　└──────────────┘

⑶　つかれきっているつるたちと思われるようなところ　｜いそいできびきび
　　がありますね。本に線をひきましょう。　　　　　　｜としているなと思
　　　（以下略）　　　　　　　　　　　　　　　　　　｜うところを見つけ
　　　　　　　　　　　　　　　　　　　　　　　　　　｜るといいよ。
```

　これは、書き込み式の手引きになっているので、必然的に学習過程の記録となる。特に個別学習過程の記録として有効に活用できるものとなっている。右欄のヒントも、ひとり学びのために配慮されたものであり、読みとりを確かなものにするのに役立つものと思われる。

　学習の記録の手引きには、毎時の学習活動過程の記録とともに、今１つ、

第四章　国語科授業づくりの理論的考究

学習単元全体の学習成果の記録のための手引きがある。学習全体をふりかえって、その成果をまとめ、自己評価の資料とする。この記録は、指導者にとっても、ペーパーテストでは測定できない、総合的な国語学力の評価をする有力な資料となるものである。

次に実践例を掲げる。中学校２年文学教材単元「小説の中の人物像」で用いられたものである。

小説の中の人物像　　　　　　　　　　　　　　　　　てびき８

「学習記録」をつくろう。
1　これまでの学習ノートやメモ・記録・作文・諸資料をまとめて「学習記録」をつくる。
2　この学習で用いた資料や記録類の一切(さい)を集める。
3　まず、時間の経過に従って、何月何日何校時と記録し、その順序に配列する。
4　次に、内容のまとまりによって、グループ分けする。内容のまとまりごとに小見出しをつける。白紙をはさみ込んで、それに書くとよい。
　例１　「走れメロス」のひとり読み
　　　２　メロスの人物研究
　　　３　「〇〇〇（小説名)」の人物群像
　　　　　　　⋮
5　まとめと配列ができたら、通してページ数をうつ。
6　小見出しをもとにして目次をつくる。
7　この学習をふりかえって、学習反省文を書く。巻末におく。
　(1)　「学習記録」を読み返す。
　(2)　この学習を通して得たものは、何であったか。
　(3)　この学習で楽しかったこと、苦しかったこと。
　(4)　今後、自分が国語学習でやらねばならないと考えたこと。
8　「はしがき」を書く。巻頭におく。
　(1)　この学習記録は、いつからいつまでの記録か書く。
　(2)　学習の、ごくあらましを書く。

> 9 以上のものができたら、これまで綴じ込み用に使ってきたフラットファイルに改めて綴じ直す。

4 まとめと課題

　以上、組織的実践研究の結果をもとに、検討・考察してきたことをまとめると、次のようになる。
(1) 学習の手引きは、学習者1人ひとりに、確かな学力と学習力とを身につけさせ、主体的積極的な学習態度を養うという授業の目的のもとに、指導方法の1つとして、学習課題（問題）・学習の手順・方法、および手がかりやヒントなどを内容として、ある学習単位について、書きことばによって表現し、提示するものである。
(2) 学習の手引きは、
　① 学習課題意識を明確にする。
　② 学習方法意識を喚起し、学習方法を習得させる。
　③ 学習意欲を喚起し、学習態度を主体的積極的にする。
　④ 思考を誘発する。
　⑤ 自立的学習を可能にする。
　⑥ 個人の学習ペースを保障する。
　⑦ 学習を個別化する。
　⑧ 指導の個別化を可能にする。
　⑨ 発言の活発化と質的向上をもたらす。
　⑩ 学習者の学習到達状況の個別的診断・評価を可能にする。
　⑪ 学習者の自己評価意識を覚醒させ、自己評価力を高める。
　といった機能を有する。
(3) 学習の手引きは、授業形態や発問・助言との適切な組み合わせのもとに、これらの機能を発現させて、授業の目標の達成を可能にする。
(4) 学習の手引きには、書きことばによって提示することから生ずる限界

性と問題性が存在し、固定化しやすく、即時性に難点があり、授業が、剛構造化されやすいという問題点をもっている。

「学習の手引き」の機能について、組織的な実践研究の結果をもとに検討・考察してきた。実践研究の共通基盤として提示した「学習の手引きについての仮説的整理」の内容については、前章で述べたように、修正を要する部分や今後解明を必要とする点はあるが、機能と種類に関する基本的な考え方は、ほぼ、容認してよいと思われる。しかし、次の諸点については、これからなお、理論的実践的に、かつ実験的に追求する必要があるものと考える。

1　内容手引きの思考誘発の機能について、思考誘発を規定する要因を明らかにし、それにもとづく機能の階層化と系統化を整理すること。特に、学習者の理解思考過程の様態とその個人的特性の類型を究明すること。

2　評価手引きの実践的研究を拡充すること。特に、自己評価手引きの開発と実践的検討を進めること。

3　本研究では、一斉授業形態を基本として、その中に個別学習・指導を位置づけて実践的に検討しているので、単元学習・モジュール学習・学習パッケージ等の諸学習形態と方法における、学習の手引きの有効性と限界性についても検討すること。

4　学習の手引きを、文字言語を媒体として提示することによって生ずる限界性と問題点の克服を実践的に追求すること。

今後に残された課題は、以上掲げたものに尽きるものではないが、当面、上述の課題を実践的実験的に研究し、理論的にも解明していきたい。なお、授業論の中で、学習の手引きがどのような位置を占めうるかについても、国語科の枠を越えて考究していきたい。

注
1）昭和51年度～55年度の5年間、広島県立教育センターで実施された、年間を通しての共同研究方式の長期研修講座の実践報告書。

2）朝倉書店版『国語教育辞典』（昭和32年1月刊）所載の「学習の手引」の項による。執筆者は、中沢政雄氏である。
3）広島県立教育センター『研究紀要第5号』（昭和54・3・30発行）所載の拙稿「国語科授業改善に関する実践的研究Ⅰ」によってまとめている。この整理にあたっては、野地潤家博士著『話しことば学習論』（昭和49年12月15日刊 共文社）所収の「発問と助言の機能」および、大村はま先生が、「国語科実践研究会」その他で発表された学習の手引きに学んでいる。

第二項　「学習の手引き」の理論的考究

1　「学習の手引き」の本質

　篠原助市氏は、その著『教育断想』（1938　宝文館）において、教育における「問」の本質と意義を論じて、次のように述べている。

　　（前略）教師の問は教師の問でありながら同時に生徒の問である。夫れは生徒を代表しての教師の問である。反対に生徒は教師の問を自らの問とすることによって始めて答の探究へと向ふ。思考の進行は問と答との弁証法的連関であるから。のみならず、かかる教師の問に刺戟せられ、教師の問に倣ふことによって始めて、生徒は正しく問ひ、始めて問ふべき要点を理解し得るに至る。だから言ふ。教師の問は生徒の問への刺戟であり、生徒の問を誘発する為の問である。一言に生徒の問の為の問である。夫れは自己活動の低下ではなく却って之を促進せしめ、自己活動に矛盾しないのみか、却って其の最も重要な予想である。自ら問ひ自ら答ふることの手引きとしての問である。我々は固より生徒の問を歓迎する。何人にも劣らず歓迎する。けれども夫れは「正しく導かれた問」であらねばならぬ。（同上書269－270頁　圏点は原文。）

　真の意味での問いは、本来、問う人に答が見いだせないが故に発せられるものである。しかし、教育の場で発せられる問いは、問う人には答がわかっている。その意味で、教育の場での問いは、擬問である、と言う。教師が子

254

どもに働きかける方法としての「問」について、ここから２つの教育的意味を見いだすことができる。

　第一は、教師は、問いを、生徒が「自ら問ひ自ら答ふることの手引き」として発するべきであるとしている点である。ここには、教師が発するにしても、子どもの立場に立ち、子どもの自立を促すことを援助する手だてとして行うという、学習者主体の教育観が認められる。いわゆる「発問」と言われているものを、「手引き」ととらえる立場が示されている。教育における「手引き」は、自立を促す援助法であって、教師が、過保護にわたる援助をするものではないことを示唆している。第二は、口頭で発せられる問い—「発問」を「手引き」としていることである。この点は、学習の手引きを「主として書きことばによって指示したもの」という定義に再検討を要求する。すなわち、いわゆる、口頭で発せられる発問・助言などをも含めて、「学習の手引き」とする考え方に立つことが求められるということである。

　大村はま先生は、「私たちの生まれた一年間」という単元学習の実践報告の中で、学習の手引きについて、次のように述べておられる。

　　1　学習のてびき

　　この単元の前、つづけて、「学習の進め方はこのように」というプリントをはじめ、進め方、しかたを一つ一つプリントにした。そして、それについて、ほとんど解説せず、ひとりで読んで、考えて、ひとりで進めるというようにした。ちょっと、わからないからといって、すぐ人にきくということでなく、おちついて読み直し、考え直し、自分で判断し行動するということができるように、書かれた指示を使いこなせるようにと考えた。

　　そのあとにつづくこの単元では、学習の進め方、一つ一つの学習活動、学習作業の進め方を話しことばで、指示するようにした。

　　学習のてびきは、(1)、説明の柱、ポイントを書いて、それを見ながら話を聞くようにしたもの。(2)、(1)に似ているが、話を聞きながら要所要所を書き入れるもの。(3)、全く説明なしで、書いたものにだけ頼って学習を進めるもの。(4)、話だけを使うもの。などいろいろで、これを区別

して、今回はどれにするか、意識して使うようにしている。
　学習のてびきを、指示の用具でなく、言語生活の一部として学習の目標に位置づけているということである。(『大村はま国語教室①』1982　筑摩書房　425頁)

　大村はま先生は、「学習のてびき」を、主として、学習の進め方、作業手順・学習活動の指示に力点をおいてとらえておられるように見える。方法・手順・活動が有効に実行されるということは、追求すべき課題が明確に把握されているということであり、適切な方法・手順・活動指示がなされているということでもある。したがって、適切な方法・手順・活動指示を内容とする「学習のてびき」は、明確な課題把握のもとに、その達成の道筋を示すものと理解でき、本来的に、課題を内包していると考えられる。

　大村はま先生は、「学習のてびき」の媒体として、話しことばと書きことばのものがあるとされる。つまり、発問・助言・説明・指示を、媒体によって区別しない立場をとっている。このことは、授業展開の方法のあり方について、深い示唆を与えるものがある。大村先生は、「学習のてびき」を導入した授業において、「てびき」を、「授業の用具でなく言語生活の一部として学習の目標に位置づけている」と述べておられるが、「学習の手引き」を「学ぶ力」育成の手だてでなく、目標とされるというところに、大村先生の「学習の手引き」観の独自性を認めることができる。

　篠原助市氏・大村はま先生の学習の「手引き」観には、その本質的機能として、学習者の主体性の保障、「自ら問い自ら答ふる」(篠原)、学習の「進め方、しかた」を「ひとりで読んで、考えて、ひとりで進める」(大村)という自己学習力の育成を見いだしていることは、重要である。特に、大村氏の言う言語生活の一部として、「手引き」を活用する力を養うことを目標とするという考え方には、この自己学習力を真に生活に密着した、生涯にわたって生きて働く学力として習得させようとする学力観が認められる。このことは、「手引き」に関する学説として特筆しておきたい。

　ところで、自己学習力の育成においては、1人ひとりの主体的な学習活動を損なわないという配慮のもとに、教師の指導援助が行われなければならな

い。1人ひとりの活動に対応するためには、書きことばによる援助だけでは不十分である。即時的な対応が求められる場合は、話しことばによらざるを得ない。学習活動の授業過程におけるダイナミックな変動は、いつ、どのような事態を生起させるか予測させない力をもつ。とりわけ、グループなどで集団的追求活動をしているときは、課題・追求媒材・追求方法・学習メンバーの相互交渉・追求の進展に伴う活動内容の変化などの活動構成要因によって、複雑な様相が現出する。それらをすばやく見ぬき、時間的過程である追求活動の、しかも個の活動への対応は、どうしても、話しことばによって行わざるを得ない。「学習の手引き」の本質を上述のようにとらえると、もはや、発問と手引きを媒体によって区別することは、意味のないことが理解される。

2　授業における「場（トポス）」の作用と学習の手引き

　これまでの、学習の手引きに対する批判の1つに、学習者の主体性の保障のためと言いながら、学習の手引き――特に書きことばによるものは、学習者の自由な発想と探究を束縛しているのではないか、ということがある。すなわち、学習のステップを軌道を敷いたように設定し、その上を進ませることで学習目標の達成を容易にしようとするために、かえって画一化一律化をもたらしてしまうことになっているということである。このことは、意図的計画的に授業を構成し、教師が指導するという教育方法をとる限り、まぬがれえない事態である。学習の手引きを援助の手だてとして取り入れながら、しかも、学習者の主体性を保障することのできる授業は、どのようなものが考えられるか。以下、この問題を討究する。

　結論的な見解を述べる。それは、主体形成を促す「場」の力動性を生かした授業を構成し、その展開の方法として「学習の手引き」を活用するということである。

　「場所（トポス）」は、アリストテレスが説いているように、同一空間に二物の存在を許さない。このことは、その場所に立つ人間が、他にかけがえ

のない存在であることを自覚させる作用を生む。この場所には、存在規定の作用のみならず、人類の長い生活史の中で形成された習俗的な信仰の対象とされるようになった場所や、テリトリー的占有感を醸成する場所があり、場所そのものに特有な意味を感得させる作用も認められるようになった。かくして、場所（トポス）は、単に物理的自然的な空間としてだけではなく、人間の身体や人間の集合である集団、人間の存在の拠点としての意味が見いだされ、主体形成の拠り所とされるようになった。さらに、その場所（トポス）は、議論の問題の所在の意味にも用いられ、議論法（トピカ）の整理、組織化にまでその考え方は拡げられていった。

　このような内実をもつ場所（トポス）を、授業論の立場からとらえ直し、内発的動機づけの作用を内包する「応答的環境」論を援用して、主体形成の「場（トポス）」を基盤とする授業を、次のように構造化した。

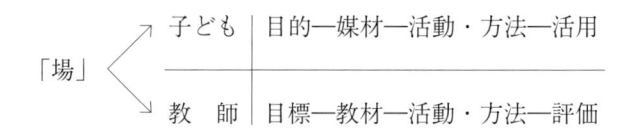

「場」	子ども	目的―媒材―活動・方法―活用
	教　師	目標―教材―活動・方法―評価

　子どもの目的達成の言語活動系列と、教師の目標実現の授業活動系列とを統合する「場」を措定し、それを子どもの主体的活動を保障する授業の仕組みとして組織しようとするものである。子どもが、「場」に立ち、問題意識を喚起されて、それを課題として追究する目的意識をもつように、「場」の条件を仕組む。子どもが、主体的に立ち上がり活動を開始したとき、教師は、その活動過程に教育的目標を位置づけ、目的追究活動を学習活動として組織する。子どもの意識は、あくまでも、目的追究活動をしているということであるが、教師の立場からは、授業目標の現実活動としてその展開をはかるということである。この両者が、時間的空間的に同時的に成立するように、装置されたのが、授業の「場」である。

　学習の手引きは、子どもの目的追求の「方法」を援助する手だてとして、教師が呈示し、子どもに主体的に活用させる「方法」である。学習の手引き

は、あらかじめ敷かれた活動路線を一定の方法手順で歩いていくことを導くものではなく、子どもが主体的に発見した課題を追求する活動を、その内発的要求にもとづいて援助するものである。

　学習の手引きの、このような授業のトポスにおける働きは、トポスの構造をどのようなものとしてとらえるかによって、異なってくる。すなわち、授業を形成する２大要因である、教師と子どもが、それぞれ主体として、今、自らが在る「場（トポス）」を、どのように見ているかによって、学習の手引きの働きも異なって認識される。子どもにとって、学習の手引きは、いわゆる課題追求、目的達成のための「手引き」、手助けをしてくれるものとして受けとめられ、教師にとっては、授業目標実現のための援助の方法として理解される。特に、子どもにとっては、リアルな言語活動（言語生活）における「手引き」活用の機会となることの意味は、大村はま先生の指摘と相まって大きい。

　ヘルバルトは、『一般教育学』において、教師が授業を展開するに際して、心得ておくべき知見を、「見取り図」のように整理したものの必要性を説いて、『一般教育学』をそのために書いたと述べているという[注]。この「見取り図」には、授業の構成やその展開法などが、一定のパースペクティブに立って鳥瞰できるようにまとめられている。そこで、授業実践者は、それにもとづいて、授業展開に必要な知識や方法を随時取り出して活用するということになる。これは、教師の立場からの授業のトポスにほかならない。前掲の構造図の、教師の活動系列と、その組織・展開に必要な知見とが、条件として内包されている「場」が、この授業のトポスに擬せられる。

　これに対して、学習者の活動系列の「見取り図」は、子どもの立場からの授業のトポスと言うことができよう。

　この授業の「場（トポス）」は、すでに述べたように、子どもと教師の活動の２系列を重層化した構造をもっている。この構造認識にもとづいて、「学習の手引き」は呈示されなければならない。この手引きには、子どもの立場に立ってその自力活動を促進する機能と、その活動を通して、学力（学習力）を発達、形成させる機能とが包含されていることが、期待される。つ

まり、同一の手引きが、活動促進機能と、学力（学習力）形成機能とを保有したものでなければならないということである。

3　授業の展開方法としての「学習の手引き」の機能と種類

　斎藤喜博氏は、『授業の展開』（1965　国土社）において、授業展開について、次のように述べている。
　　いうまでもないことであるが、<u>はっきりした目標をもった、意図的な、計画的ないとなみが授業展開である</u>。教師自身がその教材によって、現実にある自分の学級の子どもたちに、どのようなことを、どのように追求させ発見させ、どのような学級や子どもにしていきたいかというねがいをもって、<u>意図的に授業を構成し、演出し、展開させ、つぎつぎと子どもを新しい世界に入れていくいとなみが授業展開である</u>。（同上書88頁　下線は引用者。）
　授業に展開があるということは、これによると、明確な授業目標のもとに、意図的計画的に、子どもを新しい世界（目標の具現化された状態）に誘いつつあることと理解される。端的に言えば、授業における展開とは、目標に向けて子どもを変容させることである。
　子どもの、目標達成のための学習活動を援助する方法が、学習の手引き（発問・助言等を含む）であるとすると、それはまた、授業の展開の方法でもあるということになる。しかし、授業の展開を、教師主導によってはかるのであるならば、それは、学習の手引きの本旨ではない。学習の手引きは、子どもが主体的に学習活動を進めるのを援助する方法であるからである。では、学習の手引きによる授業の展開は、どのようにあるべきか。
　旧著『学習の手引きによる国語科授業の改善』（1987　明治図書）において、学習の手引きを授業の展開の様態にもとづいて、次のように分類、整理した。

　　1　目的別・機能別の分類

(1)　内容手引き——内容理解の思考誘発のための手引き
　(2)　方法手引き——方法理解と技能化のための手引き
　(3)　評価手引き——課題意識の明確化と評価のための手引き
 2　呈示時機別の分類
　(1)　導入段階の手引き
　(2)　展開段階の手引き
　(3)　整理段階の手引き
　(4)　発展段階の手引き
 3　作成時機別の分類
　(1)　予定手引き——あらかじめ準備しておく。
　(2)　随時手引き——授業の流れに対応して作成呈示する。
　(3)　即時手引き——授業の変化に即応して、即時に作成、呈示する。
 4　学習形態別の分類
　(1)　個別学習の手引き
　(2)　グループ学習（話しあい）の手引き
　(3)　全体学習（発表・発言）の手引き

　学習の手引きは、授業展開の方法であるから、その活用の目的に応じて、機能は分化し、発現する。したがって、どのような授業形態・方法過程で授業実践をするかによって、学習の手引きの機能は異なってくるし、新しい機能の発見も理解できる。これまで考えてきた新しい授業観、展開観にもとづいて、これらの手引きの分類、整理を見直し、これからの授業展開の方法の「見取り図」を作成したい。「場」の力動性にもとづく授業は、いわゆる学習者の目的的言語活動をユニットとする単元的学習法によって組織、展開される。この方法にもとづく授業は、「場」によって重層的に統合された子どもと教師の活動系列が、同時系において展開する。この展開が、円滑にかつ効果的になされるようにするのが、学習の手引きの役割であるから、旧著において措定した３つの機能は、拡充される必要がある。
　「場」の力動性が発現し、それによって、子どもが学習主体となり、問題

（目的）追求の活動を発動させるような仕組み（装置）をつくることが、大きな「手引き」であるとも考えられる。つまり、応答的環境を構成し、内発的動機づけの作用の発現を促す機能をもつ手引きである。この授業の仕組み（装置）が、目標実現のために動き始めると、授業は、展開する。この展開の推進役は、教師である。子どもではない。活動の主役は子どもであるが、授業展開をはかる仕事は、あくまでも教師のものである。とするならば、教師自身が、その名称の通りに、生きた手引きとなる。

　ここで、誤解が生じないように弁じておきたい。それは、推進役が教師であるという考え方についてである。手引きの本質的あり方は、子どもの立場に立って、その活動を促進するということにある。もう一歩進めて言うと、教師と子どもが向きあって立ち、教え、教えられるという関係でなく、同じ課題に対して並んで立ち、それを文化的価値の獲得活動として取り組んでいくという対等の関係の中で相互にかかわりあいをもつということでなければならない。つまり、同じ課題に立ち向かいながら、先輩としての教師が、後輩の子どもに手引きをするという関係で交わりあうことが、もっとも望ましいあり方である、と考えるのである。

　このように考えることによって、手引きは、単なる言語媒体によって呈示されるものでない、多様性と重層性をもつことになる。教師の保有する"手引き性"が根幹となって、授業展開の様態に応じて手引きの機能分化が進むことになる。旧著で整理分類した項目は、この授業展開の様態をとらえる観点であった。時間的動態として現象する授業は、これらの観点を複合させて把握されなければならない。改めて、「学習の手引き」を定義し直し、「展開」を基本軸とする「学習の手引き」の機能と種類の「見取り図」を提示することとする。

　　〔学習の手引きの定義〕
　　　学習の手引きは、学習者が主体となって学習を進める活動を援助して、目標達成を促進する方法である。その援助は、活動の「場」の力動的装置化、援助者の行動的演示、話しことば、書きことばによる直接的

第四章　国語科授業づくりの理論的考究

間接的働きかけなどによって、目的的言語活動をユニットとする学習の一まとまりに対応して行われる。
〔学習の手引きの基本的機能〕
1　「場」の力動的作用の発現を促し、問題意識を喚起する機能
2　対象の理解と認識を深化し、拡充する思考促進の機能
3　目的的理解・表現活動の方法と技術を、学習方法・学習技能として習熟化する機能
4　個人差・個性差に対応し、個性化の伸長を促す機能
5　学習活動過程における自己評価力形成の機能
〔学習の手引きの種類〕
1　学習形態別
　(1)　個別学習の手引き
　(2)　グループ学習の手引き
　(3)　全体学習の手引き
2　学習目的別
　(1)　内容手引き
　(2)　方法手引き
　(3)　評価手引き
3　作成時期別
　(1)　予定手引き
　(2)　随時手引き
　(3)　即時手引き
4　呈示時機別
　(1)　導入段階の手引き
　(2)　展開段階の手引き
　(3)　整理段階の手引き
　(4)　発展段階の手引き
5　呈示媒体別
　(1)　話しことばによる手引き

(2)　書きことばによる手引き
　(3)　教師の演示による手引き
　(4)　映像・言語・行為の複合媒体による手引き

　学習の手引きの種類は、呈示の形態と方法の観点から整理したため、基本的には、媒体別の種類を除いては、旧著の分類と同様になったが、実際的場面では、これらが組み合わせられて、手引きは、活用される。したがって、学習の手引きの作成と活用に際しては、これらの分類の観点を手がかりにして、授業展開に有効な機能が発現するように作成し、呈示する必要があろう。

注
　岡本英明「教育学的思考形成としてのトポス論—ヘルバルトにおけるTaktとTopik—」(1989　九州大学「教育学科紀要35」)

第五節　国語科の評価に関する考究

第一項　学習指導要録の評価の観点に認められる学力観

　近年「新しい学力観」をめぐって、さまざまに論議されている。これは、学習指導要録に記載する「観点別学習状況」の評価の観点が教育行政から提示されたのが、契機であった。国語科の場合は、次の５点が示されている。
　１　国語への関心・意欲・態度
　２　話す・聞く能力
　３　書く能力
　４　読む能力
　５　言語に関する知識・理解・技能
ここで、「新しい」と言われているのは、「関心・意欲・態度」という、学力の情意的な側面を前面に提示していることによる。これは、かつて広岡亮蔵氏が提起した学力の三層構造観と対応する。
　深層―態度知→１
　中層―関係知→２・３・４
　表層―要素知→５
　広岡氏の三層構造観に対しては、当時、主観主義、心理主義という批判があった。今日の「新しい学力観」についても、同様の批判が寄せられている。
　これまでの教育方法は、分析的練成主義とでも言うべきもので、教育目標とされる学力は、客観的に把握することの可能な中層・表層に相当するものが取りあげられ、評価の対象とされてきた。総合生成主義の立場から「新しい学力観」は、どのように受けとめることができるのか。また、それにもとづく評価は、どのようにあるべきか、討究することとする。

第二項　現代における学力観・授業観・評価観の問題

　現代社会は、高度に発達した科学技術によって、社会・経済・政治のあらゆる分野に、マン・マシンシステム化が進んで、それらの仕組みや営みが、高度化、複雑化してきている。科学技術の進歩は、情報伝達媒体の高度化をもたらし、いわゆる情報社会を生み出した。社会・経済・政治の様態は、情報伝達、活用のあり方によって左右される。
　また、このことは、一国の社会・政治・経済の変化のみならず、国際社会の変革をも促進した。つまり、国際化の時代である。国際交流は、各国の固有文化、その内容を支える価値観の対立、葛藤を生み、同時に多様なままでの調和、安定を求めることが、現実的な課題となった。
　このような時代・社会に生きる人間に求められる学力は、どのようなものであろうか。
　まず、複雑な社会の中で、自己を失わず主体的に生きる力をもつことが要求される。しっかりとした価値観をもち、自己確立ができていることが、その条件である。
　次にあげるべきは、高度情報化社会となりつつある現代では、人間は、工業化社会の時代とは異なった意味での疎外状況が生起しているという問題である。それを克服して人間的に生きる力が必要とされる。高度に発達した科学技術は、人間にそれと感得させないで、物の見方・感じ方・考え方までコントロールしてしまっていることがあるのではないか。人間的に生きる力とは、人間としての実存性に生きる力、すなわち、肉体的精神的な存在としての実感的自己認識にもとづいて、その自己を十分に発現して生きる力ということである。
　現代社会における、人間的に生きる力――人間的学力に関して、広岡亮蔵氏は、『現代の学力問題』（1978・9　明治図書）において以下のように述べる。要約的に示す。

第四章　国語科授業づくりの理論的考究

　1950年代は経験的学力、1960年代は科学的学力、1970年代は人間的学力と、学力観が推移してきている。この変化は、「ある種の発展であり、内部衝動に促されての前進であり、補完的な高まりである。」(同上書21頁)という立場を示したうえで、人間的な学力がもつべき諸要件を次の3点にまとめている。
　　1　発達保障としての学力
　　2　知識などの過程を大切にする学力
　　3　全人的な深い学力
　1は、「子どもの自己実現、子どものうちにひそむ可能性の最大伸長としての学力」であるとし、2は、「教科教育によって形成される能力」であり、「知識・技術・芸術などの人類文化の獲得」を内容とするとしている。しかし、それは、「たんなる知識結果ではなく、知識結果プラス知識過程を含まねばならない。」と述べて、ピアジェやブルーナーの学説を援用して、主体的な自己形成過程としての学力の側面を強調している。3は、2の学力のもっと奥にあって、それを支えて働く内在能力であるとして、「見かた・考えかた・感じかた・行いかた」などをあげている。
　広岡氏は、これらを総括して、人間的学力の3側面の仮説モデルを次のように示している。

能力＼層	外円層	中円層	内円層
(1)　認知的側面	知識	理解	解決思考
(2)　技能的側面	習熟	創意 工夫	感じ方 考え方 行い方
(3)　情意的側面	関心	志向	価値追究

(注・筆者が、便宜的に表にした。)

　1970年代の終りに発表された学力観であるが、今日においても、十分

に通用する考え方である。教育行政が教育課程の改訂の基本方針として示した学力観（いわゆる新しい学力観）が、基本的には、このような学力のとらえ方に沿っていることが、その裏づけとなっている。

　このような学力を教育目標とする授業は、いかにあるべきか。人間的な学力を育成する授業は、分析練成型でなく、総合生成主義の考え方に立つものでなければならない。総合生成主義に立つ授業については、「場」の力動性に立つ授業として、本章第一節・第二節で具体的に提案している。まとめて述べる。応答的環境としての授業の「場」を設定し、子どもたちの内発的動機にもとづく主体的活動をユニットとして、目標・指導・評価を組織した授業を展開する、というものである。「場」に立って、主体的に目的活動を発動し、遂行することは、結果として、子どもの自己実現を促すことになる。目的的活動は、問題解決行動を内包する。したがって、いわゆる過程学力—学習力を発現し、形成する機会と場となる。指導の手だては、支援、援助という構えでの方法をとって、あくまでも子ども自身が求めて伸びて行くのを促すように対応することになる。子どもは、主体的に生々発展していくのである。

　このような授業観にもとづいて授業を展開し、その目標を達成するためには、適切な評価が行われなくてはならない。言うまでもなく評価は、目標の達成状況を把握して、次の指導に生かす教育的営為である。目標とするものが、「人間的学力」であるとすると、その評価も、人間主義的な立場に立ってなされなけらばならない。かつて、国語科評価の基本的立場について、次のように述べたことがある。

　　今日の評価の考え方は、学習者の人間的能力の成長・発達の保障、また、その観点からの学力の保障ということに集約される。別のことばで言いかえれば、人間主義的な評価観に立つということである。野地潤家博士は、このことについて、つとに、次のように述べておられる。

　　学習者の発見、とりわけ理解（聞くこと・読むこと）・表現（話すこと・書くこと）における人間の発見が国語科における学習評価の基本的立場になる。さらに言えば、理解・表現の学習過程に、人間的努力を

第四章　国語科授業づくりの理論的考究

見いだしていくことである。(『国語教育原論』1973・2　共文社　230頁)

　教育評価のあり方について考えるとき、それは教育の現状とその改革の方向とを見透すことなく、具体像を構想することはできない。今日の教育、国語教育が置かれている状況を見るとき、個々の学習者のありようへの深い洞察とそれに対応した指導の方法を考えることが、切実な問題として求められていることを自覚するのである。

　子どもの人間的能力の発達を促進する教育が標榜され、到達度評価の導入を通して、教育内容の精選や方法の改変が推進され、個別化教育が実践されるようになっている。これらの教育実践が目ざすものが、人間的な学力の保障にあるということにあるとするならば、それは、人間主義的な立場に立っての評価を前提にしているものであり、今日の教育実践に求められているのは、その実質化を図るということである。(「文章表現指導における評価」『表現教育の理論と実践的課題』全国大学国語教育学会編　1986・2　明治図書　166－167頁)

この論考における評価観は、基本的には、今日においても変わらない。人間主義的評価の立場は、その対象とする「人間」的なるものをどうとらえるか、ということが肝要となる。かつては、「人間観」は、一世代かけて形成され、変化していくと考えられていた。しかし、近年の激しく変動する社会では、長くても10年、最近は、もっと短縮されているのではないかと思われる。ただ、「人間」的なるものは、人間の肉体的器官的諸能力、精神的諸能力（知識・技能・感性・意志・思考力・想像力など）といった、人間としての実存性（かけがえのない個性的存在性）を内実として成立しているという考え方は不変である。したがって、それらを具現化することが、人間的に生きることになる。自己を実現するということは、これらの諸能力を十全に発揮して、自己の存在価値を認識することである。この自己実現の喜びを実感し、人間的諸能力を発揮することのできる学力を保障することが、現代の教育に求められている緊要な課題である。

　「人間」的な能力の内容を今日の時代・社会にふさわしいものに措定し、そののぞましい発達を促すためには、評価観を変革し、その具体的な方法と

技術とが開発されなければならない。

第三項　教育評価と評価教育

　教育評価は、すでに述べたように、学習者に教育目標を達成されるための、指導前・指導中・指導後のそれぞれの授業過程において、学習者の達成状況を把握し、それを適切に、教育指導に反映させる教育営為である。したがって、評価のあり方を規定するのは、教育目標である。目標は、達成を企図している人間的諸能力を、意図的計画的に習得可能な学力として、形成的な観点から分節化し、対象化したものである。
　国語学力は、ある意味では、もっとも人間的な学力ということができる。すなわち、ヒトは、ことばを獲得してはじめて、人間的存在となる。言葉をもつことによって、人間は、文明・文化を生み出し、それを発展させることができた。それは、言語の認識・思考・創造の機能を獲得し、活用することによってであった。人間はまた、社会的存在として、人と人との通じ合い（伝達）機能を活用して、集団を形成し、よりよく生きるために力を合わせる。何らかの形での言語能力の習得と活用なくして、人間的な生を営むことはできない。その意味では、発達保障としての国語学力の指導と評価は、教育評価において、もっとも基本的で重要な教育的営為であると言ってよい。
　発達保障としての国語学力は、いわゆる基礎学力である。過程に働く国語学力は、それ自体が、未習の言語能力の獲得に働く学習力と言ってよい。全人的な国語学力は国語能力の、認知的・技能的・情意的側面が総合的に形成され、働いているものを言う。これは、関心・意欲・態度を中軸において、表現の能力、理解の能力、国語に対する理解・知識・技能、という国語学力の基礎・基本がトータルに形成され、作用するものとも言いかえることができる。
　教育評価は、このような学力の習得、形成過程に働いて、それを促進させることを目的とする営みである。教育評価は、この学力形成過程において、

事前に行うものを診断的評価、事中に行うものを形成的評価、事後に行うものを総括的評価と言う。診断的評価は、これから習得、形成させようとする目標（学力）に対して、どの程度の受け入れ準備（前提学習能力）ができているか、見極めて、目標・教材・指導方法の計画に生かすことを目的として実施される。

　形成的評価は、目標とする学力の形成されていく過程を見透して、いくつかのステップに分節し、分節ごとの形成状況を診断、評定して、指導の調節をはかるものである。総括的評価は、目標とする学力の形成を意図した授業が終了した後に、全体としての目標達成度をはかり、次の段階の指導に生かすことを企図して実施される。したがって、次の指導にとっては、診断的評価としての機能を発現する。

　このように、現在、行われている教育評価の方法について見ると、もっとも重要な働きをしているのは、形成的評価であることが、理解される。形成的評価が、適切、有効に行われるためには、学力の形成過程が解明されていることが必要である。単純に、言語の階層的構造に従って、語→文→段落→文章、という順序に学習過程を構成することは、適当ではない。確かに、学習は、単純なものから複雑なものへ、易しいものから難易度の高いものへと配列され、それをたどって行われるとするのが、一般である。しかし、学力の形成は、必ずしも、この原則に従って行われるとは限らない。

　わが国の現代の国語科教育における指導事項は、コンポジション理論によって、その内容が、整理され、系統的に配列されている。言わば、言語能力を、コンポジション理論によって分析し、その構成要素を取り出して、学校、学年段階に配当しているのである。したがって、分析の対象とされているのは、成熟した大人の言語能力であり、そこに発現する言語である。大人の言語を完成目標として、それを高等学校→中学校→小学校とだんだんに未熟な段階におろしている。しかし、子どもは、大人の小型人間ではない。小学校・中学校・高等学校のそれぞれの段階における、完成された人間として存在する。また、言語能力の発達、形成も、要素を、単純から複雑へ組み合わせるようにしてなされるのではない。

H.ウェルナーとB.カプランが、『シンボルの形成―言語と表現への有機―発達論的アプローチ―』（鯨岡峻・浜田寿美男訳　1974　ミネルヴァ書房）において述べているように、言語能力は、「未分化・一体→分化・階層化」という過程をたどって発達、形成される。すなわち、言語要素を一つ一つ積みあげ、組み合わせて最終的に完成するものではない。人間の発達、特に言語能力の発達は、人間が生得的にもっている未分化なコトバの芽のようなものが、生育環境における言語的刺激を受けて触発され、分化、生成していくのである。それは、それぞれの発達段階において新しい言語能力を分化、生成する場合も同様である。このような発達観に立てば、全人的な学力の育成は、人間の実存的把握のうえにその発達促進の手だてを講ずべきことが理解される。

　全人的な学力の育成を図る授業は、学習者を主体として立ち上がらせ、自ら学び求めていく自己学習行動を発動させるものでなければならない。そのためには、未分化な状態から学習者が主体として立ちあがり、自らの学力を生成、発達させるような刺激要因を内包する「場」を設定し、授業として組織することが必要である。前節で述べた「場」の力動性を生かした総合生成主義の立場に立つ授業である。

　形成的評価は、授業過程における学力の分化⇄階層化（統合化）の段階に導入される。授業過程における評価の主体は、教師である。したがって、学習者に学習活動を営ませ、その活動を通して、学力の分化を促す段階、階層化（統合化）を進めさせる段階において、その様態を把握し、診断、評定して、指導の手だてを講ずることになる。つまずきを起したり、円滑に活動を進展したりしている、それぞれの様態に個別に対応することが求められる。その判断と措置は、教師の責任である。

　人間的学力（1発達保障としての学力・2過程に働く学力・3全人的な学力）を総合生成的に発達、形成するには、学習者自身が主体的意欲的に学習に取り組み、推進することが必要である。それを適切に進めるためには、学習者自身が自らの学習行動を自己評価し、自己調節していくことが求められる。特に、形成的自己評価活動が緊要である。

自己評価活動は、自己目標を規準として行われる。自分は、この目的的活動の遂行を通して、「このようになりたい」「このようになることを目ざして、このようにやっていきたい」などといった自己目標を設定し、その達成状態を自己評価して、次の学習行動に生かすというものである。この達成のための活動過程で立ちどまり、評価することを形成的自己評価と言う。一般的に、評価は、活動結果を評定して、次の活動に生かす、いわゆるフィードバック機能を重視するのに対して、自己目標に基づく評価は、フィードフォア的評価をしていることになる。その意味では、学習者が、主体的意欲的に自ら学びつづける活力源となりうる。

　人間的学力を対象とする評価は、教師による評価としては、形成的評価を、評価教育としては、形成的自己評価が、これからの教育指導における評価では、重視されることになろう。

第四項　人間的学力の評価方法

　教育評価を適切に行うためには、学習過程における学習者の反応を的確に把握し、正確に診断しなければならない。
　人間的な学力としての国語学力を測定し、診断する評価の具体的な方法の開発に関する問題について考究する。
　わが国の国語科教育は、小・中・高等学校を通して、話すこと・聞くことの領域・書くことの領域・読むことの領域・「伝統的な言語文化と国語の特質に関する事項」の、3領域1事項で実践されている。これは、図式化すると、次のようになる。

基本	話すこと・聞くこと	書くこと	読むこと
基礎	（伝統的な言語文化と）国語の特質に関する事項		

　いわゆる「新しい学力観」の評価の観点として示されている、次の4つの

柱に配慮しながら、具体的な方法について述べる。
　1　国語への関心・意欲・態度
　2　話すこと・聞くことの能力
　3　書くことの能力
　4　読むことの能力
　5　言語についての知識・理解・技能
　1の情意的能力は、それだけで発現し、客体化するものではない。例えば、表現する力を働かせて営む表現活動を通して、関心・意欲は具体的に発現する。それに促されて、活動が活性化され、態度が形成される。また、5の言語についての知識・理解・技能も、表現活動や理解活動を支える基礎力として具体的に作用する。このように見ると、指導領域を異にし、柱を別に立てていても、それは、把握するための焦点をそこに当てるだけで、全体の中の部分として、構造的に見なければならない。
　授業における目標の設定は、当然のことながら、年間カリキュラムにもとづいて、意図的計画的になされる。言いかえれば、学力形成過程をシステム化し、そのサブシステムとしての分節学力を取り立てて指導対象とする。指導結果は、評価され、次の指導に反映される。そのようにして形成された分節学力を総合化して、トータルな学力形成をはかる。このシステム化された学力形成過程は、未分化・一体→分化・階層化という、微視発生の考え方にもとづいて構成される。分節学力の形成過程も、この原則にもとづいて構成され、指導されるのは、言うまでもない。
　この形成過程における評価の方法は、ペーパーテスト法だけでは不十分である。ペーパーテスト法は、これまで、多くの場合、学力の静態像をとらえることが主であった。しかも、ペーパーテストは把握できる学力以外は、切り捨てることになる。学力の情意的側面・層、過程に働く学力の側面・層、認知・技能的側面・層、をとらえるためには、これらが生きて働いている状態を生み出して、それを把握する方法が開発されなければならない。
　「関心・意欲・態度」の評価については、関心・意欲・態度を分けて、それらが、学習活動のどの段階で発現、形成されるか考えて、評価する必要が

ある。^{1}関心・^{2}意欲・^{3}態度は、心的指向性のありようが、内から外へ、1→2→3の順序で示されていると見ることができる。関心よりも意欲の方が、実現への指向度が高く、意欲より態度のほうが行動に移行しやすい傾向性をもっているということである。

　このような考え方に立つと、関心は、学習活動の当初に反応を把握すべきであるし、意欲は、活動開始、展開の過程においてとらえることがのぞましい。態度は、短くとも一単元の学習活動の終了時に測定するのが適当である。測定の方法についても、アンケート法も、工夫、改善して利用可能であるが、積極的に新しい方法を開発することが必要である。例えば、ＳＤ法（意味微分法）なども検討に値する方法である。これは、当該活動にかかわると考えられる、関心・意欲・態度を個別に取りあげ、その局面に対応する心情・感想語を多角的に提示して、尺度法で反応記録をさせるものである。

　理解力には、説明的文章材を媒材として発現するものと、文学的文章材を媒材として現れるものとがある。説明的文章の場合は、文脈の論理的道筋をたどることができるかどうかを試す、「なぜ～なのか」という設問がなされることが多い。結論的見解の部分を取りあげ、その判断の根拠を考えさせることを意図するものがある。この方法でも論理的理解思考過程をとらえることはできる。が、提起された問題解決の方法過程を把握することはむずかしい。つまり、理解学習力を測ることができないということである。

　１つの改善策として、「なぜ」の答えを選択肢から選ばせ、その答えを選択するまでの指向の筋道を、文脈展開の軌跡である叙述から、手がかりになる複数の語句（キーワード）を発見して抜き出させる、という方法が考えられる。２つのテストを組み合わせるテストバッテリーを構成して、結果としての読解力とともに、過程に働く読解学習力をもすくいあげることを意図しているのである。

　文学的文章材における心情把握の方法としては、リアルな読みの活動を展開させ、その過程に発現する理解力をとらえる方法が考えられる。特に、文学的文章材でよく問われる作中人物の心理理解の度合いをとらえる方法として、「変身作文」が利用できる。作中人物に同化し、その立場に立ってその

人物の心情を吹き出しに書かせたり、どのように行動をしたかをイメージ化させて文章化させたりするものである。この変身作文の内容と、前述のＳＤ法の結果とを総合して評価する。テストバッテリー法を適用するのである。

　情報処理・活用力を見る評価方法の開発も今日的課題である。情報を活用して課題解決をするという目的的活動の場を設定する。情報源としての文章材を提示し、情報探索と処理・活用の活動をさせる。その際、情報を処理した結果を、課題に対応して整理し箇条書きにさせる。さらに、課題解決の情報として活用する内容を、いわゆるアウトライン法で概括させる。この過程を、^{1}探索・^{2}処理・^{3}創造・^{4}活用に分節化して、評価の対象とするのである。どこかに焦点づけしてもよい。

　問題解決場面を提示して、その中に学習者を立たせ、主体的に立ちあがって解決行動をする過程で発現する学力をとらえ、評価する方法は、人間的学力の評価法として、さらに開発、改善する必要がある。

　作文力の評価は、課題条件作文法がとられることが多い。これも、具体的な書く活動の場を設定し、生きた作文力が発現するように仕組むことが大切である。書く場の条件は、目的・相手・内容・表現形式である。提示された具体的な各活動の場から、どのような書く場の条件が発見され、充足されなければならないかを見極めて、それを課題・条件として提示するのである。全部を提示する必要はない。測定しようとする作文力（学習力も含めて）を発現させる刺激となるものを選ぶことになる。

　国語の特質に関する事項——言語についての知識・理解・技能の評価は、結果学力としての達成度を見ることも大切であるが、生きて働く力として習得されているかどうかをみることは、さらに重要である。そのことは、記憶再生法とともに問題解決場面法の開発が求められているということである。漢字力や語彙力は、どれだけ知っているか、どれだけ使えるか、ということだけでなく、それらの漢字や語彙が必要とされる場面で、既得のものを持ち合わせていないときに、どのようにして、新しい漢字や語彙を手に入れて活用したらよいか、そのことのできる力を評価することが、極めて重要である。漢字であれば、漢字の構成原理である六書を活用して、音や訓、意味の

見当をつけさせる問題とか、類語辞典の活用力、類語のルールから意義の類推をさせる設問などが考えられよう。

　これらの各領野における学力の教育評価については、これまでに述べたことを、さらに追究し発展させなければならない。同時に、これからの国語学力は、生涯にわたって学習しつづけて、社会の変動に対応するとともに、改革、発展させる学力として自己習得しなければならない。そのためには、学習活動の過程において、形成的自己評価力を身につけ、生涯を通じて自己革新を図っていくことのできる能力・態度を養うことが必要である。その有力な方法に学習記録法がある。これは、養成の方法であるとともに、評価の方法としても利用できるものである。

　学習記録は、授業における学習活動の軌跡の一切を時系列的に記録し、整理するものである。授業前の準備の記録、授業中の活動の記録——提示された学習課題、資料、追求過程の思考や話し合いなどの記録、事後の活動の総括、反省の記録、などを内容とする。これらは、学習のユニットごとにまとめられる。

　記録するという作業は、現在の活動状況を明確に意識化させる作用をもつ。また、整理しながら記録する作業は、自らを内省させ、自然に自己評価に誘う作用を発現させる。事後の活動結果の総括、反省は、いわゆる総括的自己評価である。

　また、学習記録は、教師の評価資料としても有益である。意欲・態度の評価データとしても、学習力の評価資料としても、豊かな情報を保有している。学習を記録による評価の方法は、さらに研究、開発されなければならない。

第二部　実際編

第五章　国語科授業づくりの実際

第一節　教材研究の方法

第一項　教材研究とは

　一般に、授業成立の要件としてあげられているのは、授業者・教材・学習者である。この３要件を有機的に関連づける働きをしているのは、目標である。したがって、授業成立の要件には、この目標を加える必要がある。授業構成の柱としては、目標・教材・方法・評価の４本が立てられている。この両者の関係は、授業成立の３要件を、授業としての展開像を描くために開くと、授業成立の要件に、目標・方法・評価を加え、さらに授業者・学習者を位置づけることが求められてくる。方法には、授業者・学習者の存在が内包されているし、評価にも同様のことが考えられる。まとめると、授業者・目標・教材・方法・評価・学習者、の６要因に整理することができる。
　このような授業の構造を支える柱としての「教材」は、どのように捉え、授業展開に活かしていけばよいか、考えてみたい。
　教材は、目標を具体化し、学習者が目標達成のための学習活動の媒材として取り組む対象となるものである。したがって、教材の内容とレベルを規定するのは、目標と学習者の前提学力の実態である。前提学力は、設定した授業目標（習得させようとする学力）を学習活動を通して達成可能なレベルにある既得の学習能力のことをいう。

国語科の教材は、目標とする言語力を発現させ、その学習活動の媒材となる言語作品（音声・文章）・言語活動が、主要なものである。教材は、これらの言語作品、言語活動のそれ自体としての価値を生かしながら、学習者の実態と目標とに照らして、それらにふさわしいものを選定して教材化されたものである。したがって、教材研究は、まず、教材化された言語作品、言語活動の内容的価値とそれらの機構と機能が解明されることになる。次に、その内容的価値と機構・機能が、目標とする言語力育成の媒材として、どのような価値を有するかを検討する。さらに、必要があれば学習者の実態に応じた教材的な加工をすることも考えられなければならない。教材研究とは、言い換えると、学習者の学力の形成、発達段階の節目としての目標に、学習者を接近させるために有効な刺激媒材づくりをすることになるということである。一般には、教師・教材・学習者が授業構成の3要素と言われているが、授業成立を目指す構成要素という考え方からすると、教師・目標・学習者の3者の相関において教材のありようが規定されると考える方がよいと判断される。

　教材研究が、目標達成のための学習媒材としての有効な作用をする要因を具体的に明らかにすることであり、その有効性が、授業を通して育成の対象とする子ども（学習者）1人ひとりに、どのような学習媒材としての有効性（教材性）を有するかを解明することであるとすると、教材研究は、教材づくりと言い表すことも可能である。

第二項　国語科教材の種類

1　「話すこと・聞くこと」の教材

　話すこと・聞くことの教材は、当然のことながら音声言語を媒材とする。話すこと・聞くことは、そのことば通り言語活動の技術・方法・態度（習慣）を内容とするものであるから、教材の種類としては、①話すこと・聞く

ことの言語活動のモデル教材（音声言語・映像媒体）、②話すこと・聞くことの活動方法・技術解説教材（文字言語による、話すこと・聞くことの手引きを含む）、③話すこと・聞くことの活動、生活のあり方についての意見文・随想文教材などがある。

2　「書くこと」の教材

　書くことの教材も、話すこと・聞くことの場合と同様に、①書くこと（作文）のモデル教材、②書くこと（作文）の方法・技術の解説教材（作文の手引きを含む）、③書くこと（作文）の活動・生活の見方・考え方やそのあり方についての意見文・随想文教材（いわゆる文話）などがある。

3　「読むこと」の教材

　読むことの教材には、大きく分けて、文学的文章教材と論理的文章教材とがある。文学的文章教材は、作品のジャンルに即して、詩・短歌・俳句といった韻文教材、小説・物語・童話・エッセイなどの散文教材、論理的文章教材には、論説・評論・随想・説明・解説・記録・報告などがある。

第三項　教材研究の手順

1　「読むこと」の教材の場合

　教材は、学習者に目標を獲得、達成させる媒材である。教材としての有効性を解明し、授業に導入し、稼働させるには、まず、読みの対象としての言語作品の本質的価値を明らかにする必要がある。次に、当該言語作品の本質的価値を損なわないように配慮しながら、その教材としての有用性を洗い出す研究をし、それを授業に有効に生かすための加工（漢字の書き換え、難語

句や既有経験や知識にない事柄についての注記など）を施すという作業を行うこと。さらに、学習者の前提学習能力（子どもの実態）を把握して、授業に実質的に機能する目標を立てるという段階の作業をする。このような教材研究の手順を取る大前提として、どのような読む活動の場を設定するかを具体化しておくことが、必要条件である。どのような文章作品を、どのような読むことの能力を動員して読む活動を発動、展開させるか、具体化されていなければ、読むことの活動媒体としての文章の教材的価値性を洗い出すことはできない。これが、一般的な理解教材の研究手順である。

　教材としての文章作品の解析は、論理的文章材の場合は、①要旨・②文章の論理的構成・③論理的文脈による叙述、の３つの観点から、文学的文章材の場合は、①主題・②文章の場面的構成・③形象的文脈による叙述、の３つの観点から行う。

2　「書くこと」の教材の場合

　「書くこと」の教材は、すでに述べたように、①作文モデル、②作文法の解説、③文話などがある。言うまでもなく、これらの教材は、学習活動の対象として、つまり、目標達成のための媒材としての価値を内包するものでなければならない。したがって、教材研究も、その目標達成のための媒材としての価値性を解明することが仕事の内容となる。

　「書くこと」の教材研究手順の、「読むこと」の教材研究との最も大きな違いは、「書くこと」の活動の場そのものが、「書くこと」の力育成の目標の内容を形成するということである。つまり、書くことの活動の場を、目標とする書く力育成の目的にふさわしく設定する必要があるということである。その意味では、このことが、教材研究の第一歩となる。すなわち、書く場の条件である、誰が・誰に・何のために・何を・どのよう伝えるのかという５要因を明確にすることである。第２には、何を、どのようにということが具体化されたら、文章の内容と形態を形づくる文章力の形成過程をとらえる作業をすることになる。誰が・誰に・何のためにという場の第１次条件が明ら

かになると、何を・どのようにという第2次条件が見えてくる。第3には、文章制作過程の、創構過程・文章化過程（構想・叙述）・活用過程の分節の活動を具体的に策定する。文章制作は、ある目的を達成するための目的的作文活動として営まれるものであるから、教師の支援・援助の一環的手段として、モデル作文・作文法の解説（作文の手引き）・文話などの教材が活用されることになる。これらから目標達成の活動を促進する働きをするものを、既成のものから選んだり、加工したり、新たに作成したりすることが求められる。作文の方法は、活動目的によって異なってくる文章の形態に即して選んだり、作成したりすることになる。

3　「話すこと・聞くこと」の教材の場合

「話すこと・聞くこと」の教材は、「国語教材の種類」で述べた通りである。この教材研究の手順も、「書くこと」の場合と、ほぼ同じである。ただ、音声言語活動力の育成を企図するわけであるから、モデル教材・音声活動方法の解説教材も音声媒体・映像媒体を複合させたものを用いる必要がある。このような教材には、既成のものもあるが、直接的な指導対象である学習者の実態に応ずることのできるものとして活用するには、手作りの教材を作成することが必須の条件である。

第二節　教材研究の基礎作業
　　　——「読むこと」の教材を中心に——

第一項　目的別ジャンル別の読みの方法と技術

1　論理的文章（報告文・説明文・論説文）

(1)　**文章の内容そのものを正確に読み取る方法と技術**
①　文章に述べられている事柄を正確に読み取る方法と技術
　ア　文章の題目に着目し、題目に用いられている語句と同一または類同の語句（素材キーワード）を拾い上げ、それを手がかりに、主に何について述べられた文章かまとめることができる。
　イ　つなぎことばや文末の表現（論理キーワード）に着目し、ア（何＝素材）が、イどのようにあると述べられているかを捉えることができる。
　ウ　書き手が事柄（事実）を伝えようとした文章（報告文）か、事柄（事実）の成り立ちやその仕組みについて説明しようとした文章かを、論理キーワードを手がかりに、判別することができる。
②　文章の内容相互の関係構造を正確に読み取る方法と技術
　ア　論理キーワードのうち、定位性キーワード（つまり、まとめて言うと、このように、これまで述べたことから、〜ということができる。など）を手がかりに、中間のまとめの段落、全体のまとめの段落を捉えることができる。
　イ　アの作業ができたら、内容キーワードのうち、中心題材に関するキーワードを見つけて、全体として述べようとしていることをまとめることができる。

ウ　ア・イの作業の後に、他の段落（意味段落）と中心段落とがどのような関係にあるか、展開性の論理キーワード（しかし、だから、たとえば、まず、次に、3つ目に、など）を手がかりにつかむ。その際、これらの段落の要点を、内容キーワード（キーセンテンスの場合もある）を手がかりとして捉えることができる。必要に応じて、小見出しをつけることができる。

エ　段落相互の関係を捉える際に、コンポジション理論で整理されている展開パターンを援用することができる。（例．抽象—具体、原因—結果、見解と根拠など。）

(2)　文章の内容を自己の既有の知識・認識の深化、拡充、変革を図るための読みの方法と技術（認識読み）

ア　(1)の②の「文章の内容相互の関係構造を正確に読み取る方法と技術」を活用することができる。

イ　自分のこれまでもっていた知識を改めたり、新しい知識を得たりしたことを、文章の内容と照らし合わせて述べることができる。

ウ　文章の内容や表現を通して書き手のものの見方や考え方について、まとめることができる。また、その書き手のものの見方や考え方のどういう点に啓発されたか述べることができる。

(3)　文章の内容を情報として活用するための読みの方法と技術（情報読み）

ア　解決すべき問題を明確に捉え、述べることができる。

イ　その問題を解決するために有益な情報（知識・出来事・考え方・方策など）のありかを、内容キーワード（素材性）や小見出し、写真、イラストなどを手がかりに見当をつけることができる。

ウ　問題を解決するために有益だと考えられる情報（知識・出来事・考え方・方策など）を収集し、利用可能なものとしてまとめることができる。

エ　情報を活用して、問題を解決することができる。

(4) 文章の内容・表現について感想や意見（批評）を述べるための読みの方法と技術
　ア　文章の主題とそれを支えている（それから推察できる）書き手のものの見方考え方を捉えて、簡潔にまとめることができる。
　イ　アについて、共感（賛成）できるところとできないところを取り上げて、根拠を明確に提示して意見や感想を述べることができる。
　ウ　表現については、説明の述べ方や主張の述べ方が読み手の自分にとってよく分かる、また、説得的であると感じられるところを取り上げ、根拠を明確に示して自分の考えを述べることができる。

　2　文学的文章（物語・小説）

(1) 文章の内容（あらすじ＝出来事の生起の時間的空間的順序）を読み取るための方法と技術
　ア　物語（小説）の3要素（時・所、人物、事件）を捉えることができる。
　イ　時・所の移り変わりにしたがって、人物相互の関係、事件の推移がどのように変わっていくか捉えることができる。
　ウ　出来事（事件）の移り変わりを軸にあらすじをまとめることができる。

(2) 文章の内容（プロット＝出来事の発生、展開の論理的因果関係）を読み取るための方法と技術
　ア　(1)の作業結果をもとに、時の変化、場所の変化、事件の区切りなどを手がかりに、場面を分けることができる。
　イ　各場面の中心的トピック（小主題）を、キー・イメージ（キーワード・キーセンテンスを核に五感を働かせて形づくられる映像・印象とそれのもたらす感じ）で捉えることができる。イメージには、知覚によって捉えられた具象的なもの（事柄レベル）、知覚によって捉えられた具象的なものに全体の主題に関わる意味が加わったもの（関係レベル）、事柄レベル、関係レベルの意味を内包するイメージの上に生成される主題

を象徴するイメージ（価値レベル）がある。場面の中核をなすイメージは、関係レベルのものである。それは、やがて象徴イメージに生長することがある。

ウ　物語や短編小説のプロットは、次のような基本的パターンをもつ。このパターンを活用してプロットを捉えることができる。

○発端―展開―最高潮―破局―結末

・発端＝時・所・主要人物などの紹介、設定をする。
・展開＝中心的人物に対する人物の登場と人物相互の絡み合い、葛藤による事件の発生と展開（事件の展開は、事件の推移と場所の変化を伴う）。
・最高潮＝事件の展開が解決のめどがつかないほど、極まった緊張した状態になる。
・破局＝解決の方向が見え始め、解決に向かって事件が進む。しばしば、ここに主題（テーマ）が暗示される。
・結末＝事件が余情、余韻を生み出すような形で決着する。

(3)　**文章の表現・内容をイメージ化することを通して、自己の特殊な生活体験やものの見方、考え方を普遍化したり、変革を図ったりするための読みの方法と技術**

ア　文章の内容や表現をイメージ化するには、内容や表現を述べ記している語、語句、文の叙述された意味を理解し、想像力を働かせてそれから連想される具象的なもの（一般には、形象という）とその意味（事柄レベルか、関係レベルか、価値レベルか）とを捉えることができる。

イ　物語や小説の内容、表現のイメージ化を通して捉えた意味のある事象（人物の行動事象、背景の自然事象、点景として配置されている物・事など）によって、自分がこれまで自覚していなかった意味や価値を発見的に理解し、自己変革を図ることができる。

ウ　自分の捉えた物語や小説の発見的な意味をなかまと意見交換することで客観化、一般化を図ることができる

(4) 文章の内容・表現について感想や意見（批評）を述べるための読みの方法と技術
　ア　(1)(2)(3)の読みの上に立って、自分が共鳴できるところ、反発するところ、疑問に思うところ、問題として深めたいと思うところ、優れていると思うところ、批判したいと思うところなどを見つけ取り出して、その理由を述べることができる。
　イ　アで見つけたところを中心にして、自分自身の考えとしてどのような意見を持ったか、その根拠を明確にして見解をまとめることができる。

第二項　「読むこと」の教材としての論理的文章材

　論理的文章教材は、その内容として取り上げられる分野によって、理科（自然科学）的教材、社会科（社会科学）的教材、芸術・文化的教材、言語事項（言語学）的教材などに分ける場合がある。また、言語活動形態を形づくっている叙述・表現様式にもとづく、いわゆる文章ジャンル（記録・報告文、説明・解説文、随想・評論・論説文など）によって分類されることもある。教科書教材として編集する場合は、この両者を重ね合わせて単元を構成するのが一般である。たとえば、植物の観察を記録した記録文、また、その内容を誰かに報告することを目的として書かれた文章、すなわち報告文は、理科的な記録・報告文である。説明・解説文、評論・論説文、随想文なども同様に内容・分野と文種とは重なり合った形で教科書教材とされる。

〈論理的文章教材の文種別文章解析の方法〉
　一般的に論理的文章は、記述・説明・論説の叙述法による叙述が層をなして形成される。以下、文種別に例説する。なお、文章の機構は、読み手のレベルに対応して構成されるので、ここに取り上げる文章例も、そのことに配慮して引用し、解説することとする。

第五章　国語科授業づくりの実際

1　記録・報告文の場合

【例文1】
原　民喜　「原爆被災時のノート」（※原文はカタカナ交じり文であるが、それを平かなに、また、原文は句読点が省略されているが、分かち書きになっているので、その部分に句読点を補っている。なお、本記録文は、後に『夏の花』という作品に形象される。『夏の花』は、昭和22年「三田文学」6月号に発表された。）

①　<u>1　八月六日八時半頃</u>
　　突如、空襲。一瞬にして、全市街崩壊。便所に居て頭上に、さくれつする音ありて、頭を打つ。次の瞬間暗黒騒音。」
②　薄明りの中に見れば既に家は壊れ、品物は飛散る。異臭鼻をつき眼のほとりより出血。恭子の姿を認む。
　　まるはだかなれば服を探す。上着はあれどズボンなし。達野顔面を血まみれにして来る。江崎負傷を訴う。」
　　座敷の縁側にて持逃のかばんを拾う。<u>2　倒れた楓のところより家屋を、踏越えて泉邸の方へ向い、栄橋のたもとに出づ。</u>
　　<u>3　道中既に火を発せる家々あり。泉邸の竹藪は倒れたり。</u>その中を進み川上の堤に至る。
　　学徒の群十数名と逢う。<u>4　ここにて兄の姿を認む。</u>向岸の火は熾（さか）んなり。
　　雷雨あり。川をみてはき気を催す。大川は満潮。玉葱の函浮び来る。竜巻おこり、泉邸の樹木空に舞い上る。」
③　かんさいき（艦載機）来るの虚報あり。<u>5　向岸の火も静まり向岸に移らんとするに河岸には爆風にて重傷せる人、河に浸りて死せる人、惨たる風景なり。</u>（ココマデ七日東照宮野宿ニテ記ス以下ハ八幡村ノ二階ニテ）」
（注記.　」印は、段落の区切りとして引用者の施したもの。①～③は、段落

291

番号。なお、「以下ハ八幡村ノ二階ニテ」の部分は省略している。出典　原民喜著「新編　原民喜詩集」新・日本現代詩文庫64　2009．8．6　土曜美術社）

1　文章の機構・機能の解析

これは、ある意味での究極の記録文である。原民喜の代表作「夏の花」の基となった記録としても注目されているものである。高校レベルの教材文として扱うことを前提に解析する。

(1)　文章の機構

題目　八月六日の記録（仮題）

文章の構成

異常な出来事の記録であるから、時間・場所・出来事の発生の順次に従って記録されている。引用部分は、八月六日の原爆投下によって発生した惨事の直接的見聞を、八月七日に想起、記録したものである。従って、構成は、時間の経過にしたがって生起した出来事を記録するという順序でなされている。

①　原爆投下直後の周囲の状況
②　安全地帯と考えた泉邸へ移動行動の途中で負傷した達野・江崎・兄の姿の発見
③　艦載機襲来の虚報に移ろうとし対岸の、爆風による死傷者の惨状

叙述・表現

時間と出来事の順序に従った叙述がなされている。表現上の特色として認められるのは、文語体で表現されていることと、漢語が多用されていることである。また、簡潔、凝縮表現がなされていることが注目される。これらの表現は、極限状況の中で、この惨状の体験者として、また、文筆者として記録すべき使命感をもって、冷徹な眼で悲惨な現実を客観的に記述している。文末表現がすべて現在形でなされていることも、目前の事実をありのままの記録であることを示している。一切の主観的判断を排し、事実の記録に徹しようとする表現意識を認めることができる。したがって、叙述は、記述という１つの層で形づくられている。

主題 原爆投下直後の悲惨な状況の客観的記録
(2) 文章の機能
　文章の機能は、文章の機構が、文章表現活動の場の条件に基づいて目的達成のために稼働するところに生起し作用する。この文章は、戦時下の空襲という極限の状況の中で空前絶後の体験だと直観した筆者は、作家としての自然な自覚的行為として、この事実を記録にとどめておこうと覚悟して、メモ的に書き留める。筆者がこの事実を基に、後に「夏の花」という小説に形象することになるが、この段階では、そこまでは、意識していなかったと思われる。しかし、記録されたこれらの事実は、事実そのものが、読み手にある感情（それは感動といってもよい）を喚起する力をもっている。つまり、一切の主観を排して、記述という事実を客観的に述べるという方法を用いたことが、これはある意味では、事態が要求した必然性のある叙述法であるが、悲惨な事実への共鳴的感動と、残酷な事象が呼び起こす平和で、安穏な事態の希求という心情とがイメージ的表現効果として働き、読み手の心を揺さぶる。この事実の記述文が、客観的な戦災の事実記録文として書く活動へ展開するという方向でなく、記録的な小説文に発展していくのは、この文章に内包されていたものが外化したものと考えられる。

2　教材研究（教材的価値の発掘）

1）内容的価値
　叙述内容は、世界に類例のない悲惨な出来事を、その渦中にいた人が後世に伝えようと意識して書いたものである。その出来事としての事実の記録は貴重な情報的価値を有する。また、悲惨な事実の記述を通して平和の価値の尊さについて認識することができる。
2）能力的価値
　文語体による緊迫した文章のリズムと、省略を多用した簡潔で凝縮的な表現の効果を理解し、鑑賞する力を養うことができる。
3）態度能力的価値
　1）の内容的価値の認識を通して、平和を希求し、尊重する態度を養成す

ることができる。

2　説明・解説文の場合

【例文2】
　　　　シャボン玉の色がわり　　　　　　　　佐藤　早苗
① 　シャボン玉に、そっと顔を近づけて、よく見てみましょう。さまざまな色のもようが、くるくると動いているのが分かります。にじのようなもようができていることもあります。
② 　シャボン玉は、どんな色をしているのでしょうか。また、どうしてそのような色になるのでしょうか。シャボン玉を作って調べてみましょう。
③ 　まず、湯ざましの水を、コップに半分用意します。その中に、けしょう石けんを、小指の頭くらいけずってとかします。よくふくらむように、さとうも少しとかします。次に、ふきこむ息を弱めるために、中ほどに、二、三か所あなを空けたストローを用意します。このえきとストローをつかって、シャボン玉を作ります。
④ 　ストローの一方の口にシャボン玉えきをつけてゆっくりとふきます。すると、シャボン玉はふくらみ、いろいろな色が、あらしのように目まぐるしく動き回ります。さらに、ゆっくりと息をふきこんでいくと、あらしはおさまって、青一色になります。
⑤ 　つづけてゆっくりと息をふきこんで、もっと大きくします。すると、青いシャボン玉には、赤いふちどりができてきます。そして、赤いふちどりは広がり、全体が赤っぽくなります。
⑥ 　そのうちに、黄色のふちどりがあらわれます。そして、黄色のふちどりは全体に広がり、黄色一色になります。
⑦ 　このように、シャボン玉は、さまざまにまじり合った色のもようから、青、赤、黄色の三色にかわります。そして、この色がわりは、何回やっても同じ順番です。
⑧ 　では、どうして、シャボン玉は、このように決まった順番で色がわりを

するのでしょうか。
⑨　じつは、シャボン玉の色は、まくのあつさによって決まるのです。息をふきこんで、シャボン玉が大きくなるにつれて、まくはうすくなります。まくのあつさがかわると、色がかわります。青、赤、黄色と色がかわったのは、まくがうすくなっていったからです。
⑩　さまざまないろのもようがまじり合うのは、まくのあつさがあつくなっているときだったのです。一色になるのは、ゆっくりとふいて、まくのあつさがどこも等しくなったときだったのです。
⑪　さあ、きれいな色のシャボン玉を作って、青空にとばしてみましょう。
（「国語三上　わかば」光村図書　1992年度用　①～⑪は、形式段落番号）

1　文章の機構・機能の解析
題目　シャボン玉の色がわり
構成

①～⑩は、「シャボン玉の色がわり」についての説明、⑪は、「シャボン玉の色がわり」について理解させたうえで、身近な事象にも法則的なものが作用していることを体感させる遊びへの誘い、という２段階の構成になっている。ただ、説明文として扱うのであれば、⑪段は、不要と思われる。そこで、①～⑩の叙述内容と叙述の仕方に基づいて、解析を進めることとする。

１）①はシャボン玉の色がさまざまにかわるという目で捉えた事象の記述。
２）②はシャボン玉の色についての疑問とその解明意識の説明。
３）③は実験の準備過程についての記述。
４）④～⑥は実験とその結果発現した現象の観察、記述。
５）⑦は実験経過のまとめと④～⑥の実験結果だけでは不足する情報の補充説明。
６）⑧は④～⑥の実験観察で明らかになった事象発現の原因ついての疑問提起。
７）⑨⑩は⑧の疑問への解答としての説明。発現した事象の奥にある法則

的事実の説明。

叙述・表現

この説明文は、事象の「記述」・「説明」という2層の叙述層によって形成されている。文章の内容とその叙述の特徴を捉えるには、その特徴を特徴たらしめているキーワードを発見して手がかりとするとよい。キーワードには、次のようなものがある。

　　内容キーワード　　素材性キーワード・中心題材性キーワード・テーマ
　　　　　　　　　　　（価値）性キーワード
　　論理キーワード　　展開性キーワード・定位性キーワード

内容キーワードには、文章によって表現される意味の深さを示すカギとなるもので、事柄レベル・関係レベル・価値レベルの3層の核となる3種類のものがある。

論理キーワードには、文章の叙述の展開を図る働きをするもの（展開性）と、文章の叙述の部分的なまとまりを示す働きをするもの及び文章全体のまとめの働きをするもの（定位性）との2種類がある。内容キーワードは、主として文章の叙述内容中に発現する。論理キーワードは、段落の冒頭、文頭部、文末部に発現する。これらは、内容キーワードだけで単独に用いられるだけでなく、論理キーワードと一体化して、キーセンテンス、キー段落として捉えることのできる場合がある。

叙述層とキーワードとを関連づけながら叙述分析をする。

①段落は、シャボン玉のいろという事象の観察事実を述べており、その観察事実に基づいて触発された疑問とその確かめ（実験）をしようというのが、②段落である。①の内容キーワードは、「シャボン玉」・「さまざまな色」という素材性のキーワードで形成され、論理性キーワードは、現在の事態、様態をあらわす「〜ている」、「〜あります」という客観的な事実の記述であることを示す言葉が用いられている。②段落では、内容キーワードは素材性の「シャボン玉」・「色」が用いられているが、「どんな色〜」・「どうして〜」という中心題材性の疑問詞が用いられている。これは、同時に文末の「〜のでしょうか」という論理キーワードと照応している。つまり、②段落

第五章　国語科授業づくりの実際

は、説明的叙述層に位置付けられるということである。③段落の論理キーワードは、「まず」「次に」という展開性のキーワードを用いて、実験の準備について記述している。文末も、すべて、「〜ます」で統一されている。内容キーワードは、「湯ざましの水」「コップ」「えき」「ストロー」などの実験用具及び材料を表す言葉（素材）が用いられている。つまり、③段落は記述層を形作っているということである。④段落は、実験の経過について述べている。内容キーワードは、「シャボン玉」や「シャボン玉えき」という素材性のキーワードも用いられているが、「いろいろな色」「ふくらみ」「目まぐるしく動き回り」「あらしはおさまり」「青一色」といった変化する様子を表す言葉が用いられるようになってきている。が、各文末は、「〜ます」となっていて依然として現在の事態を表す言葉が反復される。論理キーワードは、「すると」「さらに」といった事態の推移、展開を示す言葉が用いられている。このような叙述の仕方の特性を表すキーワードの発現とその結果としての叙述層の形成様態は、続く⑤⑥段も同様に捉えることができる。これらの内容をまとめた段落が⑦段落である。この段落の特徴は、段落の冒頭に「このように」という定位性の論理キーワードが用いられていることである。この段落は、２段落で構成されているが、第２文は、「この色がわりは、何回やっても同じ順番です。」となっていて、文型としては、「〜は、〜です。」となっていて、いわゆる判断文に相当するものが用いられている。また、内容キーワードとしては、「色がわり」というこの説明文の題名と同じ語が用いられている。いわゆる中心題材性のキーワードである。判断文に対応するのは、現象文である。①④⑤⑥の記述層をなしている段落には、「〜が〜ある。」という現象文が多く出現していることが分かる。

　ところで、⑧段落から⑩段落までの叙述においては、「じつは」「〜のです」「〜からです。」「〜のです」「〜のです」という文末に「説明層」を示すキーワードが頻出している。しかも、それらは、主部の「〜は」と呼応して用いられている。さらに、内容キーワードとしては、⑧段落では「色がわり」、⑨段落では「うすく」、⑩段落では、「まくのあつさ」「等しくない」「等しくなった」などの中心題材性のものが使われている。かれらに基づい

297

て判断すると、この部分は、「説明層」を形作っていると言うことができる。
　説明文の叙述・表現上の特色は、記述層＋説明層で文章が構成されているところにある。

　2　教材研究（教材的価値の発掘）
1）内容的価値
　①　日常生活の遊びの対象としてのみ見ていたシャボン玉の色の変化に科学的な法則性が作用していることを驚きの気持ちをもって認識することができる。
　②　日常生活の中で抱いた疑問を、実験、観察、考察という方法で解明するという科学的な方法について知ることができる。
2）能力的価値
　①　事象を客観的に捉え、述べ表す場合の言葉の特徴を理解することができる。
　②　事象の見聞体験から発した疑問を表す場合、「どんな」「なぜ、どうして」という言葉を用いること、及び、それへの解答を述べる説明の言葉には、それぞれに対応するものがあることを叙述に即して理解することができる。
3）態度能力的価値
　日常生活で何気なく触れている事象に疑問や問題意識をもつ態度を養うことができる。

　3　評論・論説（意見）文の場合

【例文3】
　　荒巻　裕　　平和を築く──カンボジア難民の取材から
　　　　　　　　　　　　　（三省堂版「現代の国語」中3　平成13年度用）
①　人は、いったい、他者に対してどこまで思いやりをもてる存在なのか？
②　わたしが、そのことを大きな驚きの中で教えられたのは、タイ、カンボ

ジア国境の戦場でした。

③　一九八〇年六月、ジャーナリストとして、タイ国境に逃れたカンボジア難民の取材にあたっていたわたしは、突然、戦闘に巻きこまれました。大砲の砲弾がうなりを立てて頭上を飛び交い、炸裂するたびに地響きがする。機関銃の発射音もだんだん迫ってくる。足もとからは大地を揺るがす砲弾の地響きが全身を凍らせるようにはい上がってきました。

④　逃げなければ、死んでしまう。怖さのあまりに体はこわばり、どうすれば戦場から脱出できるかとの思いに駆られましたが、かろうじて踏みとどまれたのは、前日出会ったばかりの、カンボジア難民の幼女の姿がとっさによみがえってきたからでした。

⑤　コーンちゃんという三歳のその女の子は、国境線上のノンチャンに設けられた難民キャンプの、重度栄養失調の子どもばかりを収容したテントの中にいました。竹を組んで急ごしらえしたベッドの上では、手足は枯れ木のようにやせ衰えているのに、重い栄養失調の特徴でおなかだけは異様に膨れ上がっている五歳以下の子どもが、四十人近く手当てを受けていました。わたしが病室代わりのテントを訪ねたときは、ちょうど１日一回の食事どきで、子どもたちは、アルミの食器に入れてもらったおかゆをがつがつとすすっているところでした。

⑥　すると、早めに自分のおかゆを食べてしまった二歳くらいの男の子が、竹ベットから降りてコーンちゃんの方にやってきました。やってくるといっても、その子も自分の足では歩けないほどやせこけていて、ベットからベットへ約五メートルほど伝い歩きして近づいてきたのです。

⑦　いったい、何が始まるのだろう。ぼんやり見守っていると、コーンちゃんが手ですくったおかゆを、ひょいと男の子の口もとに近づけ、食べさせてやったのです。

⑧　これには度肝をぬかれました。同行していた写真記者は、慌ててシャッターをきりました。自らも重い栄養失調であり、しかも乏しい食事を、わずか三歳の幼い子どもが他人に分けてやる。難民キャンプという、一つの極限状況の中で、たった三つの子どもが他人への思いやりを失わずにい

る。「もし自分が同じ境遇に置かれていたら、分けてやるだろうか。きっとできないだろうな。」わたしと写真記者は、そうことばを交わしつつ、人間には本来的に他者への思いやりがあることを、きらりと光るようにかいま見せられ、驚きそして感銘を受けたのでした。

⑨　しかし、戦闘のあいまを縫って再訪したノンチャン・キャンプは破壊され、必死に探し回っても、二度とコーンちゃんには会えませんでした。空っぽになったテントの近くにあるのは戦死した兵士の遺体ばかりで、そばに近づくと、無数のはえがうなりを立てて飛び立って、わたしたちの体に止まり、白い服が真っ黒になったほどでした。

⑩　その戦場で、わたしたちはもう一つ、大きな驚きに出会いました。戦闘が始まったとき、ほとんどの難民は、なべとコメとくわを持って避難してきました。なべとコメは命の綱、つまりどんな事態に直面しようとも生き抜いていくには、コメをなべで炊いてくいつながなければならない。くわは、たとえ一センチでも深く穴を掘って身を潜め、飛び交う砲弾や銃弾からわが子や家族を守る貴重な道具でした。

⑪　ところが、逃げ惑う難民の中に、看護婦になるための教科書だけを抱えている女性がいたのです。十五歳の妹の手を引いて戦場を脱出してきた、カンニーと名のる二十二歳の姉でした。

⑫　彼女の父は、首都プノンペンで学校の教師をしていましたが、戦争の混乱の中で行方がわからなくなってしまいました。母もタイ国境へ逃げる途中、飢えと疲れとが重なって死に、姉妹二人っきりになっていました。

⑬　「いつ勉強できるか、わたしにもわからない。でも、いつかきっと看護婦になれる日が来ると信じたい。」戦闘の真っただ中という極限状況でカンニーさんがみせてくれたのも、人間のもつ心のすばらしさであったといえるでしょう。

⑭　我々が体験した、いや体験できたことはいったい、なんだったのだろう？

⑮　わたしと写真記者は、自分たちが目撃することができた事実の意味を何度も繰り返し、論じ合いました。死線をさまよう幼い子どもや、教科書を

抱えて戦場から脱出してきた彼女が見せてくれた人間の輝き。カンボジアのみならず、今も世界のあちこちで繰り広げられている戦いと死。考えた末にわたしたちは、「戦争と平和」の定義について、わたしたちなりに確かめ、提案することにしました。

⑯　例えば辞書を開くと、「戦争」とは、「①たたかい、いくさ、合戦。②武力による国家間の闘争。」と記されています。一方、「平和」は、「①やすらかにやわらぐこと、おだやかで変わりないこと。②戦争がなくて、世が安穏であること。」とあります。どの辞書を開いても、ほぼ同じないようで、どれも誤りではありません。

⑰　でもわたしたちは、次のように提案したいのです。

⑱　「戦争とは、人間に飢えと病と死をもたらし、さらには人間らしい心を死滅させる争いである。」

⑲　「平和とは、人間を飢えと病と死の恐怖から解放し、人間らしい心を十分に発揮させることのできる社会を築くことである。」

⑳　戦争をなくし、平和を築いてゆく目標を、このようにしっかりと見定めて取り組むことが、同じ地球の一角に生きる子どもたちの生きる権利を確保する第一歩であると思います。

1　文章の機構と機能
題目　平和を築く――カンボジアの取材から――
構成
(1)　人は他者にどれほどの思いやりをもちうるかという問題の提起（①・②）
(2)　(1)の解答のための例証1
　　1980年タイ国境におけるカンボジア難民の取材時に出会ったコーンちゃんの思いやりのある行為（③④⑤⑥⑦⑧⑨）
　　(1)の解答のための例証2
　　妹とともに戦場を逃れようとする中でも、看護婦になるための教科書を肌身離さず携えていたカンニーという若い女性の勉学への熱意（⑩⑪⑫

⑬)
(3) (2)の例証1・2の体験的事実のもつ意味の考究（⑭⑮⑯）
(4) 問題提起、解答・考究の結果としての結論的見解と提案（⑰⑱⑲⑳）

叙述・表現
(1) 形式段落①②は、問題提起とその説明という叙述法で述べられている。それに対して、③〜⑬の段落は、その問題を気づき、発見した対象としての事実を客観的に伝えようとする構えのもとに述べる記述という叙述法がとられている。
(2) ⑭⑮⑯の各段落は、事実のもつ意味の考究ということであるから、いわゆる解釈ということであり、説明という叙述法がとられている。
(3) ⑰〜⑳の各段落は、平和、戦争についての独自の価値観にもとづく結論を述べ、提案（主張）をしているわけであるから、いわゆる論説という叙述法をとっているということができる。

2　教材研究（教材的価値の発掘）
１）内容的価値
　これまでの観念的常識的平和観（辞書的意味としての平和）を戦争の現実的体験を通して変革し、実感的に確立した独自の平和観・戦争観を認識すること。
２）言語能力的価値
　① カンボジア難民と出会って体験した事実の記述を通して出来事の生起の順序と内容（因果関係などを含む）を捉え、要点を落とさないようにまとめることができる。
　② ①で理解した事実の記述と説明を通して、そこから導き出された筆者の価値判断に基づく意見を理解することができる。その際、その意見の根拠となる事実、また、その根拠を裏付ける事実を発見し、関係付けて理解しなければならない。この段階の理解力としては、単なる事実を読み取ることから、事実と事実との間に存在する関係的意味を読み取らなければならない。そのためには、事実の部分を表していると考えられる語句、短い叙述部分相互の関係を表す関係語句、接続語句や論理的な関

係判断を求める、ある種の副詞や指示語などの用法を理解し、応用できることが必要である。

　特に本教材は、それらの関係語句の操作を通して、事実やそれを表現した語句の表層的な意味を捉えるのでなく、対比、対立、統合、反復の中に込められている意味、価値観を理解する力を持つことが要求される。これこそが解釈力といわれるものである。叙述の層としては、いわゆる論説層に込められている意味の発見が求められる。

3）態度能力的価値

　本教材は、言葉を通した価値理解の能力を育成することができるとともに、その価値観に基づいて内容の異なる事件や事象、事実が内包している意味を見いだし、それに対する自己の意見を持とうとする態度を養うことができる。

第三項　「読むこと」の教材としての文学的文章材

〈文学的文章教材の文種別文章解析の方法〉

　文学的文章は、形象的文脈を中心に形成される。形象的文脈は、描写・説明・対応という叙述層を有する。また、これらの叙述層を形成する言語は、いわゆる文学的言語として論理的言語とは異なる機能をもっている。つまり、多義性・暗示性・形象性である。これらのことに留意して文章解析をする必要がある。以下に、文種別に具体的に示す。

1　物　語

「ニャーゴ」　みやにし　たつや
（「新編新しい国語二上」東京書籍　平成17年度用）

第1場面

「いいですか、これがねこです。　この　顔を　見たら、すぐに　にげ

なさい。つかまったらさい後、あっという間に 食べられて しまいますよ。」
　子ねずみたちは、先生の 話を いっしょうけんめい 聞いて います。
　でも、あれえ。先生の 話を ちっとも 聞かずに、おしゃべりして いる 子ねずみが 三びき いますよ。

第2場面
　しばらくして、三びきが 気が つくと、みんな いなく なって いました。
「あれれ、だれも いないよ。」
「それじゃあ、ぼくたちは ももを とりに 行こうか。」
「うん、行こう 行こう。」
　子ねずみたちが 歩きだした その ときです。
ニャーゴ
三びきの 前に、ひげを ぴんと させた 大きな ねこが、手を ふり上げて 立って いました。
　三びきは、かたまって ひそひそ声で 話しはじめました。
「びっくりしたね。」
「この おじさん だれだあ。」
「きゅうに 出て きて、ニャーゴ だって。」
「おじさん、だあれ。」
ねこは どきっと しました。そこで、子ねずみは もう 一ど、
「おじさん、だあれ。」
と、元気よく 聞きました。
「だれって、だれって……たまだ。」
　ねこは、言って しまってから、少し 顔を 赤く しました。
「そうか、たまか。ふうん。」
「たまおじさん、ここで 何 してるの。」
「何って、べつに。」
　ねこは、口を とがらせて こたえました。

「じゃあ、ぼくたちと　いっしょに、おいしい　ももを　とりに　行かない。」

それを　聞いて、ねこは　思いました。

（おいしい　ももか。うん、うん。その　後で　この　三びきを。ひひひひ。きょうは、何て　ついて　いるんだ。）

ねこは、子ねずみたちを　せなかに　のせると、ももの　木の　方へ走って　いきました。

第３場面

三びきの　子ねずみと　ねこは、ももを　食べはじめました。

（うまい。でも、たくさん　食べたら　いけないぞ。おなか　いっぱいに　なったら、こいつらが　食べられなく　なるからな。ひひひひ。）

ねこは、ももを　食べながら　思いました。

ももを　食べおわると、三びきの　子ねずみと　ねこは、のこった　ももを　もって、帰って　いきました。

そして、あと　少しの　ところまで　来た　ときです。ねこは、ぴたっと　とまって、

ニャーゴ

できるだけ　こわい　顔で　さけびました。

そして、

「おまえたちを　食って　やる。」

と　言おうと　した　その　ときです。

ニャーゴ

ニャーゴ

ニャーゴ

三びきが　さけびました。

「へへへ、たまおじさんと　はじめて　会った　とき、ニャーゴって　言ったよね。あの　とき、おじさん、こんにちはって　言ったんでしょう。そして、いまの　ニャーゴが　さよならなんでしょ。」

第4場面
　「おじさん、　はい、　これ　おみやげ。」
　「みんな　一つずつだよ。　ぼくは、　弟に　おみやげ。」
　「ぼくは、　妹に。」
　「ぼくは、　弟に。　たまおじさんは、　弟か　妹　いるの。」
　「おれの　うちには、　子どもが　いる。」
　ねこは、　小さな　声で　こたえました。
　「へえ、　何びき。」
　「四ひきだ。」
　ねこが　そう　言うと、
　「四ひきも　いるなら　一つじゃ　足りないよね。　ぼくの　あげる。」
　「ぼくのも　あげるよ。」
　「ぼくの　ももも。」
　「ううん。」
　ねこは、　大きな　ためいきを　一つ　つきました。
第5場面
　ねこは、　ももを　かかえて　歩きだしました。　子ねずみたちが、　手を　ふりながら　さけんで　いきます。
　「おじさあん、　また　行こうね。」
　「やくそくだよう。」
　「きっとだよう。」
　　ねこは、　ももを　だいじそうに　かかえたまま、
　　ニャーゴ
　　小さな　声で　こたえました。

1　文章の機構・機能の解析
　題名　「ニャーゴ」
　構成
第1場面（発端）

306

ねずみの学校で、ねこのこわさを先生から教わる子ねずみたちと、先生の話を聞かないでおしゃべりをしている3匹の子ねずみたち。

第2場面（展開）

ももをとりに出かけた子ねずみたちの前に、ニャーゴと言って現れたねこを、こわいねことも知らず、ももをとりに誘う子ねずみたちと一緒にももをとりに出かけるねこ。

第3場面（最高潮）

子ねずみたちとおいしいももを食べながら、子ねずみを食べるんだからとももを食べ控えたねこが、食べ残したももをみやげに持って帰る子ねずみたちに、こわい顔をしてニャーゴと叫んだのに対して、3匹の子ねずみたちが、ニャーゴ、ニャーゴ、ニャーゴと口々に叫び答えた。

第4場面（破局）

子ねずみたちは、妹や弟におみやげを持って帰るので、ねこにも「おみやげ」といってももを渡そうとして、ねこの子どもの数を聞き、足りない分を自分たちのももを差しだそうとする。

第5場面（結末）

ねこが、おみやげのももをかかえて帰ろうとしているとき、子ねずみたちが、また、ももとりに行こうね、と言ったのに対して、ニャーゴと小さな声で答えた。

叙述・表現

この物語の叙述の語り手は、第1場面と第2場面の前半までは、子ねずみたちに焦点を合わせて語っている（つまり、叙述している）。それに対して、第2場面の後半からは、ねこに焦点を合わせている。子ねずみたちの行動は、客観的に語られているように見えるが、それは、ねこの目を通して捉えられた行動であって、子ねずみたちは、ねこの内心＝本音には全く気づいていない。このずれが物語の筋の展開に緊迫感をもたらし、読み手をはらはらさせながら最後まで引きつけて離さない働きを生み出しているのである。

この物語の叙述に会話が多く用いられていることも表現上の特徴としてあげられる。特に、ニャーゴというねこの鳴き声に込められた意味が、子ねず

みの受け止めた意味と全くずれてしまっていることに、作品中の子ねずみたちは気付かないのに、読み手には伝わってくると言う意味表現の作用は、会話のやりとりと、それに関わるねこと子ねずみとの行為の描写表現にある。つまり、この物語の語り手の焦点人物としてのきょりの置き方にずれを引き起こす仕掛けがあるのである。読み手たちは、作中人物に同化することによって、その仕掛けに取り込まれて、ごく自然にこのずれを受け止めてしまうのである。

この会話のやりとりとその具体的な描写とが読み手の子どもたちに、叙述の展開をたどりながら、節目節目で子どもながらの疑問を引き起こさせるという作用をしている。例えば、以下のようにである。

第1場面＝先生のお話を聞かないで、おしゃべりをしている3匹の子ねずみたちは、悪い子だ。こわいねこに出会ったらどうするんだろう？

第2場面＝心配していたこわいねこが出たあ！ニャーゴってねこが言ったのは、おまえたちを捕まえて食べるぞう！って言っているんじゃないかな？それなのに、ももとりに誘っている。大丈夫なのかなあ？

第3場面＝ねこがこわい顔をしてニャーゴといったのは、お前たちを食べてやるぞ、という意思表示であったのに、子ねずみたちは、ねこがさようならと言ったと誤解して、口々にさようならと言って食べられようとしていることに気づかない。どうなるんだろう？教えてやりたいなあ。

第4場面＝子ねずみたちは、食べられるかもしれないのに、ねこの子どもたちの数に足りないぶんを、自分たちのおみやげから分けてあげている。あんまり人がよすぎるんじゃあないかなあ。ねこはどう思っているんだろう？

第5場面＝子ねずみたちが別れに際して、ねこが小さい声で「さようなら」といった言葉には、どんな気持ちが込められていたのだろうか。食べてやろうと思って大きなこわい声で「ニャーゴ」といった時とどのように気持ちが変わっていたのだろうか。

物語（文学作品）は、その叙述過程に説明を省いて、読み手に省略した部分を想像させる述べ方をする。つまり、描写法を多く用いるということである。そう言った点に着目すると疑問・質問を発見し、その答えを求めて読み

進む、疑問読みとでも言うべき方法が考え出される。

2 教材研究（教材的価値の発掘）
1）内容的価値
　世の中に悪巧みとか生き物の命を奪うとかという恐ろしいことがあるとつゆ知らぬ無邪気な子ねずみの好意ある行為が、悪巧みにのせて子ねずみを食べてしまおうとするねこを改心させる、普通の人が失っている純真さ無邪気さというものの価値をわからせること。
2）能力的価値
　子ねずみとねことの間における思い・意図のずれを捉え、疑問を持つことができること。作品中の叙述に基づいて、疑問への答えを見いだすことができること。また、中心的キーワードである「ニャーゴ」というねこの鳴き声の意味の変化を捉えることができること。
3）態度能力的価値
　登場人物の純真さが、人を感銘させたり、考え方を改めさせたりするようなテーマの作品を求めて読もうとする態度を養うこと。

2　小　説

　　　「マッチ」　永井龍男　　　（「国語二」光村図書　中2　昭和59年度用）
① 　物堅そうな老紳士が、二十前と見える学生に向かい合って席をとった。学生の隣には、べつに目立ったところもない中年の女客が来て座り、ボックスの中は三人だけで、楽な旅行ができそうであった。
② 　遅い準急列車が、上野駅を出た。
　　一言二言、簡単な言葉のやりとりがあって、老紳士のかばんを置いた空席に、女客の持ち物も載せられた。
　　学生は、ポケットからつまみ出したキャラメルの紙をむくときも、本から目を離さなかった。本は、受験用の参考書らしかった。
　　女客は婦人雑誌を、老紳士は碁の棋譜と眼鏡を取り出した。もちろん、

三人とも、あかの他人にすぎない。
　指のささくれをかみかみ、参考書の問題にぶつかっていた学生が、紙包みをがさがさささせ、暗い車窓へ向いて、だれかに気がねするような格好で、ジャム付きのコッペパンをかじりだしたのは、女客がのり巻きを食べ終わってからであった。
　ひざのパンくずを払ってから、何度も車窓を透かして見る様子や、ノートをぱらぱらめくる動作に、彼の退屈してきたのが、明らかに見てとれた。
③　老紳士は詰め碁で時間を消し、女客はほおづえをして目をつむっていた。汽車が宇都宮駅に入ると、学生はホームの空気を吸いに行って戻ってきた。気を変えて、また参考書を広げたが、しばらくすると、思い出したように、真新しいマッチを一個取り出して、つくづくとそのレッテルに見入った。どこにもある台所用のマッチだから、だれもそんなふうに、レッテルの文字や模様を、念入りに眺めることはないかもしれない。
　学生が、やがてその一本を擦りつけると、前の老紳士はちらりと目を向けた。こんな若者まで、喫煙の習慣を身につけたものかと、老紳士は思ったようである。——しかし、彼はたばこを吸うのではなかった。二本、三本、指先で燃えるマッチを見つめてから、また参考書へ目を移した。
「君……」
と、老紳士が学生に声をかけたのは、それから二、三十分してからだった。つまり、その間に二十本近いマッチが学生の手で空費されるのを、ついに老紳士は見かねたのだ。不意を突かれてびっくりしたらしい学生に、マッチというものが、戦争中から戦後へかけて、どんなに大切な物であったかを、老紳士は懇々と説いた。
　現代の若者をたしなめるのは危険を伴う行為の一つだというが、幸いこの学生は、老紳士の言葉を黙々と聞いた。老紳士は、その沈黙に反抗の気配を感じるように思ったらしく、ポケット・ウイスキーを傾けて、一睡することにした。
④　数時間後、列車は朝の中へ走り込んだ。

旅行者らしい荷を持たない学生が、夜が明けたばかりの駅に降りていった。そこからは、さらに支線が連絡されていた。
　——　目を覚ました老紳士に、前の席の女客が、例の学生に託されたと言って、ノートの裂いたのを手渡した。
　こんなことが記されていた。
　　僕は、母が危篤との報を受け、国へ帰る一高校生です。注意をありがたく思っています。
　　苦学生活で、予定外の金を作るのに苦心しました。往復の汽車賃と、パンとキャラメルを買うと、借りた金は残りませんでした。
　　いらいらする気持ちを紛らすつもりで、宇都宮駅で最後の金でマッチを買ってみたりしました。そのほかの物は買えなかったのです。そのうちに、一回こすってマッチがつくかぎり母は生きていると、心の中でかけを始めたわけです。擦るのは、とても恐ろしい気がしました。そのとき、注意を受けて、どきんとしました。
　　こんなことを記す必要はないのですが、書いているうちは、気が紛れるのです。
　　では、さようなら。
⑤　朝日が、まぶしく差し込んだ。気難しい顔の老紳士だが、涙もろいたちらしかった。

1　文章の機構・機能の解析——教材研究——

題目　「マッチ」

場面構成

①　発端

　遅い準急列車の同じ座席への物堅そうな老紳士、20歳まえの青年、別に目立ったところのない女性の登場

②　展開

　準急列車が出発し、乗り合わせた3人の乗客は、それぞれに時間つぶしの振る舞いを始めた。それぞれの振る舞いの中に、登場人物の外からみた

キャラクターがさりげなく描かれる。ややダルな雰囲気である。
③　最高潮（クライマックス）
　宇都宮駅でマッチを買ってきたらしい青年が、そのマッチを１本１本見つめながら擦っている青年の行為を無駄遣いと考えた老紳士が青年にお説教をする。青年は黙って聞いていたが、そこにある緊迫したものを感じ取った老紳士は、説教をやめ、ポケット・ウィスキーを傾けて、仮眠に入った。
④　破局
　青年は、そこからさらに支線に通じる駅に降りていった。その際、中年の婦人に老紳士への手紙を預け、婦人は、目覚めた老紳士に手渡した。手紙には、マッチを擦った理由の一部始終が書かれていた。
⑤　結末
　それを読んだ老紳士は、まぶしい朝の光を受けて、気むずかしい顔つきだが涙もろい質らしい表情を見せた。
　首尾照応した、典型的な短編小説の構成を取っている。このような短編小説の構成では、破局の部分に、主題的力点が置かれるのが常である。この作品の場合も、そのことを明確に示している。もちろん、文学作品は、述べようとする主題を明確に言語表現をして示すことはしない。手紙の内容によって青年への見方を変革した老紳士の姿に暗示されているといってよい。

主題

　文学作品の主題は、結論的見解を作者が提示するのではなく、読み手が作者の提示した問題（問いかけ）に対する答えを述べたものがそれに相当する。したがって、この作品の主題には、何通りかのとらえ方があり得ることになる。たとえば、母を思う青年の悲しみに満ちた愛情への共感、マッチ売りの少女がマッチ１本に託した人の世の生の悲しみと愛のはかなさにも似た、青年の生きかたと母への思いなどといったテーマの受け止め方が考えられよう。

第五章　国語科授業づくりの実際

叙述・表現
　①から④の場面の４行目までは、主として三人称客観的視点からの描写がなされているといってよい。それに対して④の場面の手紙の部分は、描写的表現を用いながら説明の役目を担わせているとみられる。これはまた、手紙文という文章ジャンルの機能として一人称の視点で自己の内面を語ることになっている。このことが③の場面との対比性を顕著にしている。⑤の場面は、明らかに描写であり、作品のテーマの象徴的表現をなしていると言えよう。言うまでもなく、冒頭の老紳士の描写、結尾の老紳士の描写、両者の変化の意味づけの働きをしている手紙の内容という３者のイメージの重層化がテーマの方向付けをしていると解される。

2　教材的価値
1）内容的価値
　①　外見、行動だけから人物の行為の意味や価値を判断するのでなく、その内面へ迫るものの見方考え方を知ることができる。
　②　母を一途に思うこの青年の心情、現代の若者との比較をすることで自己理解を深めることができる。
2）能力的価値
　①　短編小説の構成を分析的に捉えることができる。
　②　描写（イメージ）と描写（イメージ）の対比性、累加性、重層性を捉えて文学的文脈の把握力を養うことができる。
　③　特に、マッチ売りの少女のイメージの連想がこの作品に奥行きを与えている。そこまでの想像力（連想力）を有していることがこの作品の享受には、必要な能力である。すなわち、文学的想像力を養うことができる価値があるということである。
3）態度能力的価値
　短編小説の名手といわれる永井龍男の他の短編小説を読んでみようという態度を養成できる。

3　詩的教材

「詩」は言うまでもないことだが、「短歌」も「俳句」も広義の「詩」の中に含まれる。言い換えると、形式は異なるが、本質的内容は共通するところが多くあるということである。教材を研究して、その内容的価値を洗い出す際に作業をするに当たって、着眼点としてその共通する本質をなすポイントを挙げると、次の３点にしぼられる。すなわち、①リズム（音の響き）・②イメージ・③思想、である。特に、イメージを操作して「思想」を含意的に表したり、言葉の音のもたらす響きがイメージを強調したり拡充したりする働きがある。さらに、イメージ化に影響を与えるものに、表記がある。カタカナか、ひらかなか、漢字か、その漢字が常用漢字の字体か旧漢字の字体であるかによって全く違ったイメージを思い描き、異なった意味を暗示していることがある。

よく知られている、安西冬衛の次の詩と俳句とを比べてみると理解できよう。

　　　　　てふてふが一匹韃靼海峡を渡って行った
　　　　　韃靼のわだつみ渡る蝶々かな

(1)　**詩（小学校）**
　　　高田　敏子　　　小さな靴
　　　　　　小さな靴が玄関においてある
　　　　　　満二歳になる英子の靴だ
　　　　　　忘れて行ったまま二カ月ほどが過ぎていて
　　　　　　英子の足にはもう合わない
　　　　　　子供はそうして次々に
　　　　　　新しい靴にはきかえてゆく

　　　　　　おとなの　疲れた靴ばかりのならぶ玄関に

　　　　小さな靴は　おいてある
　　　　花を飾るより　ずっと明るい
　（出典　詩集『むらさきの花』1976『高田敏子全詩集』1989　花神社所収）
1　題目　小さな靴
2　構成　二連構成
　　一連　孫の英子の小さな靴が、玄関に忘れたまま置いてある。2ヶ月経っても取りに来ないのは、その間に成長した英子の足には、小さくなってしまい、新しい靴をはきかえたからだ。→玄関に小さな靴が忘れたままになっているわけ。
　　二連　おとなの靴の並ぶ中に、置かれている小さな靴。玄関に花を飾るより明るい。→小さな靴の放つ大人の靴との対比的明るさ。
3　表現　一連は、描写的叙述というより、やや説明的叙述がなされている。それは、二連の描写的表現を効果的にする役割を担っている。また、大人の疲れた靴に対比的に、幼児の小さな靴が置かれているという描写は、小さな靴の花より明るいイメージを生みだし、この詩のテーマを具象化する核イメージとなっている。一連と二連とは、図と地との関係、言い換えると前景と背景との関係をなしていると見ることができる。
4　主題　置き忘られたままの小さな靴を通して思い描く明るく成長しているであろう孫の面影
5　教材的価値
1）内容的価値
　折り折りにしか訪ねて来ない孫の英子が忘れて行った小さな靴が玄関先に忘れたままになっている。取りに訪れないことが、この子の成長を物語っており、古びた大人の靴に現れている生活の疲労感に対して、明るく生き生きと成長していく孫の幼い命を享受させることができること。

2）能力的価値
　　一連が、やや説明的な叙述法で中心題材「小さな靴」が玄関先に置かれている事情について表現しているのに対して、二連は、疲れた大人の靴と明るい花よりいっそうの明るさを連想させる孫の英子の小さな靴の持つ意味を対比的表現を通して理解し、味わうことができること。
3）態度能力的価値（略）

(2)　**詩（中学校）**
　　　小野　省子　　　がんばらなくちゃ
　　　　　　　　　　かんたんなことを
　　　　　　　　　　むずかしく言うのは
　　　　　　　　　　かんたんだけど

　　　　　　　　　　むずかしいことを
　　　　　　　　　　かんたんに言うのは
　　　　　　　　　　むずかしい

　　　　　　　　　　何でもないことを
　　　　　　　　　　悲しく言うのは
　　　　　　　　　　何でもないけど
　　　　　　　　　　悲しいことを
　　　　　　　　　　何でもないように
　　　　　　　　　　言うのは苦しい

　　　　　　　　　　素直って言うのは
　　　　　　　　　　ありのままということだけど
　　　　　　　　　　私はがんばらなくちゃ
　　　　　　　　　　素直にはなれない
　　　　　　　　　　　　（出典　『牛丼屋夜間アルバイト』2001　本の森）

第五章　国語科授業づくりの実際

1　題目　がんばらなくっちゃ
2　構成　序　起　一連　<u>簡単</u>なことを<u>むずかしく</u>言うのは<u>簡単</u>であること。
　　　　　　　承　二連　**けれど**、<u>むずかしい</u>ことを簡単に言うのは<u>むずかしい</u>こと。
　　　　　破　転　三連　<u>何でもない</u>ことを<u>悲しい</u>と言うのは何でもないけれど、<u>悲しい</u>ことを<u>何でもない</u>ように言うのは<u>苦しい</u>こと。
　　　　　急　結　四連　<u>素直</u>というのは、<u>ありのまま</u>ということだけれど、私は<u>がんばらなくちゃ</u>　<u>素直にはなれない</u>こと。

　この四連は、すでに各連の頭に示した通り、起承転結の構成となっている。ただ、三連の内容は、一・二連に分けて述べられている内容を1つにまとめた構成になっている。それに基づいて考えると、一・二連を1つにまとめてもよいはずである。それが2つに分けられているのは、やはり、作者に、起承転結の構成意識があったためと理解される。一・二連を1つにまとめると、序破急という構成として捉えることもできる。
3　表現　この詩の叙述法の特色は、同一語句の反復、対比というところにある。特に、構成の要旨の部分でゴシックにした逆接の語（けれど）から、対比という表現性が発現している。また、下線を施した語句も対比的な関係を表現しているものと、類同関係にあるものとがある。「簡単な」と「むずかしく」、「何でもない」と「悲しい」という語句の対比的な反復、「何でもない」と「苦しい」という類同語句の対比的な表現が特徴的である。「がんばらなくちゃ」と「素直になれない」とは、特に、同一語句でも類同語句でもないが、「けれど」を挟んだ部分と部分とは、対比的表現になっている。
　この詩の中心をなしているのは、四連ということになる。

4　主題　「素直」というのは、「ありのまま」という言葉の同じ意味で、自分の今ある通りの状態を肯定的に振る舞えばよいと考えれば、「素直」になるということは、たやすいことだけれど、自分にとっては、「がんばらなくちゃ」できないほどのむずかしい心の在り方であるということ。
5　教材的価値
1）内容的価値
　　1つのものには、表から見た意味と反対側から捉えられる意味とが存在する。ものの見方、価値観の相対的とらえ方を学ばせることができる。この詩は、作者のものの見方考え方を内容とする思想詩であることを理解させられる。
2）能力的価値
　　詩の反復と対比という基本的な表現法を学習させることができる。この詩の反復、対比の表現を通して、上記の内容を捉えることができる。
3）態度能力的価値（略）

(3)　短歌（中・高校）
　　　俵　万智　　この味がいいねと君が言ったから七月六日はサラダ記念日（出典　歌集『サラダ記念日』1987　河出書房新社）
1　題目　題目・前書きなし。（歌集名は、この短歌に由来する。）
2　構成　上の句（５７５）と下の句（７７）の2段構成。三句切れとも言う。上の句の末尾の「から」によって原因を表し、下の句が結果を示すものとなっている。「から」は、「ので」と違って書き手の主体的な判断に基づいて関係づける働きをする接続助詞である。
3　表現　詩で用いられる言語は、いわゆる文学言語であって、その特質として挙げられる、①多義性・②含意性・③形象（イメージ）性・④想像（拡散＝連想）性といった働きを発揮する。この短歌は現代の作品であるが、短歌（和歌）の伝統である相聞歌（恋

歌）に入る作品である。これは、読む人はすぐに気づくことであるが、「君」は、単なる「君」「僕」の君ではなくて、古典和歌で用いられる「君」、つまり、大切に思う人、愛しい人といった意味を持つ語であることに思い至る。このように考えて、読み進めると、七月六日が特別な意味を持ってくる。すなわち、七月七日は、牽牛と織女という恋人同士が１年に１度会うことが許されたという伝説のある日である。七月六日は、その前日、つまり、恋人を思う気持ちの最も高まる日ということになる。このように考えると、七月六日を自分たちだけの記念日とするというのは、決して偶然ではない。サラダの、「この味がいいね」と「サラダ記念日」とが、「ので」でなく、「から」で結びつけられているのは、「この味が」であって、「この味は」でないことと関係がある。「は」は、この時は、異なる時の味と比べてのことということを含意している。それに対して、「この味が」は、他との比較でなく、この時の、この味、と特立している。だからこそ、「七月六日」が「記念日」になるのである。

　また、この短歌には、言葉の響きにさわやかさがある。これは、「しちがつ」の「し」、「サラダ」の「さ」、特に、「サラダ記念日」という主題語が明るくさわやかな感じを生み出している。さらに、「イ」という母音が繰り返し現れるのも、効果を増幅している。

　このように、この短歌は、文学言語の機能がよく理解できる表現性を有している。

4　主題　恋人が自分の手作りのサラダをおいしいとほめてくれたのが嬉しく、その日を記念日と名付けて喜びを表明。

5　教材的価値

１）内容的価値

　思春期の生徒にとって、このような明るくさわやかな恋愛感情の表現を知ることは、人間理解の一環として意味のあることであると考える。

2） 能力的価値

文学的表現の働きを具体的な言葉を通して理解させることができる。特に、言葉の含意的意味、連想喚起性の在り様を捉えることは、文学、とりわけ詩的表現の読み解き力を養うのに適切な作品である。詩はリズム、言葉の響きを大切にする。この短歌の場合は、５７５７７の音数律だけでなく、さ行音の言葉、イ母音の響きが醸し出すさわやかな感じを捉えることも詩的表現の特質の理解を深めるのに大切な力である。

3） 態度能力的価値

短歌に関心をもち、歌集を読んだり、自分も短歌をつくってみようとする態度を養うことができる。

(4) 俳句（小・中・高校）

　　　与謝蕪村　　　春興廿六句
　　　　　　菜の花や月は東に日は西に

　　（出典　『続明烏』1979.11『新潮古典集成与謝蕪村集』新潮社所収）

　　　　　　　　　　　　　　　　　　（俳諧連句の発句）

1　題目　春興
2　構成　菜の花畑という広大な目前の景観と、東に月、西に日という仰観した大景という２段の構成。「や」は、切れ字である。ここで切れるとともに、未分化な感動を表す助詞である。下の句の「月は東に」と「日は西に」とは極めて対比的である。ここには、作者の視線の移動がある。
3　表現　この句は、情景を表現する語句とともに、「や」「は」「に」という助詞の働きを読み解くことが肝要である。「や」は感動、詠嘆を表す助詞とされている。「菜の花」に対する感動、詠嘆を表現している。ただ、その感動の内容がどういうものかについては、述べられていない。省略されていると捉えるか、空白にして読者の想像を触発しようとしていると考えるか、いずれにしても文学言語の含意性、連想性の働きに促されて、「や」の未分化な

感動の内容を解釈することになる。内容理解の手がかりは、下の句の仰ぎ見た夕暮れの大空の景観である。「菜の花」も目前に広がった夕暮れの菜の花畑の風景としてイメージされる。そのイメージに対する感動が「や」の内容である。春の夕日はほの暗く光が薄れ、月は朧に東の山に霞んでいる。ただ、「に」という格助詞の後に略されている言葉は何か、という問題が残る。

　夕日は**沈む**、月は**昇る**と考えるのが普通であろう。「に」という格助詞には、**しずむとのぼるの場合のように動作・作用の帰着点**を示す働きの他に、**存在の場所**を表す機能もある。前者と捉えると、動的な変化の情景が浮かんでくる。それに対して後者だとすると、東にあり、西にあるというように補うと、静的な情景をイメージすることになる。けれども、この両者を択一的に考えることをしないで、「に」という一語が内包する２つの意味が同時に成立すると捉えると、動的に変化する月と日の一瞬の静止、一瞬のうちの永遠の時間と情景とをこの句に見ることができる。

4　主題　菜の花、東の月、西の日の情景的イメージをそれぞれ対比的に配置することによって、春の夕べの、変化していく情景の一瞬の表現。

　　　季語は、「菜の花」（春）である。「や」による強調によって中心題材であることを表している。

5　教材的価値
1）内容的価値

　知識的内容としては、俳句（古典俳諧では、発句。）のきまりを理解することが出来るということが挙げられる。すなわち、切れ字「や」の働き、季語が「菜の花」であること、５７５の形式を持つことなどである。高校生が学習者であれば、俳諧の連句（歌仙ともいう）の発句であることを学習させることもよいであろう。ちなみに、連句の第二句（脇句という）は、俳人樗良の「山もと遠く鷺かすみ行（く）」である。これによって発句のイメージが、さらに膨らみ展開されていく。価値的内容

としては、対比的イメージの構成、配置によって、広大な風景の変化と静止の一瞬を捉えた美を情的に理解すること。
2）能力的価値
　　この句は、小・中・高のどのレベルでも扱うことができる。能力的価値としては、前述の「表現」の項で述べたことを選択して、各学校レベルで指導するとよい。
3）態度養成的価値
　　自分も俳句を作ってみようという態度を養うことができる。

第三節　「読むこと」の授業づくり

第一項　「読むこと」の授業づくりの実際

1　小学校の場合

(1) 論理的文章教材指導の授業構成と展開
1）教材　「シャボン玉の色変わり」
2）授業づくり
　① 目的的な読むことの活動の組織化
　　1．シャボン玉遊びの過程で発見した不思議—シャボン玉の色は、なぜ、くるくると変わるのか。そのわけを明らかにするという目的的（問題解決）読みの活動を組織する。
　　2．授業に先行してシャボン玉遊びをさせておくこともあってよい。
　　3．上掲の説明文の読みの活動の過程で、実際活動で体験した事実に基づいて教材文と同様の疑問を持ち、追求の目的意識を喚起する。問題解決への欲求が高まり、説明文の読みを通して、説明の論理を追求する主体的な読みを営み始める。この読みの活動を通して科学的な思考過程とそれを支えている言語論理を学習させることができる。つまり、読みの指導目標が立ち上がってくる。

② 授業の構成とその構造

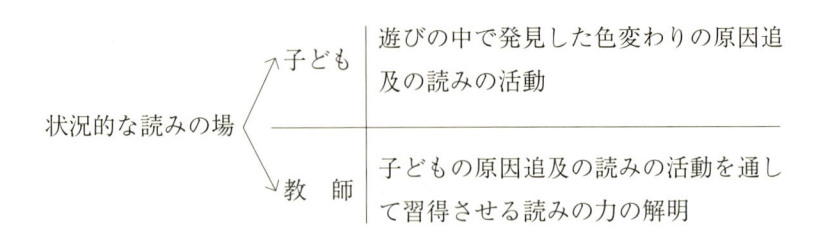

状況的な読みの場 ┬→ 子ども ── 遊びの中で発見した色変わりの原因追及の読みの活動
　　　　　　　　└→ 教　師 ── 子どもの原因追及の読みの活動を通して習得させる読みの力の解明

　授業活動は、目標・教材・支援活動（方法）・評価という柱で構造化される。このうち目標は、内容価値的目標・能力価値的目標・態度価値的目標に分けて捉えるのが一般的である。内容価値的目標は、目的とする、なぜくるくるまわる過程で色が変わるのかという疑問に対する答えとして、その仕組みと理由という知識を得ることができるようにするということを取り出すことができる。能力価値的目標としては、事実の記述表現のなされ方とその理由の説明のなされ方には、文末の表現、事実を述べる特有の言葉、説明・理由を述べる特有の言葉があることを知り、それを用いて内容の理解を図るという技法を使いこなす技能を目標とすることができる。態度価値的目標としては、この学習活動全体を通して、科学的なものの見方、このような事象に対する興味、関心を持つようになるという目標設定が可能となる。

③　評価
　評価は、当然のこととして、設定した目標を規準として行うことになる。とともに、支援活動は、全体と個を対象として形成的評価をすることになる。評価をA・B・Cの3段階で行うとすると、Bを標準として、Cレベルにある者をBに引き上げる手立てを講ずることが、支援の際にもっとも配慮されるべきことである。また、目的達成が十分満足されるものであった場合は、その授業は、成果が上がったと評価可能である。

(2) 文学的文章教材指導の授業構成と展開

1) 教材　「ニャーゴ」
2) 授業づくり——疑問追求読みの方法によって——

　教材研究のところで述べた、内容的価値・能力的価値が、内容価値的目標、能力的目標、態度養成的目標の３つに措定することができよう。

　読みの活動の組織としては、子どもたちは、子ねずみたちに寄り添って、子ねずみを狙って食べてやろうと思っているねこの動きを、はらはらしながら読み進めて行くと思われる。そのはらはらは、ねこの目を通して子ねずみの無邪気な言動を描いているところから、生じている。その「はらはら」の気持ちは、読み手に、どうして、なぜ、という疑問を持たせる。授業者は、その疑問と答えを求めながら読み進めて行くように授業を組織することが必要である。この物語は、教材研究の項で分析したように、５つの場面で構成されており、場面相互の関係は、発端・展開・最高潮・破局・結末という物語の基本的な型をなしている。したがって、この物語の主題も小さな疑問——答えの積み重ねの結果、生まれた大きな問いに対する答えを探求することで説き明かされる。答えは、破局で表れはじめ、結末で確定される。各場面ごとの疑問は、教材研究の表現解析のところに具体的に示してあるのでここでは、省略する。

　学習の支援は、先ず、学習者に読み聞かせをした後で、感想や疑問点を書き出させ、場面ごとに疑問形で整理し、答えを考えるためのヒントを添えて手引きとして提示する。１人学びで取り組ませるか、ペア学習をさせるか、自力で先ず答えを探求させて、それを発表させ、学級全体での話し合いに進めていくという活動を組織する。学習活動の途中で、授業者は、つまずいている者、低迷している者に個別に手をさしのべる。つまり、学習過程における形声的評価とともに、個に応じた支援をするのである。

　授業後の総括的評価は、内容的価値と能力的価値を目標化したものを基準として行うことになる。言語能力を働かせて内容的価値を獲得する学習であるから、ペーパーテストの問題では、読み解き能力の働かせかたと読み取りの結果とを合わせて試すことになろう。学習ノートも評価の有力な資料にな

る。資料とするためには、学習過程でのノート指導が必要である。

2 中学校の場合

(1) **論理的文章教材指導の授業構成と展開**
1）対象学年　1年生
2）教材　「平和を築く――カンボジア難民の取材から」
3）目標
価値的目標　人間にとって極限と思われる状況においても失われない、他人への思いやり、優しさといった人間性の本質を発揚させる「平和」の価値に気づかせる。
能力的目標
　① 厳しい戦乱の地において生起し、実地に見聞した出来事の内容を正確に捉えることができる。
　② 人間にとって極限と思われる厳しく苦しい出来事の記述の中から対比的に見えてきたものを、自分の言葉で言い表すことができる。
　③ この文章の叙述の仕方の違いによって大きく2つの部分に分けることができる。
　④ 筆者によってまとめられた、戦争と平和についての定義を、本教材文の事例とは別の戦争の体験記などから例を引いて筆者に倣って短い文章を書くことができる。
態度的目標　戦争や争乱、テロ事件などの記録、ルポルタージュなどを読んで、戦争と平和の問題について考える態度を養う。
4）学習活動の展開と支援の方法（時間配当2単位時間）
　学習活動
　① この文章が2つの体験的エピソードと抽象的な筆者の意見を述べた部分とで構成されていることをつかませる。
　② 2つの体験的エピソードの内容を簡潔に要約させる。
　③ 2つのエピソードに共通するものを見いださせる。

第五章　国語科授業づくりの実際

④　③で見いだした共通点を抽象的な言葉で言い換えさせる。
⑤　2つの体験的エピソードという具体例から帰納され、導き出された筆者の意見との相互関係を説明させる。
⑥　戦争（災）体験記やルポルタージュを読み、この文章を通して学んだ筆者の戦争観、平和観に基づきながら、各自の戦争観、平和観を論述させる。

　形成的評価と支援の方法
　この授業は、問答法によって展開されるものとする。ただし、小集団での話し合いも随時取り入れる。展開の①〜⑤の学習課題は、キー発問となる。第1分節は①、第2分節は②③、第3分節は④⑤をそれぞれキー発問とすることができる。
　個人による発言、小集団の話し合い結果の発表のいずれにおいても、その後の全体での話し合いが行われるのが一般である。その際の教師による助言、補足説明、場合によっては、教師が質問したりすることが、発言、発表のそれぞれに対する評価を踏まえたものとなるべきものである。評価であるからには、当然、A・B・Cの評定基準が設定されているべきであり、学習者全員がB段階に達するように支援することが必要である。問答法による場合でも、大村はま先生がなさったように、生徒の立場に身をおいて、言い換えれば生徒になって発言したり、質問したりすることで学習者の思考活動、発言活動の質を高め、意欲的にさせることも工夫されてよいことである。
　第4分節は、いわゆる読み書き関連活動である。読むことの目的意識を明確化し、各自の戦争、平和に対する価値的認識を深めることがねらいである。いわゆる作文指導として書く活動をさせるのではない。形成的評価としては、書く学習者が書いた感想や意見に対して、それらを、さらに深めさせる示唆や啓示をコメントすることになろう。

5）総括的評価
　総括的評価の規準は、当初設定した目標である。この授業の評価の方法としては、いわゆる設問に答えさせるペーパーテストによる読解レベルの評定

と感想（意見）文による価値認識の度合いを計る評定法とがとられることになる。

　ペーパーテストの設問としては、①〜⑤までのキー発問で取り上げた問題から、価値認識の形成度の確かめとしては、第4分節で取り上げた感想文なり意見文が対象となろう。適切な例文が見つかれば、（例えば新聞記事など）それを提示して、教材文で学んだ考え方を適用して、感想なり、意見を書かせることも1つの方法である。

(2)　文学的文章教材指導の授業構成と展開
1）対象学年　2年生
2）教材　「マッチ」（永井龍男）
3）目標
内容価値的目標　老紳士の苦学生と見える青年への見方とらえ方の変化を理解する。
能力価値的目標　作品の構造と描写の理解を通して表現の奥に訴えようとする意味の暗示的表現法の理解の仕方を学ぶ。
態度価値的目標　人物表現の理解を通して、人間の見方を学ぼうとする態度を養う。
4）学習活動の展開と支援の方法
　　学習活動
①　この作品の構造が、発端・展開・最高潮・破局・結末、という短編小説の典型的構成であることをつかませる。
②　冒頭の老紳士の描写と結尾の老紳士の人物像描写に変化が生じていることに気づかせる。
③　最高潮の部分と学生の手紙の部分とが対比的に配置されていることに気づかせる。
④　展開の部分における3人の人物の描写の中に暗示的な伏線が張られていることに気づかせる。老紳士と中年の婦人は、特に目立つところもなく、静的に描写されているのに、学生の描写には、やや、動的というか

第五章　国語科授業づくりの実際

落ち着きのなさがこの空間の安寧を破る伏線のように読み取れることに気づかせる。

⑤　最高潮の部分では、明らかに老紳士と学生とは対立的な位置に置かれ、動的雰囲気がもたらされる。が、学生がいっこうに反発的な反応を見せないところに、何か隠された事情があるのでは、という思いを読者に誘う伏線をなしていることに気づかせる。

⑥　最高潮の部分と手紙の部分（破局）の内容に記されている、マッチを擦るという行為が、暗に、アンデルセンのマッチ売りの少女の物語と響き合うように配置されている気づかせるとともに、このことを通して何を読み取らせようとしているか、考えさせる。また、手紙を託された中年の婦人は、どういう役割を果たしているかについても、考えさせる。

⑦　冒頭と結尾との変化、最高潮と破局の対比、マッチ売りの少女のものがたりとの響きあいを通して語り手（作者）がなにをテーマとして読み取らせようとしているか考えさせる。

⑧　形象的思惟とは、具体的な形象（イメージ）を媒介した思考操作を通して価値あるものの見方考え方を発見したり創造したりする方法である。

形成的評価と支援の方法

①　問答法の授業として途中評価としての形成的評価を計画することとする。まず、初読後の感想を書かせる。特にこの作品で、読者として心にかかってきたものを中心に取り上げさせる。これは、事前の学習者の読みの程度と課題意識及び問題点を把握できる。この結果を手がかりに展開過程における読みの課題（発問による提示）を見いだし、読みの展開過程における立ち止まりの節目を策定する。

②　この作品で目立つのは、教材研究の際にも触れた冒頭と結尾との照応である。次に、老紳士が学生にお説教する場面と手紙の内容との対比である。これらを手がかりとすると、まず、作品の構造の読み解きが読みの課題となり、読みの展開が図られる。

　ここで、発問・応答・学習者相互の話し合いという授業コミュニケー

ション過程が円滑に進むように、また、正しい読み取りの結果に基づいて行われるように助言、補足説明などの支援活動が必要になる。教師の支援は、正当な読みの形成を促す評価となっていなければならない。
③　構造を完成して作品像を具象化するためには、表現＝特に描写を読み解くことが求められる。描写を読む場合は、誰の視点から見たものが対象化されているか考えなければならない。言い換えれば、この作品の語り手が作中のどの人物に焦点を合わせて語っているかを明確に把握していることが必要である。この作品は、全体的には、語り手は、全体を平等な目で見ているということができる。しかし、学生にお説教をするときは、明らかに老紳士に焦点が合わせられており、学生は周辺意識で捉えられている。それに対して、手紙の場合は、当然のことではあるが、学生に焦点化されている。語り手が、登場人物の内面にまで入り込んでそのこころのありようを語ることができるのは、そのような場合である。その際の２人の人物の表情の描写は、直接的にはなされていないが、老紳士については、冒頭の描写から連想できるし、学生については、「展開」部分の所在なさそうな風情からしか思い描くことはできない。しかし、マッチを擦っている姿と手紙の内容とを重ね合わせると苦悩の表情を後から想像することができる。描写が、そのときの人物、風景、場面などの様子をありありと読み手の脳裏に映し出す表現法であるとすると、読み手（学習者）が、各自思い描いた様子を言語化＝他人に話すことができ、かつ、その手がかりとした事柄を示すことができるか、教師は、折々に試験発問をしながら、助言や補足説明という支援をしなければならない。それが、この場合の形成的評価となる。

５）総括的評価
　①　基本的には、目標として掲げたものが規準となる。
　②　評価用具としては、ペーパーによる記述式のテストが用いられるのが普通であろう。
　③　設問のポイントは、授業展開の分節ごとのキー発問がそれに当たる。
　④　単に読解の結果を試すだけでなく、この作品を、感性を働かせてどの

第五章　国語科授業づくりの実際

ように主体的に受容しているか、また、積極的にどのような人間観を見いだしているか、といったことを評価するには、この作品に触発された感想を書かせることも忘れてはなるまい。

第四節　「書くこと」の授業づくり

第一項　「書くこと」の授業づくりの基本的な指導法

1　「書くこと」の指導法としての短作文

　「作文」とは、文章を製作することである。「文章」は、分量に関係なく、全体性の原理と統合性の原理にもとづいて成立する。したがって、分量が短少な文章を製作する場合を短作文、ある分量以上の文章を製作する場合を長作文という考え方は、一般に認めることのできるものである。今日では、学習指導要領にも規定されているように、「作文」でなく、「書くこと」の指導という考えかたに立っている。このことは、文章を製作することを含めた、「書く<u>こと</u>」は、書く行為のみでなく、書く行為を土台にした書く生活全体を対象にすることである。つまり、文章とは言えない、片々たる書く技能を動員する作業も指導の対象となる。
　大西は、「短作文」の分量的範囲を一語から400字以内と規定している。文章の階層は、語—文—段落—文章という４つのレベルに分節できる。「短作文」の分量的範囲を、文章階層の段落レベルに限定するということである。文章とは言えないごく小さな書く技能を用いた書く作業には、メモや書き抜き、書き加え、キーワードを用いた要点のまとめなどがある。青木幹勇氏の「第三の書く」などに取り上げられているものの大部分は、この範疇に入れられる。

2 「書くこと」の指導法としての長作文法

「長作文」は、一般的に行われている、ある程度の長さを持ち、まとまった内容を書く文章を言う。短作文の分量を越えた長さ、すなわち、400字以上の分量で2段落以上で構成されるものを目安とするとよい。

長作文の制作過程は、次のように組織するとよい。

書く場の設定―創構過程―文章化過程（構想過程・叙述過程）―活用過程

「書く場」を設定するために必要な条件は、①書き手主体の立場の明確化、②読み手の置かれている境遇や立場、伝えようとする事柄についての予備知識・理解力、③書き手主体が文章に書き表して伝えようとする目的・意図、この3条件が明確になると、④書き手主体の目的・意図を満たすべき内容の要素が見えてくる。さらに、この4条件が明らかになると、⑤読み手・目的・内容にふさわしい、どのような叙述法がよいかが分かってくる。このような書く条件を具現化する過程が長作文の制作過程である。

指導過程は、制作過程の方法を習得することを援助する過程である。したがって、制作過程の各分節ごとの作文スキルを明らかにし、それを操作する必要のある活動を組織するとともに、それらのスキルの習得を援助することである。

創構過程以降の作文スキルと方法について、簡潔に解説する。

創構は、西洋修辞学の用語であるインベンションに与えられた訳語で、発想とか構想とか様々な訳がある。が、波多野完治氏よって訳された「創構」が最もふさわしいと考えてこの語を用いることにする。この言葉は、「アイディアの創出とその組織化」という意味で使用される。「創構」の「構」は、創出されたアイディアを「組織」するという意味である。創構のスキルとしては、短作文スキルと重なるところが多い。例えば、一語（句）作文、一文作文、二～三文作文などは、アイディアを生みだし、書きとめるのに適

当な分量である。特に、二～三文作文スキルは、小単位のまとまったアイディアを書きとめるのに有益である。方法としては、ブレーンストーミング法、短冊（小カード）法、創構カード法（4分割カード法）、段落カード（2～300字のマスをプリントしたカード）法などが挙げられる。これらの方法でアイディアを生みだし、それらを、中心アイディアを基に取捨選択して、組織すると構造化された短文章ができあがる。

　文章化過程は、構想過程と叙述過程に分けることができる。この2つをまとめているのは、構想も叙述も構造化された創構の内容を、線条的に展開する点において共通するからである。

　構想は、正確には、線条化構想とでも言うことのできるものである。創構内容の構造にしたがって分節化し、それを線条的に配置するに際して、どのように配置したら、内容が読み手に分かりやすくなるか、内容の構造に自然な配置になるか、ということを思いめぐらすのが**構想**である。このような思いめぐらしの結果、決定された配置を**構成**という。構想・構成を容易にするには、創構の段階において構造の分節が見えやすい方法で、特にアイディアの組織化を図ることが望ましい。学習者が作文活動で、一番つまずきやすく、困難を感じるのは、線条的配置の作業である。この点については、授業例のところで具体的に述べることとする。

　叙述過程は、目的と内容によって決まってくる。それに加えて読み手の経験や知識、理解能力のレベルなどの条件を勘案して、述べ表すことになる。この叙述形態は、結果として文章形態、つまり、文種を決める要因として働く。また、文種が文学的（形象的）文脈によって成り立っているものか、論理的文脈によって成り立っているものかによって、用いられる言葉や表現法が異なってくる。文学的（形象的）文脈の文章は、多義性・暗示性・含意性・イメージ喚起性などの機能を持つ文学言語が用いられる。それに対して、論理的文脈の文章は、一義性・明示性・抽象性・概念性などの機能を有する論理言語が用いられる。現在求められているのは、論理的文章を書く能力である。論理的文章は、叙述が層をなしている。すなわち、記述→説明→論説という叙述法が、この順序で発現するのが基本である。文種によって、

これらの叙述法が限定的に現れる。記録・報告文は記述中心、説明・解説文は記述―説明の２層中心、意見・論説文は記述―説明―論説という３層で成り立つ。

ちなみに、文学的文章は、描写―説明―象徴という叙述法が基本的に発現する。

活用過程は、「書く場の条件」のうち、目的に対応する段階の活動である。実際に、読み手に書いた文章を届けて、目的、意図していることが達成されたか、その反応を確かめるという行為をする。ただ、不特定多数を相手に書き、直接的反応を確かめられない場合もあり得る。しかし、文章を書くという行為は、言い換えれば、コミュニケーション活動であるから、一方的な伝達だけでなく、相手から反応を得て初めて、コミュニケーション（通じ合い）が成立する。書いた文章を届けて、何らかの応答が得られるような活用活動を仕組んで指導したり、支援をしたりする必要がある。

第二項　「書くこと」の授業づくりの実際

1　短作文指導の授業の構成と展開

短作文指導の方法を開発提唱された藤原与一博士は、短作文の方法による指導は、小学校・中学校・高等学校のどの段階においても共通した方法で行うことができると述べ、一語作文、一文作文、二～三文作文、200字作文、一章作文などの方法を提案しておられる。著者も、年来、短作文指導の方法を考究し、複数の単・編著書を世に送っている。

短作文は、①目的と必要に応じた自立した短い文章を書くことのできる力を育成すること、②目的と必要に応じて長くまとまった文章を書くことの基礎に培う力を養うこと、の２つの目的のために開発された方法である。短作文は、条件作文である。この条件は、「書く場」から出てくるものである。「場」を成立させる基本条件は、①「誰が」・②「誰に」・③「何のために」・

④「何を」・⑤「どのように」の５つである。特に、①〜④が、明らかになると、⑤の条件が、はっきりしてくる。ただ、指導の目的に応じて、リアリティのある「必要」を満たす場合は、自立し、生きて働く文章を書く活動を組織することになり、基礎力を訓練する場合は、前述の５つの条件のいずれかを提示して、「何を」「どのように」の条件を具現化することになる。ここでは、この２つの場合の例を挙げて、作文課題条件例を示す。

(1) 基礎力の訓練の場合
例１ 文章の想を広げ、文と文との論理的な接続を図り、筋道の通った文章を書くことができるようにする。
① 折り句作文
次の言葉の１字ずつを各文の最初に置くとともに、示した言葉の意味を具体的な内容とする文章を、例にならって書きなさい。
例 矢川 澄子・詩 「はる なつ あき ふゆ」（1984 福音館）に載せられている次の詩を参考にして、詩でなく散文（普通の文章）で書く。

　　　み の り の あ き
　　みどりからきにあかに　／　のもやまもころもがえした
　　りんごもかきもゆたかにいろづく　／　のこりすくないあきのひ
　　あしたこそあのもりへ　／　きのこをたずねて

課題　１　あさがお（朝顔）
　　　２　へいわ（平和）
　　　３　はるのあさ（春の朝）

② 一文拡充作文
次の、それぞれの一文を文章の冒頭か結末に置き、それをふくらませて200字のまとまった文章を、次の例を参考にして書きなさい。
例　中学生には、校則は必要である。
　　なぜなら、中学生になると自己主張が強くなり、自分が束縛されることをいやがる。そのため、結果的に学校や級友の迷惑になるこ

とをしてしまう。乱れた服装をしたり変な髪型をして目立とうとしたりする者が出る。校則は、社会の常識からはみださない人間を教育するために定められたものである。だから、校則はなければならない。特に、義務教育の最後の段階の中学校では、必要なのである。

　課題　1　たんぽぽの白いわたげが、風に乗って野原の向こうに飛んでいった。
　　　　2　人間は、自然と共生していくことが何よりも大切である。
　　　　3　誰もいなくなった公園で、ブランコだけが、ひっそりと風に揺れていた。
　　　　4　責任をともなわない自由は、自由ではない。

短作文は、短い故に評価や活用が行いやすい。評価の基準は、提示した条件を充足しているかどうかを見ればよい。

(2) **目的と必要に応じて短く書くことが求められている自立した文章を書く場合**
　① 「場」と課題を提示して、具体的内容及び相手に伝わりやすい述べ方を工夫させる方法。
　　例1　弘君の学級では、昨日や今朝、登校途中か、学校の休憩時間かに、はっと思ったこと、みんなにぜひ伝えたいことを200字にまとめて文章化し、それをもとに朝の会でスピーチをすることになっています。みんなに伝えようとすることを分かりやすく書きなさい。この原稿は、みんなのスピーチが終わったら、文集にします。
　　文例　今朝、学校に来る途中、〇〇スーパーの近くの道路のアスファルトの割れ目から、何かやさいのようなものの芽が出ているのを見つけました。これから、登校、下校の途中に気をつけて見守って行こうと思っています。誰かがふみつけたり、ぬき取ったりしないか、心配です。ぼくは、生き物のいのちの力づよさ、すばらしさを感じました。この青い芽が大きく育って、どんなしょく物になるのかということも、知りたく思っています。楽しみです。

（以上、200字）

以下、「場」の条件例のみを提示する。
② 相手と目的だけを提示し、内容と述べ方を考えて短い文章を書かせる方法。

例2　美枝子さんの学級では、掃除当番や授業の際のグループ学習も、いつも5人の班で行うことになっています。班のメンバーの悟君（さとる）が、虫垂炎（ちゅうすいえん）になって手術し、入院していると、担任の先生からお話がありました。そこで、班の人たちでお見舞いの寄せ書きをしておくろうということになりました。用紙は、一般に使われている色紙にすることにしました。色紙だから、1人が200字程度で書くことになります。もし、空白の部分ができたら、絵を描くか雑誌などの写真をコピーして見栄えよく貼り付けるのもよい工夫ですね。

③ 課題と用紙の形式だけを提示して書かせる方法。

例3　夏休みの生活の様子や、旅行などをしてみんなに伝えたいと思った体験を、新聞形式に記事毎に割り付けをして、それぞれの記事は100～200字以内で書く。また、用紙はB4大のものを使用し、見出しをつけたり、横1段の枠だけでなく、正方形や三角形の枠なども工夫して編集することも考えると、クラスの人に読んでもらいやすいですね。

以上のような課題例については、拙著『作文の基礎力を完成させる短作文指導』（明治図書）・『短作文の授業』（国土社）・『短作文の評価と処理』（明治図書）などを参考にされたい。

2　長作文指導の授業の構成と展開

(1)　小学校の例
〈報告文〉　（小学校3年生）
　　夏休みの自由研究　　　東京都国分寺市立国分寺第二小学校3年
　　　　　　　　　　　　　　　　　　　　　　　　　　　栗本　都

第五章　国語科授業づくりの実際

書く場の設定

　夏休みの自由研究として、調べ学習をして報告文を書くという宿題が出された。この児童は、母親の実家のある広島に行き、8月6日の原爆記念日に遭遇し、慰霊式に参列した。そのことをきっかけに、原子爆弾の被害の様子と、祖母や曾祖母の被爆体験の聞き書きをもとに、レポートを書くことを課題とした。読み手は、直接的には、学級の先生であるが、学級の仲間にも知らせたいと考えている。

創構過程

　いわゆる取材活動に相当する段階であるが、その方法として、①実地に踏査する（祈念式典への参加、資料館の見学、平和公園とその周辺の慰霊碑の探訪）、②資料（当日のことを報道した地元の新聞と資料館の見学のための資料パンフレット）による調査、③被爆体験をした祖母、曾祖母に体験談を聞く、といった活動をし、その感想をまとめるという活動をしている。資料館や慰霊碑、被爆遺跡の見学、探訪には、母親、祖母、時には祖父も付き添って、アドバイスしている。

構想過程

　取材をした順序に調べた内容を配列している。①平和祈念式への参列とその様子を報じた新聞の記事と写真、②自分の生まれた日本赤十字病院の被爆時の写真とそれへのコメント、③後日、出かけた平和公園内にある慰霊碑とその周辺にある慰霊碑（特に、自分の母親の出身高校の前身の市立高女の慰霊碑――曾祖母の出身校でもある）及び被爆青桐の樹のこと、④広島平和記念資料館の見学と展示物の写真、⑤曾祖母に聞いた被爆体験談、⑥まとめとしての感想、というような順序で構成している。このような構成をするまでにどのように構想したのかは、不明であるが、日赤病院の被爆写真は、資料館に展示されていたものであり見学の資料に載せられていたものと考えられるので、資料館見学のところに位置づけるべきであった。ただ、別項に取り出したのは、日赤が自分が生まれたところということに起因していると考えられる。

叙述過程

聞き書きの部分を除いて、写真を多く用いている。文章はその写真の説明をしたり、関連する事柄を付け加えて述べたりしている。作文（後掲）を引用して、叙述の仕方について分析、評価する。なお、報告文は、B4大のスケッチブックに横書きで書かれている。

活用過程

書き上げた宿題の報告文は、夏休み明けに担任の先生に提出した。その後、学級全員の宿題作品は、担任によって教室の後ろに展示された。さらに、担任に指名されて、学級会の時間にみんなの前で発表した。これをきっかけにして、学級で平和について話し合い、平和について認識を深めた。このことは、母親が保護者会の際、担任から聞かされた。

---

① せんそうはやダ

東京都国分寺市立国分寺第二小学校3年生　くり本　みやこ

夏休みに、わたしとおかあさんの生まれた広島に帰ってきました。8月6日平和公園でおこなわれる平和祈念式典をみて、平和についてしらべてみようと思いました。

---

② （原爆ドームの上から俯瞰した、平和祈念式典の写真の切り抜きを貼っている。略）

---

③

平和祈念式典の様子です。あついなか、8時から1時間立っていました。

平和をいのって、はとがとびたちました。

第五章　国語科授業づくりの実際

④　昭和20年（1945年）8月6日8時15分、広島に原子ばくだんが、アメリカぐんのＢ29からおとされました。広島の町がやけ野原になり何万人もの人がなくなりました。

　たった一つのばくだんで広島の町はふっとんでしまいました。その何万人もの人をまつる平和祈念碑とわずかにのこったたてものの中の一つげんばくドームです。

　祈念碑にかかれている言葉です。
　　やすらかにねむって下さい
　　　あやまちは
　　くり返しませぬから

げんばくドームともとやす川

　げんばくドームのまえにながれている、もとやす川です。げんばくで大やけどをした多くの人が水をもとめて川にとびこんでいきました。その中には力つきて海までながされてきてなくなった人もたくさんいます。

祈　念　碑

平和のかねをうっているところ 　　　し料かんの前で

341

あらしの中の母子ぞう

⑤

（原爆資料館のパンフレットの中からの引用と思われる被爆後の赤十字病院の写真　略）

わたしの生まれたびょういんです。左の写真（引用者注・省略）はわたしの生まれる45年まえのものです。原ばくがおとされてすぐ、い服はやけこげ、うでのかわは、だらりとたれさがっている、男か女かもわからないぐらい顔中がやけ、かみの毛もちぢれ、目もはなも大きくふくれあがった人たちが何百何千人と、まん中の高いとうをめざしておしよせました。やけ野原となった広島市内のどこからもそのたかいとうを見ることができたからです。まるでかんのん様のようにみえたそうです。

（ひばくアオギリの写真とそのコメント　省略）

⑥

まとめ

　平和けんきゅうをしてみて、何万人もの人がなくなるようなかくばくだんを作っている国がたくさんあることがわかりました。

第五章　国語科授業づくりの実際

どうして国どうしのたたかいのために何もしていない人までしななければならないのかのかな、と思います。やけ野原の写真を見た時ほんの少ししかたてものがなくてなにもかもがなくなっていました。とてもこわいと思いました。でも平和し料館に行っていろんなことがわかってよかったです。私はこのことをみんなにもしらせてあげたいと思います。そして、せかい中の人たちにもかくのこわさをわかってほしいと思います。お母さんは8月6日に生まれました。お母さんが生まれる16年前に原ばくは、おとされました。わたしのひいおばあちゃんのお父さんとお母さんは、原ばくでなくなりました。原ばくのことをしってから8月6日は私にとってとっても大切な日になりました。これからもせんそうをすることがなくなることをねがいます。そして平和を自分たちで力を合わせて作っていきたいです。

（8月17日）

〈授業づくりの観点からの考察〉

　以上は、夏休みの宿題として出されたものなので、いわゆる「導入・展開・終結（整理）」といった授業過程の組織は認められない。一般的に、授業の展開過程は一定の授業時間（小学校は45分、中・高校は50分）の経過の中で、目標として立てた学力を獲得させる学習活動の組織、展開される。しかし、夏休みの宿題としての自由研究の場合は、文字通り、取り組むテーマも、そのテーマについて調べたり解明したりする方法も、まとめて報告する形式も、それに伴う表現法も自由である。それだけに、これまで習得した学力を総動員して課題に取り組むことになる。自己選択したテーマも必ずしも国語科の領域内に限らない。むしろ、総合的学習の時間の学習としての授業づくりを検討した方がよいと思われる。

　本児童の報告文（レポート）について、教師がどのように関わっているか。その点については、事後の活用の段階で、学級のみんなに発表する機会を持たせ、原爆・平和の問題を話し合うという扱いをしている。事前の指導については、自由研究をして報告文を書く、という宿題を課している。報告文の書き方についてどのような指導をしたかについては、明らかでない。

が、説明的文章教材の理解指導に関連づけて、その構成の仕方や述べ表し方を学習させていることは、推測できる。

報告文（レポート）作成に際して、必須の技能は、取材の技能である。この児童が活用している技能は、①見学（フィールドワーク）、②聞き書き（インタビュー）、③文献資料読み（見学パンフレット）の３技能である。本児童は、夏休みに母方の実家の広島に帰って、母親や祖父母に連れられて、祈念式典に参列したり、資料館の見学をしたり、曾祖母に聞き書き（インタビュー）をしたりしているので、身近な人たちの援助があったと推測される。国語科の授業でインタビューの学習をしていることも考えられる。

いずれにしても、世界で最初に原爆の被害に遭った肉親からの体験談やその現地での見学、祈念式への参列は、極めて感銘深く、かつリアリティのある体験である。そのことが、強い意欲をもって一所懸命な取材活動とレポート作成行為に向かわせたものと考えられる。つまり、「場」の力動性の働きである。

(2) 中学校の例
〈意見文〉　（中学校２年生）
単元名　根拠を明らかにして書こう　〜意見を伝える〜
（福山ことのは会　飛田　美智子　先生　による平成20年度の実践）
単元の目標
〇すすんで論点を見つけ、反論を考えて、意欲的に意見文を書こうとする。
◎自分の立場や論点を明確にし、反論の示し方や分かりやすい構成の仕方を理解して意見文を書くことができる。
〇意見文の記述の仕方や表現、言葉について理解することができる。
　指導要領の「書くこと」の「内容」として示されている基本的な技能
　　イ　自分の立場及び伝えたい事実や事柄を明確にすること。
　　ウ　文章の形態に応じて適切な構成を工夫すること。
　　エ　自分の意見が相手に効果的に伝わるように、根拠を明らかにし、

第五章　国語科授業づくりの実際

論理の展開を工夫して書くことができる。
オ　書いた文章を読み返し、文や文章を整えて、説得力のある文章にすること。
カ　書いた文章をお互いに読み合い、論理の展開の仕方や材料の活用の仕方などについて自分の表現に役立てること。

単元の計画と指導の経過（全7時間）

学習活動（形態）	指導と支援
第一次 　1時間目 　・学習の目標と見通しをもつ。（一斉） 　・質問に、自分の立場を選んだり指定されたりしながら答えていくゲームをする。	●Cレベルの者への支援 ・単元の内容や進め方等について説明する。 ・立場の表明→理由→まとめ、という答え方を指導する。 ・理由が納得できるものにするようにアドバイスする。 ●答え方のパターン図を黒板に示し、常に確認できるようにする。
第二次 　2時間目 　・例文を読み、反論のための手順を理解する。（一斉） 　・例文を分析する。（班）	・反論のためにどのように例文を読み解くのか、どういった反論をかえすのか、反論のための方法を実例で示す。 ●反論の練習のために、別の例を示す。
3・4時間目 　・分析したものをもとに意見文を書く。 　・反論のための意見文の型	・簡単な反論の意見文を書いて、文章モデルとの差を見つけさせる。 ・文章モデルを示し、段落ごとに説明する。

345

を知る。(一斉)	・全体で交流し、気づきを述べさせる。 ●文章モデルの構成を説明する。
5時間目 ・数例の課題文から1つ選び、反論のための分析をする。(個)	・数例の文の中から意見文にするものを選ばせ、ワークシートに従って分析させる。 ●ワークシートを利用して反論の方法を説明する。
6時間目 ・意見文を書く。	・文章モデルや手引きを参考に意見文を書かせる。
第三次 7時間目 ・書いた意見文を相互交流し、反論の論点や反論の仕方について評価する。 ・交流をもとに修正する。 ・学習のまとめをする。	・手引きをもとに気づきを話し合わせる。 ●交流の手本を見せ、引き続き考えさせる。 ・指摘されたことを赤ペンで直させる。 ●推敲の手本を見せ、引き続き考えさせる。

反論を書くための課題意見文は、3つ提示されている。そのうちの1つを選んで書いた、A判定の評価を得た生徒Aの作文を、課題意見文とともに引用する。

課題意見文

　壁など所かまわず書かれる落書きですが、そのなかには、芸術性の高いものもあります。外国では、謎の人物が建物の壁一面にイラストを一晩で描いて、人々を驚かせたというものもあるくらいです。落書きはある種のメッセージと言えるのではないでしょうか。上越新幹線の車両にスプレーで落書きされていたというニュースを聞きました。これはきっと描いた人のメッセージではないですか。禁止ばかりせず、落書きの芸術性も認めるべきだと思いま

す。落書きではない大きな広告の看板の中には、意味不明のものが多くあります。これをあなたが見るのも嫌だと思っても、あなたは何もいえません。落書きがだめなんていうのはおかしいと思います。

（注）この課題文は、授業者が、PISAの「落書き」についての課題文に加筆、修正したもの。他の２つは、「電車のなかの携帯電話について」・「学校に制服はいらない」という題の意見文である。

―――――――構成に関する手引き(モデル例)―――――――
① 自分の立場の表明
　相手の意見に賛成か反対かを書く。今回はすべて反対とする。
② 事情（問題）の説明
　ここでは、〇〇さんがこのような意見を述べることになった事情を簡単に説明する。「このような事情で〇〇さんは……と結論づけている」と〇〇さんの論点を明らかにする。
（もしくは、反論する箇所の引用）
　反論すべき箇所は必ず引用し、引用しない部分については反論しない。「〇〇さんは、……と述べている」

生徒Aの作文

　私はCさんの意見に反対である。
　Cさんは、落書きが禁止されるのはおかしい、という意見の理由として次のように述べている。「落書きの中には芸術性の高いものがあるし、落書きは落書きをした人のメッセージだとも思える。それに落書きがだめというのであれば、意味不明な広告も禁止されるべきだ。だから、落書きは認めるべきである。」
　しかし、この論理はおかしい。落書きと広告では根本的な大きな違いがあり、落書きが禁止されるには理由があるからである。
　第一に、落書きと広告の違いであるが、広告というものは、広狭の場ですることによってその商品、事柄を宣伝、伝達できるという目的が成り立つ。それがたとえ意味不明なものであっても、伝達するという目的があるため、広告は認められているのである。しかし、落書きは一般の人が無断で自分勝

手に作り出したものである。つまり、「落書き」という行為を行うことによって、公共のルールに反することになるのだ。
　第二に、落書きは芸術、メッセージだという点についてだが、それを芸術と感じるか感じないかは人それぞれ違うわけであり、芸術が分からない人にはどんなにそれが芸術性のあるものであったとしても、ただ意味不明の落書きにすぎないのだ。さらに、メッセージというものの中にも中傷、低俗な言葉、低俗な絵なども多くあり、それは結果的には見た人が不快な思いをすることにつながる。つまり、落書きは多くの一般の人にとっては迷惑なものになっているため、その行為は禁止されているのである。
　以上の理由により、Cさんの論理は、成り立たない。

〈授業づくりの観点からの考察〉
　作文の授業は、すでに述べたように、書く場の設定が、まず、なされなければならない。リアルな言語活動の場を選んで設定することもあり得るが、この授業では、Cさんの書いた意見に反論を書く、という仮想的な言語活動の場が設けられている。このような作文活動を条件作文という。この作文を書く場の５条件は、①生徒各自が、②仮想の書き手Cさんに、③Cさんの意見に反対であることを伝えるために、④自分の反対意見を、⑤説得的な論理的文脈の叙述法で、述べ表すということになる。
　書く場の設定がなされると、その場において、作文活動が展開されることになる。文章を書く力は、文章を書くという行為を通してのみ習得される。しかも、その活動が、書き手の、主体的発動的なものとなるように措置されることによって、学習が確かなものとなる。この授業のどこに、そのような措置が講じられているか。それは、課題素材文の意見に反論するという内容条件を課しているところに認められる。ある意見に反対するということは、別の言い方をすればその意見を否定するということである。それはまた、思考を誘い出すということでもある。もちろん、課題として提示された題材の内容が反対意見を誘発する強い刺激性を持っていることが必要である。
　授業計画と実践過程については、極めて周到な配慮がされている。実践過程の各分節において、目標と活動及びそれぞれの達成度を評定して、Ａ・

B・Cの3段階に見極め、特にC段階にある児童については、具体的な支援の手立てが講じられている。完成作文の評価の基準は、言うまでもなく目標として定めたものである。また、「手引き」を用意しての活動の過程で、構成の作業に直面しているとき活用できるよう準備している点も学習を円滑に進める助けになったものと考えられる。つまり、学習の手引きは、学習者が活動の進め方に困っているとき、学習者が必要としているときに提示することが大切であることを示している。

　実践者は、生徒Aの完成作文をA段階に評定した理由として、以下のことを挙げている。
(1)　反論の対象となる課題意見文のどの意見に焦点化するか。その部分のキーワードを採り入れた要約文が引用されているか。
(2)　反論の要点が明確に示されているか。
(3)　反論の根拠が、具体的に、かつ、論理的に示されているか。

　実践者は、これらの観点から、この完成作文をA段階に評定しているわけである。

　一般的には、作文を見るときは、首尾が照応しているか、中心統合がなされているか、という2点について検討し、さらに、構成・叙述・表記などについて、指導目標として立て、指導したものにしぼって評定するという手順をとる。

第五節　「話すこと・聞くこと」の授業づくり

第一項　話し言葉による内容の構成と表現の特質

　話し言葉の特質は、場面への依存性にある。特に、話者同士が同じ場面に存在している場合、話者同士の会話の言葉に表さないで通じ合う事物・事態があるのは、それらの事物・事態を共有しているので言外に了解できるからである。話者と聴者とが境遇を異にする場合には、場面を共有していても、事物や事態の理解内容が異なってくることがある。境遇は、日本人か外国人かとか、生まれ育った家庭環境、社会的地位（職業・学生〜大学生・高校生・中学生・小学生〜家庭人など）とか、学習してきた内容や見方考え方や、個人の経験や知識とかいったものを指している。これらのことをまとめて、個人差ということにする。話し聞く行為を営むときに常に心に置いておかなければならないのは、このことである。

　言語活動は、①特定の状況下にある場、②言語主体（誰が）、③受け手主体（誰に）、④目的・意図（何のために）、⑤内容（何を）、⑥叙述（どのように述べ表すか）という6条件に基づいて発動される。これらは、話すこと、聞くこと、読むこと、書くことのすべてにわたって、言語活動を発動、展開する要因である。ただ、主として用いられる活動媒材は、言語であることは言うまでもないが、ここで対象とするのは、音声言語が中心である。特に、内容を生みだし、それを聞き手に伝えるに当たっては、書き言葉の文字とは違う音声を媒体として表現する。このことは、音声が時間的な性質をもち、発語すると直ちに消えていくという特性を生じせしめる。それに対して、文字によって表記される書き言葉と対照的である。書き言葉は、反復して理解行為を営むことが可能である。話し言葉は、1回限りの理解行為しかできない。

第五章　国語科授業づくりの実際

　話し言葉の特質について、平井昌夫氏（『ことばの百科事典』1991　三省堂）の説を中心に、著者の気づきを付け加えて紹介する。平井氏の説については、趣旨に外れないように要約したところがあることをことわっておきたい。

(1)　短い考えの単位で話を続ける。つまり、ひとつひとつの文が比較的短い。
(2)　話のくぎり（文節）に「な」「ね」「さ」などの間投助詞や「わ」「よ」などの終助詞が入る。改まった場での話の場合は用いない。ただ、語調を整えたり、感情的な色合いをつけたり、聞き手の納得を求めたり、聞き手にゆとりを与えたりするために、このような助詞を入れる。
(3)　完全な文にならないことが多い。聞き手の反応を見て、言いさして途中で言葉を切って、言い換えたり、繰り返したりする。
(4)　体言（名詞）につく修飾語句が短い。
(5)　「これ（の）」「あれ（の）」「それ（の）」などの指示語（こそあど言葉）や、「僕」「あなた」「彼」などの人称代名詞が多く用いられる。指示語が指し示す物や人は、話者同士が場を同じくしていて、指示する物や人が共通に知っている場合である。これは、話し言葉の特質の１つである。
(6)　語順が、必ずしも文法にしたがっていないことが多い。主語・述語が転倒していたり、修飾語句と被修飾語句とが逆になっていたり、つまり、倒置されている場合がしばしば発生する。また、主語を示さないのは、日本語の特性であるが、そのことが主語を示さなければ何について言っているのか分からない場合でも、省略してしまうことがある。同じように修飾語句で状態や形態などが明確に伝わらないと気づいた際に、修飾語句を言い換えたり、詳しく具体化する言葉を補ったりすることがある。
(7)　てにをは（助詞）を省略することが多い。
(8)　擬音語（ワンワン、ザーザーなど）、擬態語（どっかり、ゆっくりなど）、擬情語（おろおろ、はらはらなど）などをよく使って実感を出そうとする。

351

(9) 話の言い出しに、「あのー」とか「えー」とか「でネー」といった間投詞的言葉を使うことがある。これらを発話に際して用いることは、好ましいことではない。これと同じように、会話の中で、「しかし」という言葉を使って他人の会話に割り込むことがある。逆接の接続詞であるが、言っている内容は、反対のことではないので、のぞましいことではない。

(10) 漢語や古語、翻訳語などは、あまり使われない。分かりやすい日本語本来の言葉（いわゆるやまと言葉）で話すことが多い。

(11) 文末に、「ます」「です」といった敬体を用いるのが普通である。

(12) 仲間同士の会話では、仲間内でのみ通用する言葉を使うことがある。

(13) 会話では、地方に特有の言葉（方言）、男性・女性それぞれに特有な言葉（男性語・女性語）を使うことがある。

(14) 長いスピーチなどでは、間や短い休止を入れることがある。

(15) 話し言葉は、音声を媒体として表される。それが記号として機能するためには、意味だけなく、語のレベルの言葉にはアクセント、語や文節レベルの言葉の文レベルの表現中での強調には、プロミネンス、文レベルにはイントネーション（声の抑揚）のそれぞれが付与されることが必要である。同音異義語の区別は、アクセントによってなされる。これらは、地方によっても異なる。いわゆる方言である。語彙にも方言特有のものがある。

　共通語のアクセントを標準として学習することが望ましい。NHKのアナウンサーは、これに基づいて訓練されているようである。

以上述べたような、話し言葉の特質を理解した上で、話し言葉の授業を構成することが大切である。授業者は、日本語の記号体系の基本的な知識を理解するとともに、習熟していることは、極めて重要である。

第二項　話し言葉の授業づくりの基本的方法

1　話し言葉の授業づくりの基本

まず、国語の授業の構造を図式化して示す。

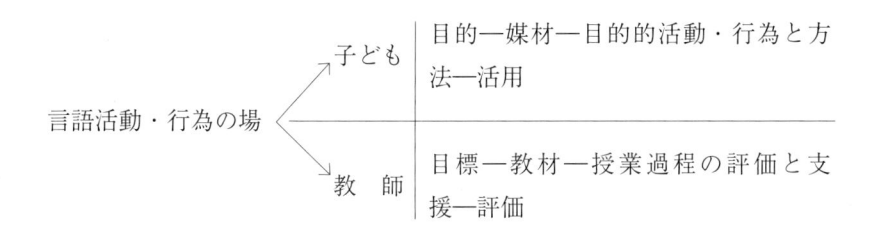

言語活動・行為の場 ─┬─ 子ども ── 目的─媒材─目的的活動・行為と方法─活用
　　　　　　　　　　└─ 教　師 ── 目標─教材─授業過程の評価と支援─評価

　この授業構造は、著者が、年来提唱している「目的的言語活動・行為」をユニットとする授業を図式化したものである。話すこと、聞くこと、書くこと、読むことの活動・行為は、原則として、何らかの動機・意図・目的を持っている。話し聞く力、書く力、読む力を育成するのが、国語の授業である。とすると、生きて働く言語の力を習得させるには、その力を発揮して目的を達成する、リアルな活動や行為の場を設定し、その場を授業の場として組織して、活動・行為を発動させることが求められる。なお、ここで用いている「活動」と「行為」の意味規定をして置きたい。「活動」は集団での話し言葉による通じ合いの営為、「行為」は個人の意志に基づいて通じ合いの営みをすることというように使い分けている。
　話し言葉の授業の場合は、話し言葉の特質と機能に基づいて言語活動・行為の場を設定することが要求される。考え方としては、その話し言葉の活動・行為が必然性をもって要求される場の条件を分析し、動員が求められている話し言葉の技術・方法を明らかにする。
　言語活動の場の条件は、すでに述べた、誰が、誰に、何のために、何を、

どのように通じ合うか、という5つである。

例を挙げよう。中学2年生のA子さんは、親友のB子さんが3日も続けて欠席しているので心配になり、放課後、B子さんの家を訪ねてみようと思った。A子さんの家とB子さんの家とは、かなり、離れているので下校する時も途中で別れていて、正確な住所と道順を知らない。担任のC先生に、欠席の理由と詳しい住所・道順を尋ねようと、教員室に行った。先生も、無断欠席が続いているのに、多忙で、まだ、家庭訪問をしていないので、君が行ってくれるとありがたい、と言って、住所と道順を教えてくださった。A子さんの話すことの行為の場の条件は、聞き手を先生として考えて見ることとする。

先に挙げた場の形成条件に当てはめて考えると、**誰が**＝A子さんが、**誰に**＝先生に、**何のために**＝無断欠席をしているB子さんの現在の状況を報告するために、**何を**＝B子さんの欠席の理由と様子、**どのように**＝欠席の理由の要点をおとさないように正確に、また、B子さんの様子や思い、先生に伝えてもらいたいことがある場合は、そのことを客観的に、この場合の話し方で大切なのは、先生に報告するので敬語を正しく用いて述べる。

この例の場合は、「報告する」という言語行為をするわけであるから、主観的述べ方や推測的述べ方を排して、客観的に事実そのものに即して述べることが必須の条件である。それを文章表現論では、「記述」という。その記述された事実と事実との関係について述べることを「説明」という。A子さんが、B子さん宅を訪問して知り得たことを先生に報告するので、現場を知っておられない先生には、説明を加えなければならないことがありえる。

このような目的的な話すことの行為を、授業活動として組織するには、まず、目標を導き出すことになる。目標は、価値目標、能力目標、態度目標に分けて設定するのが一般的である。価値目標は、目的と内容（媒材）＝無断で欠席している親友のB子さんを心配して、B子さん宅を訪問し、その事情を知ることから、能力目標は、目的的言語活動・行為と方法＝無断欠席しているB子さん宅を訪ね、欠席の理由と様子を知り、先生に報告すること、態度目標は、この目的的言語行為全体から、それぞれ導き出される。＝親友を

第五章　国語科授業づくりの実際

思いやる心から心配なことがあったら直ちに行動を起こし、心配な事態に対処する態度を養うことができる、ということになろう。

2　話し言葉の授業の実践的考究〜小学校の場合を中心に〜

　実践事例を通して、授業づくりの実際的方法について見てみる。
　小学校のインタビューの実践に基づきながら、著者の見解を付け加え、再構成する。実践の概略は、以下の通りである。広島県福山市内にあるM小学校は、姉妹校の山間部にあるU小学校に、福山の紹介のビデオレターを送ろうということになった。総合的学習の時間と国語の時間とを関連づけて活動する。福山市の海辺にある、風光も美しく風待ちの港として万葉集の時代からよく知られている鞆の町や港のこと、近くの海は鯛が獲れる漁場としても有名な所なのでそれらのことをビデオに撮るとともに、土地の人にインタビューする。実際的活動は、総合的学習の時間に行い、インタビューについては、国語の時間に学習させる。これは、福山ことのは会の岡崎浩美先生の実践である。
　この実践を活用しながら、前述の授業方法の考え方に基づいて、再構成を試みる。
① 児童の目的的言語行為・活動＝山の学校で姉妹校のU小学校へビデオレターを送るという目的で、小学校4年生のグループの児童が、内容づくりの取材を、鞆という場所において、鞆の人々に、インタビューという方法で行う。
② 教師の目標達成の授業行為＝**目標**（内容価値的―歴史的にも景勝の地としても有名な鞆の地について知ること。能力的―ビデオレターの内容を鞆の人々にインタビューという方法で取材できること。態度的―郷土のすばらしさを感じ取り、郷土愛を養うこと。）**教材**（インタビューの方法手引き）**授業過程の評価と支援**―国語教室でのインタビューの学習では、まず、モデルとなるようなインタビューのビデオを視聴させ、気づいた、インタビューで大切なことを発表させ、教師がそれらをまとめて模造紙に書いて掲示する。次に、教師作成

355

のインタビューの書き方例と注意点を書いたプリントを配布する。また、U小学校に送るビデオレターのための、鞆の人々へのインタビューのテーマと質問項目をグループで考えさせる。その上で、具体的なインタビューの言葉を話し合いで決め、書き込み式のインタビューのメモを作成させる。その間、教師は、各グループを回って助言したり、指示をしたりする。さらに、各グループには、インタビューする側とされる鞆の人々の側とに分かれて練習させる。教師が提示した、留意点について、次に掲げる。

インタビューげんこうの書き方（例）

① はじめのことば
　☆ じぶんたちのしょうかい　　あいさつ
　☆ インタビューに来たわけ
　　たとえば、U小学校の友だちからビデオをもらったので、その返事を出すことなど話すといいね。

② インタビュー
　☆ 質問したいこと
　　聞きたいことを短い文で、わかりやすく話すとよいね。また、ことばづかい、敬語や丁寧なことばを使うことが大切だね。

③ おわりのことば
　☆ 感想やお礼のことば
　　相手が話してよかったと思ってくださるような心のこもったことばを使うといいね。

インタビューかつどうの目あて　　　（　　　　　　　　　）
　　　　　　　　　　がんばるぞ　！

　☆ インタビューでは
　　・相手の話を受けて話がつづくように話す。
　　　　　　　　　　　（とっさのことばも必要）

第五章　国語科授業づくりの実際

- インタビューと、次のインタビューとの間のつなぎのことばをよいあんばいに入れる。
- 相手から話を引き出すようなことばを入れながら話す。
  　（それでどうなったんですか？　それから〜？　じゃあ〜ですね？　など）
- ゆっくり話す。
- ていねいなことばづかいで話す。
- 聞きたいことをはっきりと話す。
  　　　　　　（短い文で話す。）
- 相手の顔をしっかり見て話す。

☆　相手の話を聞くとき
- 話の大事なところを正しく聞き取る。
  　（メモを取る。かじょう書きでよい。）
- 分からないことや聞きのがしたことがらを聞き返す。
  　（すみませんが今のところをもう一度お聞かせください。）

　　　　　　　　　　　　　　　　　　　　　ガンバッテ！

　インタビューの学習がすんだ後に、実際に、鞆港に出かけてビデオを撮ったり、インタビューしたりして取材活動を実地に実施している。もちろん、各グループごとのテーマ別に編集して、U小学校に送られたことは言うまでもない。この活動が、学習したインタビューの「活用」ということになる。
　評価について述べる。形成的評価については、各グループで話し合って、インタビューの計画＝手引きの作成活動をしている過程で、教師が各グループを回りながら、つまずいたり、何をしてよいかよく分からないでいたり、間違ったことをしていたりしている場合には、そこで指導、助言（＝支援）をすることが、これに当たる。総括的評価については、学習後の尺度法による自己評価や学習後の感想文を資料とする場合は、個人別の評価となる。作成したビデオレターに基づく場合はグループ別の評価となる。岡崎先生の実践では、この方法を用いている。

学習指導要領（国語）に示されている「話すこと・聞くこと」の活動例は、小学校では、低学年＝事物や経験の説明・報告、質疑・応答、グループの話し合い、場面にふさわしい挨拶、知らせたいことを身近な人へ連絡すること、また、紹介すること。中学年＝出来事の説明や報告とそれへの意見、学級全体での話し合い・討議、図表や絵・写真などから読み取ったことをもとにして話し聞くこと。高学年＝資料を提示しながらの説明・報告とそれへの助言・提案、調べたことやまとめたことについての討論、事物や人物の推薦とその聞き取り。ちなみに、インタビューは、示された言語活動例を総合して実践したものである。

　中学校では、１年生＝日常生活のなかの話題についての報告や紹介とそれを聞いての質問や助言、日常生活のなかの話題についての対話や討論。２年生＝調べて分かったことや考えたことについての説明や発表とそれらについての意見、社会生活の中の話題について司会や提案者を立てての討論。３年生＝時間や場の条件に合わせたスピーチを聞いて自分のスピーチの参考にすること、社会生活の中の話題について相手を説得するための意見を述べ合うこと。

　これらの言語活動例の全てを具体的に組織し、展開するには、誰が・誰に・何のために・何を・どのように（口頭表現法と形態）という５条件を実際的に考案することが必要である。「どのように」で、特に留意しなければならないのは、論理的に筋道の通った述べ方をすることである。

第三項　話し言葉のジャンル別の授業づくりの留意点

　話し言葉の活動形態は、一般的に、一定の様式を備えている。対話・話し合い（会話）・討議（討論）・会議・講話・講演、これらは、別の観点から整理すると、１対１、１対多、１対衆、複数対複数、というように話し手と聞き手の人数で分ける考え方もある。さらに、話し手の立場が明確である場合と明確にされていない場合、聞き手がどういう人たちかはっきりしている場

合とはっきりしていない場合、或いは、不特定多数の場合、などといった整理の仕方もある。いずれも言語活動を組織する場合や、自身が話し手や聞き手の立場に立つ場合には、必ず考慮に入れなければならないことである。

ここでは、特定の様式を持ち、かつ論理的な文脈で口頭表現することが求められる、代表的なジャンルの骨格と留意点を述べておく。

1 意見発表（スピーチ）の場合

(1) **場の設定について**

小学校では、上学年（4・5・6年）くらいが対象となるものと考えられる。全校意見発表会や学年意見発表会などが行われる。その際、代表を決めるために、各学級で全員が意見発表をして、選出するといったこともある。学級生活の日常的には、小学校では朝の会とか中学校ではショートホームルームの時間を使って、3分間ないし2分間スピーチを順番に行うことは、よくなされることである。校内、学級内で行われる場合は、聞き手がどういう人たちであるか分かっている。校外の大きな会では、聞き手は、不特定多数ということになる。

(2) **内容の構成について**

意見には、問題解決型のものと意義（価値）思索型のものとがある。前者は、何か除去しなければならない障害や解消しなければならない問題を無くして安穏な事態を招来することが要求される。問題解決型の意見は、解決しなければならない障害のある事態―障害の生じた原因の解明―原因の解決策―解決策の提案、という構成になる。

意義思索型の意見は、自己の生き方や行動の拠り所になる物は何かという疑問―依り拠となる考えや意味の思索―疑問についての解答―自己の行動の原理としての理念の適用という構成になるのが基本である。この思索型の意見の構成は、思索過程と結論というところ以外は、さまざまなバリエーションがある。

(3) 口頭表現の仕方について

　論理的文脈の形成の仕方は、文章の場合も談話の場合も基本的には同じである。事実の客観的叙述（＝記述）―記述された客観的な事実と事実との間に成り立っている関係についての説明―それらを踏まえた自己の見解や意見の表明（論説）と叙述の順序（或いは層）をなす筋道が論理である。問題解決の順序や意義思索の筋道も思考の論理である。原因・結果、抽象・具体、比較・対照などは、主として、上記の「説明」の方として用いられるが、談話（文章）全体の説明法としても使われる。また、話し言葉であるから、文章における述べ方ほどには厳密ではないところがある。繰り返したり、言い換えたり、間投詞を入れたり（よい話し方ではないが、それでねえとか、あのーとか意味のないことばを挟んで、つまり冗語）、多くの場合は、原稿をつくり、それを暗記してからスピーチ或いは発表をするのが普通である。

　話す速さは、一般に１分間に300字程度と言われているが、最近は少し早口になっているようである。強調したいところは高く気持ちを込めて、よく理解してほしいところは、ゆっくりと声に力を入れるなど、センテンス単位に抑揚、イントネーションを工夫して話すことも大切である。

　なお、小学校の時のクラス会や朝の会・ショートホームルームなどにおける３分間スピーチなどでは、クラスの人々を引きつける話題を選ぶことが大切である。そのためには、日頃から様々なことに関心をもつように心がけるように努めることも肝要なことである。３分という時間制限がある時は、１分間で話すことの時間感覚をもつことができるように練習しておくことが必要である。

２　プレゼンテーションの場合

(1) 場の設定について

　プレゼンテーションは、その目的と相手によって場を形成する条件が明確になる。プレゼンテーションの場合も言語活動であるから、一般的な言語活動の場の条件（誰が・誰に・何のために・何を・どのように）によって、規定

される。物理的な場所は、学校だったら、教室や会議室が選ばれるのが普通であろう。

　プレゼンテーションは、一般には、企業における商品開発の提案や新製品の発表などの意味に用いられていたが、今日では、広く、相手に情報を提示して説明し、自分の意図や考えを共感的に受容してもらうコミュニケーション行為という意味で使われている。

　プレゼンテーション（presentation）が、単なる発表・報告・提案などと異なるニュアンスを持っているのは、その言葉が、本来、「進呈・贈呈」といった意味で用いられるものであったことに由来する。プレゼントするという言葉は、贈り物をするという、ほとんど日本語になってしまっている言葉である。プレゼントは、贈る相手の人が喜んで受け取ってもらえるような品物を選ぶとともに、心のこもった言葉を添えて届けるものである。

　自分の企画したことや調査したことをプレゼンテーションする際には、相手が好感を持ち、共感的に理解し、受け入れてもらうことができるように、細心の心配りをして提示することが肝要である。中学校３年生が修学旅行に行くことになり、その行く先について、各クラスから案を出すことになった。学校から出された条件は、国内に限ること、航空機は使わないこと、単なる観光旅行にならないようにすること、の３点であった。なお、学校側の聞き手は、教頭先生、３年の学年主任の先生、学級担任の先生、修学旅行係の先生の中から１人、といった人々である。プレゼンの制限時間は、15分である。

(2)　**内容の構成について**
　Ⅰ　３年１組の結論の概略＝広島方面（平和問題の学習を中心にする）
　Ⅱ　３年１組のアンケート結果
　　①　グラフで示す。
　　②　広島方面にする理由
　　③　第２位の日光方面との比較（バランスシート）
　Ⅲ　具体的日程と見学コース

第1日　新大阪発→広島着
　　　　　平和公園→原爆資料館→平和祈念資料館→原爆ドーム（世界遺産）─被爆者の方の体験談を聞く
　第2日　世界遺産─厳島神社・弥山登山
　第3日　岩国錦帯橋→吉香公園（吉川文庫）→周防大島（民俗学者宮本常一記念館）新岩国発→広島乗り換え→新大阪着
　Ⅳ　以上の要約と結論及び主張
　※　これらの柱と要点は、レジュメに書いて配布する。また、その柱になるものやグラフ・写真などを大型の模造紙に書いて、教室の黒板か移動可能な白板に貼り付ける。

(3) 口頭表現の仕方について
　① 構成のところで示したように双括型で、結論をしっかりと聞き手に受け止めてもらうように反復して強調する。
　② はっきりとした発音で語調も力づよく述べる。
　③ 説明することをきちんと頭に入れて、模造紙に書いたことを指し示しながら話す。
　④ 話すテンポは、1分間で300字程度にする。
　⑤ 内容のまとまり毎に分担して話すのもよい。

　3　ディベートの場合

(1) 場の設定について
　ディベート（debtae）は、一般には、議論・論争と訳されている。1つの論題について、肯定と否定との立場に分かれて、一定のルールに基づいて議論し、勝敗の判定をする、という順序で行われる競技的討論というように捉えるのが普通である。したがって、ディベートの場は、教育的配慮のもとに人為的に設定される。

第五章　国語科授業づくりの実際

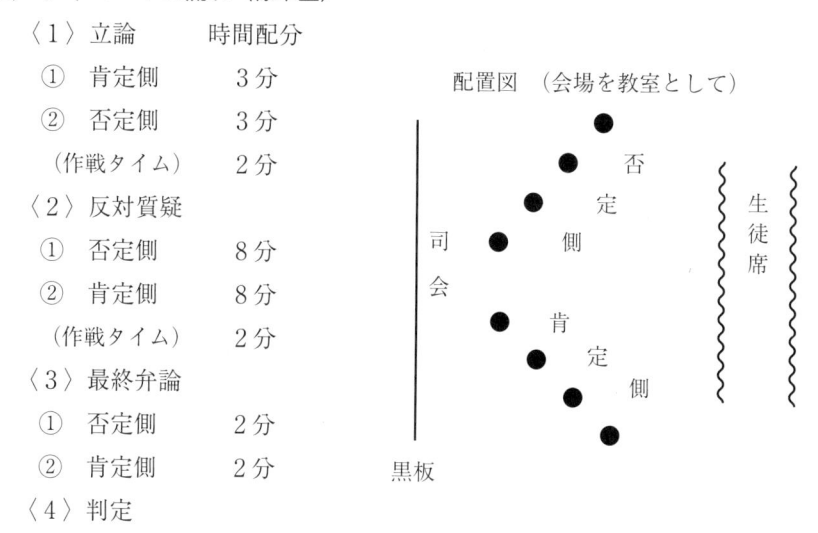

(2) ディベートの流れ（標準型）
　〈1〉立論　　　時間配分
　　① 肯定側　　　3分
　　② 否定側　　　3分
　　（作戦タイム）　2分
　〈2〉反対質疑
　　① 否定側　　　8分
　　② 肯定側　　　8分
　　（作戦タイム）　2分
　〈3〉最終弁論
　　① 否定側　　　2分
　　② 肯定側　　　2分
　〈4〉判定

配置図　（会場を教室として）

　　　　　　　　●
　　　　　　●　　否
　　　　●　　　　定
　司　●　　　　　側
　会　　　　肯
　　　　●　　定
　　　　　●　　側
　　　　　　●
黒板

(3) 審判メンバー
　司会と討論メンバーを除いて、3名以上の奇数人数、生徒席の生徒全員が審判メンバーになってもよい。

(4) 判定規準
　① 立論―主張の明確性・論理的実証性など。
　② 反対質疑―質疑の対象の焦点化と根拠との整合性・批判的説得性・発現の積極性など。
　③ 最終弁論―討論過程の議論を総合した結論の論理性・弁論の説得性など。

(5) 発言の際の論の立て方
　論題の肯定（否定）→根拠1・2・3…→結論のように論理的に発言する。
※　提示された論題に対して、個人的には、必ずしも、肯定・否定の立場に立っているとは限らない。それぞれの立場に立った意見を書かせること

は、極めて大切なことである。自分とは、異なる立場に立って考えて見ることで、自分自身のはっきりとした意見を確立することが可能となる。次に引用するのは、「町がよいか、いなかがよいか」という論題で、ディベートをした後に書いた、小学校4年生の意見文である。

　　　　町がよいか、いなかがよいか　　　　　　4年　　I.M（男子）
　ぼくは町がよいです。それはいなかがどんなにふ便な所か知っているからです。
　ぼくが小さいころ、H県の北部のSという所に住んでいました。近所に子どもがいないし、そのうえ公園もなかったので、牛や自然と遊んでいました。そして、いなかは本や洋服を買ったりする店が少ないです。車がない時は、お母さんはたった一けんのスーパーに四十分も歩いて行ったと言っていました。新聞で見たのですが、県北の方では、学校に行くのに何キロも雪の中を歩いて行くのだそうです。
　それにくらべて、町は、友だちもたくさんいてにぎやかです。町には、デパート、スーパー、二十四時間、いろいろ買えるコンビニがあります。
　Bさんが言ってたように、いなかはやさいやくだものがほうふで、おいしい空気や大自然があります。町は夜はブオーンとバイクの音がうるさいし、はいきガスがたくさん出て空気も悪い所です。
　たしかに、Bさんが言っていることを聞くと、いなかに行きたくなりますが、町にはない、いい所もあります。前にも言ったように、スーパーは何でもそろうし、デパートでは家具や洋服がすぐ手に入ります。そして町にだって、緑がたくさんあります。
　このように、町にはいい所があります。だからぼくは町が大好きです。

　この例文は、田舎がよいという意見にも配慮しながら、じぶんの意見をより確かなものにしていることがうかがわれるものになっている。

第六章　国語科授業研究の理論と実際

第一節　国語科授業研究法の理論的考究

第一項　国語科授業研究の目的と方法

　国語科授業研究の目的とするところは、2つある。1つは、授業方法の改善と授業者の授業力の向上であり、いま1つは、授業方法の創造的開発と授業原理の探究である。目的とするところによって、方法適用の厳密性に差異はあるが、方法類型としては、1　誌学的方法、2　個体史的方法、3　臨床的実験的方法のいずれかが用いられる。実際の適用に際しては、複合して用いられることがある。
　授業改善を目的とする授業研究は、日々の国語教室において、授業の実践過程におけるつまずきや目標達成に至らない実践結果について、原因究明をしたり、改善策を討究したりして、次の授業実践に生かすものである。ここで用いられる方法には、誌学的方法、個体史的方法、臨床的方法がある。
　研究の方法は、研究の目的にもとづいて創案される。授業の方法も、授業の目的・目標に拠って策定される。授業方法の創造的開発と授業原理の探究を目指す授業研究には、1　誌学的方法、2　個体史的方法、3　臨床的実験的方法が用いられる。それらの方法の適用にあたっては、理論化に堪えうる適用条件の厳密性が要求される。
　授業方法の創造的開発が求められるということは、時代や社会が教育に期

待している新しい能力・資質の育成が教育課題として提起されているということである。この課題を達成するためには、期待される能力・資質を、いわゆる学力のレベルに具体化して、その発達、形成の過程を明らかにするとともに、その促進の方法が開発されなければならない。すなわち、授業方法の創造的開発である。方法は、目的・目標にもとづいて要求され、活用されるものであるから、方法の開発は、学力の構造、形成過程の解明と連動的に行われることが、必要な条件になる。

以下、授業研究の目的と方法類型とを相互に関係づけながら、成果の代表例について説述するとともに、方法類型の1つを取り上げて、筆者の試みを述べる。

第二項　誌学的方法による授業研究

誌学的方法による授業研究は、垣内松三氏の「国語教育誌学」(1934) によって体系化された方法論である。垣内氏は、国語教育誌学は、国語教育理論の構築、国語教育科学の基礎工作として重要な位置を占め、その中核をなすものは、「国語教育の事実を把握すること」であるとされる。

垣内氏は、西尾実氏自身による詩の授業記録、芦田恵之助氏の授業を青山広志氏が記録した授業記録にもとづいて、授業事象の記録の仕方について検討している。整理して示す。

1　記録の主体
  (1)　授業者自身
  (2)　傍観者（参観者）で、単数あるいは複数の同一研究圏の人
2　記録の方法
  (1)　授業者自身による記録＝授業後における内部主観的観照による反省的判断の記録
  (2)　傍観者による記録＝主観的・客観的観察、教育的測定、児童の反応、解釈の記録

第六章　国語科授業研究の理論と実際

　垣内氏は、このような方法で記録したデータにもとづいて、授業事象の内部構造をとらえる観点として、①事象状態（教室の姿）・②事象論理（教授の筋）・③事象聯関（陶冶の力）の３点をあげている。これは、授業事象の内部構造をとらえる観点であるとともに、授業機能の本質的なあり方を示したものである。事象状態は、観察や測定によって教室事象を対象化できるようにすることである。事象論理は、教室事象が、授業の目標に向かって、問・答によって展開される筋道、関係性をとらえることである。事象聯関は、授業者の授業力（教育的堪能）によって、事象論理を目標に向かって進展させる作用であり、児童の変容を促す「陶冶の力」であるとされている。

　このような授業の見方、考え方には、今日の授業実践記録にもとづく授業研究のあり方に深く示唆するものがある。授業実践の軌跡を記録し、それにもとづいて授業を評価し、改善を図るという授業研究は、現在、学校教育の現場でもっとも多く用いられている方法である。授業改善を目指す誌学的方法による授業研究にとって、分析、評価の手順・方法の適切、妥当な適用の重要性はいうまでもないが、分析、評価の対象となる授業事象再生のためのデータ採集、記録のありかたは、さらに重い意味をもつ。

　授業事象の記録の視点と基本的方法については、すでに垣内松三氏によって提示されている。①事象状態・②事象論理・③事象聯関の３視点による見方は、今日では、①目標・②教材・③方法・④評価という４視点で授業の実践構造をとらえるようになっている。

　授業研究は、計画─実施─評価のサイクルで行われる。授業計画は、この実践構造を視点として策定される。一般的な計画案の柱は、次のように立てられる。

　１　単元名、２　単元設定の理由＝①学習者観・②教材観・③方法観、３　単元目標＝①内容価値的目標・②能力的目標・③態度的目標、４　単元展開計画（１次・２次・３次などの学習活動と時間配当）、５　単元評価計画（評価の観点と規準）、６　本時の授業計画＝①本時授業の考え方・②本時の目標（到達目標）・③本時の展開計画（学習活動の導入・展開・まとめ・発展の分節毎に、ねらい・時間配分・支援上の留意点と過程的評価の観点と基準などで策定）

授業記録は、このような計画（学習指導案）に従って実施された授業にもとづいて作成される。単元全体についてなされる場合と、本時分についてなされる場合とがある。
　記録作成に際して十分に留意されなければならないのは、目標に対応する学習者の学習反応の採集と記録である。また、授業者自身の授業の自己評価についてもその基準、根拠となる学習者の反応データを明確に記録しておくことが要求される。
　授業における評価は、授業過程における学習者の診断、評定を通して、授業者自身の授業のありようを反省的に自己評価し、学習者への処遇の仕方をも含めて次の授業活動に、改善的に生かすことを目的に行われるものである。これは、垣内氏の「内部主観的観照」による授業の自己評価に近い。
　授業改善を目指した授業研究の方法として誌学的方法を採用する場合は、その目的に堪えうる授業の実践データを収集、整理し、実践構造の把握可能な、各観点からの授業の全体像をまとめておく必要がある。授業者・学習者それぞれについて、授業者の内部主観的な観照記録、参観者の客観的な観察記録、授業過程の記録、授業終結後の記録、学習者の学習活動記録、テスト結果などの授業の実践データを収集、整理するには、一定の時間が必要である。授業研究は、記録を整備した上で行うことになる。
　誌学的な方法は、臨床的な方法を併用することが多い。研究対象となる授業を参観し、その観察記録をもとに、研究討議に参加する際に主たる検討の対象とされるのは、実践構造を透視することの可能な実践データが整えられた授業記録である。授業が時間的な展開過程として成立するものであるものだけに、現場性、臨床性を無視するわけにはいかない。誌学的な方法による授業研究において欠けているのは、この現場性、臨床性である。今日では、それを補うために、テープ・レコーダーやＶＴＲなどの機器によって記録された音声・映像データが必要に応じて再生、活用されるようになっている。

第三項　個体史的方法による授業研究

　「国語教育個体史研究」は、野地潤家博士によって創説、確立された学説である。原理論は、『国語教育――個体史研究――』（1956　光風館）において、体系的に説述されている。そのもとになった実践史（国語教育実践の記録）は、『国語教育個体史研究』（全3巻　1954　白鳥社）に記述されている。1978年には、『国語教育実習個体史』（溪水社）が出版され、2002年7月には、『昭和前期中学校国語学習個体史』が刊行された。なお、最後のものを除いて、前三著は、『野地潤家国語教育著作選集』（全11巻別巻2巻　1998　明治図書）に収められている。
　野地博士は、国語教育個体史は、一国の国語教育の事実の史的記述である一般国語教育史の特殊具現態であると見ることができるとされ、さらに、「実践主体が自己の実践を通じて描く国語教育個体史は、それが誠実な個体史であればあるだけ、一般国語教育史と無縁ではありえない。いな、それはあざやかに一般国語教育史の生命態を実証するものである。」（『国語教育――個体史研究――』1956　光風館　25頁）と述べて、両者の深い関係性と国語教育個体史のもつ重い意義を説いておられる。この国語教育史の記述のあり方については、次のように説述される。

　　国語教育の実践主体の向上が言語主体としての向上にあり、その具体的方法は自覚・把握の深化集積にあったように、国語教育においても実践主体による実践営為の展開過程が把握され、それが集積されていなくてはならない。これは実践記録の単なる断片的集積ではなく、全体的統合的集積でなくてはならない。いま、実践主体による国語教育実践の営為に関する記録の全体的統合的集積を、国語教育史と呼ぶと、国語教育の展開はまず実践主体による国語教育史として把握され、記述される。この個体史的作業が国語教育の基本作業として定位されて、はじめて実践営為の展開過程・創造過程は統一的に定着せしめられ、表現される。

個体史的表現定着をえて、実践営為は国語教育の事実としてその全一相を示すことになる。(同上書19－20頁)

ここには、一般国語教育史の基礎工作としての国語教育個体史の記述にとどまらない、国語教育の向上、発展のための基本作業としての意味が説き明かされており、それはまた、国語科授業研究のあり方への深く切実な啓示となっている。

博士は、国語教育個体史の内容として、1 成長史・2 実践史・3 生活史の3部門をあげ、その主軸をなすものは、実践史であるとされている。また、国語教育の実践構造を、1 目的・2 目標・3 内容・4 方法・5 成果(評価)と見る立場に立って、実践営為の記述単位構成の視点を以下のように示しておられる。

1 教材の提示、2 教材研究の採録、3 学習者のノート・各種記録の採録、4 実践経過概要の記述、5 自己の反省・自己批判、6 参考資料の提示、7 関連事項の補記

野地博士の国語教育個体史の学説は、学界において定説化されるとともに、実践界にも浸透して、自己の実践史の記述に努める実践者が増加してきている。次に紹介する野宗睦夫氏は、とりわけ熱心かつ誠実に野地学説を実践しておられる人である。

野宗氏は、すでに、『高校国語教育～実践報告～』(1964　ひろけい)、『高校国語教育の実践課題』(1986　溪水社)の2著に、広島県内の公立高校における30数年間にわたる自己の実践史を記述しておられる。野宗氏は、後者において、個体史的方法で授業記録の分析、考察を行い、授業方法の改善を図るとともに、理論化体系化を図っておられる。

個体史的方法による授業研究の特色は、ある年数にわたる実践記録の集積にもとづいて、授業方法の改善や創造的開発を図るところにある。野宗氏は、カードを用いて、教材研究をしたり授業案を立てたりして、授業準備をし、実践経過はカードによって記録するとともに、蓄積している。野宗氏には、このカードにもとづいた、「学習意欲を高めるために」・「学習意欲を高める学習指導過程」・「グループ学習の方法」などといった授業方法の基軸に

なるものに焦点化した研究事例が多くある。具体例として、「学習意欲をたかめるために〜国語科の場合〜」について紹介する。これは、次に掲げる3年間の実践記録にもとづいて分析、検討されている。

　昭和五十年（1975）→ 1年生現代国語＝論説文の研究、2年生現代国語＝俳句

　昭和五一年（1976）→ 1年生古典乙Ⅰ＝芦刈、2年生現代国語＝こころ、現代国語の年間実践記録

　昭和五二年（1977）→ 2年生現代国語＝論説文

　明らかにされたのは、以下のことである。

1　わかる授業をめざす
　(1)　76年度の1年生の古典乙Ⅰの学習者の反応にもとづいて考察。
　(2)　教材・単元のねらいをはじめに示し、学習者が自分で体を動かし、考える授業を組織する。
　(3)　教材研究の段階で、学習者の立場で学習者が分かっていく筋道を研究しておく。
2　すぐれた教材を選ぶ
　(1)　76年度2年生の「こころ」の学習者の反応にもとづいて考察。
　(2)　優れた作品は、学習者の心の中に分け入り、意欲を喚起する力を持つ。自分の内面を見つめさせ、状況に目を開く教材を選ぶ。
3　学力を低く考えない
　(1)　76年度2年生現代国語の年間実践記録にもとづく考察。
　(2)　学習者の学力を低く見がちであることを改め、思い切って難しいと思われる課題にぶつからせることが、かえって学習意欲を喚起することになる。
　(3)　学習者が、主体的に課題を選択して取り組みを進めることができるグループ学習、発表学習を組織、展開する。
4　学習の過程を大事にする
　(1)　75年度1年生「論説文の研究」、76年度「俳句」の実践記録にもとづ

いて考察。
(2) 学習作業の過程を明示して、学習者が自力で学習を進めることと、思考の過程が明確に自覚できるようにする。
(3) 学習作業の手順・方法をプリント（学習の手引き）で提示し、学習活動過程の把握と自力学習とを援助する。
5　自主的自発的な学習への手だてをくふうする
(1) 77年度２年生の「論説文」の実践記録にもとづく考察。
(2) 教材の読解課題と学習の進め方をプリント（手引き）で提示し、主体的な取り組みを保障する。
(3) グループ学習が、実質的に機能するためのくふうをする。
　① 集団としての意志をもって活動できるような基礎訓練をする。
　② グループ編成の適正規模は４名である。
　③ 責任をもって取り組むことができる課題の設定し、選択的分担をさせる。

　反復して実践され、継続的に蓄積された実践記録の分析、検討にもとづいて導き出された見解であるから、その内実の価値は重い。野宗氏には、このほかに、「読むことと書くことの関連指導」・「小説教材の指導」・「カード法による教材研究の方法」などの授業方法の改善や開発を目指した研究の報告がある。野宗氏は、さらに30数年にわたる実践記録の集積と分析、考察にもとづいて、独自の高校国語科の実践体系を提案しておられる。
　［学年の基本的視点］
１年＝さまざまな生き方や生活について考える。
２年＝自分と自分をとりまく状況とのかかわりをつかむ。
３年＝過去を継承し、未来を創造する力を養う。
　この視点にもとづいて、実践体系が次のようにまとめられている。

　［学年の基本視点（全学年）］にしたがって教材が選択され、単元が構成される。その教材を通して習得させる能力の２つの柱が、想像力と論理的思

考力である。この2つの能力の習得は、将来の国語生活へつながる、ねばり強く思考する態度と情報生活を営む能力を養うことになる。このことは、総括的に言えば、言語生活の展望を持つ力の育成を目指すということになる。

30数年にわたる実践的探究の成果をふまえて創案されたものであるから、国語科の実践体系として、簡明ではあるが、説得力のある提案になっている。学年の基本的視点については、小・中学校では児童・生徒の発達段階によって異なるであろうが、発達段階に応じた系統化の筋道の立て方として、特に、中学校においては参考になる。

野宗氏の実践個体史の記述と個体史的方法による授業研究は、高校の場合であるが、この方法は、小・中学校においても十分適用できるものと考える。特に、授業研究の方法として活用することで、国語教育実践者としての自己成長と授業力の向上とに資する意義は大きい。この方法による授業研究は、授業方法の創造的開発、国語教育理論の構築、一般国語教育史記述の基礎工作としての意義をもっており、国語教育学の、実践学としての本質を考え合わせると、個体史的方法による授業研究の意義は、さらに深くなる。

第四項　臨床的実験的方法による授業研究

授業改善を目指した授業研究において、誌学的方法と併用されることが多いのが、臨床的方法である。垣内松三氏も「国語教育誌学」のなかで、「臨室的」という言葉を用いておられるが、ここで使用する「臨床」は、医学用語に由来する。診断・治療というニュアンスが含まれている。校内、校外のさまざまなレベルの授業研究会において、必ずといってもよいほどに用いられる方法である。近年は、録音・録画の機器が進歩しているので、授業者の教授行動、学習者の学習反応行為を多面的にとらえ、必要に応じて再生して、研究協議に活用されている。授業中に学習者が使用した学習の手引きやプリント類、学習ノートのコピー、分担して手書きで記録され、手早く印刷

された授業記録などが配布され、参観者の観察メモにもとづいて討議が進められるのが一般である。

　授業方法の開発を目指した臨床的実験的方法による授業研究は、普通には次のような方法・手順がとられる。授業改善のための臨床的実践的授業研究でも、基本的には、その手順は同じである。

　1解決すべき課題の発見と設定→2課題解決に資する先行研究の探索と仮説の樹立→3検証のための実験授業の設計→4実験授業の実施→5検証のためのデータの採集・整理→6分析、考察・検証→結論と課題

　ここでは、著者の試みた授業方法開発のための授業研究の事例を報告することとする。

〈1〉研究題目　文学教材の読みの個性化を目指す方法の開発に関する臨床的実験的研究

〈2〉研究課題

　　文学教材の読みの力育成の究極的目標は、個性化された読みのできる力である。そのための授業方法の開発には、学習者一人ひとりの読みの傾向性を明らかにし、その傾向性のもつ特長と問題点とに適切に対応し、個性化を促進する授業方法を開発する。

〈3〉研究の仮説と検証の方法

① 仮説

　小学校5年生を対象として、一般に行われている読みの授業過程（通し読みと読み深めの2段階）における、1ひとりの読みの反応を採取し、そこに発現している読みの構えと読みとり・読み深めの反応を類型化することで、読みの傾向性を把握することができるであろう。また、その傾向性と標準化された認知スタイル・テストとの対応性を検定することによって、読みの傾向性を客観化できるであろう。この読みの傾向性の特長と問題点とを、実験的調査の結果にもとづいて明らかにすることによって、それらに対応する授業方法を開発することが可能になると考えられる。

② 検証の方法

【第1次調査】読みの調査材として、「すずかけ通り三丁目」(あまんきみこ)を選定し、その物語を構成している15のエピソードごとに分割してカード化して提示して、カードごとに、その部分の自力での読みとりと次への予想とを記入させ、反応を類型化する。

【第2次調査】第1次調査の結果を生かして、読み深めのためのキー発問(11問)を織り込んだ発問計画を立て、教師主導による問答法で授業を進め、キー発問ごとに、その理解結果を各自で記録させる。その際、教師は、キー発問ごとの問答による授業の終末時にあえてまとめをせずに、自力でまとめたことを記録させるようにする。1次と同様に反応を類型化する。

【第3次調査】「通し読み」・「読み深め」のそれぞれの類型化された結果と「熟慮―衝動」型、「分析―関連」型の認知スタイルとの相関度調査を行う。

【授業方法の開発】上述の第1次～第3次の調査結果にもとづいて、学習者の読みの傾向性に対応する授業方法を開発する。その方法は、いわゆる適性処遇の考え方にもとづいたものとなることが想定されるが、個別処遇にとどまらない集団過程の教育的働きを生かした方法による個性化の促進の手だてを考案することが課題となろう。

なお、本研究は、1991年福岡教育大学付属福岡小学校において実施したものである。

〈4〉検証――結果の分析と考察

ここでは、詳細なデータの引用と分析は省略し、結果のみを記す。

① 「通し読み」の過程における読みの傾向性

次の3類型の発現が認められた。

　ア　対象化型＝読み手が、作品の内容を、文章の叙述の論理に即して読みとり、客観的に条理を通して理解しようとする傾向

　イ　同化型＝読み手が、作品の内容を、既有の知識、経験などにもとづく理解の枠組みに引き寄せて理解しようとする傾向

　ウ　事象型＝読み手が、作品の内容を形づくっている事象に心を向け、それを理解しようとする傾向

15分節における３類型の発現傾向は、全般的に対象化型の反応が多い。特に、過程の前半には、対象化型が優位に現れる傾向を示す。それに対して後半は、同化型が増加していくという反応が現れている。事象型は、ほぼ一定の割合で出現する。
　傾向性の３類型のうち、ア・イが読みの傾向性の基本形であると考えられる。それに対して、ウは、傾向性の類型であるとともに、ア・イへ分化、発達する個性的なものが、やや未分化な状態にとどまっているタイプという性格をもっている。
　前半に対象化型、後半に同化型が発現するという傾向は、前半で、それまでの理解の枠組みを組み替え、理解を進めていく過程で枠組みの操作に習熟していき、後半になると、同化的に反応するようになったという見方が可能である。
② 「読み深め」の過程における読みの傾向性
　ア　11のキー発問について調べた結果、「通し読み」の場合と同じく、対象化型・同化型・事象型の３類型の発現が認められた。
　イ　被験者１人ひとりの反応における３類型発現の優位性を調べ、対象化型優位、同化型優位、事象型優位、３類型の平均的発現傾向を示す中間型の４パターンを得た。全体的発現の傾向としては、対象化型優位と中間型とが目立った。
③ 「通し読み」・「読み深め」における読みの傾向性と認知スタイルとの相関性調査
　ア　「通し読み」における読みの傾向性と認知スタイル「熟慮―衝動」型[1]との相関性
　　（ア）対象化型と熟慮型との間に相関性がある。
　　（イ）同化型と衝動型との間に相関性がある。
　　（ウ）「熟慮―衝動」型の中間タイプと同化型との間に相関性が認められる。
　　（注記．熟慮型の反応と衝動型の反応との中間的な反応数値を示すものを中間タイプとする。なお、有意度については、有意検定を行っている。）

イ 「読み深め」における読みの傾向性と認知スタイル「分析―関連」型[2]との相関性
(ア) 対象化型と分析型との間に相関性がある。
(イ) 関連型は、対象化・同化・事象の平均的発現傾向を示す中間型との間に相関性が認められる。
(ウ) 「分析―関連」型の中間タイプのものは、どちらかというと、対象化型との間に相関性がある。

「通し読み」・「読み深め」の過程に発現する読みの反応には、一定の傾向性があり、それらと標準化された認知スタイルとの間に、有意の関連性があることが判明した。このことは、学習者が、一斉形態の読みの授業過程において、それぞれに個性的に反応していることを表しているもので、個性的傾向性をもつ学習者を一律に扱うことの問題性を提起している。特に、読みの過程において、学級全体としてではあるが、対象化型→同化型という変容が生起する傾向性が認められるということは、注目に値する。学習者1人ひとりにその傾向が生じているということだからである。

第五項　結論と課題

本授業研究の課題とした、読みの個性化を目指す授業方法開発のための基礎データの採集と、学習者1人ひとりおよび学級集団の読みの傾向性の類型的把握は達成できた。すなわち、通し読み過程における1人ひとりの読み過程においても、集団を対象とした一斉形態の授業の場合でも、それぞれに個性的な傾向性が存在することが明らかとなった。しかし同時に、学習者の読みの傾向性には、未分化なもの（事象型）も存在し、その発達を促すことも必要であることも判明した。

本研究の成果を生かした、読みの個性化を目指す授業の仕組みと方法を以下に示す。

(1) 授業過程を、基本過程と展開過程との2段階で構成する。

(2) 基本過程・展開過程の両過程に、個別活動過程と集団活動過程とを位置づけ、組織する。
(3) 基本過程の個別活動過程には、1人ひとりの読みの傾向性に起因する偏りやつまずきに対応できる処遇を、「学習の手引き」によって行う。また、集団活動過程では、個別活動過程における1人ひとりの読みの成果を生かした交流活動をさせる。交流を通して、集団過程における相対的な自己認識を促し、読みの個性化の進展を図る。
(4) 展開過程においては、基本過程と、内容・テーマの面で関連性・発展性のある教材を用いる。できれば、複数教材とする。展開過程の個別過程で提示する学習の手引きは、読みの傾向性の特長を促進するような手だてを盛り込んだものとする。その際、課題（テーマ）・教材・学習の手引きとをセットにして提示し、自己選択をさせる。集団活動過程では、個別活動過程における1人ひとりの読みの成果を生かした交流活動をさせる。その活動を通して、読みの個性化の促進を図る。

この授業構想は、さらに具体化して実践し、検証することが必要である。

(以上)

注
1) 呈示された1つの絵と全く同じ絵を、それに極めてよく似ておりながら極めて小さな差異をもつ5つの絵と呈示絵と全く同じ1つ絵を含む合計6つの比較絵群から選択させるものである。誤答率、反応時間とを勘案して判定するものである。
2) 3つの異なった絵を並列、呈示し、その中から共通点を発見して2つを選定するものである。選定の理由も併せて記述させる。

引用・参考文献（本文中に出典を明示したものは省く。）
1　井上一郎編『国語科の実践構想〜授業研究の方法と可能性〜』2001　東洋館出版社
2　大西道雄著『国語科授業論叙説』1994　溪水社
3　大西道雄著「国語科授業研究の方法に関する一考察(1)〜垣内松三『国語教

第六章　国語科授業研究の理論と実際

　　育誌学』の場合～」1998「国語教育研究論叢第二号」（九州国語教育懇話会）
　　所載
4　垣内松三著『国語教育誌学』1934　光村図書版『垣内松三著作集』第五巻
　　1979所収
5　野宗睦夫著『高校国語科教育の実践課題』1986　溪水社
6　野地潤家著『国語科授業論』1976　共文社

第二節　国語科授業力向上のための授業研究の実際

第一項　福山ことのは研究会・岡田久仁子先生による授業研究例

　福山研は、正式には、「福山ことのは研究会」と称し、石田謙豪氏をリーダーとして、小中学校の教員を中心に学習指導要領に基づく実践研究を熱心に続けている研究サークルである。1年間の成果は、『国語科実践記録誌』として毎年まとめられ、現在三十一号に達している。実践研究の進め方は、指導要領に基づく緊要な課題を共通の研究テーマとして設定し、その仮説、実践計画、分析とまとめを、全員が毎月の例会に提出して検討し合い、夏休みの比較的共通の時間がとれるところで十分な討議を重ねて『実践記録誌』に編集するという手順を踏んできている。

　以下に紹介する実践記録は、平成18年度の記録として、平成19年2月に刊行されたものである。共通の研究テーマは、「国語を適切に表現し正確に理解する能力を育成し伝え合う力を高めるための指導と評価の工夫」であった。収載されている実践論文は、小学校4編、中学校4編合計8編である。そのうちの、小学校3年生を対象とした岡田久仁子教諭のものを代表例として取り上げ、紹介するとともに、授業力向上のための授業研究のあり方について考察することとする。

　実践論文は、一部省略しつつ紹介する。はじめに論文の要約が示されている。

第六章　国語科授業研究の理論と実際

【要約】

> 　本実践は、小学校第3学年において、知らせたい情報を収集選択する力、伝えたいことが読み手にきちんと伝わるように段落をはっきりさせて書く力を育てるために行ったものである。指導に当たって、①相手意識・目的意識を具体的に設定し体験活動の中で書く題材をさがす、②事柄ごとに1段落1枚の色分け原稿用紙に書く、③段落の順序を考えてまとめる、④写真を入れてさらに書き直す、の4点を工夫した。②③④は、段落を意識して書く活動を繰り返すことで、段落をはっきりさせて書く力を育てることを意図した。
> 　その結果、児童ははっきりした相手意識・目的意識に支えられ、段落のはっきりした文章を書くことができ、工夫の4点が適切であったことが明らかになった。特に、①昨年同じ学習をした4年生に②昨年より分かりやすく書いてほめてもらおうという相手意識・目的意識をもたせることは、3年生の児童が工夫して文章を書こうとする意欲を高めるのに有効であった。

1　学　年　　小学校第3学年　37名

2　単元名　　分かりやすく書こう

3　単元の目標

> 本単元で付けたい言葉の力
>
> ○自分が校区探検でみつけたおもしろいものを紹介する文章を書くことに興味をもって情報を収集しようとする。（国語への関心・意欲・態度）
> ○自分が見つけたおもしろいものを4年生に紹介するという相手・目的をはっきりさせて書くことができる。（書く能力）
> ◎おもしろいものについて情報を収集し、「様子」「場所」「おもしろい理由」をそれぞれ1段落にして順序を考えて書くことができる。（書く能力）
> ◎句読点を適切に打ち、段落の始めは行を改めて書くことができる。（言語についての知識・理解・技能）

```
                        書くこと
  イ　書く必要のあることを収集したり選択したりすること。
  ウ　自分の考えが明確になるように、段落相互の関係を考えること。
```

```
                        言語事項
  ウ（イ）　句読点を適切に打ち、また、段落の始め、会話の部分などの必要な
          箇所は行を改めて書くこと。
```

　4　単元設定の理由

○単元観

　「まとまりに気をつけて読もう」の学習を受けて、段落を意識しながら分かりやすく書くことをねらいとする単元である。本単元では次の3つの力を付ける。

(1)　校区探検でみつけたおもしろいものを4年生に伝えるという相手意識・目的意識をもって、知らせたい情報を収集選択する力。

(2)　伝えたいことが読み手にきちんと伝わるように、事柄ごとに1段落とし、段落の順序を考えて書く力。

(3)　段落始めは行を改めて書くことができる。

○児童観

　児童は、「まとまりに気をつけて読もう」の単元で「段落」について初めて学習した。学習の前後に「ミニトマトの成長」について文章を書き、段落は一まとまりの内容であること、行を改めて書くことを経験した。しかし、日常的な日記ではほとんど意識できていない。

　単元の指導前に児童が書いた文章（1回目の校区探検でみつけたおもしろいものを探検に行けなかった先生に教えよう）を分析し、次のようなことが分かった。

　実態①おもしろいものを1つにしぼって説明できた児童が3分の1い

る。
　その他の児童は、みつけたものを羅列し、したことを書いただけである。
実態②１段落に１内容をきちんとまとめて書いている児童は３分の１いる。
実態③段落の始めは改行することについて、きちんとできている児童が３分の１いる。初めはできているが、夢中で書き進めていくと意識できなくなる児童が３分の１いる。

〇**指導観**

指導に当たっては、次の点を工夫したい。
実態①について
　文章に書くべき内容を事前に学習し、もう１度、校区探検に出かける。その際、自分が紹介したいものについてどのような情報を集めてくるのか計画を立てる。「去年の３年生よりもっと分かりやすい紹介文を書こう」と相手意識・目的意識をもたせ、意欲をもって学習できる単元計画を立てる。１枚の写真をとることで、紹介するものをはっきり絞り込む。

実態②について
　自分が紹介するおもしろいものについて「様子」「場所」「おもしろいと思った理由」の事柄に分け、それぞれに色分けしたメモ、原稿用紙を用意する。これにより、１つの事柄は、１つの段落にすることを意識させる。
実態③について
　文章を各段階で少人数指導を取り入れる。個別に支援することで、段落を意識させ、表記の仕方を理解させる。また、自分が書いた文章と教材文とを比べることにより「段落」を作って書けているか児童に考えさせる。さらに、単元全体の中で段落を意識して書く活動を３回繰り返す。①３つの事柄を段落ごとに色別原稿用紙に書く。（１枚１段落）②書き出し、結びの段落をつけ、全体を続けて書く。（５段落の文章）③写真を入れ、段落がきちんと表記できているか確かめながら清書する。

5 仮説の設定と検証の視点および方法

(1) 仮説　段落を意識して書く学習において、次のような手立てをすれば、書く内容がもて、段落のはっきりした分かりやすい文章が書けるであろう。
　工夫点①　書きたい内容をはっきりさせ、主体的に学習させるために
　　・　総合的な学習の時間の活動（校区探検）と教材「おもしろいものみつけた」と関連させ、体験とつながりのある単元計画にする。[体験活動を生かす学習過程]
　　・　できた作品を４年生に渡し、３年生のときの学習と比べての感想を返してもらう場を設定する。[相手意識・目的意識]
　工夫点②　段落をはっきりさせるために
　　・　教材文の学習前に書いた自分の文章を、自分で段落について見直す場を用意する。[問題解決的な学習]
　　　　見直す場として、次の３つを用意する。①３つの事柄を３色のメモ、３色の原稿用紙に分けて書く。②３つの事柄の順序を考えながら、全体をひとつながりの文章にする。③写真を入れながら段落が適切に表記できているか確かめて清書する。
(2) 検証の視点及び方法

検証の視点	検証の方法
1　書く内容がはっきりもてたか	ア　校区探検の際の観察メモ イ　作文作成のためのメモ
2　段落のはっきりした分かりやすい文章が書けたか	ア　作品の分析 イ　児童の自己評価

6 観点別学習状況の評価規準

ア 国語への関心・意欲・態度	ウ 書く能力	オ 言語についての知識・理解・技能
自分が校区探検で見つけたおもしろいものを紹介する文章を書くことに興味をもって情報を収集し、必要なことを選ぼうとしている。	①自分がみつけたおもしろいものを4年生に紹介するという相手・目的をはっきりもって書いている。 ②おもしろいものについて情報を収集し、「様子」「場所」「おもしろい理由」をそれぞれ1段落にして順序を考え、分かりやすく書いている。	句読点を適切に打ち、段落の始めは行を改めて書いている。

7 単元の計画（全10時間）

第1次（1時間配当）

〈学習活動〉

・校区探検で見つけたおもしろいものを紹介する文章を書く。（一斉）

※〈指導と支援〉の項は省略する。

（具体の評価規準B）［評価方法］※評価Aの見取り・Cへの支援の項は省略する。

【書】1つのものについて、段落のはっきりした文章を書いている。［作品］ウ①

第2次（2時間配当）

〈学習活動〉

・教材文を読み、意味調べ、新出漢字の学習をする。（グループ・一斉）

・教材文を使って何をどのように書けばよいか考える。（個→一斉）

（具体の評価規準B）

【書】教材文の内容からおもしろいものの紹介には「様子」「場所」「おもしろいと思った理由」の３つの事柄を書くこと、１つの事柄は１つの段落に書かれていることを理解している。「ノート」ウ②

第３次（１時間配当）
〈学習活動〉
・校区探検の計画を立てる。（個→グループ）
（具体の評価規準Ｂ）
【関】「様子」「場所」「おもしろい理由」についてメモできる用紙を準備している。［ノート・メモ］

第４次（５時間配当）
〈学習活動〉
１分節（１時間）
・メモの内容を整理する。（個別）
〈具体の評価規準Ｂ〉
【書】教科書を参考に校区探検のメモを事柄ごとに整理している。ウ②
２分節（３時間）
〈学習活動〉
・メモの内容を文章にする。①様子・②場所・③おもしろいと思った理由
・書き出し、結びの文章を考える。（個別）（少人数指導）
〈具体の評価規準Ｂ〉
【書】事柄ごとにメモの内容を文章に書いている。［作品（下書き）］ウ②
〈Ａの見取り（○）、Ｃへの支援（●）〉
○メモの内容をふくらませ、様子がよく伝わるように事実をくわしく書いている。
●メモを写しているだけの場合は、文末、様子をあらわす言葉を工夫するように具体例を個別に助言する。　※Ａ・Ｃへの形成的評価の規準の例として引用した。他のＢ規準の場合にもすべてＡ・Ｃの規準が示されている。
３分節（１時間）

・一続きの文章に清書する。
・写真を入れてもう1度清書する。（個別）
〈評価〉
〈具体の評価規準B〉
【言】段落の順序を考え、段落の始めは改行することを意識して清書している。［作品］

第5次（2時間配当）
〈学習活動〉
・4年生に作品を渡し、感想文をもらう。
・学習のまとめと振り返りをする。（個別）
〈具体の評価規準B〉
【関】自分の工夫点を伝え、4年生の感想文を読んで、自分の振り返りに生かしている。［観察・振り返り］
〈Aの見取り（○）、Cへの支援（●）〉
○読み手の感想から、「委員会紹介文」で理解しにくかった表現をどう考えたらいいか考えている。
●他の児童の読み手からの感想や「委員会紹介文」を交流させる。

8　学習材

分かりやすく書こう「おもしろいものみつけた」（「国語三上　わかば」平成18年度版光村図書出版）

9　分析

(1)　検証の視点1；児童は、書く内容をはっきりもてたか。

ア　校区探検の際の観察メモ
1つの事柄に対して2つ以上メモしてくるよう指示した。

・できた児童＝10名（27パーセント）
・メモが書けていない児童＝5名（13パーセント）
・他の児童は1つの事柄につき1つは書けていた＝22名（60パーセント）

　付けたい力に対して、段落がない、思いつきで書いているため伝えたいことがはっきりしないという児童が多かった。代表例として、A児を事例分析の対象として取り上げる。

　A児は、学習にまじめに取り組み、よく発言もし、考えも持っている。しかし、書くことを苦手と感じており、事前の作文も含め、段落や言葉の表記に間違いが多かった。

| しょうかいするもの |
うろこみたいな葉

| おもしろいと思ったわけ |
・あさがおのはがなんまいもかさなっていた。

| 様　子 |
・うろこみたいでおもしろかった。
・はっぱが石にへばりついていた。本のくきはにわにあった。

| 場　所 |
・りょくようだいの30の30
（本のは、もとのくきの意味）

　A児は、1回目の校区探検では、駄菓子屋をみつけ、そのことを事前の作文に書いていた。その作文は、次の通りである。

第六章　国語科授業研究の理論と実際

> 　　　校区たんけん
> 　六月一日に校くたんけんをしました。行く所はりょくよう台の三角公園でした。三角公園すぎるとむかしよくあっただが子やがのこっていました。そのだがしやはほとんどがあめとガムでした。いろいろなあじのものがおいてありました。電池などもあってまるで今のコンビニエンスストアー見たいでした。
> みせを開らいているおばちゃんに聞くと
> 「だがしやは小さなおかしをうところですよ」
> と言っていました。
> 　だがしやはおかしをうるところでした。

　A児は、教材文を学習した後2回目の探検では、駄菓子屋の近くにある「うろこみたいな葉」に変えていた。理由は、「駄菓子屋よりも、葉っぱの方が様子を詳しく書けそうだから」と述べている。1度書いた経験と、教材文の学習から、よりよい文章が書けるように紹介するものに変えたと分析する。A児は、様子について詳しくメモでき、各項目についても書くことができた。しかし、1つしかメモできていない事柄があるので、「B」と判断する。

イ　作文作成のためのメモ
　「おもしろいと思ったわけ」をピンク、「場所」を水色、「おもしろいものの様子」を黄色に、それぞれ色分けしたメモ用紙に指定して、写真も用意して各項目について、メモの内容を2つ以上に増やした。「場所」では、目印からの方向、どれくらい離れているかという観点を与えた。「様子」については、色、形、大きさ、長さ、さわった感じ、〜に似ているなどの観点を与えて指導した。その結果、すべての児童が2つ以上のメモを書くことができた。A児の作文メモは、以下に掲げる通りである。

> おもしろいと思ったわけ
> ・したむきになっている。
> ・あさがおのはがなんまいもかさなっている。

> 場所
> ・ゆうびんきょくむかってだがしや四けん前。
> ・りょくようだいの30の30
> ・石のへいのところ。

> 様子
> ・てのひらより大きい。
> ・はっぱが石にへばりついていた。
> ・みどりいろ。
> ・本のくきは庭にあった。
> ・五十まいくらいあった。

A児の作文メモ

　A児は、指導の観点に沿って、場所・様子を膨らませている。写真を見ながら「はっぱが50まいぐらいあるよなあ」とつぶやきながら書いていた。メモでは、「おもしろいと思ったわけ」も様子になっている。「うろこみたいになっておもしろかった」ということも含めて、様子がおもしろいと思った児童が多くいた。文章全体をつないだときに、「様子」の段落と「おもしろいと思ったわけ」の段落の区別がつかない児童がいたという問題点の出発は、ここであったと考える。この時点では、何も指導できていなかった。
　以上のことから、メモする際に事柄ごとに観点を指導することがメモを書く際には有効であるとわかった。また、紹介したいものを写真にとっておくことは、そのときの思いや様子を詳しくするのに役立ったといえる。しか

し、カードを分けていたことと、数にばかり目を向けていたことから、観点の重なりに気づくことができなかった。

(2) 検証の視点２；児童は、段落のはっきりした文章が書けたか。

ア　作品の分析
① 内容
　事前の作文では、文章中に紹介したいものがいくつも出ている児童がほとんどであった。１つのことについて書けている児童は12名（32％）であった。指導後の作品では、35名（95％）がおもしろいと思ったものを１つにしぼって書けた。これは、思いつきで書き進めるのではなく、自分が紹介したいものを決め、段落ごとに書く内容をメモに整理して文章にしたためと考える。
② 構成
　「なか」の部分に当たる。「おもしろいと思ったわけ」「様子」「場所」については、作文メモと同じ色分けの原稿用紙を用意し、１つの事柄は１段落に続けて書くことを指導した。その結果、１文１段落の児童を減らすことができた。これには、２つの理由が考えられる。１つ目はメモに２つ以上のことを書き、メモの１項目をそれぞれ１文にする意識が働いて文が複数できたことである。２つ目は、同じ色の原稿用紙の中で段落分けしないという指導が有効であったためである。30名（81％）が、「書き出し」→３つの事柄→「結び」の段落構成で書けた。
　文章をひとまとまりにする段階で、３つの事柄の順序をそれぞれに工夫させた。作品を分析すると順序は表１のようになった。書き出しの段落で、おもしろいものは何か紹介した後、理由を述べている児童が21名（57％）で半数を越えた。教材文の事柄の順序が、理由→様子→場所となっていることから、教材文の学習が書く場面で活用されたものと考えられる。紹介したいものを述べ、紹介した理由やおもしろい様子を書き、場所を示して、「行ってみてください」と結ぶのが児童の思考の流れとなったことが分かる。また、

教材文の順序とは変えて、おもしろいものがある場所から書き始めた児童が12名（32%）、理由の後には場所を述べている児童が9名（24%）いることから、場所も児童にとっては重要な事柄であることも分かった。

〈表1〉 述べ方の順序

3つの事柄の順序	人数（名）
理由→様子→場所	12
理由→場所→様子	9
場所→理由→様子	9
場所→様子→理由	3
様子→理由→場所	1
様子→場所→理由	1
その他	2

うろこみたいな葉

　うろこみたいなあさがおの葉がありました。
　ゆうびんきょくむかってだがしや四けん前三十の三十の家で、子ども百十番の家です。その家の門のよこの石のへいにありました。
　その一まいの葉っぱはぼくの手の手のひらより大きくて、くきが石にへばりついていました。みどりいろの葉が五十まいぐらいあって本のくきは庭へうえたそうです。
　石のへいに下むきになっているあさがほをみつけました。葉はうろこみたいに重さなっていました。
　ぜひ四年生もいってみてください。

A児の作品（一まとまりした段階）

↓

うろこみたいな葉

　うろこみたいなあさがおの葉がありました。
　ゆうびん局にむかってだがしやの四けん前三十三の家で、子ども一一〇番の家です。その家の門のよこの石のへいにありました。

第六章　国語科授業研究の理論と実際

> その一まいの葉っぱはぼくの手のひらより大きくて、つるが石にへばりついていました。みどり色の葉が五十まいぐらいあって、ねは庭にありました。
> 　葉っぱの形などが今でも心にのこります。
> 　「なぜあんな形になったのかとてもふしぎです。→（注）」
> がついていない。
> 　ぜひ四年生も行ってその家の人にあのような形になったのかきいてみてください。

A児の作品（清書した段階）

　文章を一まとまりにした段階では、「おもしろいと思ったわけ」と「様子」の区別がつきにくい児童が5名（13％）いた。A児は、その中の1人である。5名で互いに読み合い、意見を交流して、文末や段落はじめの言葉を工夫することを指導した。A児は自分が不思議に思ったことが伝わるように「　」を用いることに決めたが、かぎの終わりの場所を間違えている。しかし、段落のまとまりはきちんと意識できたことがわかる。よって、A児の作品は「B」と判断する。

③　表現

　3つの事柄については、時間をかけて書き進めたが、「書き出し」「結び」の段落については、教科書を参考にすることを指導しただけで書かせた。しかし、ほとんどの児童がすらすらと書けていた。これは、相手意識がはっきりしていたためだととらえる。

　たくさんの工夫ができた児童の代表としてB児の作品（次頁）を紹介する。B児は、書き出しと結びに、読者に対して「みなさん」と呼びかける言葉を使っている。その他にも、「分かりやすい説明の仕方」として日常指導していることを使って書いている。よって、B児の作品は「A」と判断する。分かりやすくする工夫として、段落の初めに接続語を使った児童は少なかった。その代わり、この段落に書いてある内容が分かるような言葉を使って書き始めた児童が多かった。

　例えば、B児の作品中にある「おもしろいと思ったわけは」「場所は」「様子は」である。B児は、学習後の聞き取りで、「3つの事柄の何について書

いているかということは、段落初めに書くと分かりやすいと思った。」と答えた。学級全体の児童の表現の工夫は、表2、表3である。

　書き出しや結びに相手意識の分かる呼びかけの言葉が書けている児童は、31名（84％）であった。第1次で書いた作文では、相手である教師に対する誘いや問いかけを書いた児童は6名（16％）だったことから考えると、学習の過程でしっかり相手意識がもて、表現の工夫につながったと考えられる。

やど屋みたいな家

　みなさんは自分のすんでいる町をたんけんしたことがありますか。これからわたしがたんけんしたことをしょうかいします。

　ゆめみがおか歩いていた時、やど屋と同じような、おもしろい家がりました。その家は、広くとてもきれいで、本当のやど屋にそっくりでした。そう思ったわけは、広くて下を見おろすと大自ぜんが見えて小鳥がとんでいたからです。まとめると、とてもきれいな所だったからです。

　家の様子は、自ぜんにかこまれた、とてもきれいな所でした。高い所にあるから、けしきもきれいで、すむ人も多いのだそうです。なので、新しくひっこしてくる人も少なくないのだそうです。

　その家の場所は、ゆめみがおかだい一公園から北に進んで行きます。そこの、少し下がその家です。

　どうでしたか。みなさんも一度来てみてください。おもしろくて楽しいですよ。

表現の工夫がある児童の作品（B児）

〈表2〉　書き出しと結びの工夫例

書き出しの段落	人数	結びの段落	人数
・呼びかけの言葉を書く。 　「みなさん」「4年生のみなさん」 ・問いかけを書く。	25	・見に行ってほしい気持ちを書く。 　「見に行って」「まだみつけていなかったら行ってみて」	29

第六章　国語科授業研究の理論と実際

「～を見つけましたか。」「4年生も～見つけていますよね。」	24	・紹介したもののよさを書く。「おもしろいですよ」「びっくりしますよ」	9
・これから説明することを書く。「～をしょうかいします」・読んでほしい気持ちを書く。「この作文をみてください。」「読んでください」	5　　　2	・読んでどう思ったかを書く。「どうでしたか」「行きたくなりましたか」・終わるということを書く。「これで～のしょうかいをおわります。」「こういうものもあるのです。」	3　　　3

〈表3〉　内容を分かりやすくする工夫　　　　（　）内は人数

```
おもしろい理由
・おもしろいのは～です。理由は～からです。(5)
・～おもしろいと思いました。～おもしろかったです。(7)
・おもしろいと思ったわけは (4)
・おもしろいと思ったのは (3)
・～びっくりしました。～めずらしいと思いました。(5)
場所
・～の場所は (15)
・～があるところは (1)
・～場所を説明します。(3)
・～の北に──方向や左右上下などを書く──(6)
様子
・～の様子は (4)
・形は～、色は～(13)
・～の様子をしています。(5)
・～のように見えます。(5)
```

④　表記

　A児について分析すると、段落の表記は正しくできるようになった。しか

395

し、句読点や「　」の表記については、指導を継続する必要がある。作品を書き直す際に気をつけて漢字などを見直していたが、「三十の三十」としなければならないところを間違っている。よって、「B」と判断する。

　他の児童も書き直すごとに表記の間違いが減った。主な間違いを板書し、自分の文章に同じような間違いがないか見直しをさせた結果であると考える。しかし、授業のノートには、「は」「を」「へ」の間違いも多い。書き終わったら文字を押さえながら読み返すことを習慣化させる必要がある。

イ　児童の自己評価

　事後のアンケートに対して全員が「段落のまとまりを考えて文章を書くことができた」「段落の使い方が正しくできた」と肯定的に評価している。アンケートの最後に自由記述欄を設けた。児童が書いたものを整理したのが、表4である。なお、本表と重複する記述内容の部分の6行は割愛している。

〈表4〉　児童アンケートの自由記述「自分に付いたと思う力」

段落に関すること ・段落に分けて書く力。	13 (35%)
文章構成に関すること ・どこにどんな段落を書くかを決める力。順序を考える力。分かりやすい文を書く力。文章をまとめて書く力。さそう段落が書けた。結びを書く力。	7 (19%)
表現（書くこと）に関すること ・作文（文章）を書く力。書き出しを上手に書く力。分かりやすい書き方を使う力。4年生に行きたいなと思わせる力。	8 (22%)
書く内容に関すること ・おもしろいものがはっきり決められる力。自分で考える力。	8 (22%)
その他 ・漢字を使って書く力。集中して書く力。	2 (6%)

以上、分析してきたことから、単元のはじめに書いた文章と比べながら学習を進めることで、児童にとって自分ができるようになったことが実感できる学習であったことが分かった。

10 まとめ

作文がきらいな児童は、よく「書くことがみつからない」「書き方が分からない」と口にする。だから、書くことの指導においては、①書きたいことをもたせること、②書き方を指導し、身につけさせること、が必要である。そこで、本研究では、①書きたい内容をはっきりもたせること、②段落のはっきりした分かりやすい文章を書くことをねらいとして授業実践をし、検証した。結果と課題は以下の通りである。

(1) 成果
① 体験活動の中から書きたい内容をもたせ、書きたいことをしぼり、写真等視覚的なものを提示することは、児童が書きたい内容をはっきりさせるために有効であった。
② 指導前に児童がそのときもっている力で文章を書き、学習後の文章と比べてどのような書き方がよいか考える問題解決型の授業展開をすることで児童は主体的に学び、書く力を付けたことを実感できた。
③ 相手、目的、どのような文章が書けたらよいのかを具体的に提示し、段落を意識して書く活動を、形を変えながら繰り返すことで、児童に段落のはっきりした文章を書く力が付いた。

(2) 課題
① 作品分析や児童への個別指導に時間がかかり、その場で適切な指導ができなかった。
② 句読点や「　」、言葉の表記については、場を逃さず、今後も継続して指導したい。

（注）本実践研究記録は、福山ことのは会の岡田久仁子先生の執筆に係るものである。なお、本記録は、福山ことのは研究会編『国語科実践記録誌　第17集』（平成19年２月）に収録されている。

第二項　授業力向上のための授業研究例についての考察

　この実践研究記録は、広島県福山市を中心とする小・中学校の教師の研究サークル「福山ことのは研究会」（中心リーダー石田謙豪氏）の機関誌「国語科実践記録誌第17集」から、ほぼ全文を引用したものである。このサークルは、一貫して授業改善、授業力の向上を目的とした活動に取り組んでいる。機関誌は、誌名の示すように、授業改善、授業力向上のための会員の実践記録を載せている。１年間の授業実践の中から事前の授業計画の段階から検討したものを選んで、分析、評価し論文としてまとめている。実践の分析、検討は、サークルの例会においてなされている。平成22年３月現在で、第20集まで出版されている。なお、このサークルの例会には、著者も何度か招かれて話をさせてもらっている。
　授業改善のための授業の評価、分析の仕方、論文としてのまとめ方についても、年次を追って改善されてきている。ここに引用した、岡田久仁子先生の論文もこのようなサークルの取り組みが背景として存在している。
　本論文について、解説とともに、著者なりの評価を加えていくこととする。
　このサークルは、毎月の例会と、夏休みには合宿研修会を持ち、集中的に指導案の検討とかベテラン教師の授業方法論とかいったことを行い、お互いの授業力を錬磨している。ここで取り上げた岡田先生の「実践記録」は、このサークルにおいて検討されていることが推測される。授業改善を図り、授業力を向上させるためには、このような志を同じくする仲間とともに、実践した授業を記録化して共同協議するということは、たいへん意義のあることである。

第六章　国語科授業研究の理論と実際

　本授業実践記録に基づいて、授業改善のための授業研究がどのように行われているか、整理する。
1　「本単元で付けたい言葉の力」として４つの目標を掲げ、その中で重点を置くものに二重丸をつけている。
2　さらに、この４目標が指導要領の「書くこと」「言語事項」の関連する指導事項それぞれ２項目と１項目を挙げている。
3　「単元観」「児童観」「指導観」の３観点から児童の能力、関心・意欲・態度、書くことに関わる基礎的知識・技能、の実態を洗い出す。そして、不足あるいは不十分で、習得させる必要のある能力・技能を目標として立て、それらの能力・技能を発揮することが求められる書くことの活動を組織する。その活動をユニットとする授業活動を構成し、その学習過程における活動状態を評価（形成的評価）して、学習のつまずき、停滞を見つけ出し、円滑に目標とする、能力、技能、意欲・関心・態度を習得することができるように計画を立てる。
4　観点別評価規準は、「記録」の「６」項目に示されている。それは、当然、単元の目標に基づいて設定されている。
5　この授業研究は、仮説―検証という方法で進められている。これは、いわゆる科学の方法に由来するものである。この授業研究での仮説は、授業改善のための授業方法の工夫①・②である。この工夫は、言うまでもなくこれまで有効でなかった方法を工夫、改善するものでなければならない。そのためには、これまでに同様の目標で実践され、有効であったレポート類を探索し、それらを参考にするとともに、自身の創意工夫を加えた新しい方法に基づく授業を構成し、実践する。その有効性を検証するには、授業の実践過程における児童の反応が、改善の目標とするレベルに達しているかどうか、具体的に事実を取り上げて判定（検証）しなければならない。
6　本授業研究では、そのようなプロセスを経て検証している。そのデータを採取するにあたっては、学級全員の達成傾向と抽出児童の授業の全過程における反応様態を把握することに努めている。このようなデータ

の取りかたは、時間的動的な構造体である授業の実像を捉えるのに有益である。

7　作文指導の場合は、完成作文を上・中・下の3段階に評定し、それぞれの達成度の代表と認められる児童（複数の方がよい）を抽出して変容の様態を分析、考察するのも望ましい。読むことの指導の場合も授業後の達成度のテスト結果を上・中・下に分け、1次・2次・3次…のような授業の分節ごとの形成的評価の結果を抽出児童について変容の様態を見ていくということも意味のあることである。

8　書くこと・読むこと・話すこと・聞くことの各領域において、単に、作品、テスト、活動様態だけでなく、学習過程におけるさまざまな学習活動を記録させて、それを学習者自身の学習反省（自己評価）の資料とするとともに、授業者が、テスト等だけでは捉えることのできない授業実態を個別に見ることができる。

9　この授業で評価すべき工夫として、「書く場の設定」がある。この作文の授業は、いわゆる課題条件作文である。国語教室で実践する作文の指導は、学級の全員を対象にして行われる。本来、作文は、1人ひとりが個別に行うものであるから、学級全体を対象とする一斉指導はふさわしくない。個別指導と一斉指導とを同時的に行い得る作文の授業は、共通の課題であるとともに、1人ひとりが自由に内容を選択、取材することのできるものであることが要求される。叙述条件は、目的・相手・内容に応ずるものであることが、必然性をもって定まってくる。内容については、課題されることによって取材の方法も含めて方向づけられている。叙述の仕方は、目的と相手によって決まってくる。

10　この作文授業について見ると、書く場の条件として、自分がおもしろいと思うものを見つけること及び「おもしろいと思ったわけ」「場所」「様子」の3つに分節化すること（内容）、それを4年生に伝えること（目的と相手）、分節化した内容とその配列を考えること（線条化構想＝叙述の第1段階）、「書き出し」と「結び」を考えて文章として叙述すること（線条化＝叙述の第2段階）というように設定されている。この書く

場の条件が、授業過程の各段階にわたって支配している。

　この授業研究においては、書く場の設定についての直接的な分析検討は行われていない。このことを除外して作文の授業は、立案、実施、評価できないので、間接的には触れられている。著者は、作文は、すべて書く場の条件に基づいて行われる条件作文であるという考えに立っている。作文の授業力の向上を図るには、このことを考慮することが必要である。
　この作文授業は、一斉指導と個別指導とを適切に組み合わせて効果を挙げることができているのは、課題条件を効果的に設定しているからである。特に、児童の書く意欲の喚起と持続も場の条件のもたらした成果である。
なお、授業力の向上を努めたり、授業改善を図ったりするには、本章の第一節第三項で述べた、個体史的方法による授業研究が極めて有効である。

第三節　国語科の授業方法開発を意図した授業研究
　　　　　──実験的調査を基本とした場合──

　ここに掲げる事例は、本章第一節で紹介した著者の行った実験的授業研究の事例に続くものである。指導の個別化を児童の適性（個人の学習の傾向性）に応じて図るためのものである。本授業研究で力点を置いたのは、授業過程における児童の読みの変容の様態を明らかにすることであった。

〈実験材〉

　　すずかけ通り三丁目

　　　　　　　　　　　　　　　　　　　　　　あまんきみこ

① 「すずかけ通り三丁目までいってください。」
　　お客は、車にのると、しずかな声でこういいました。四十ぐらいの、色のたいへん白い、ふっくらした女の人でした。
　「すずかけ通り？」
　と、松井さんはききかえしました。そんな通りは、まだきいたことがありません。
　「そうです。三丁目です。」
　　お客は、白いハンカチであせをふきながらこたえました。じっとしていても、あせがふきでてくるような、ま夏の午後です。
② 「なにか目じるしのたてものが、ちかくにありますか？」
　　松井さんは、しんまいのころ、よくいったように、こうたずねました。
　「白菊会館のちかくです。」
　「白菊会館？　あのあたりなら、よく知っていますけれど……、そんな通りは……、ありませんよ。」
　「いいえ、あるのです。はやく車をだしてください。」

　　　　お客が、きっぱりといいましたので、松井さんは、エンジンをかけました。

③　　ハンドルをまわしながら、松井さんはおもいました。
　　（あの白菊会館のちかくに、そんな通りがあったかな？　このお客の、かんちがいではないかしらん。）
　　　白菊会館、というのは、名まえとははんたいで――、うすよごれた四かいだてのビルなのでした。
　　　まわりは、七かい八かいの、あたらしいりっぱなビルばかりなのです。だから、いっそうふるぼけて、きたなく見えたのかもしれません。
④　　青いシグナルの下を十三回すぎたとき、やっと、白菊会館のまえにでました。
　　「もうすこし、まっすぐにいってください。……あそこに、大きなスズカケの木がありますね。それを、右にまがるのです。」
　　　お客にいわれて、ハンドルを右にまわしました。とたんに、松井さんは、
　　「ほう!?」
　　ととびっくりして、声をだしてしまいました。
　　　高いビルがまだまだつづくはずでしたのに、どうしたことでしょう……、ビルなど、すっかりなくなっていたのです。
⑤　　そのかわり、赤やみどりのやねの家が、いくつもならんでいたのです。
　　　アスファルトの道の両がわに、スズカケの並木が、ずうっととおくまでつづいていました。
　　（町なかに、このような通りがあったとは、知らなかった。もう、三年も、うんてんしゅをしているのに――）
　　　松井さんがそうおもったとき、うしろのお客がいいました。
　　「右がわに白いたてものが見えますね。あの三げんむこうにとめてください。」
　　　やねの赤い、小さな家でした。
⑥　　「まっていてください。わたしは、また、駅まで帰りますから――。二時四十五分の特急に、のらなければならないのです。」
　　　といってから、お客はおりていきました。

403

むねぐらいの高さしかない門の上から手をのばして、なかのかんぬき
　を、じぶんではずしました。ぎーっと、白のペンキぬりの門があくと、
　ふりむきもしないで、はいってしまいました。

⑦　ユーターンして、スズカケの木のかげに、車をとめました。手のかた
　ちににた大きなスズカケの葉が、空いろの車のうえで、さわさわとゆれ
　ています。
　　すずしい風が、まどからはいってきました。
　　松井さんは、たばこに火をつけました。
　　（こんなにしずかな通りが、あったのだろうか。車が、一台もとおって
　　いないじゃないか。ゆめでも、みているようだ。）
　　松井さんは、こんなことをおもいました。
　　そのとき、お客のはいった家のほうから、たのしそうなわらい声がき
　こえたような気がしました。

⑧　「おまたせしました。」
　　たばこをもみけしたとき、ちょうどお客が車にもどってきました。
　　空いろの車は、また、すべるように走りだします。
　　すずかけ通りをすぎ、白菊会館のまえをすぎてから、松井さんはいい
　ました。
　　「お客さん。この町の人ではないんでしょう？　それなのに、よく、あ
　　んな通りを知っていますね。」
　　「せんそうがおわるまでは、ずっとあそこにくらしていましたか
　　ら、——」
　　と、お客はこたえました。そして話しつづけました。
⑨　「あのあたりは、ひばりがきてなくほど、しずかなところでしたよ。で
　　も……、昭和二十年の春から、"空襲"がはじまりました。七月の"大
　　空襲"のとき、三十機のB29が、町の空をとびまわり、しょうい弾を
　　つぎつぎにおとしました。あちらもこちらも火事になり、町は、火の
　　海のようになりました。三才だったふたりのむすこを、わたしは、ひ
　　とりをせおい、ひとりはだいて……ええ、ふた子だったのですよ……

にげまわりました。……やっと、りんどう公園にたどりついたとき、
　　せなかの子どもも、だいていた子どもも……」
　お客はしばらくだまってから、いいました。
　「しんでいたのです。」
⑩　松井さんの目のまえに、すずかけ通りが見え、ずらっとならんでいた
　並木の大きな葉が、ほのおをふいて、もえはじめました。赤やみどりの
　やねが、オレンジ色のすさまじいほのおにつつまれています。
　「どの家もすっかりもえてしまったつぎの朝、黒と茶いろのやけ野原に、
　　あの白菊会館が、たったひとつ、ぽつんとのこっていたのです。」
⑪　赤のシグナルを見て、ブレーキをかけてから、松井さんはいいました。
　「もし、お子さんが生きていられたら、もう、二十五さいですね。わた
　　しのおとうと、ちょうどおない年ですから――」
　「いいえ、うんてんしゅさん。むすこたちは何年たっても三さいなので
　　す。母おやのわたしだけが、年をとっていきます。
　　でも、むすこをおもうときだけは、ちゃんと、このわたしも、もとの
　　わかさにもどる気がするんですよ。……おもしろいものですね。」

⑫　駅の六角形の塔が、見えてきました。両がわや、まえやうしろに、黒
　や赤や青の車がふえています。
　　ま夏のつよい光を、どの車もぎらぎら反しゃして、まぶしいほどです。
　すすみがわるくなったので、車のなかはいっそうあつくなってきました。

⑬　やっと、駅まえです。
　「おつりは、いりません。」
　　てのひらに千円さつをのせてくれた、お客の手を見て、松井さんは、
　びっくりしました。
　　茶色ですじばったおばあさんの手？
　　ふりかえると、ほんとうに小さなおばあさんがすわっていて、さいふ
　の口を、ぱちんとしめたところでした。
⑭　おどろいて、じろじろ見つめている松井さんに、おばあさんは、しず
　かな声でいいました。

> 「二十二年まえのきょうなのです。ふた子のむすこたちが死んだのは——」
> ほそい目が、なみだでひかっていました。
> 「おかげで……、むかしのうちにかえることができました。むすこたちと、まいにち、あそんだ家です。おわかりでしょうか？」
> おばあさんのうしろすがたが、たくさんの人にまぎれて見えなくなったとき、松井さんは目がさめたように、はっとしました。
> メーターは、三百七十円です。
>
> ⑮　車のそとにとびだしました。
> なにか、ひとこと、いいたいのです。
> それに、おつりもかえさねばなりません。
> 顔にも、くびにも、せなかにも、あせがすじになってながれています。
> 千円さつをしっかりにぎったまま、松井さんは、駅の長い長いかいだんを、かけあがっていきました。
> （あまんきみこ作「すずかけ通り三丁目」『車のいろは空のいろ』1977．5　ポプラ文庫）

第一項　研究の目的

　本研究は、授業過程における児童の文章理解の様態を実験的に調査し、文章理解の適性処遇的指導のための基礎的データを得ようとするものである。すなわち、児童の文章理解過程に発現する読み方の傾向性を把握し、指導の個別化の資料とする。

第二項　研究の仮説と検証の方法

　授業過程における児童の文章理解の反応を、次のような実験的授業を構成

して、個別に反応を記録、集積、整理することによって読み方の傾向性（物語スキーマ・読み進めの構え・読み取りの変容など）を明らかにすることを企図する。

1　個別形態「分節たどり読み」の過程

文章材（あまんきみこ作「すずかけ通り三丁目」）を、実験材として、小エピソード単位に、15分節に区切り、1分節を1枚のカードに印刷し、それぞれに、
① このお話に出てくる人物は、だれだれですか。
② その人物は、どんな人（仕事や人柄・感じ）ですか。
③ このお話で、どういうできごとが起きていますか。
④ そのできごとは、いつ・どこで起きていますか。
⑤ このお話のつづきを予想したり、ふりかえったりして、心にうかんでくることを書いてください。

という5つの小問を付記して小冊子に綴じ、1枚ずつ記入しながら読み進めさせる。

次に、この「分節たどり読み」を実施した翌日、「あらすじ」を記述させ、ついで、「感想」を書かせる。なお、「あらすじ」については、実験的授業終了後1か月経過したのちに、再度記述させる。

2　一斉形態「問答読み」の過程

実験的読みの指導の文章材について、読みの促進のための21の発問を準備、構成し、それにもとづいて一斉形態の問答法による授業を実施する。この授業実施にあたっては、各発問ごとに発問直後の反応を記録させ、この反応をもとにした問答法による読みの学習指導を展開する。その終末時における反応を児童各自に記録させる。各単位時間の読みの授業実施の翌日に、発問と同一の設問による事後テストを実施する。

第三項　実験的調査のための授業の実施とその経過の概略

1　実験的調査のための授業対象
　　福岡教育大学附属福岡小学校5年2組（男子20名女子19名）
2　授業協力者
　　同校　橋本義徳教諭
3　授業実施期間および授業時数
　　○昭和62年7月2日～7月23日・9月2日
　　○個別形態の「分節たどり読み」（「あらすじ」「感想」記述を含む）4単位時間
　　○一斉形態の「問答読み」（事後テストを含む）8単位時間
　　○1か月経過の「あらすじ」再生記述　30分

　実験的調査のための授業は、ほぼ計画通り実施することができたが、一斉形態授業については、発問に対する初発と終末の反応を記録させるために時間がかかり、当初計画より全体で2単位時間超過した。

第四項　実験的調査結果の分析と考察

　実験的調査のための授業過程において収集、記録した反応の第1次分析を、次の4つの観点から行い考察した。
　1　個別形態「分節たどり読み」にみられる児童の読みの様態
　2　個別形態「分節たどり読み」後の「あらすじ」記述にみられる児童の読みとりの様態
　3　個別形態「分節たどり読み」後の「感想」記述にみられる児童の感想産出の着眼点と記述の類型

第六章　国語科授業研究の理論と実際

4　一斉形態「問答読み」のキー発問にみられる読みの反応変容の様態——事例分析を含めて——

以下、観点ごとの分析・考察結果について述説する。

1　個別形態「分節たどり読み」にみられる児童の読みの様態
　　——「分節たどり読み」過程にみられる読み進めの構えの出現傾向——

「分野たどり読み」過程において、児童がそのような読みの意識をもって読み進めているか。その心理的過程を分析した。「分節たどり読み」過程における読み進めの構えをその心理的反応としてとらえてまとめたものが、〈表1〉である。

〈表1〉「分節たどり読み」過程における読み進めの構えと心理的反応の傾向

（実数）

	反　応　類　型	男	女	計
A	終始、できごとの予想をしながら読み進めているもの	6	6	12
B	できごとの予想を基調としながら、時に局所的に立ちどまり、読みとりや感想を述べて読み進めるもの	1	2	3
C	できごとを予想、たどりながら局所で立ちどまり、できごとに同化共感しつつ読み進めているもの	1	1	2
D	できごとの予想と確かめをしながら、疑問・問題・不思議意識に導かれて読み進めているもの	3	4	7
E	できごとの予想から読み始め、できごとの予想外の展開への期待感に導かれて読み進めているもの	1	1	2
F	できごとの予想から始まり、途中から心情的感想を述べつつ読み進めているもの	4	3	7
G	途中から予想がむずかしい、心にうかべにくいとして記述をやめているもの	4	2	6

409

「分野たどり読み」過程では、児童は予想→確認→ふりかえりという基本的な心理的反応パターンが認められる。また、A類型の〈できごと〉に即応して読み進めているもの、D類型の〈疑問・問題・不思議〉意識に導かれて読み進めているもの、F類型の〈心情的に同化・共感〉しながら読み進めているもの、の３つの反応類型が目立っている。この３つの反応パターンは、文学的文章の読みの基本的な反応様態を示していると考えることができる。つまり、事柄中心の読み、内容に関する知的解釈中心の読み、内容についての情的共感・同化中心の読みという３類型である。

　〈図１〉に示したのは、「分節たどり読み」の過程における読み手の意識＝予想・局所立ちどまり（確認）・ふりかえりの、分節ごとの反応傾向である。

　予想→立ちどまり→ふりかえりは、読み手の読み進めの過程における構え（読みの意識の方向性）の基本型を示していると言うことができる。

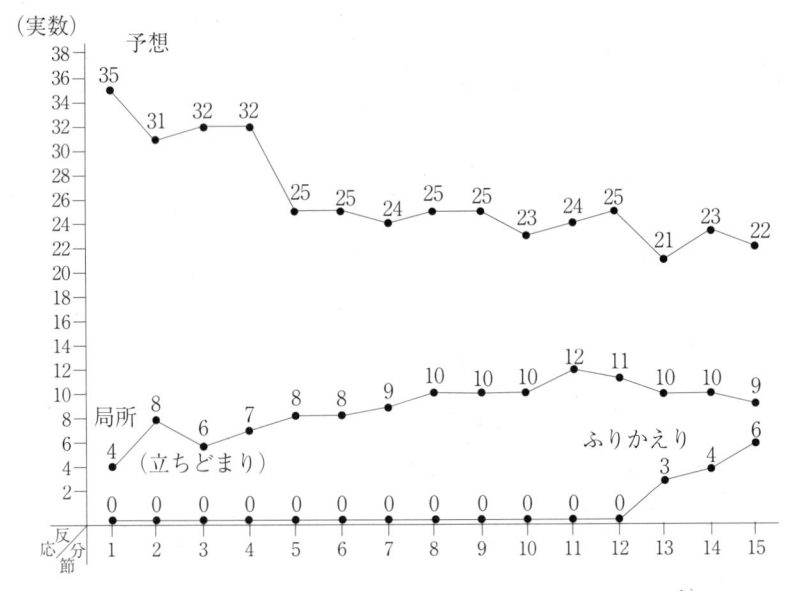

〈図１〉「分節たどり読み」過程における読みの意識の傾向[1]

第六章　国語科授業研究の理論と実際

　これは、分節ごとの「たどり読み」カードの指示の反映でもあるが、読み進めの過程における意識の向きと相即していると思われる。「予想」意識が、読み進むにつれて下降傾向を示しているのに対して、「ふりかえり」意識は、読み進むにつれて上昇してきており、「立ちどまり（局所）」意識は、ほぼ一定である。予想→立ちどまり→ふりかえりを、読み進めの過程における構えの基本型とする根拠である。

　〈表1〉に示した、読み進め過程の7類型の代表例を一覧表にしたのが、〈表2〉である。（Gは、反応記入が欠落している例なので除外している。）

〈表2〉

類型＼分節	A　できごと予想型（O男）	B　局所立ちどまり確認感想型（K女）	C　局所立ちどまり同化感想型（N女）	D　疑問・問題・不思議型（M男）	E　予想外のできごと期待型（T男）	F　できごと予想から心情反応型（T女）
1	3丁目についたときふしぎな事がおこる。	お客さんに言われて松井さんはしかたなくタクシーを出す。	すずかけ通りってどんなところかな。	松井さんがふしぎに思いながら話している。	ふしぎなことがおきそう。	女の人が小さな時にすずかけ通りとなまえをつけたと思う。
2	さまよう。	松井さんが少しおろおろしている。	すずかけ通りに行ってみたい。	しらぎく会かんの近くにくるとお客がきえる。	ふしぎなことがおきそう。	女の人は自分の里のようなところに早くかえりたい。
3	すずかけ通り3丁目という通りがみつかった。	行ってみたらじっさいその通りがあった。	白ぎくかいかんを見たい。	しらぎく会かんはどこだろう。	ふしぎなこと。	女の人を白ぎくかいかんにつれていったら女の人は、きっとよろこぶだろう。

411

4	不思ぎなところにいってしまった。	あまりおどろいて松井さんは声を出した。	はやくいきたい。	ほんとうはなかったものが、かわっている。ふしぎだ。	おもしろくなりそう。	女の人は人間ではないかもしれない。
5	女の人がきえていなくなる。	松井さんは感心している。	どんなところかな。	3げんめのところの家にとめる。	だんだんおもしろくなる。	この女の人は人間ではないと思う。
6	なかなか出てこない。	女の人はしばらくして出てくるだろう。	とおいところにあるな。	えきになんでいくのか、ふしぎ。	たのしくなる。	この女の人は、きっと人間ではない。
7	松井さんがお客の家に入る。	あとで、ここに来ようとしても、もうなかった。	すずかけ通りをみてみたい。	？	たのしみ。	女の人は人間ではない。
8	駅につく。	女の人がふしぎな人とわかり始める。	静かな所だなあ。	ふしぎだ。	たのしくなりそう。	今まで松井さんがいったのは、この家ではないかなあ。
9	戦争の話をつづける。	かなしい話がつづく。	きれいなところだ。	駅まえにいく。	ふしぎになってくる。	かなしいことがつづく。
10	えきにつく。	その人はさみしいだろう。	かわいそう。	とてもかわいそう。	いっぱいふしぎがある。	かなしいことがつづく。
11	えきにつく。	どんどん話がつづく。	かわいそうだなあ。	これからどうなるか。	たのしい。	男の子たちはかわいそう。
12	駅について女がきえる。	ふりむいても、女の人はいない。	あついだろうなあ。	えきになぜいくのか。	ふつうの日がつづきそう。	かなしいことがつづく。

第六章　国語科授業研究の理論と実際

13	女はすぐ立ち去った。	松井さんはふしぎになってくる。	おどろいた。	おかしいな。いつのまにおばあさんになったか。	なにかふしぎ。	びっくりした。
14	お客をおいかける。	おばあさんは、むすこたちに出会えた気持ちになった。	？	とてもふしぎな話。	また、ふしぎ。	かわいそう。
15	いない。	とてもおもしろい話だった。	なぜ、おつりはいらないと言ったんだろう。	とてもふしぎな話で、松井さんはへんなことに出会った。	ふしぎなことだった。	おばあさんは、かこをとりもどせるふしぎな人。

　これらの反応をみると、当然のことながら、各分節ごとの文章の内容・機構との相関性を認めることができる。例えば、作品のしくみとしてみた場合、第4分節は、これまでの現実的世界から、非現実的世界に入っていくところで、作者は、その移行にリアリティをもたせる工夫をしている。つまり、作中人物に共感しながら、作品世界に同化していくようしくまれている。この作品の装置への読み手の反応は、松井さんに共感・同化して、驚きの声や不思議という感想をもらしているところに顕著である。これは、直前の第3分節の反応と比べると、移行装置の機能であることが理解される。

　第13分節も同様の装置をもつ。乗客の女の人がおばあさんに変身する。つまり、非現実の世界から現実世界へ回帰する場面である。読み手は、第13分節以降で、作品世界に同化している状態からその世界を異化する状態に移行する。第14分節・第15分節における作中人物や作品世界を対象化した感想には、異化した心的反応を認めることができる。

　このような作品機構を通して読みを進める過程で、読み手は、できごと→疑問→問題→解釈→同化・共感→異化・感想というように読みの心理的推移を結果していると言えよう。これを学級全体の反応傾向として整理したの

413

が、〈表3〉である。

〈表3〉　　　　　　　　　　　　　　　　　　　　　　　　（実数）

反応＼分節	1	2	3	4	5	6	7	8	9	10	11	12	13	14	15	計
a　できごと	33	34	30	28	23	26	22	24	22	20	23	25	20	23	24	377
b　疑問・問題・不思議	3	2	4	5	5	3	5	2	3	5	6	4	8	6	8	69
c　解釈	1	1	1	1	2	2	2	3	・	・	・	・	2	2	・	17
d　心情的感情	2	1	2	2	3	2	2	1	5	7	8	3	3	5	4	50
e　同化・共感	・	・	1	2	1	1	4	2	2	1	・	4	3	・	・	21
f　異化的感想	・	・	・	1	・	2	・	1	2	2	・	・	2	1	1	12
g　記録なし	・	1	1	・	5	3	4	6	5	4	2	3	1	2	2	39
合　　計	39	39	39	39	39	39	39	39	39	39	39	39	39	39	39	585

読み進むにつれて、「できごと」が漸減し、「疑問・問題・不思議」が漸増し、「心情的同化・共感」反応が増大していく傾向を示している。

2　個別形態「分節たどり読み」後の「あらすじ」記述にみられる児童の読みとりの様態

「分節たどり読み」後に、「あらすじ」を再生させたのは、物語内容の把握の傾向性と物語スキーマの顕現状態を明らかにしようとしてのことであった。〈表4〉は、「たどり読み」終了後、翌日に「あらすじ」を記述させたものである。

本学級の「あらすじ」把握のタイプ

〈表4〉　　　　　　　　　　（実数）

反応＼性別	男	女	計
A　構造型	8	8	16
B　大要型	4	4	8
C　順次型	7	5	12
D　未　完	1	2	3
合　　計	20	19	39

第六章　国語科授業研究の理論と実際

としては、A構造型・B大要型・C順次型の３つが認められた。公立小学校における、同一文章材・同一の読みの条件による調査では、A構造型・B会話場面型・C順次（展開）型・D箇条書型・E無秩序型の５つの類型が出現している。本学級の児童の実態としては、A構造型・C順次型が顕著である。この傾向は、公立小学校の場合も、ほぼ同様であった。大要型は、構造型に近いタイプである。この「あらすじ」把握類型と、各分節ごとの内容再生状況とをクロスさせたものが、〈表５〉である。これは、物語構造のとらえ方の傾向をみようとするものである。

〈表５〉　　　　　　　　　　　　　　　　　　　　　　　　　　　（実数）

類型＼分節	1	2	3	4	5	6	7	8	9	10	11	12	13	14	15
A　構造型	13	11	3	8	4	8	8	7	11	0	0	1	14	7	12
B　大要型	7	2	1	1	5	2	0	2	5	0	0	0	7	2	1
C　順次型	10	9	3	7	5	8	5	4	10	0	1	0	7	6	9
D　未完型	3	3	1	1	1	0	0	1	0	0	0	0	0	0	0
合　　計	33	25	8	17	15	23	13	14	26	0	1	1	28	15	22

〈表５〉によってみると、物語の柱の部分が「あらすじ」として取りあげられ、再生される傾向が認められる。全体的には、６段構成の物語としてとらえられていると考えられる。大要型は、５段構成としてとらえられている。著しい傾向としては、第11分節が欠落していることである。第11分節は、物語の中心エピソードである中心人物の変身の秘密を解く鍵となる部分である。

実験的調査のための授業が終了した後、１か月経過後に「あらすじ」の再生をさせ、それを「たどり読み」直後の「あらすじ」の再生と比較したのが、〈図２〉である。１か月経過後の再生では、物語は５つの柱でとらえられている。翌日再生分とほとんど重複するが、第６分節は欠落する傾向が目立ち、第11分節は再生される傾向が顕著である。翌日分と１か月経過分との

相違は、時間経過の差異よりも、「問答読み」を通過しているかどうかに、差異を生み出した原因があると考えられる。つまり、自力「たどり読み」だけでは、第11分節は、十分意味づけてとらえられなかったのである。

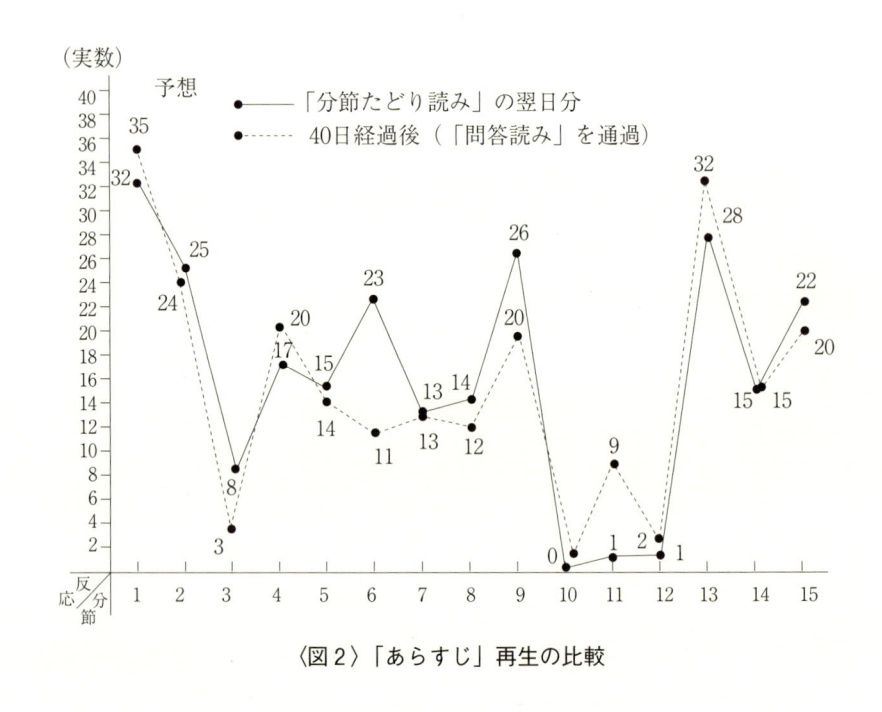

〈図2〉「あらすじ」再生の比較

3 個別形態「分節たどり読み」後の「感想」記述にみられる児童の感想の着眼点と感想類型

「分節たどり読み」を行った後の、いわゆる初読後の感想を整理したものが、〈表6〉である。
これによってみると、物語に対する「疑問・問題意識」的感想と、「心情」的感想とが目立つ。4つの反応類型は、心情的反応（1）・知的反応（2・3）・事象的反応（4）に整理することができる。この反応傾向は、「たどり読み」過程にみられた読みの内面化・主体化の反応傾向と近い様相

を示していることと関係があるものとみられる。すなわち、この心情的・知的・事象的反応は、対象——とりわけ文学的文章材に対する反応の基本型と考えられるからである。

〈表6〉 　　　　　　　　　　　　　　　　　　　　　　　　（実数）

類型＼性別	男	女	計
1　物語に対しての心情的感想	8	5	13
2　物語に対しての解釈的感想	2	3	5
3　物語に対する疑問・問題意識	7	8	15
4　物語のあらすじ・事象中心	3	3	6
合　　　計	20	19	39

〈表7〉は、主たる感想が何を契機に生み出されているか、その契機となった着眼点について整理したものである。圧倒的に、感想の契機となる着眼が、物語の主題に向けてなされていることが注目される。

〈表7〉　感想の着眼点　　　　　　　　　　　　　　　　　　（実数）

着眼点＼性別	男	女	計
a　物語の中心エピソードに着眼	9	11	20
b　物語の構成に着眼	2	2	4
c　物語の場面描写に着眼	3	1	4
d　主要人物に着眼	3	2	5
e　物語の事象に着眼	3	3	6
合　　　計	20	19	39

〈表8〉は、初読後の感想パターンと、感想の着眼点とを交錯させて整理したものである。〈表6〉に認められた、「心情的感想」と「疑問・問題・不思議」意識の表出とが、主として「中心エピソード」に対するものである点が注目される。初読段階における読み手の意識は、主題理解という求心的な方

向に働いていることを示していると考えられる。これは、「主要人物」に対する感想表出の事例とあわせると、一層明確となる。なお、若干ではあるが、「場面描写」に着眼しているものが、「解釈的感想」「疑問・問題」という知的反応を示している点に注目したい。これは、「あらすじ」再生における第11分節の出現の有無との関係が推測されるからである。すなわち、第11分節は、事件的なとらえ方より描写を通して表現されている意味を汲みとるべき部分であるからである。

〈表8〉 感想の着眼点と感想類型　　　　　　　　　　　　　　　　（実数）

着眼・感想　　　　　　　　　　　　　　性　別	男	女	計
a・1　中心エピソードと心情的感想	6	3	9
a・2　中心エピソードと解釈的感想	1	2	3
a・3　中心エピソードと疑問・問題	2	6	8
b・4　構成とあらすじ・事象	2	2	4
c・2　場面描写と解釈的感想	1	0	1
c・3　場面描写と疑問・問題	2	1	3
d・1　主要人物と心情的感想	1	2	3
d・2　主要人物と疑問・問題	2	0	2
e・3　あらすじ・事象と疑問・問題	2	1	3
e・4　あらすじ・事象中心	1	2	3
合　　　　計	20	19	39

4　一斉形態「問答読み」のキー発問にみられる読みの反応変容の傾向

　一斉形態の問答法による授業過程における児童の読みの反応変容の様相をさぐるために、作品の構造的理解を促すためのキー発問を21設定し、それらについて児童の自己記録の方法によって反応を採取した。すなわち、指導者の発問直後の児童の反応（以下初発の反応という）、初発の反応をもとにした

学級全体での、教師主導による話し合い活動後の反応（以下終末の反応という）。および、翌日の、発問と同一設問による事後テストによる反応（以下事後の反応という）の3時点における反応を採取し、その変容傾向をみようとしたのである。

次に掲げる〈図3〉〈図4〉は、21設定したキー発問のうち、さらに作品理解のキー・ポイントとなるものを6つ精選して、〈図3〉は、読みの構えという観点から、〈図4〉は、初発・終末・事後の各時点を通しての変容の様態を整理したものである。選定した6つのキー発問はそれぞれ、次の通りである。

2　お客は、どんな感じの人ですか。また、お客のことばから、どんなことを思いましたか。（第1・2分節）

6　「かんぬきをじぶんではずし」「ふりむきもしないではいって」いったお客さんのようすから、どんなことを想ぞうしますか。（第6分節）

10　「たのしそうな笑い声」とありますが、ほんとうにきこえたのでしょうか。なぜ、松井さんは、そのように思ったのですか。（第7分節）

14　お客は、「むすこをおもうときだけは、ちゃんと、このわたしも、もとのわかさにもどる気がするんですよ。」といっています。どうしてそんなきもちになるのでしょう。また、それは、どんなきもちなのでしょう。（第11分節）

17　茶色ですじばった手をしているおばあさんは、はじめからこんなようすでしたか。どうしてこんなすがたになったのだと思いますか。（第13分節）

20　お客は、おかげでむかしのうちにかえることができましたといっていますが、そのうちは、どんなうちで、どんなことがありましたか。それを、今のお客のことばやようすとかさねると、どんなことがわかりますか。（第14分節）

キー発問			反応数
2「お客」の人物像	深化	終後	18 / 2
	明確化	終後	14 / 0
	不変	終後	7 / 11
	還元	終後	0 / 16
	退行	終後	0 / 10
6「お客」の行為	深化	終後	9 / 2
	明確化	終後	17 / 4
	不変	終後	13 / 19
	還元	終後	0 / 8
	退行	終後	0 / 5
10「笑い声」	深化	終後	3 / 6
	明確化	終後	6 / 4
	不変	終後	30 / 18
	還元	終後	0 / 2
	退行	終後	0 / 9
14「お客」の心情	深化	終後	3 / 1
	明確化	終後	11 / 5
	不変	終後	25 / 21
	還元	終後	0 / 0
	退行	終後	0 / 12
17「お客」の変身	深化	終後	8 / 2
	明確化	終後	7 / 10
	不変	終後	22 / 9
	還元	終後	0 / 1
	退行	終後	2 / 17
20「むかしのうち」	深化	終後	5 / 2
	明確化	終後	4 / 3
	不変	終後	30 / 10
	還元	終後	0 / 4
	退行	終後	0 / 20

〈図3〉「問答読み」のキー発問にみられる読みの構えの反応変容の傾向

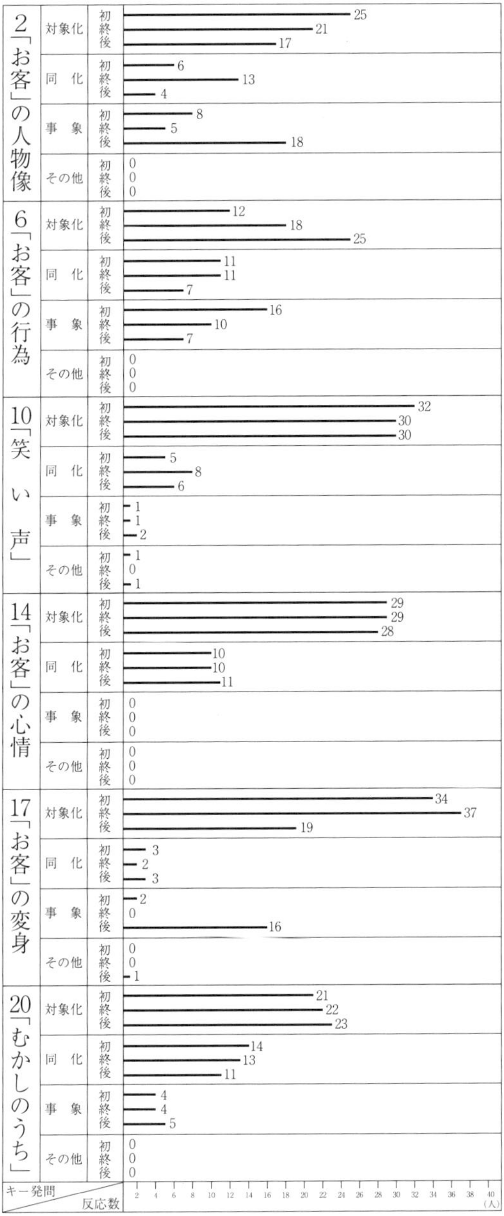

第六章　国語科授業研究の理論と実際

発問	カテゴリ	初/終	反応数
2「お客」の人物像	対象化	初	25
		終後	21
			17
	同化	初	6
		終後	13
			4
	事象	初	8
		終後	5
			18
	その他	初	0
		終後	0
			0
6「お客」の行為	対象化	初	12
		終後	18
			25
	同化	初	11
		終後	11
			7
	事象	初	16
		終後	10
			7
	その他	初	0
		終後	0
			0
10「笑い声」	対象化	初	32
		終後	30
			30
	同化	初	5
		終後	8
			6
	事象	初	1
		終後	1
			2
	その他	初	1
		終後	0
			1
14「お客」の心情	対象化	初	29
		終後	29
			28
	同化	初	10
		終後	10
			11
	事象	初	0
		終後	0
			0
	その他	初	0
		終後	0
			0
17「お客」の変身	対象化	初	34
		終後	37
			19
	同化	初	3
		終後	2
			3
	事象	初	2
		終後	0
			16
	その他	初	0
		終後	0
			1
20「むかしのうち」	対象化	初	21
		終後	22
			23
	同化	初	14
		終後	13
			11
	事象	初	4
		終後	4
			5
	その他	初	0
		終後	0
			0

〈図４〉キー発問に対する読みの反応の授業過程における変容

〈図3〉によってみると、読みの構えとしては、〈対象化〉〈同化〉〈事象〉の3つの類型が認められる。〈図3〉〈図4〉に取りあげたキー発問は、主題を担う主要人物・中心エピソード・関連エピソードとその描写にかかわるものである。キー発問のうち、もっとも中心的な役割を担っている「17お客の変身」の、具体的な反応例には、次のようなものがみられる。「初発の反応」例である。

〈「対象化」の例〉
a　むすこのことを思い出す、むすこ（子ども）にあったなど。
　a₁　40くらいの人だった。おばあさんは、こどもを思いだしたら、わかくなった気がするので、むすこにあって、もういいからもとの若さにもどった。（Y女）
　a₂　はじめは、四十ぐらいの色のたいへん白い人だった。それは、せんそうのはなしのところで、「もし、お子さんが生きていられたら、もう、二十五さいですね。」と松井さんがいったら、「いいえ、むすこたちは何年たっても三さいなのです。」「母おやのわたしだけが年をとっていきます。でも、むすこをおもうときだけは、ちゃんと、このわたしも、もとのわかさにもどる気がするんですよ。」とかいてあるから。（T男）
　a₃　むすこにあえて安心した。もうむすこを思う時が終った。（M女）

〈「同化」の例〉
b　ゆめだった。さっかく、あつさでぼうっとしていた、など。
　b₁　夏のあつさで、ボーとしていたので、わかい人にみえた。（Y男）
　b₂　はじめは色の白い、ふっくらとした女の人。なんかゆめでもみているようだったから。（N男）
　b₃　そうだったかもしれないか、松井さんがさっかくして四十さいくらいにみえた。（A男）

〈「事象」の例〉
C　作中に述べられていることを、そのまま理由としてあげているもの。
　c₁　四十さいくらいの色のたいへん白いふっくらした女の人だったから。（W女）

第六章　国語科授業研究の理論と実際

　c₂　昔すんでいた家に行ったので。(T男)
　「対象化」は、読み手が、作品の内容を文章の叙述の論理に即して読みとり、客観的に条理を通して説明しようとしているものである。これは、「調節」的理解といってもよい。a₁・a₂・a₃には、対象に即して、その意味を解きあかし、理解しようとする構えがよくうかがわれる。
　「同化」は、読み手が、自己の既有の知識や体験を適用して、自己の論理にあわせて理解し、説明しようとするものである。読み手主体が、対象との間に一定の距離をおいて、自己の見解を調整、修正する柔軟な対応をしないで、自分に一方的に引き寄せて理解しようとしているものである。すなわち、b₁やb₂・b₃にうかがわれるように、「ゆめ」「さっかく」「あつさでぼうっとする」など、対象の中に変身の必然的根拠を見いださないで、自分の既有の知識・体験を説明原理として適用しているものである。
　「事象」は、対象の中に変身の理由・原因を見いだそうとしている点では、「対象化」に似ているが、対象から取り出した事象（事実）が論理にまで組織されないで、事象（事実）の指摘にとどまっているものである。つまり、関係的理解が浅く、事象そのものの認知で理解が終るという傾向を示しているものである。
　〈図３〉のグラフによってみると、「対象化」「同化」「事象」の読みの構えが、発問によって差異があることが、まず目につく。すなわち、「10笑い声」「14お客の心情」「17お客の変身」には、「対象化」の傾向が著しく、「２『お客』の人物像」「６『お客』の行為」「20むかしのうち」においては、「対象化」「同化」「事象」に分散している。授業過程における、「対象化」「同化」「事象」の構えの変化について、授業過程の初発から終末にかけて、漸増か変化なしの様相を示すのは、「対象化」「同化」である。「２お客の人物像」と「17お客の変身」では、「事象」の事後における激増が目立つ。これらは、発問の内容、授業過程における授業者の制御のしかたなどの要因も働いていると考えられるが、授業の事後にマイナスの変容を示すのは、授業過程における変容の主体の内面における体制化が不十分であったことに起因するものであると思われる。特に、「対象化」と「事象」とが、対

象材への構えとしては、近似したものであることも理由の１つに数えられよう。

〈図４〉のグラフは、発問による内容の理解度を、授業過程の初発→終末、終末→事後のそれぞれの段階で、「深化拡充」「明確化」「変化なし（不変）」「初発の段階に還元しているもの」「初発よりさらに退行しているもの」の５つの観点から評定したものである。授業の終末では、「深化拡充」、「明確化」していき、事後では、「不変」「還元」「退行」が目立つ。事後の「不変」は、学習の定着を示すものであるが、「還元」「退行」は、学習結果が衰弱していくことを表している。これは、授業終末の段階で、学習者個々の自律的反応をありのままにとらえるために、授業者による一定のまとめと確認をするということを、意図的に行わなかったためと考えられる。なお、グラフに表示した「初」は話し合いに入る前の段階の反応を、「終」は、初発→終末の変容の段階を、「後」は、終末→事後の変容の段階を略記したものである。

一斉形態の「問答読み」の授業過程における変容の様態を、代表的事例（M男）を取りあげて分析・考察することとする。

取りあげる事例は、個別形態「たどり読み」において、できごとの予想と確かめをしながら、疑問・問題・不思議意識に導かれて読み進めているＤタイプに属するものである。「あらすじ」の記述では、構造的な把握をしており、「たどり読み」後の感想では、主要人物を対象として、心情的な感想を述べている。以下、２・６・10・14・17・20の各キー発問についての反応実態に即して考察する。

　　２　お客は、どんな感じの人ですか。また、お客のことばから、どんなことを思いましたか。
　　〈初発の反応〉
　　　自分のいけんをちゃんとやりたい。しっかりしている。なんでもきっぱりいう人。
　　〈終末の反応〉

第六章　国語科授業研究の理論と実際

　　自分がいったことは、やりとおすような人。なんでも<u>きっぱり</u>ゆって[ママ]やりとおすような人。
　〈事後の反応〉
　　<u>きっぱり</u>とした人。<u>早く行ってほしい</u>。
　キー発問2に対する児童（M男）の反応の構えは、「対象化」型といえる。それは、作中のことば、「きっぱり」をキーワードとして、人物の言動をとらえ、人物像をイメージ化しているからである。〈初発〉〈終末〉〈事後〉の各段階を通して、「対象化」の構えは一貫しているが、〈事後〉では、ほとんどを作中のことばを用いて述べているので、〈事象〉と誤認されやすい反応となっている。

　6　「かんぬきをじぶんではずし」「ふりむきもしないではいって」
　　　いったお客さんのようすから、どんなことを想ぞうしますか。
　〈初発の反応〉
　　だれも家にいない。なにか<u>きみわるい</u>。<u>さみしそうなかんじ</u>もある。
　〈終末の反応〉
　　一人で住んでいるのかなあ。<u>なにかさみしそうだ</u>。でもきみわるいなあ。
　〈事後の反応〉
　　家にはだれもいない。<u>さみしい</u>。いそいでいる。
　発問の中で手がかりとして掲示されたことばにもとづいて、「想像よみ」を求められているので、読みの構えは、必然的に「対象化」にならざるを得ない状態での反応である。「きみわるい」「さみしそうな」「さみしい」という反応は、作品世界への同化傾向を示す反応である。
　10　「たのしそうな笑い声」とありますが、ほんとうにきこえたのでしょうか。なぜ、松井さんは、そのように思ったのですか。
　〈初発の反応〉
　　<u>きこえたか、きこえていないかわからない</u>。すずしくてすっきりしてきもちがとてもいいから。

425

〈終末の反応〉
　きこえたか、きこえなかったかよくわからないと思う。すずしくてしずかでとてもきもちよかったから。
〈事後の反応〉
　きこえていない。シーンとしていたので、きこえたようだった。

　〈初発〉と〈終末〉は、ほとんど同じ反応である。原文には、「たのしそうなわらい声がきこえたような気がしました。」とある。「きこえたような気」に着眼して、「きこえたか、きこえてないかわからない」という判断をしたものである。それが、〈事後〉では、「きこえていない」と断定し、根拠は、〈初発〉〈終末〉とほぼ同じことをあげている。根拠としてあげられている状況の表現には、読み手の共通的理解が働いているものとみられる。読みの構えとしては「対象化」である。

14　お客は、「むすこをおもうときだけは、ちゃんと、このわたしも、もとのわかさにもどる気がするんですよ。」といっています。どうしてそんなきもちになるのでしょう。また、それは、どんなきもちなのでしょう。
〈初発の反応〉
　そのころのことをおもいだしてむかしのことをおもいだしたから。あの子はころされたくなかった。かなしい。
〈終末の反応〉
　そのころのことをおもいだして、むかしにさかのぼったようなきがした。あの子は、死なせたくなかった。かなしい。
〈事後の反応〉
　むすこの年がふえないので、自分もそのような気がする。かなしい。

　2段階の発問になっている。〈初発〉から〈事後〉に至るまで、「どんなきもち」という後段の問いには、「かなしい」という心情認識で共通している。前段の問いである「もとのわかさにもどる気がする」理由については、昔のことを思いだし、死なせたく（殺されたく）ないというとらえ方を、〈初

第六章　国語科授業研究の理論と実際

発〉と〈終末〉とにおいてしている。〈事後〉では、「むすこの年がふえない」ことを理由に、「自分も」「もとのわかさにもどる気がする」のだと判断している。両者のあげる理由は異なるが、〈初発〉〈終末〉と〈事後〉の反応の両方に共通しているのは、原文の叙述のことばをそのまま理由としていて、その奥にある意味をとらえて根拠としていない点である。その意味では、「同化」的な読みの構えということができる。また、子どもをなくしたという事態が、必然的に母親に「かなしい」という心情をもたらすという判断のしかたも、「同化」的である。

　17　茶色ですじばった手をしているおばあさんは、はじめからこんなようすでしたか。どうしてこんなすがたになったのだと思いますか。
　〈初発の反応〉
　　こんなようすではなかった。（しょうこ一番最初のほう）むすこのことをかんがえたら、わかがえるということで。（まえのだんらく）
　〈終末の反応〉
　　こんなようすではなかった。四十ぐらいの人だった。むすこのことをかんがえるとわかがえるということで、わかがえってしまった。
　〈事後の反応〉
　　そんな様子ではなかった。そのとき子どものことを思ったから。

〈初発〉から〈事後〉まで、ほぼ同じ反応である。〈初発〉に明確にあらわれているように、原文の中に根拠を求めながら理解を進めている。叙述に即するということは、「対象化」という構えをましているようにみえるが、「むすこのことをかんがえる」ということと「わかがえる」ということの間を埋めるものが表現されていない点が、「事象」的なとらえ方が残っていることをうかがわせる。キー発問14との関係が検討される必要がある。キー発問14の分析と考察で述べたように、「むすこをおもうときだけは、ちゃんとこのわたしももとのわかさにもどる気がするんですよ。」という叙述の奥にあるもの——幼いむすこの生きていた日々に想像を働かせてわが身をおいている母親の心情をとらえることが、必ずしも十分ではなかったことと関係が

427

あるものと考えられる。つまり、「事象」→「対象化」という中間的な段階の構えが表れていると言えよう。

　20　お客は、おかげでむかしのうちにかえることができましたといっていますが、そのうちは、どんなうちで、どんなことがありましたか。それを、今のお客のことばやようすとかさねると、どんなことがわかりますか。
　〈初発の反応〉
　白い門の小さな家で、とてもたのしくむすことあそんでいた。安心したようなかおつき。それにうれしそうなかおもざる。
　〈終末の反応〉
　白い門の家で、とてもたのしくむすこたちとあそんでいた。前の章で家の中から笑い声がきこえた。安心していて、うれしそうなかおつき。
　〈事後の反応〉
　白いペンキぬりの門のいえ。わらいごえがきこえたように思った。
　むかしとまったくかわっていない。

　キー発問20は、非現実の世界と現実世界とを対応させながら、非現実の世界のもつ意味を、イメージの拡がりと深まりを通してとらえさせようとするものである。〈初発〉から〈事後〉に至るまで、非現実世界の明るく楽しいイメージは、一貫してとらえられている。〈初発〉〈終末〉には、共通してイメージ化された非現実の世界が叙述されている。〈事後〉に至って、「むかしとまったくかわっていない」という、現在の意識が表出される。そこで、「おわかりでしょうか」という「おばあさん」のことばが、読み手に対象化されなければならないはずであるが、そこにまでは言及していない。つまり、表層的な理解にとどまっていてイメージ化された対象やその意味の構造的把握ができていないということである。発問によって「対象化」の構えに導かれながらも、十分には「調節」しきれていない様相を呈しているものと言えよう。

　以上、分析・考察してきた本事例の児童の読みの構えの傾向性をまとめる

と、本事例は、基本的には、「対象化」の読みの構えを把握しながら、「同化」的傾向性をもあわせもつタイプとして整理することができよう。〈事後〉において退行傾向を示しているのは、授業方略の問題である。

第五項　実験的調査結果の分析・考察のまとめ

　４つの観点から分析、考察してきたことを集約する。
1　個別形態「分節たどり読み」にみられる児童の読みの様態としては、〈読み進めの心理的反応類型〉に、[1]できごと読み進め型・[2]できごと予想読み進め局所感想型・[3]できごと予想、読み進め、局所同化型・[4]できごと予想、疑問・問題・不思議意識による読み進め型・[5]できごと予想から共感的心情反応読み進め型・[6]中途より記録欠落型の６つのタイプが整理された。
2　読みの意識としては、予想読み進め意識が基本で、読みの進展にともなってこれが漸減していく。局所立ち止まり意識は、平衡的に維持され、ふりかえり意識が、読み進めの終末部分に出現している。読み進めにおいては、「予想」「局所立ちどまり」「ふりかえり」の３つの意識が働くことが認められる。
3　「分節たどり読み」の過程における読みの反応としては、「[1]できごと」・「[2]疑問・問題・不思議」・「[3]解釈」・「[4]心情的反応」・「[5]同化共感」・「[6]想像」・「[7]無記入」の７つの類型が認められた。
4　「分節たどり読み」における読みの構えには、「対象化」型・「同化」型・「事象」型の３つを認定することができた。
5　「分節たどり読み」後の「あらすじ」記述にみられる読みとりの様態としては、「あらすじ」把握の類型として、[1]構造型・[2]大要型・[3]順次型・[4]未完型の４つの反応が得られた。これらの類型別に、15分節ごとの内容再生状況をみると、物語の柱となる部分が取りあげられ、記述される傾向を示し、構造型・順次型では、６段構成、大要型では、５段構成把握と

なっている。
6 「分節たどり読み」後の感想記述にみられる感想の着眼点と感想類型には、着眼点として、〈a中心エピソード〉〈b物語の構成〉〈c場面の描写〉〈d主要人物〉〈e事象〉の5つ、感想類型として、〈1心情的〉〈2解釈的〉〈3疑問・問題・不思議〉〈4あらすじ・事象〉の4類型がみいだされた。両者の組み合わせパターンとしては、「a1」「a2」「a3」「a4」「c2」「c3」「d1」「d2」「e3」「e4」の10パターンが得られた。
7 一斉形態「問答読み」にみられる読みの構えには、「分節たどり読み」と同様に、「対象化」型・「同化」型・「事象」型の3パターンが認められた。授業過程における反応変容の様態としては、授業の終末では「深化」「明確化」していき、事後では「不変」「還元」「退行」が目立つという結果が得られた。事後の「不変」は学習の定着を示すものであるが、「還元」「退行」は、学習結果が衰弱していくことを表している。

注
 1) 反応数の計が39を下まわる場合は、判定不能のものを除外したもの。
 2) 本稿は、昭和62年10月に開催された全国大学国語教育学会仙台大会において口頭発表したものに、加筆修正したものである。
 3) 実験的読みの材料とした「すずかけ通り三丁目」の本文は、「実験材」として前掲した通りである。①〜⑮の数字は、「分節たどり読み」の際の分節番号である。

第六項 授業方法開発のための臨床的実験的授業研究に関する考察

　この臨床的実験的授業研究も、仮説―検証型の科学的手法を用いている。臨床的実験的方法による授業研究は、授業方法開発のための基礎的研究である。

第六章　国語科授業研究の理論と実際

　本授業研究は、一斉形態の読むことの授業の過程で、児童１人ひとりがどのように反応するかということを明らかにしようとしたものである。これは、授業形式による実験的調査である。これまでの実験的調査は、できるだけ、実験目的の純粋なデータを得るために純粋性を妨げるノイズを排除しようとする。それは、物理の法則を発見する実験において、一定の条件統制のもとに法則成立に関わる仮説を設定し、反応結果をデータとして検証するためには必要な条件である。しかし、教科の実験的授業は、その結果が教室において活用されることが要求される。それは、対象とするものが無機質な物象ではなく、有機的で複雑な人間を対象にした実験である。そこで生起するのは、刺激（S）→反応（R）、という単純なものではなく、刺激（S）→有機体＝人間（O）→反応（R'R"…）という複雑な反応図式で示されるようなものである。例えば、文学教材の読むことの授業を、一斉形態の発問・応答法によって展開する場合、学級全体に同一の発問をしても、必ずしも同一の反応があるとは限らない。もちろん、読みの媒材である文学的表現の、空所・空白が散りばめられているという特質によるところもある。とともに、学級の１人ひとりの読み取りは、個人差（経験差、知識差、興味・関心差、理解力差）によって一律のものにはならない。個人差以外にも、授業時間が午前か午後か、室温が高かったか低かったかといった、いわゆるノイズのあることは分かった上で、授業形式を取りながら実験授業を計画した。ただ、学習者１人ひとりの学習反応の変容（読み取り内容の変容）を採取する方法を考えておく必要がある。この実験授業では、その点についても考案している。
　１人ひとりの読みの営みを明らかにするために、たどり読みの段階と読み深めの段階の２段階に分けて調査する。前者は、読みの媒材の文学的文章を小エピソード単位に文節化し、それを分節ごとにカードに印刷し、それらを初めの分節のカードから順番に重ねて綴じ込んで１冊にし、カードの下部に読み取りの結果を書き込むという方法（これを「分節たどり読み」と呼ぶことにする）で１人ひとりの読みの結果を記録させる。後者は、学級全体での読み深めの活動を組織する。分節を場面にまとめて、読み深めのためのキー発

問を用意する。キー発問を、Ｂ５大のノート代わりのカードに書き込んでおき、発問に対する初発の解答を書き込ませる。次に、それらの答えを発表させ、全体で話し合いをさせて、ほぼ、意見が出尽くし、共通理解ができたと思われる段階で各自の見解をカードに書きとめさせる。これを終末段階の解答とする。さらに、翌日の国語の時間にもう１度、キー発問に対する答えを考えさせて記入させる。これを、事後の答えと呼ぶことにしている。

　このような方法で授業過程における読みの個別的様態を把握しようとしたものである。授業方法の開発を志すのであれば、先行する優れた国語科の授業を分析、評価するとともにその成果に学んで新しい方法を工夫したり、一般教育学の教える授業方法について調べたり、近年、著しく進歩し、特に、言語の習得、発達に関する研究が進んでいて、読み書き、話し聞く力が形成されていく筋道を追究している認知心理学の研究成果にも目配りを忘らないで国語科の授業方法開発に活用したい。また、標本のサンプリングや実験データの統計処理の方法についても基本的なことは理解して利用できるようになっておきたい。

　さらに、学習者の認知スタイル、学習スタイルについても、適性処遇交互作用を生かした授業法の実践には必要な技法である。習熟度別指導や課題別コース学習、学習意欲を喚起し持続させて授業参加を促がす実践法を考案し、技術として伝達、学習可能なものにすることも授業研究としては重要な課題である。

おわりに

　高校の国語科教師として初めて教壇に立ったのは、昭和29年（1954）4月であった。広島県立三原高等学校において6年間、広島県立広島国泰寺高等学校で13年間、合計19年間、高校生に国語科の授業を実践してきた。その後、昭和48年（1973）4月から8年間、広島県立教育センターで、小・中・高等学校の先生方の研修のお手伝いと、国語科教育の研究に従った。高校の教壇に立っていた時期は、いわゆる授業研究と言いうるものに取り組んだことは、あまりなかった。三原高校時代には、広島県の小・中・高の国語教育研究大会が三原市内で開催された際に、公開授業を行ったことが記憶に残っている。2年生に、長塚　節の「炭焼きの娘」という小説教材を扱った。指導助言は、広島大学の清水文雄教授だった。清水先生には、広島師範の予科の時代に教えていただいていた。懇切なご助言を今も心に刻んでいる。また、校内の国語科の研修授業で、徒然草を1年生に指導した。その時には、県教委の国語科担当の柳川清指導主事に参観してもらい、助言をしていただいた。

　授業づくり、授業研究に真正面から取り組んだのは、県立教育センターに勤務するようになってからである。先生方の研修の指導講師としても、所員としての教育研究の指導者としても、当時、広島大学にいらっしゃった野地潤家先生に、在任中の8年間、ずっと指導を仰いだ。授業の実践研究、実験的臨床的研究について、実地に導いていただいた。また、その頃、東京都大田区の石川台中学校においでになった、大村はま先生が、「国語科実践研究会」を開いていらっしゃっていて、全国から熱心な実践者、研究者が参加しておられた。後には、会場の都合もあって参加者の人数が制限されるようになったが、私は、野地先生の特別なご配慮で、参加者に加えてもらう光栄に浴することができた。そこで、単元学習の典型、今では、すっかり国語教育の用語として定着している「実の場」を、国語教室において産み出して行く

手立ての実際を学ばせていただいた。今一つ、教育研究の方法について学んだ所がある。それは、全国教育研究所連盟における共同研究に参加したことである。最初に関わったテーマは、「学習能力の形成と発達に関する研究」であった。全国各県にある教育センターが、それぞれに分担して研究したことを持ち寄り、協議するという方法がとられていた。その時の、研究主担は、福岡県教育センターであった。この共同研究で学んだのは、教科を越えた「学習能力」のとらえ方であり、その実験的解明の方法であった。福岡教育大学に移ってからは、もっぱら、授業形態をとった、文章表現力と文章理解力の実験的調査をおこなった。

このような授業体験と研究結果、加えて学校現場の授業参観で得た知見を踏まえて、授業論を構築し、『国語科授業論叙説』（溪水社　1994）にまとめた。この度、それ以後の実験的な授業研究や実践的授業研究の成果に、『…叙説』の内容を再構成して取り入れ、『国語科授業づくりの理論と実際』として刊行することにした。ここに著した内容には、書き下ろしたものと、雑誌、紀要等に発表したものとがある。初出論文名を、以下に記しておきたい。

　理　論　編
第一章　国語科授業のトポス論
　1「国語科授業論の一考察〜『場』の力動性の問題を中心に〜」（「福岡教育大学紀要41号」1992）
　2「国語科における『表現』の問題」（「福岡教育大学要42号」1993）
　3「国語科授業における『場＝トポス』観の系譜〜「実の場」の源流をさぐる〜」（安田女子大学「国語国文論集28」1998）
第二章　機能的活動主義に立つ国語科授業構築のための基礎的考察
「言語の機能に基づく国語科学力と授業のあり方について」（二七会における研究発表資料　2007）をもとに加筆修訂した。
第三章　国語科教育における指導の「システム化」の問題
　1　三次市立八次小学校における校内研修における講話「国語科のシステム化について」の資料（2006）をもとに加筆した。
　2「読むこと」「書くこと」の言語力のサブシステムについては、新たに書き下ろした。

3「『キーワード』考」（安田女子大学「国語国文論集26」1996）
　　4「『伝え合う力』考」（安田女子大学「国語国文論集31」2001）
　　「第四節」については、新たに書き下ろした。
　第四章　国語科授業づくりの理論的考究
　　1「国語科授業論の一考察～理解指導の問題を中心に～」（「福岡教育大学紀要43号」1994）
　　2「短作文指導再論～生成的作文指導を求めて～」（福岡教育大学「国語科研究論集34」1994）
　　3「国語科授業論の一考察～学習の手引きを中心に～」（「福岡教育大学要23号」1984）
　　4「国語科授業論の一考察～学習の手引き再論～」（九州国語教育懇話会「国語科研究論叢　創刊号」1993）
　　5「国語科評価論の一考察」（福岡教育大学「国語科研究論集36」1996）
　　　実　際　編
　第五章　国語科授業づくりの実際
　　1「国語科授業論の一考察～理解と表現との関連活動の問題を中心に～」（「福岡教育大学紀要44号」1995）
　　2　本章は、1を除いて、他は書き下ろしである。
　第六章　国語科授業研究の理論と実際
　　1「国語科授業の成果と試行」（「朝倉国語教育講座5　授業と学力評価」2004）
　　2「授業過程における児童の文章理解・2～小学校5年生のばあい～」（「福岡教育大学紀要38号」1989）

　第二部第六章第二節は、学校現場における授業研究の実際例にもとづいて、私見を加えている。
　本書は、子どもたちの言葉の力の育成のために、日々、実践に努めておられる先生方の国語科の授業に、いささかでも資するところがあればと願って、これまで私の学び、研究し、経験してきたことをまとめたものである。教育実践の方法と技術が、単なるノウハウとして用いられれば、それは安易に使い捨てられ、また新しく、今すぐに役立つ方法や技術を、他に探し求めることになる。授業の理論は、実践にあたって既有の方法と技術では乗り越えられない問題に遭遇したとき、他にそれを求めるのでなく、自ら工夫、創

出することでしか解決できない。そのためには、授業の方法・技術の原理論についての知見を持っていることが必要である。目前にいる子どもたちの実態に応ずることのできる授業の方法と技術は、常に創意、工夫が要求されている。自らの授業力を高めることは、教師として教壇に立つ限り必須のことである。授業力向上のための授業研究を紹介したのは、そのような願いからである。

　本書をまとめるに際して、多くの先達に学んでいる。個別的には、本書の中に記しているが、改めて感謝申し上げる。とりわけ、本書への収載を快くお認めくださった朝倉書店編集部、並びに自らの授業力向上のために努めておられる授業研究の記録をご提供くださった、福山ことのは会の岡田久仁子先生・飛田美智子先生・岡崎浩美先生に、深甚の謝意を表したい。

　　　2011年7月8日

　　　　　　　　　　　　　　　　　　　　　　　大　西　道　雄

著者紹介

大 西 道 雄（おおにし　みちお）

昭和6年（1931年）7月、広島県にうまれる。
昭和29年（1954年）3月、広島大学教育学部卒業。
同年4月、広島県立三原高等学校教諭に任ぜられる。
昭和35年（1960年）4月、広島県立広島国泰寺高等学校に転任。
昭和48年（1973年）4月、広島県立教育センター指導主事に任ぜられる。
昭和56年（1981年）4月、福岡教育大学に採用される。
昭和58年（1981年）4月、福岡教育大学教授に昇任。
昭和61年（1986年）4月より3年間、付属福岡小学校長を併任。
平成4年（1992年）4月より2年間、付属学校部長を併任。
平成7年（1995年）3月、福岡教育大学を定年退官。
同年4月、安田女子大学教授に採用される。
平成9年（1997年）3月、博士（教育学）号　広島大学　取得。
平成12年（2000年）4月より2年間、安田女子大学文学部大学院文学研究科博士
　　　　　　　　　課程日本語・日本文学専攻専攻長を併任。
平成15年（2003年）3月、安田女子大学退職。
同年　4月より4年間、同大学非常勤講師を務める。

主要著書（単・編著のみ）
『短作文指導の方法〜作文の基礎力の完成〜』（明治図書　昭和55年＝1980年）
『学習の手引きによる国語科授業の改善』（明治図書　昭和62年＝1987年）
『意見文指導の研究』（溪水社　平成2年＝1990年）
『短作文の授業』（国土社　平成3年＝1991年）
『作文の基礎力を完成させる短作文指導』（明治図書　平成3年＝1991年）
『短作文指導法の開拓　低・中・高』（編著・全3部　明治図書　平成6年＝1994年）
『短作文の評価と処理』（明治図書　平成6年＝1994年）
『国語科授業論叙説』（溪水社　平成6年＝1994年）
『作文教育における創構指導の研究』（学位論文　溪水社　平成9年＝1997年）
『コミュニケーション作文の技術と指導』（編著　明治図書　平成10年＝1998年）
『総合的学習が要求している表現力』（明治図書　平成12年＝2000年）
『作文教育における文章化過程指導の研究』（溪水社　平成16年＝2004年）
『「レポート力」を鍛える』（明治図書　平成22年＝2010年）

国語科授業づくりの理論と実際

　　　　　　　　　　　　平成24年2月1日　発　行

著　者　大　西　道　雄
発行所　株式会社　溪水社
　　　　広島市中区小町1-4（〒730-0041）
　　　　電　話（082）246－7909
　　　　ＦＡＸ（082）246－7876
　　　　E-mail: info@keisui.co.jp

ISBN978-4-86327-154-8 C3081